Familie und seelische Krankheit

eine neue Perspektive
der psychologischen Medizin und
der Sozialtherapie

Herausgegeben von
H. E. Richter, H. Strotzka und J. Willi
in Zusammenarbeit mit den übrigen Mitgliedern der
Arbeitsgemeinschaft für Familienforschung
und Familientherapie

*Die Arbeitsgemeinschaft für Familienforschung
und Familientherapie dankt dem Stifterverband
für die Deutsche Wissenschaft für die Förderung
ihrer Forschung und der Vorbereitung dieses Buches*

Rowohlt

Umschlagentwurf von Werner Rebhuhn

1. Auflage Auflage 1976

Gesamtherstellung Clausen & Bosse, Leck/Schleswig
Printed in Germany
ISBN 3 498 05681 6

Inhaltsverzeichnis

Vorwort

Horst E. Richter

Es liegt an einer allgemeinen Wandlung des Lebensgefühls, daß der Mensch in sein seelisches Wohlbefinden bzw. in sein seelisches Leiden in zunehmendem Maße seine Umweltverhältnisse einschließt. Es ist ihm mehr als früher bewußt, daß sein innerer Zustand unmittelbar verflochten ist mit seinen Beziehungen zu anderen Menschen und zu seiner sozialen Lage allgemein. Auf dem Hintergrund dieser Veränderungen ist das unaufhaltsame Vordringen sozialpsychologischer Denkweisen in der psychologischen Medizin zu begreifen. Paartherapie, Familientherapie, Gruppentherapie und Sozialtherapie sind teils Ausdruck, teils Resultat solcher tiefgreifenden Modifikationen des allgemeinen Selbstverständnisses. Die Fachleute, die diese neuen Methoden einführen und erforschen, neigen leicht zu einer Überschätzung der eigenen Bedeutung als Bahnbrecher. Ihr Verdienst besteht lediglich darin, daß sie mit besonderer Sensibilität eine Veränderung in den Erwartungen und Bedürfnissen der Menschen registrieren und darauf mit entsprechenden neuen Angeboten reagieren. Die Familientherapie etwa, die in diesem Buch das zentrale Thema darstellt, hätte niemals den jetzigen bemerkenswerten Aufschwung nehmen können, wenn nicht zuvor in der Bevölkerung eine Bereitschaft für dieses Behandlungskonzept herangereift wäre.

Diese Zusammenhänge erkennt man sehr deutlich, wenn man das Schicksal familiendynamischer und familientherapeutischer Ansätze in diesem Jahrhundert verfolgt. Im Grunde hatte bereits Freud den Zugang zur Familientherapie durch den entdeckten Zusammenhang zwischen Kindheitsschicksal und seelischer Krankheit freigelegt. Folgerichtig begründeten einige seiner Schüler in den zwanziger Jahren das Fach der psychoanalytischen Erziehungswissenschaft. Die in Wien herausgegebene *Zeitschrift für psychoanalytische Pädagogik* beschäftigte sich unter anderem sehr eingehend mit dem Einfluß der Erziehung auf die seelische Entwicklung, vor allem mit der Bedeutung von Erziehungsfehlern für die

Triebverarbeitung und die Entstehung von Neurosen. ST. BORNSTEINS Aufsatz von 1934 über *‹Unbewußtes der Eltern in der Erziehung der Kinder›* und BURLINGSHAMS Studie über *‹Child Analysis and the Mother›* von 1935 hätten bereits – zusammen mit den Bemühungen von BUXBAUM, LEWIN, AICHHORN, LEUBA, LAFORGUE u. a. – den Durchbruch der Familientherapie einleiten können. Und im Anschluß an OBERNDORFS pionierhafte Experimente auf dem Gebiet der Ehepaaranalyse (1938) wäre eine sofortige breite Entfaltung der Ehepaartherapie denkbar gewesen. Aber seinerzeit, vor vierzig Jahren, fehlte diesen Entdeckungen noch die Zündkraft, weil sie der Entwicklung des allgemeinen Bewußtseins voraneilten. Gleichwohl keimte damals schon ein deutliches Interesse daran, die psychischen Konflikte und die psychischen Krankheiten nicht mehr nur als Vorgänge in einzelnen Menschen, sondern zugleich als Probleme des menschlichen Zusammenlebens zu verstehen. Auf dem Psychoanalytischen Kongreß in Nyon 1936 lautete ein Hauptthema: «Familienneurose und neurotische Familie.» Aber dann wurde dieser sozialpsychologische Trend in der Psychoanalyse und in der Psychotherapie zunächst schroff unterbrochen. Und vieles spricht dafür, daß diese Stagnation mit dem von Gewalt und Angst geprägten Klima zusammenhing, das sich unter dem Einfluß des vordringenden Faschismus ausbreitete. Die Anfangserfolge des faschistischen Expansionismus schienen ja alle Hoffnungen wieder einmal als trügerisch zu erweisen, daß Menschen und Gruppen ihre Konflikte in einem Geist der Zusammengehörigkeit gemeinsam überwinden könnten. Der Krieg bedeutete einen Triumph des rücksichtslosen Rivalitätsprinzips über das Prinzip der Kooperation und der Solidarität. Ebendies ist ja die dämonische Kraft jeder imperialistischen Gewaltpolitik, daß sie, soweit ihr Einfluß reicht, Menschen und Völkern das Rivalisieren auf Leben und Tod aufzwingen kann, wenn sie darauf besteht. Man sieht rückblickend, daß sich damals die vom Faschismus angerichteten Zerstörungen bis tief in die mikrogesellschaftlichen Bereiche und bis in das unmittelbare Selbstverständnis des einzelnen hinein auswirkten. Erst nach der Niederwerfung des Faschismus, seitdem sich weltweit wieder die Hoffnung auf Entspannung und Verständigung zwischen den Völkern regte, belebte sich auch im allgemeinen Lebensgefühl erneut ein Begriff von seelischer Gesundheit und Krankheit, der den Werten der Kommunikation und der Gemeinschaft einen bevorzugten Rang einräumte. Daß seelisches und soziales Wohlbefinden untrennbar zusammengehören, legte die Charta der Weltgesundheitsorganisation mit ihrer offiziellen Definition von Gesundheit fest. Das Bedürfnis ratsuchender Menschen, beim Therapeuten oder Berater ihre inneren Konflikte auf dem Hintergrund ihrer Partnerbeziehungen und ihres Umweltverhältnisses allgemein darzustellen und zu bearbeiten, führte automatisch zu einer Wiederaufnahme der sozialpsychologischen Ansätze der Psychoanalyse aus den zwanziger, dreißiger Jahren. Paartherapie, Familientherapie und Gruppentherapie wurden somit gewissermaßen zum Ausdruck eines neuen Lebenskonzeptes, in dem der Wunsch nach Selbstverwirklichung in Gemeinschaft und nach Überwindung von psychischen Schwierigkeiten und Krankheiten im Zusammenhang der Gruppe bestimmend wurde.

Wenn man nun speziell die Entwicklung der *Familientherapie* in den verschiedenen westlichen Ländern betrachtet, so findet man Unterschiede im Tempo, in den Prinzipien und in den Methoden, die wiederum auf divergierenden sozio-kulturellen Bedingungen beruhen. Die psychosoziale Medizin dringt immer nur mit Angeboten durch, die jeweils den Normen und Wertvorstellungen, der emotionellen Verfassung und den konkreten Lebensbedingungen der Menschen in einer Region genau angemessen sind. Deshalb kann man zum Beispiel den Stand der psychologischen Medizin in verschiedenen Ländern nicht ähnlich vergleichen wie den Stand in der Naturwissenschaft. Es gibt nur *eine* Naturwissenschaft, in der die einen voraus und die anderen rückständig sein mögen. In der transkulturellen Psychiatrie hat man indessen keinen allgemeinverbindlichen Bewertungsmaßstab zum Vergleich. Wenn sich zum Beispiel in den deutschsprachigen Gebieten die Familientherapie in den letzten zwanzig Jahren zögernder und mit anderen konzeptuellen Schwerpunkten entwickelt hat als in den USA, so ist das kein betrübliches Nachhinken. Denn hier haben die Menschen andere Erwartungen als dort. Und nur an den regionalen Erwartungen der Menschen ist der Stand der Therapieangebote in der psychosozialen Medizin sinnvoll zu messen. Was hier an Familientherapie angeboten wird, ist auf das Krankheitsverständnis und die Heilungsvorstellungen der Mitteleuropäer zu beziehen, deren Familienideologie und -struktur eine andere ist als diejenige der US-Amerikaner. So lohnend es für uns auch ist, aus amerikanischen Erfahrungen zu lernen, so dürfen wir uns eben nicht darin irritieren lassen, in unseren Ländern beharrlich an einem weiteren Ausbau derjenigen Varianten von familientherapeutischen Konzepten zu arbeiten, die sich im Zusammenhang mit den spezifischen Denkweisen, Gewohnheiten und konkreten sozialen Verhältnissen der hiesigen Menschen entwickelt haben. Dabei ist Rücksicht auf die sozialwissenschaftlichen Beobachtungen zu nehmen, daß in der amerikanischen Familie die Rolle der Mutter, die Rolle des Vaters, die Formen der Erziehung, die innerfamiliären Bindungen im ganzen von unseren Verhältnissen abweichen, sowie es auch kulturspezifische Unterschiede im Kommunikationsstil allgemein gibt. Der Befund etwa, daß die Amerikaner sich im Durchschnitt anscheinend offener und kontaktbereiter in einer oberflächlicheren Beziehungsebene benehmen und zur Institution Familie mehrheitlich vergleichsweise ein weniger gebrochenes und eher idealisierendes Verhältnis haben, als dies hier der Fall ist, bildet sich notwendigerweise auch in unterschiedlichen Erwartungen an familientherapeutische Angebote ab. Komplizierend kommt noch der Tatbestand hinzu, daß die psychosozialen Merkmale der Familie innerhalb der einzelnen Gesellschaften je nach Sozialstatus stark variieren. Von der empirischen Sozialforschung haben wir gelernt bzw. lernen wir noch immer mehr darüber, wie gravierend sich die Unterschiede in der Schichtzugehörigkeit auf das Geschlechterverhältnis, auf Ziele und Formen der Kindererziehung, auf den Stil und das Ausmaß der innerfamiliären Kommunikation überhaupt auswirken. Neben ethnisch-kulturellen Faktoren, neben Bildungsstand und ökonomischem Status sind es natürlich auch die besonderen Eigenarten psychischer Krankheiten (die sich wiederum in differenten Kulturen unterschiedlich ausprägen und unterschiedlich bewertet werden), welche die Eignung von familientherapeutischen Ansätzen mitbestimmen.

Von diesem Buch darf man wohl sagen, daß es erstmals einen gewissen zusammenfassenden Überblick über familienbezogene Ansätze in der deutschsprachigen analytischen Psychotherapie und dynamischen Psychiatrie gibt, die sich zunächst nebeneinander und seit einigen Jahren in verstärktem Austausch miteinander entwickelt haben. Der Leser wird erkennen, daß sich Familientherapie als eine weitläufige konzeptuelle Richtung darstellt, nach der sich diverse Vertreter der psychosozialen Medizin, der klinischen Psychologie und der Sozialberatung in wachsendem Maße orientieren. Das System Familie wird zu einem zentral wichtigen Bezugsthema in der Psychoanalyse, in der Psychosomatik, in der Psychosentherapie, in der Erziehungs- und Eheberatung, in der Gruppentherapie, in der Heil- und Sonderpädagogik, in der Geriatrie, in der Sozialtherapie, in der Gemeinwesenarbeit. In allen Feldern der Prävention, Therapie und Rehabilitation von psychischen Störungen und Krankheiten wird das Zusammenleben in familiären Beziehungen für die Begründung und Durchführung von Handlungsstrategien stärker beachtet. Aus den bereits genannten Gründen handelt es sich hier offenbar um die Auswirkungen eines generellen Wandels, so daß sich in den verschiedenen Fachdisziplinen und Versorgungsbereichen parallel laufende Bestrebungen auf Familientherapie hin entwickeln.

Ähnlich wie in den USA und zum Teil in Skandinavien gehörte auch im deutschen Sprachraum die Schizophrenietherapie zu den Erfahrungsbereichen, in denen am frühesten mit familientherapeutischen Konzepten experimentiert wurde. Die bifokale Familientherapie bei Schizophrenen, die R. SCHINDLER (Wien) Ende der vierziger Jahre bereits entwickelt hat, ist hier als eine besondere Pionierleistung zu erwähnen. Wenn diese Methode auch – neben ihrer Ausstrahlung in sonstige Teile Europas – von einigen psychiatrischen Kliniken im deutschen Sprachbereich übernommen wurde, so in Salzburg (GASTAGER), Gütersloh (WINKLER) und Zürich (BRACK), so ist doch nicht zu verkennen, daß Familientherapie wie Psychotherapie generell gegenüber den im deutschen Sprachgebiet dominierenden konservativen Methoden der Psychosenbehandlung lange Zeit nur wenig Boden gewinnen konnten. Erst mit dem Aufschwung der modernen Sozialpsychiatrie läßt sich ein neues Interesse an einer familienbezogenen Arbeit mit Schizophrenen erkennen. Viele jüngere Sozialpsychiater betreiben bereits die Nachsorge klinikentlassener Schizophrener überwiegend in Form von Familienarbeit. Und auch in der intramuralen Psychiatrie beobachtet man hier und da ein Experimentieren mit familientherapeutischen Arrangements. GASTAGER ist dabei, die Chancen der Familientherapie in der stationären Psychiatrie auch jenseits der Schizophrenie bei anderen Krankheitsbildern zu testen, so etwa bei Oligophrenen.

Ein anderer Ausgangspunkt für die Verbreitung familiendynamischer Konzepte ist die Arbeit mit Eltern und Kindern in Erziehungs-, Jugend- und Familienberatungsstellen. Obwohl hier die Vorteile einer familientherapeutischen Arbeitsweise besonders nahezuliegen scheinen und die Psychoanalyse längst die theoretischen Voraussetzungen für das Verständnis unbewußter Austauschprozesse innerhalb der Familie als Wurzel pathogener Konflikte bereitgestellt hatte, hat die Familientherapie auch in diesem Bereich erst ziemlich spät wirklich Fuß fassen können. Auf dem Hintergrund einer individualistischen Denktradition war und ist man zum Teil auch heute noch daran gewöhnt, Eltern und Kinder nebeneinander zu sehen und entweder den einen oder den anderen Teil isoliert als Patienten zu organisieren. Vornehmlich war man geneigt, in der Erziehungsberatung die Kinder als die eigentlichen Patienten zu definieren und mit den Eltern allenfalls ein kotherapeutisches Arrangement einzugehen, das einseitig auf die Bedürfnisse des Kindes ausgerichtet wurde. Dennoch wuchs bei Kinderanalytikern und Erziehungsberatern allmählich deutlich die Neigung, sich unmittelbar um die Interaktion zwischen Eltern und Kindern zu kümmern und die wechselseitige Abhängigkeit der psychischen Reaktionen zu bearbeiten. Das Vordringen dieser Sichtweise, das sich zum Beispiel auch in England in Veränderungen der Arbeiten an der Hampstead-Klinik abzeichnete (gleichzeitige Analysen von Mutter und Kind), ließ sich auch bei deutschen Kinderanalytikerinnen (z. B. DRÄGER, WERNER, A. MÜLLER-BRAUNSCHWEIG) und bei dem Schweizer ZULLIGER ablesen. Diese Entwicklungslinie führte zu familiendynamischen und familientherapeutischen Vorstellungsmodellen und Strategien, bezogen auf die Familien neurotischer, psychosomatischer und dissozialer Kinder und Jugendlicher. Zu diesem speziellen Themenbereich liefern diverse Arbeitsgruppen Beiträge, so etwa E. und U. Sperling und Mitarbeiter (Göttingen) und Stierlin, Rücker-Embden und Mitarbeiter (Heidelberg). In beiden Zentren widmet man der Mehrgenerationen-Therapie ein besonderes Interesse. Außerdem sind in diesem Zusammenhang zu nennen Baumann und Mitarbeiter (Frankfurt), Uchtenhagen und Mitarbeiter (Zürich) und unser Arbeitskreis mit Neraal, A. Overbeck u. a.

Ähnlich wie die Erziehungsberatung gehört die *Eheberatung* zu den Institutionen mit langer Tradition im deutschen Sprachraum. Auch hier wurde jahrzehntelang vornehmlich individualzentriert gearbeitet. Die Stabilisierung der ehelichen Gemeinschaft war zwar seit eh und je ein zumindest vom Träger zugewiesener Aufgabenbestandteil dieser Stellen. Den Beratern war hier eine moralische Verpflichtung auferlegt, aber sie verfügten über keine sozialpsychologischen Grundlagen, die es ihnen ermöglicht hätten, die Interaktionskonflikte von Paaren tatsächlich ganzheitlich zu bearbeiten. Die latente moralische Komponente des Beratungsziels verführte ohnehin viele Berater dazu, jeweils den einen Eheteil als den geschädigten «Unschuldigen» zur Identifikationsfigur zu erwählen und auf den schädigenden «schuldigen» Partner kritisierend und ermahnend einzuwirken. Inzwischen ist die eigentliche Paarbeziehung indessen auch im deutschen Sprachbereich zu einem bevorzugten Thema theoretischer und therapeutischer Forschung geworden. Zu nennen sind hier unter anderen die Namen von Willi und Duss-von Werdt (Zürich), von A. und K. H. Mandel (München), F. Heigl und A. Heigl-Evers (Göttingen), Beckmann und Verfasser (Gießen). Um die Erforschung des Modells der Ehepaar-Gruppentherapie haben sich in letzter Zeit besonders Preuss (Ebenhausen), Junker (Kassel) sowie M. L. und M. Moeller (Gießen) verdient gemacht.

Die Erweiterung des Blickfeldes vom individuellen Klienten zum Paar und zur ganzen Familie führt automatisch weiter zur Frage nach den Beziehungen zwischen der Familie und ihrer sozialen Umwelt. Viele pathologisch relevanten Konflikte produziert die Familie nicht aus sich heraus, sondern reagiert damit auf Einflüsse, die aus dem gesellschaftlichen Umfeld in sie hineinwirken. In mannigfacher Hinsicht ist die Familie lediglich eine Miniaturkopie der Gesellschaft, in die sie eingebettet ist. In ihr spiegeln sich alle Mißstände wider, an denen die Gesellschaft manifest oder latent leidet. Ihre Neigung, von einer rein individualpsychologischen zu einer vorwiegend sozialpsychologischen Denkweise überzugehen, zwingt zahlreiche Familientherapeuten, sich über das Feld der Familie hinaus mit den allgemeineren sozialen Bedingungen von psychischer Gesundheit und Krankheit zu beschäftigen. Typisch für eine theoretische Verknüpfung familiendynamischer und gesellschaftskritischer Aspekte ist etwa der in diesem Buch dargestellte Ansatz von KLEMANN und MASSING (Göttingen). Maßgeblichen Einfluß haben die Feldstudien STROTZKAS und seiner Mitarbeiter (Wien) über die sozialökologischen Bedingungen psychosozialer Störungen ausgeübt. Sie bedeuteten eine wichtige Orientierungshilfe für eine gezielte Arbeit mit Randgruppenfamilien, die unter anderen von FRIEDRICH (Göttingen), GÜTTGES und Verfasser (Gießen) im Rahmen von Gruppeninitiativen begonnen wurden.

Indem nicht nur die Familie, sondern auch der Therapeut in seiner Arbeit weithin von übergreifenden gesellschaftlichen Bedingungen geleitet wird, sieht er sich schließlich vor die Frage gestellt, den Sinn bzw. die Ziele seines eigenen Tuns im Zusammenhang mit den Normen und Wertvorstellungen seines sozio-kulturellen Milieus kritisch zu überdenken. Auch diese um das Selbstverständnis des Therapeuten zentrierte Problemstellung, die in diesem Buch von REITER, STEINER und STROTZKA im Anschluß an frühere Studien weiterverfolgt wird, kann man zweifellos zu den Interessenschwerpunkten zählen, die der Familientherapie im deutschen Sprachraum einen eigenständigen Akzent verleihen.

Dies kann man wohl auch von den Bemühungen einer Reihe von familientherapeutisch aktiven Forschern aussagen, die – an Ansätze der alten psychoanalytischen Pädagogik anknüpfend – an einer Umsetzung moderner familiendynamischer Erkenntnisse in Reformen auf dem Gebiet der Sozial-, Gesundheits- und Bildungspolitik mitzuwirken versuchen. Als sich die ARBEITSGEMEINSCHAFT FÜR FAMILIENFORSCHUNG UND FAMILIENTHERAPIE im Jahre 1972 aus Angehörigen österreichischer, schweizerischer und westdeutscher Forschungsgruppen bildete, setzte sie sich ein Programm, in dem derartige politische Einflußnahmen sogar einen bevorzugten Rang einnahmen. Die sich in dieser ARBEITSGEMEINSCHAFT versammelnden Familientherapeuten wollten sich ausdrücklich nicht auf wissenschaftlichen Gedankenaustausch beschränken, sondern dafür sorgen, ihre aus der therapeutischen Familienforschung bezogenen Erkenntnisse in das gesellschaftliche Umfeld hineinzutragen und auf entsprechende Reformen zu dringen. So akzeptierte die ARBEITSGEMEINSCHAFT bei ihrer Begründung den folgenden Aufgabenkatalog:

1. Erarbeitung von operationalisierbaren Konzepten zur Erwachsenenbildung auf den Gebieten: Kindererziehung, Konflikthilfe für Familien- und Erziehungsprobleme, Rollenprobleme der Frau.

2. Studium neuer Modellversuche mit Ehepaargruppen, Wohngemein-

schaften, kollektiver Kindererziehung usw.

3. Studium familientherapeutischer Methoden unter Einschluß moderner sozio-therapeutischer Verfahren bei Randschichtfamilien.

4. Erstellung von Unterlagen bzw. Planungshilfe für Weiterbildungs- und Supervisionsmöglichkeiten für Berufe aus dem Sektor Ehe-, Familien- und Erziehungsberatung, familienbezogene Sozialarbeit und Familientherapie.

5. Erarbeitung von Unterlagen und Planungshilfen für moderne Kindergärten und -horte, zentrale Beratungsdienste an den neuen Bildungszentren, *community organization*-Programme.

Heute läßt sich rückblickend sagen, daß sich die Arbeitsgemeinschaft seinerzeit mehr vorgenommen hat, als sie tatsächlich als Gruppe gemeinsam bewältigen konnte. Gleichwohl hat das zitierte Programm immerhin dazu geführt, daß jeweils einige Mitglieder bzw. Subgruppen der Arbeitsgemeinschaft in den einzelnen hier genannten Aufgabengebieten tätig geworden sind, so daß letztlich doch der gesamte Aufgabenkatalog in der einen oder anderen Weise in die Diskussion des Gesamtkreises einbezogen wurde. Gestützt auf Beratungshilfe in der Arbeitsgemeinschaft haben verschiedene Mitglieder in der Bundesrepublik zum Beispiel mitgewirkt bei

- einer Beratung des Bundesgesundheitsministeriums zum Tagesmütterproblem (allerdings erfolgte die Hinzuziehung leider erst in einer späteren Phase);
- einem Hearing des Bundestagsausschusses für Jugend, Familie und Gesundheit über das Familienberatungswesen in Deutschland;
- einer vom Deutschen Bundestag in Gang gesetzten Enquete zur Lage der psychisch Kranken.

In dem Enquete-Bericht, der im November 1975 dem Bundesgesundheitsministerium übergeben wurde, ist übrigens die soziale Dimension psychischer Krankheit nicht nur theoretisch definitorisch beschrieben, sondern auch für die Forderung nach systematischem Ausbau der Familien- und Sozialtherapie ausgewertet worden. Unter anderem hat die These Aufnahme gefunden (B 4.1.4.):

«Psychisch Kranke müssen häufig in ihrem psychosozialen Konfliktfeld beraten und behandelt werden, um die krankheitserzeugenden psychosozialen Konflikte bearbeiten zu können. Die Behandlung wendet sich dabei nicht nur an die manifest Kranken, sondern auch an Gruppen, insbesondere Paare und Familien mit Kindern und Jugendlichen mit krankheitserzeugenden interpersonellen Konflikten.»

Verlangt wird in dem Enquete-Bericht fernerhin die Schaffung integrierter Beratungszentren mit familientherapeutischer Ausrichtung, eine

Reform der Sozialtherapie für Randgruppenfamilien, die Integration der Familientherapie in die Ausbildung der analytischen Psychotherapeuten, die Schaffung einer familien- und sozialtherapeutisch orientierten Weiterbildung von Sozialarbeitern usw. Ein spezielles Gutachten über Familientherapie aus dem Anhang zum Enquete-Bericht ist in diesem Buch abgedruckt (s. Fünfter Teil). Es enthält eine Zusammenstellung der wichtigsten Forderungen für den Einbau der Familientherapie in die Versorgung der psychisch Kranken einschließlich des Verlangens nach Anerkennung der Paar- und Familientherapie als Kassenleistungen.

Bei aller Einsicht in die Notwendigkeit eines raschen intensiven Ausbaus der Familientherapie in diversen Versorgungsbereichen ist indessen nicht zu verkennen, daß in diesem relativ jungen Wissenschaftsgebiet noch viel *Forschungsarbeit* geleistet werden muß, um das aufblühende Interesse an familientherapeutischen Arbeitsweisen auf fundierte Methoden zu lenken und um die Gefahr eines dilettantischen Pragmatismus zu bannen. So sah es die Arbeitsgemeinschaft für Familienforschung und Familientherapie auch von vornherein als eine vordringliche Aufgabe an, die einschlägige Forschung in ihren Ländern durch gemeinsame Planung und sinnvolle Koordination von Forschungsprojekten zu fördern. Daß sie sich diesen Aufgaben intensiv widmen konnte, ermöglichte die großzügige Unterstützung durch den Stifterverband für die Deutsche Wissenschaft, dessen Generalsekretär Herr Risler durch seine Initiative und seine Anregungen wesentlich dazu beitrug, dieses relativ unkonventionelle Modell von Forschungsförderung zu verwirklichen.* Der Aufbau der Arbeitsgemeinschaft folgte der Idee, daß man versuchen sollte, Wissenschaftler deutschsprachiger Forschungsgruppen, die einander fachlich durch ähnliche Arbeitsthemen im Bereich von Familiendynamik und Familientherapie nahestanden, zusammenzubringen und ihnen zu ermöglichen, eine gewisse Summe für sinnvoll aufeinander bezogene Forschungsprojekte einzusetzen. Auf diese Weise fanden sich 23 Wissenschaftler aus Zürich, Lausanne, Wien, Salzburg, Heidelberg, Göttingen, Frankfurt und Gießen zusammen. Wir hatten die Gelegenheit, uns zweimal pro Jahr auf Arbeitstagungen zu treffen, wo wir unsere Erfahrungen austauschten, die schon zitierten politischen Initiativen berieten, zugleich aber sehr ausführlich untersuchten, wie wir unser auf die verschiedenen Orte verstreutes Forschungspotential am besten nutzen könnten, um das Fachgebiet der Familientherapie am effektivsten voranzubringen. Wir hatten uns zu fragen: Welches sind zu diesem Themenkreis im Augen-

* Im Namen der Herausgeber und aller Mitglieder der Arbeitsgemeinschaft sage ich Herrn Risler an dieser Stelle ganz besonderen Dank.

blick die wichtigsten Fragestellungen? Können die einzelnen Forschungsgruppen auf Grund ihrer Vorarbeiten und ihrer Interessenschwerpunkte Programme entwickeln, die in einem sinnvollen Ergänzungsverhältnis stehen und in etwa den objektiv vordringlichen Aufgabenkatalog abdecken?

Nach einer Phase des wechselseitigen Kennenlernens brachten wir in der Tat eine Liste von Einzelprojekten zusammen, die sich thematisch über einen ziemlich weiten Bereich verteilen, dennoch miteinander sinnvoll verknüpft zu sein scheinen. Und trotz der damit notwendigerweise verbundenen Spannungen unterwarfen wir uns wechselseitig einer Art von Begutachtungsverfahren, indem wir die einzelnen Vorhaben auf ihre Qualität, ihren zeitlichen und materiellen Aufwand hin untersuchten. Da uns nur eine recht beschränkte Summe für das Gesamtprogramm zur Verfügung stand, erfolgte diese Selbstbegutachtung der Arbeitsgemeinschaft unter der Voraussetzung, daß jeweils alle von jeder Entscheidung praktisch mit betroffen waren. Die skeptische Vermutung, daß auf diese Weise um der Gruppenharmonie willen automatisch eine Nivellierung der Bewilligungen nach dem Gießkannenprinzip stattfinden würde, bestätigte sich glücklicherweise nicht. Im Gegenteil: bei dieser unkonventionellen Selbstbegutachtung verfuhr die Arbeitsgemeinschaft zweifellos mindestens so sachlich, streng und gründlich, wie man es von Außengutachtern erwartet. Und die Qualität dieser gutachtlichen Gruppenarbeit übertraf nach aller Eindruck sogar diejenige von vielen anonymen Einzelgutachten, die von den Forschungsförderungs-Gesellschaften oft lediglich auf der Basis von Aktenunterlagen in Auftrag gegeben werden. Sehr hilfreich in der Initialphase der Strukturierung der Forschungsplanung war die dankenswerte Mithilfe von Herrn Dr. Pistor vom Stifterverband.

Die Arbeit an den Forschungsprojekten ist seit 1973 im Gange. Das vorliegende Buch enthält zwar viel Material aus den einzelnen Forschungsprojekten. Es ist aber nicht etwa als ein Konvolut von zusammenfassenden Forschungsberichten angelegt, sondern es möchte einem größeren Kreis von interessierten Lesern einen informativen Überblick über Aspekte der Familiendynamik und der Familientherapie vermitteln, in dem praxisbezogenen Fragestellungen die Priorität eingeräumt wird. Da nahezu alle Autoren in der Arbeitsgemeinschaft seit langem kooperieren, mag – hoffentlich – erkennbar werden, daß es sich hier nicht um eine der üblichen Artikelsammlungen von einander fremden Autoren handelt. Gleichwohl wird der Leser entdecken, daß sich in den Beiträgen zum Teil auch erhebliche Divergenzen in den Auffassungen und Methoden zwischen manchen Forschungsgruppen widerspiegeln. Obwohl die allermeisten Autoren von der Psychoanalyse herkommen, bedienen sie sich in der Anwendung ihrer analytischen Kenntnisse auf das Feld Familie teilweise unterschiedlicher Leitvorstellungen. Die mit dem Schritt von der Individualtherapie zur Familientherapie notwendigen Erweiterungen der Theorie und Modifikationen der Technik sind in der Tat nicht automatisch aus dem Grundbestand des auf das Individuum bezogenen psychoanalytischen Wissens ableitbar. Mit dem Betreten des Feldes der Familientherapie sind noch viele Unsicherheiten und Unklarheiten verbunden, welche die Intensivierung einschlägiger Forschung als notwendig erkennen lassen. Daraus sollte aber nicht der vor allem von konservativen Psychiatern mitunter vernehmbare Schluß gezogen werden: Die Familientherapie sei noch zu jung und zu wenig erprobt, um Klienten und Patienten auf breiterer Basis zugemutet zu werden. Die konservative Psychiatrie arbeitet vielfach mit Verfahren, die zwar in Tausenden von Studien überprüft, aber in ihrer Bewährung keinesfalls bestätigt worden sind. Mit der klassischen, vorwiegend auf Verwahrung und medikamentöse Dämpfung der Kranken ausgerichteten Anstaltstherapie hat die Psychiatrie zwar die größten, aber im Ergebnis keinesfalls besonders positive Erfahrungen, ohne daß viele Anstalten ihren Stil grundlegend zu reformieren für nötig halten. Die moderne Familientherapie gehört demgegenüber zu den Methoden, über die zumal im deutschen Sprachgebiet zwar noch keine sehr ausgiebigen Erfahrungen vorliegen, deren Anwendung indessen ihren Vertretern und vor allem Klienten und Patienten als ein unbedingt sinnvolles Verfahren einleuchtet. Schließlich: die weitere Erprobung hängt ja eben von einer breiteren Anwendung ab, die allerdings durch eine hinreichend solide Begleitforschung überprüft werden muß. Im übrigen liegen ja auch bereits ermutigende Erfolgskontrollen bei Familientherapie vor.

Familientherapie führt zu Arrangements, in denen Vertreter unterschiedlicher sozialer Berufe kooperieren können und sollen. Deshalb kommt es darauf an, daß Informationen über Familientherapie nicht nur Psychotherapeuten, Psychiatern, Psychagogen und beratenden Psychologen, sondern auch und genauso nachdrücklich Krankenschwestern, Pflegern, Sozialarbeitern, Pädagogen, zum Teil auch Bewährungshelfern, Erziehern, Juristen, Theologen geliefert werden. Aber auch die breite Öffentlichkeit benötigt ausführliche Aufklärung über die neuen Angebote, gerade weil sich beobachten läßt, daß das Verlangen nach familienbezogener Hilfe bei psychischen Konflikten und Krankheiten spontan in zahlreichen sozialen Gruppen anwächst. Es liegt, wie gesagt, zuallererst am Verständnis und an der Kooperationsbereitschaft derjenigen, die Hilfe suchen, ob die in der Familientherapie liegenden Chancen voll ausgeschöpft werden können. Deshalb wünschen sich die Autoren, mit diesem gemeinsamen Buch einen großen Kreis von denen anzusprechen, die sich in irgendeiner Rolle als Betreuer oder als möglicherweise irgendwann zu Betreuende mit dieser neuen Perspektive der Therapie und Beratung vertraut machen möchten.*

* Besonderer Dank gebührt Herrn Dipl. Psych. Kindermann, Gießen, und Herrn Gieselbusch vom Rowohlt Verlag für ihre wesentliche koordinierende bzw. redaktionelle Mithilfe bei der Vorbereitung dieses Bandes.

Erster Teil

Ehe und Familie in der Gesellschaft

Vorbemerkung

Hans Strotzka

Eine Stärke unserer Arbeitsgemeinschaft für Familienforschung und Familientherapie kann man vielleicht in unserem bewußten Streben nach kritischer Reflexion unserer therapeutischen Praxis und methodischen Theoriebildung sehen. Wollten wir nicht in einen vordergründigen und oberflächlichen Rezeptpragmatismus verfallen, der als Gefahr einzelner Schulen der Familientherapie vor allem in den Vereinigten Staaten erkennbar wird, dann mußten wir besonders aufmerksam und in ständiger Bemühung gerade die Hintergründe unseres Denkens und Tuns aufzuhellen trachten. Inwieweit beeinflussen unsere oft nur vorbewußten oder unbewußten Wert- und Zielvorstellungen unsere wissenschaftlichen und praktischen Haltungen, Konzepte, Methoden und Techniken in der Familientherapie? Welche Rolle spielen gesellschaftliche Vorbedingungen beim Krankwerden des «Patienten Familie» und beim helfenden Bemühen des Therapeuten? Solche Fragen haben uns, direkt oder indirekt, in der Arbeitsgemeinschaft beschäftigt. Darum bilden Arbeiten zur Standortbestimmung von Ehe und Familie – und damit natürlich auch von Ehe- und Familien*therapie* – in der Gesellschaft den Ersten Teil.

Er wird eröffnet mit einem konkreten Vorschlag zur Koordination der verschiedenen Betreuungsdienste im Sinne und zum Zwecke der Vorbeugung (1.1. H. E. Richter: «Vorbeugung von psychogenen Störungen in der Familie»). Den Standpunkt, der dort im Konzept des gleichberechtigten Teams, in konkret erprobten Gegenmaßnahmen gegen Vereinzelung, Zersplitterung und Verzettelung der vorhandenen geringen Mittel und Kräfte sowie in der Akzentsetzung auf Prävention zum Ausdruck kommt – diesen wirklichkeitsnahen Standpunkt halten wir gesundheits- und sozialpolitisch für eminent wichtig. Hier wird ein *Modell* vorgeschlagen, das ohne Mehrkosten die Betreuungslage der Bevölkerung wesentlich verbessern könnte. Durch die Voranstellung dieses Aufsatzes soll die Praxis- und Patientenzentriertheit unseres Buches unterstrichen werden.

Es folgen zwei soziologisch orientierte Arbeiten. Die erste (1.2. J. Duss-von Werdt: «Familientherapie als angewandte Familiensoziologie») befaßt sich eingehend mit der Therapeutenvariablen, während die zweite (1.3. M. Klemann/A. Massing: «Gesellschaft, Familie und Individuum») einen komplexen Fall aus der Grundschicht demonstriert.

Die Wert- und Zielproblematik in der Familientherapie und Familienberatung ist Thema der vierten Studie (1.4. L. Reiter/E. Steiner/H. Strotzka: «Wert-, Ziel- und Normenkonflikte in der Familientherapie»). Die grundsätzliche Schwierigkeit der Teamzusammenarbeit zwischen Therapeuten und Juristen wird hier exemplifiziert an der Diskussion eines amerikanischen Therapiemodells: der «befristeten Trennung». Dabei wird auch die Kulturbedingtheit der Familientherapie deutlich.

Die schweren Konflikte in und mit einer Randgruppenfamilie geben dem fünften Aufsatz eine ebenso bedrückende wie empörende Anschaulichkeit (1.5. A. Güttges: «Zur Interaktion zwischen Randgruppenfamilien und Behörden am Beispiel der Familie W.»). Der Fall kennzeichnet exemplarisch die Tendenz der Behörden, gerade dort zu disziplinieren und zu strafen, wo Hilfe besonders vonnöten, aber auch besonders schwierig ist. Die ganze Gefährlichkeit solcher «Administration des Elends» liegt in dem Bürokratenirrtum beschlossen, die Abschiebung einer Problemfamilie an einen anderen sozialen Ort mache nicht nur der Verwaltung das Leben leichter, sondern auch der betroffenen Familie.

Im 6. Kapitel wird die Rolle des Sozialarbeiters in der Familienbetreuung diskutiert (1.6. H. Wilfing: «Über familientherapeutische Orientierung vom Standpunkt des Sozialarbeiters»). Kein Zweifel, daß in der Gegenwart und noch viel mehr in der Zukunft die Familienarbeit von dieser Berufsgruppe getragen werden kann. Ein dringende Aufgabe liegt darin, die vorhandenen Benachteiligungen dieser Gruppe in der Ausbildung, im Sozialprestige und nicht zuletzt in der Bezahlung schleunigst aufzuheben.

Der Erste Teil schließt mit einer empirischen Untersuchung (1.7. D. Beckmann: «Paardynamik und Gesundheitsverhalten»): In welcher Beziehung steht die soziale Geschlechtsrolle zum Gesundheits- und Krankheitsverhalten? In unserer durchgehend in «weiblich» und «männlich» polarisierten Gesellschaft werden Frauen und Männer in sehr unterschiedlicher Weise von Eheschwierigkeiten und Familienstörungen betroffen. Dieser repräsentativ erhobene Befund muß zu praktischen Konsequenzen in der Paartherapie führen.

Solche methodische Feineinstellung auf den Patienten – sei es ein Individuum als Symptomträger, sei es eine «kaputte» Paarbeziehung, sei es eine Systemstörung im Familien-Kollektiv – leitet von dem mehr gesellschaftsanalytischen Ersten über zum Zweiten Teil, zur Praxis.

1.1. Vorbeugung von psychogenen Störungen in der Familie

Einige Perspektiven für eine Weiterentwicklung regionaler psychosozialer Prävention

Horst E. Richter

Die Enquete über die psychiatrische und die psychotherapeutisch/psychosomatische Versorgung der Bevölkerung der Bundesrepublik Deutschland[1] hat eines klar gezeigt: Wir verfügen vorläufig nur über sehr lückenhafte wissenschaftliche Erkenntnisse von den Möglichkeiten einer effektiven Prävention seelisch bedingter Erkrankungen. Und obendrein geschieht zu wenig, um die bereits vorhandenen Erkenntnisse praktisch umzusetzen.

In letzter Zeit hat man eine Reihe von allgemeinen Sozialfaktoren in ihrer psychopathogenetischen Bedeutung genauer in Augenschein genommen. Dadurch ist zum Beispiel deutlich geworden, daß sich am *unteren Rand der sozialen Schichtenskala* die psychischen Krankheiten bzw. die psychogenen Störungen häufen, daß es *geschlechtsspezifische Lebensumstände* gibt, die sich in besonderer Weise psychosomatisch auswirken, daß die *Organisation des Schulbetriebes* und die *Verhältnisse am Arbeitsplatz* psychische Schädigungen hervorrufen können. Hier geht es darum, daß Medizinsoziologen, Sozialmediziner, Arbeitsmediziner, Psychiater und Psychosomatiker die schädlichen sozialen Faktoren noch genauer erkunden und daß sie sich entschiedener und geschickter als bisher darum bemühen, die aus ihren Erkenntnissen resultierenden Forderungen nach Reformen in der Stadtplanung, in der Sozial- und Familienpolitik, im Bildungswesen, in der Organisation von Arbeit zu vertreten. Dabei ist es eine Voraussetzung, daß Wissenschaftler der genannten Disziplinen nicht nur untereinander enger kooperieren, sondern daß sie die Zusammenarbeit auf weitere Gruppen ausdehnen: auf Pädagogen, Sozialpädagogen, klinische Psychologen, Theologen, Architekten, Rechtswissenschaftler, Verwaltungsexperten – und auf Politiker. Es zeigen sich einzelne Ansätze einer derartigen übergreifenden Kooperation, die unter anderem auch innerhalb der Enquete selbst zustande gekommen sind. Aber unleugbar überwiegt noch immer das Bild vielfältiger Rivalitäten und einer Tendenz zur Selbstisolierung der diversen Fach- und Berufsgruppen voneinander. Dadurch geschieht die Erforschung der psychohygienisch relevanten Sozialfaktoren vielfach allzu schmalspurig, unkoordiniert, und die Ergebnisse sind meist durch die jeweiligen Fachsprachen so chiffriert, daß bereits die Nachbarwissenschaften damit nichts anfangen können. Noch schlechter als die Kooperation zwischen den einzelnen Forschungszweigen funktioniert die Verbindung zwischen den wissenschaftlichen Experten und den Praktikern der Administration und der Politik.

Diese beklagenswerten Umstände machen klar: Diejenigen, die sich über eine verbesserte Prävention psychogener Störungen in der Familie Gedanken machen, müssen gleichzeitig bzw. zuvor gründlich überlegen, wie sie die unter sozialpsychologischem Aspekt durchaus krankhaft zu nennenden Störungen in und zwischen ihren eigenen Berufsgruppen und Institutionen effektiv angehen können. Es ist paradox, wenn zum Beispiel Experten mit großem Aufwand die Pathologie der Familiendynamik studieren und geeignete präventive und therapeutische Konzepte ersinnen wollen, obwohl sie selbst in ihren Einrichtungen und in ihren Standesgruppen allenthalben in unbereinigten Gruppenkonflikten stecken und auch kaum übergreifende Koordinationen zustande bringen. Es wäre eine widersinnige Konstellation, daß die Familie den Experten stellvertretend die Lösung eines Problems vormachen soll, damit diese ihre Kapitulation vor den eigenen Interaktionskonflikten leichter verdrängen und verleugnen können. Jedenfalls verdient der Gedanke festgehalten zu werden, daß diejenigen, die sich als kompetent für eine verbesserte Planung der Prävention verstehen, mit einer forcierten Aufarbeitung der eigenen Kooperationskonflikte beginnen sollten. Dieses Problem wird im Verlauf der folgenden Betrachtungen erneut sichtbar werden.

Anstatt die Frage nach den potentiell gesundheitsschädlichen sozialen Bedingungen weiterzuverfolgen, welche die einzelne Familie nicht erzeugt, sondern als vorgegeben antrifft*, sei nun zunächst überlegt, wie man die *Selbsthilfepotentiale der Familien* stärken und stimulieren kann, damit diese mit der Vorbeugung und Bewältigung von internen pathogenen Problemen besser zurechtkommen.

Meines Erachtens ist es an der Zeit, die *Aufklärungsarbeit* auf dem

* Hier enthält der Enquete-Bericht zur psychiatrischen und psychotherapeutisch/psychosomatischen Versorgung der Bevölkerung in der Bundesrepublik einiges aufschlußreiches Material. Besonders hingewiesen sei auf den Beitrag von Mühlich-v. Staden und Mühlich[3] im Anhang zum Bericht über die Lage der Psychiatrie in der BRD.

Gebiet der Psychohygiene entschieden zu verstärken und zu systematisieren, zumal da wir offenkundig eine verstärkte Sensibilisierung der Bevölkerung für diese Probleme wahrnehmen können. Es ist erforderlich, bereits in Oberschulen und Berufsschulen gezielt über Familiendynamik, über die Entstehung und mögliche Bewältigung von Partnerkonflikten und Erziehungsschwierigkeiten zu informieren. Das Thema Gesundheit wird in den weiterführenden Schulen immer noch allzu eng naturwissenschaftlich biologistisch behandelt, während die Schüler nach den offiziellen Lehrplänen kaum darauf vorbereitet werden, die ihnen zuwachsende Verantwortung für die Gestaltung ihrer Partnerbeziehungen und speziell der Kindererziehung auf die neuen Erkenntnisse der Sozialwissenschaften und der psychologischen Medizin zu stützen. Hier erscheint es mir für uns Experten sinnvoll, auf notwendige Reformen der Lehrpläne hinzuwirken. Diese Aufklärungsarbeit sollte im Bereich der Erwachsenenbildung auf breiter Basis fortgesetzt werden. Die Initiativen der sogenannten Elternschulen haben hier ja bereits unter maßgeblicher Beteiligung von Psychotherapeuten eine wichtige Pionierarbeit geleistet. Einschlägige Bildungsprogramme im Fernsehen und Rundfunk sind zwar quantitativ angewachsen, qualitativ aber vielfach noch ganz ungenügend. Man findet vielfach Sendungen, die genau das Gegenteil von dem anzustreben scheinen, was sie bewirken sollten. Ich meine vor allem solche Sendungen, in denen nicht die Selbsthilfekapazität des Publikums angesprochen wird, sondern umgekehrt geradezu planmäßig Ängstlichkeit, Unsicherheit und Hypochondrie erzeugt werden, so als käme es darauf an, den Psychotherapiebedarf in der Bevölkerung um jeden Preis noch zu erhöhen. Da werden in unkritischer Weise psychoanalytische Kenntnisse über die Triebentwicklung, über den Ödipuskomplex und über die neurotischen Hintergründe kindlicher Symptome popularisiert, ohne daß irgendwelche unterstützenden Hinweise für den Umgang mit diesen Problemen mitgeliefert werden. Die Zuschauer bzw. die Zuhörer werden durch die Problematisierung von Tatbeständen verunsichert, die sie bisher leidlich handhaben zu können glaubten. Ihr Blick fällt in psychologische Abgründe, die ihnen um so mehr deshalb Angst machen, weil sie als Laien den Zusammenhang der angerissenen Probleme nicht übersehen können. So gibt es psychoanalytisch orientierte Sendungen über Erziehungsschwierigkeiten, nach denen Eltern ihre Kinder nur noch in der Gefahr schwerster Neurotisierung schweben sehen und ratlos in Selbstvorwürfen über die Masse der vermeintlichen eigenen Erziehungsfehler versinken.

Es geht mithin nicht allein darum, die psychohygienische Öffentlichkeitsarbeit quantitativ zu vermehren, sondern sogar vordringlich darum, die Konzepte dieser Öffentlichkeitsarbeit zu modernisieren. Die übliche relativ unkritische Popularisierung der Neurosenpsychologie und der psychoanalytischen Phasenlehre verfehlt ihr Ziel, sofern die Informationen nicht in ein im weiteren Sinne therapeutisches Konzept eingebettet werden. Man muß erkennen, daß die Zuhörer bzw. Zuschauer von aufklärenden Fernseh- und Rundfunksendungen vor allem direkt eine Hilfe für ihre eigenen familiären Probleme suchen und mit einer substantiellistischen Aufklärung über Komplexe und Krankheitseinheiten gar nichts anfangen können. Wir dürfen in dieser Aufklärungsarbeit eben nicht die Fehler der alten psychoanalytischen Pädagogik wiederholen, die sich an Eltern wie an souveräne, psychisch voll ausbalancierte Erwachsene wendete, denen nur eine psychologische Wissensvermehrung nottäte, um ihr Erziehungsverhalten besser zu steuern. Ich glaube durchaus, daß es selbst über Massenmedien möglich ist, psychohygienische Informationen so zu vermitteln, daß damit zugleich in einem therapeutischen Sinne Selbsthilfepotentiale mobilisiert werden. Indessen sollten wir sehen, daß dieses Feld der psychohygienischen Öffentlichkeitsarbeit ein noch weitgehend unbearbeitetes Forschungsareal darstellt, dem sich zuzuwenden sehr lohnend erscheint. Wenn wir als Experten uns selbst solcher Aufklärungsarbeit zuwenden, müssen wir jedenfalls erkennen, daß es auch für uns dabei noch viel zu lernen gibt, weil nicht bereits fertige Anweisungen darüber vorliegen, wie man bei einem Massenpublikum im günstigen Sinne präventive Selbsthilfekräfte stärken kann. Es geht hierbei freilich nicht nur um die Frage, wie man Selbsthilfefähigkeiten zu steigern vermag, sondern auch darum, auf moderne Modelle zur Anwendung solcher Fähigkeiten hinzuweisen. Hier scheint zum Beispiel die Bewegung der sogenannten Selbsthilfegruppen eine steigende Bedeutung zu gewinnen, die noch weithin unterschätzt wird (Moeller[2]).

Natürlich stellen sich ähnliche Lernaufgaben erst recht den Repräsentanten anderer sozialer Berufe, von denen wir wünschen, daß sie uns im Vorfeld unserer professionellen fachberaterischen oder -therapeutischen Angebote vermehrt entlasten. So nützt etwa die erörterte Reform der Lehrpläne an den Schulen nichts, wenn die Lehrer nicht besser darauf vorbereitet werden, mit solchen Aufgaben in geeigneter Weise umzugehen. Wie wenig die bloße Aufstellung fortschrittlicher Lernzielkataloge nützt, läßt sich am Beispiel der inzwischen zwar vorgeschriebenen, aber vielfach höchst mangelhaft betriebenen Sexualaufklärung erkennen. Es ist jedenfalls zu hoffen, daß sich in Zukunft Psychotherapeuten vermehrt dafür interessieren werden, in der Grundausbildung und in der Fortbildung von Pädagogen mitzuwirken, um gemeinsam mit diesen geeignete Formen der Vermittlung psychosozialer Themen zu erarbeiten.

Die Mitwirkung von Lehrern bei der psychosozialen Prävention ist nicht allein wegen der notwendigen Aufklärungsarbeit bei älteren Schülern wichtig, sondern auch und im besonderen Maße zum Abfangen von Frühformen von kindlichen Verhaltensschwierigkeiten in Verbindung mit beratenden Elterngesprächen. Lehrer, Heimerzieher und Kindergärtnerinnen hätten an sich die Aufgabe, im Vorfeld der psychotherapeutisch geleiteten Dienste viele Bagatellprobleme bzw. leichte Frühformen von Verhaltensschwierigkeiten herauszufiltern und selbst zusammen mit den betroffenen Familien abschließend zu klären. Ich formuliere: «hätten die Aufgabe», weil wir alle wissen, daß diese Dienste die wünschenswerte Filterfunktion bislang nur ungenügend wahrnehmen. Überlastung, mangelhafte Ausbildung, fehlende Supervisionshilfen sind schuld daran. Dies muß aber dringend geändert werden, weil die Zahl der Beratungsstellen, der psychiatrischen und psychotherapeutischen Institutionen und Praxen keinesfalls in absehbarer Zeit so wachsen kann, daß alle ratbedürftigen Familien hier Hilfe finden können. Die sozialen Dienste im pädagogischen und sozialpädagogischen Vorfeld müssen sich also verstärkt der Bearbeitung leichterer psychosozialer Probleme bei ihren Bezugsgruppen annehmen. Von unseren psychiatrischen und psychotherapeutischen Institutionen aus können wir den Lehrern und Sozialpädagogen sicher einige Hilfen anbieten, wie etwa Fortbildungsseminare, Balint-Gruppen und ähnliches. Zugleich aber müssen wir diese Berufsgruppen stimulieren, daß sie verstärkt initiativ werden, um sich im Benehmen mit den Schul- und Jugendbehörden selbst verbesserte Fortbildungsmöglichkeiten zu erkämpfen.

In der Bundesrepublik Deutschland hat man für die psychologische Unterstützung der Lehrer die Institution des Schulpsychologen geschaffen. Daß diese Institution weitgehend versagt, liegt zuallerletzt an den meist sehr verdienstvoll bemühten Schulpsychologen selbst, vielmehr an ihrer bei weitem zu niedrigen Zahl und an ihrer ungünstigen Placierung innerhalb der Hierarchie der Schulbehörden. Ein Beispiel: Unsere Stadt von 78000 Einwohnern verfügt über einen einzigen, im Nebenzimmer eines Schulrates placierten Schulpsychologen, der natürlich nur wenig tun kann und obendrein weitgehend auf die Rolle des Gehilfen des Schulrates festgelegt ist. Die für diesen Schulpsychologen verbindlichen und schriftlich fixierten Arbeitsvorschriften enthalten einen höchst differenzierten Aufgabenkatalog, in dem wahrhaftig nichts von den möglichen Hilfen fehlt, die der Schulpsychologe schwierigen Schülern, ratlosen Eltern, überforderten Lehrern oder ganzen Lehrerkollegien angedeihen lassen sollte. Der Widerspruch zwischen dieser anspruchsvollen Norm und dem, was dieser eine Mann für insgesamt mehr als zwanzig Grund-, Gesamt- und Sonderschulen sowie Schulversuche praktisch leisten kann, ist grotesk. Man fühlt sich an die Funktion der *Potemkinschen Dörfer* erinnert, wenn hier durch eine höchst umfassende Arbeitsvorschrift die Erfüllung eines Bedarfes suggeriert wird, der in Wirklichkeit weitgehend ungedeckt bleibt.

Mit der Erwähnung des schulpsychologischen Dienstes ist bereits das System der professionellen psychohygienischen Beratungsdienste berührt. Es existiert hier ein System von Beratungsstellen, die primäre, sekundäre und tertiäre Prävention im Sinne der Definition von Kaplan leisten sollen. Das heißt, sie sollen helfen, psychische Störungen zu verhüten, sie sollen beginnenden Erkrankungen durch Früherkennung, Beratung oder Behandlung entgegenwirken und schließlich Folgeschäden ausgebrochener Krankheiten zu verhindern versuchen. Im einzelnen kennen wir in der Bundesrepublik neben dem genannten schulpsychologischen Dienst Stellen mit den Bezeichnungen Familien-, Erziehungs-, Lebens-, Lebensmüden-, Alten-, Jugend-, Sexual-, Pro-Familia-, Behindertenberatung, eingeschlossen die Telefonseelsorge. Vom gesellschaftlichen Bedarf her fallen diesen Diensten vornehmlich folgende Aufgaben zu:

a) Vorbeugende informative Beratung zur Vermeidung pathogener Fehlhaltungen (*attitudes*) in Partnerschaften, in der Kindererziehung, zur Familienplanung usw.

b) Beraterische oder therapeutische Bearbeitung akuter oder chronischer Kommunikationsschwierigkeiten in Familien, die teilweise bereits Krankheitswert im Sinne von Paar- oder Familienneurosen haben.

c) Beraterische oder therapeutische Hilfe bei diversen psychosozialen Schwierigkeiten für Alleinstehende bzw. für Mitglieder zerfallender Familien (z. B. Betreuung von Kindern nach Elternscheidungen, von psychisch dekompensierenden Klienten in oder nach Ablösungskrisen).

d) Beraterische und zum Teil therapeutische Einflußnahme in Konflikten zwischen Familien (Klient) und Schule, zwischen Familie (Klient) und Betrieb, zwischen Familien (Klient) und Sozialamt, Jugendamt, Polizei, Justiz oder dergleichen.

e) Filteraufgaben der verschiedensten Art: zum Beispiel Beschwichtigung bei harmlosen psychosozialen Störungen, die spontan remittieren und keiner weiteren Versorgung bedürfen; Weiterleitung von Kindern aus einem momentan unbeeinflußbar krankmachenden Familienmilieu in geeignete Pflegefamilien oder Heime; Vermittlung von Patienten mit gravierenden psychischen Krankheiten in Spezialdiagnostik bzw. Spezialbehandlung.

f) Therapie von spezifischen Patienten bzw. Klientengruppen, für die anderweitig nur ungenügende ambulante Versorgungsangebote bestehen. Beispiele: Therapie von verhaltensgestörten Kindern und drogengefährdeten Jugendlichen.

g) Gelegentlich Supervision von Pflegefamilien, Heimpersonal, Kindergärtnerinnen, Sozialarbeitern in Familienarbeit.

h) Mitwirkung im Ausbildungs- und Fortbildungsbereich durch Beschäftigung und Supervisionierung von Praktikanten verschiedener Berufsgruppen (in den Fächern Psychologie, Sozialarbeit, Heil- und Sonderpädagogik usw.).

Die Aufgaben der Beratungsstellen erstrecken sich also zum Teil auf das Vorfeld der Vorbeugung psychischer Störungen im Sinne von primärer Prävention. Zum Teil beziehen sie sich aber auch direkt auf psychische Krankheiten. Zum Teil erfassen sie solche Störungen, die nach dem Kriterium der objektiven Beeinträchtigung der Betroffenen zwar als krankhaft gelten müßten, aus gesellschaftlichen Vorurteilen heraus indessen meist dem bisherigen medizinischen Versorgungssystem entzogen bleiben. Dazu rechnen vornehmlich bestimmte Reaktionen von Soziopathie, Dissozialität, resignativer Apathie und Passivität, sexueller Verwahrlosung in der sozialen Unterschicht.

Wenn wir vor allem die *Schwierigkeiten* ansehen wollen, welche die Arbeit unserer Beratungsstellen beeinträchtigen, so sei neben der meist vorhandenen quantitativen Überlastung zunächst das Problem der unausgewogenen Personalstruktur genannt. In den meisten psychosozialen Beratungsstellen werden von den Vertretern verschiedener Berufsgruppen gleichwertig anspruchsvolle Tätigkeiten geleistet, ohne daß dieser Gleichwertigkeit in den offiziell zugewiesenen Tätigkeitsfeldern und in der tariflichen Eingruppierung Rechnung getragen wird. Das wirkt sich immer noch vielfach zuungunsten einer gemeinsamen Tätigkeit auf familientherapeutischer Basis aus. Man verharrt teilweise bei unzeitgemäßen, allzu starren Arbeitsteilungen, die uneingestanden mehr der Rechtfertigung der alten Statusunterschiede dienen und keineswegs den Erfordernissen moderner familientherapeutischer Konzepte genügen. So spielen ärztliche Teammitglieder unnötigerweise fachmedizinische Probleme hoch, Psychologen überbetonen ihre besondere Kompetenz durch übertriebenen Gebrauch von Tests und beanspruchen das Monopol in der psychologischen Diagnostik, Psychagogen werden am familiendynamischen Sehen dadurch gehindert, daß sie zu sehr auf reine Kinderarbeit eingeengt werden, und schließlich bleibt den Sozialarbeitern ausschließlich die Dimension der Probleme um Geld, Wohnung, Arbeitsberatung überlassen. Freilich kommt es auch gar nicht selten zu einer bemerkenswerten Umverteilung der Aufgabenfelder, indem zum Beispiel sehr qualifizierte Sozialarbeiter den dominierenden Anteil der Versorgungsleistung übernehmen. Aber auch und gerade in solchen Fällen liegt ein Störmoment in den herkömmlichen tariflichen Unterschieden, welche an sich die akademisch ausgebildeten Mitarbeiter zu einer vergleichsweise verantwortungsvolleren und differenzierteren Tätigkeit zu verpflichten scheinen. In Wirklichkeit aber funktionieren die co-therapeutischen Arrangements der Familienberatung und der Familientherapie nur dann einwandfrei, wenn alle eingeschlossenen Mitarbeiter der Beratungsstelle zu gleichen Teilen an der klinischen Verantwortung teilnehmen. Wir müssen jedenfalls darauf achten, daß die durch die neuen Konzepte bewirkten Verschiebungen der Berufsbilder auch bald ihren Niederschlag in den Ausbildungs-, Berufs- und Tarifordnungen finden, statt daß wir die alten Berufsbilder von uns aus durch defensive Rechtfertigung von Privilegien noch weiter fixieren. Hier haben wir übrigens wieder ein Problem vor uns, das uns dazu auffordert, die modernen Erkenntnisse der Familiendynamik und Familientherapie nicht zuletzt auf uns selbst und unsere Arbeitsgruppen anzuwenden.

Zu den weiteren hemmenden Faktoren der institutionellen präventiven Tätigkeit gehört die Einengung vieler Beratungsstellen auf bestimmte schmalspurige Problemfelder. So haben die Kommunen und die Trägerverbände nebeneinander Institutionen geschaffen, die nur für Kinder, nur für Jugendliche, nur für Eheprobleme, nur für alte Leute, nur für Sexualprobleme, nur für Selbstmordgefährdete usw. eingerichtet sind. Solche künstlichen Aufgabenfraktionierungen widersprechen aber dem Bedarf für eine Arbeit mit der Gesamtfamilie unter Einschluß von deren Umweltbeziehungen. Die zersplitterte Organisation der präventiven Dienste unterstützt also noch das Festhalten an konservativen Konzepten. Bei der Neueinrichtung von Beratungsstellen sollte man demnach jeweils ausreichend breite Aufgabenfelder vorsehen, um eine ganzheitliche familienbezogene Arbeitsweise zu begünstigen. Hingegen dürfte es nur sehr allmählich gelingen, einmal etablierte Schmalspur-Beratungsstellen nachträglich zu größeren Beratungszentren mit breiteren Versorgungsangeboten zusammenzufassen, da erstens solche Institutionen mit der Dauer ihres Bestehens um so hartnäckiger ihr Eigenleben zu konservieren trachten und da zweitens auch die unterschiedlichen Trägerorganisationen solchen Zentralisierungen vielfach eher mit Skepsis begegnen. In kurzer Zeit zu erreichen ist indessen durch Eigeninitiative der Mitarbeiter der Aufbau regionaler Arbeitsgemeinschaften, mit deren Hilfe die verstreut vorhandenen Beratungsdienste ihre Kommunikation und Kooperation verbessern können, ohne ihre institutionellen Voraussetzungen verändern zu müssen.

Es sei dies am Beispiel einer Arbeitsgemeinschaft verdeutlicht, die wir vor zwei Jahren in Gießen eingerichtet haben. In dieser Mittelstadt von

78 000 Einwohnern haben sich die Mitarbeiter folgender Einrichtungen und Gruppen zu einem Arbeitskreis zusammengefunden:

- eine Erziehungsberatungsstelle eines Vereins für Jugendfürsorge und Jugendpflege, die mit mehreren dem gleichen Verein gehörenden Heimen am Ort verbunden ist,
- eine Stelle für psychologische Therapie und Beratung (Caritas),
- eine Ehe- und Familienberatungsstelle (gemischt konfessionell),
- eine Arbeitsgemeinschaft für Rauschmittelprobleme (Prophylaxe und Beratung bei drogengefährdeten Jugendlichen),
- die Funktionsgruppen für Familien- und Sozialtherapie an der Psychosomatischen Universitätsklinik,
- der psychologische Dienst der Universitäts-Kinderklinik,
- der schulpsychologische Dienst für die Stadt und den umliegenden Landkreis,
- Vertreter der Psychiatrischen Universitätsklinik,
- Vertreter eines Psychiatrischen Landeskrankenhauses,
- ein Verein für psychisch Kranke,
- eine Elternschule,
- drei Initiativgruppen, die in verschiedenen Obdachlosensiedlungen der Stadt tätig sind;
- ferner beteiligen sich an der Tätigkeit der Arbeitsgemeinschaft einzelne niedergelassene Psychologen, Psychotherapeuten, Psychiater, Logopäden sowie Repräsentanten der Pro-Familia und eines benachbarten Jugendgefängnisses.

Die Arbeitsgemeinschaft ist durch Initiative aus dem eigenen Kreis zustande gekommen. In ihr wirken nur unmittelbar in Beratung und Therapie Tätige mit, keine Funktionäre der Administration oder der Trägerverbände.

Die Arbeitsgemeinschaft trifft sich bislang durchschnittlich einmal im Monat und tagte abwechselnd in verschiedenen Beratungsstellen.

Die Aufgaben für die Arbeitsgemeinschaft wurden von den Initiatoren nicht vorgegeben. Eine Verständigung darüber, was man in diesem Gremium miteinander tun und erreichen will, ist spontan im Laufe des Erfahrungsaustauschs erfolgt. Aus der bisherigen Zusammenarbeit haben sich folgende Zwecke herausgestellt, zu deren Verfolgung die Arbeitsgemeinschaft als nützlich betrachtet wird:

1. Mit Hilfe dieses Arbeitskreises können sich die Mitarbeiter der verschiedenen Dienste und Gruppen persönlich und hinsichtlich ihrer Arbeit besser kennenlernen. Dabei hat sich – erwartungsgemäß – gezeigt, daß ein länger aufgestauter wechselseitiger Informationsbedarf zu befriedigen war. Die Angestellten zweier benachbarter Beratungsdienste eines und

desselben Trägers haben sich zum Beispiel erst in der Arbeitsgemeinschaft persönlich kennengelernt. Alle empfinden es nunmehr als hilfreich, daß man die Probleme, die Arbeitsmethoden und Ziele der jeweils anderen Gruppen besser zu verstehen lernt und daß man den anderen jeweils auch die Situation der eigenen Stelle verdeutlichen kann. Im Zuge der gegenseitigen Annäherung können Mißverständnisse geklärt, Vorurteile bereinigt und Rivalitäten reduziert werden, die sich vorher durch die Isolierung der einzelnen Gruppen voneinander entwickelt hatten.

2. Die Arbeitsgemeinschaft begünstigt die Kooperation untereinander in dem Sinne, daß die Tätigkeiten der einzelnen Dienste und Gruppen nicht mehr völlig abgekapselt nebeneinander herlaufen, sondern sich allmählich auf eine mehr systematische regionale Koordination hinbewegen. Der fortlaufende gemeinsame Erfahrungsaustausch fördert Überlegungen zu einer Rationalisierung und sinnvollen Aufteilung der Beratungs- und Behandlungsschwerpunkte innerhalb der Region. Es scheint, daß die gegenseitigen Fallzuweisungen an manchen Stellen besser funktionieren, nachdem die speziellen Beratungsfelder und -kapazitäten der einzelnen Institutionen deutlicher geworden sind. Es läßt sich leichter vermeiden, daß sich Klientenfamilien auf unterschiedliche Beratungsstellen aufteilen, was bekanntlich leicht unbemerkt zur Entwicklung konkurrierender therapeutischer Strategien führt. Die Zusammenführung mehrerer beratungsbedürftiger Mitglieder der gleichen Familien in einer Beratungsstelle zur Anwendung gemeinsamer familientherapeutischer Arrangements wird planmäßig gefördert. Auch das Problem mancher Klienten und Familien, die nach einer Art von Rotationsprinzip agierend zwischen verschiedenen Institutionen hin und her laufen und dazu neigen, die eine Institution gegen die andere auszuspielen, wird im Rahmen einer solchen Arbeitsgemeinschaft besser faßbar.

3. Ein besonderer Zweck einer solchen Arbeitsgemeinschaft kann auch auf dem Fortbildungssektor erfüllt werden. Bereits der kontinuierliche unsystematische Erfahrungsaustausch durch die rotierende Selbstrepräsentation der unterschiedlichen Stellen erfüllt gewisse Fortbildungsfunktionen. Es ergibt sich die Gelegenheit für die einzelnen Gruppen, bei ihren Kollegen Arbeitsansätze und Methoden kennenzulernen, die ihnen selbst bisher nicht vertraut waren. Zugleich vermittelt der vergleichende Überblick über die unterschiedlichen Aktivitäten und Erfahrungen jeder einzelnen Gruppe eine bessere Klärung des eigenen Standortes und neue Anregungen für Problemlösungen. Die Zusammenarbeit hat ans Licht gebracht, daß manche Beratungsgruppen innerhalb ihrer eigenen Institution einen bestimmten Supervisionsbedarf nicht erfüllen konnten. Es zeigte sich nun, daß andere Gruppen einspringen und Supervisionen

anbieten konnten.

4. Die Arbeitsgemeinschaft hat sich bereits auch an gewissen politischen Aufgaben bewähren können. Sie hat sich zum Beispiel in vereinzelten Fällen dafür verantwortlich gefühlt, die Kollegen einzelner Beratungsstellen bei Anstrengungen zur Verbesserung ihrer ungünstigen Arbeitssituation zu unterstützen. Gruppen, die in besonderen Risikofeldern arbeiten (also etwa mit Drogengefährdeten, Delinquenten, Obdachlosen oder dergleichen), geraten leicht durch unvermeidbare Zwischenfälle und Rückschläge unter den Druck von Disziplinierungen, die ihre Tätigkeit sehr belasten können. Hier vermag eine solche Arbeitsgemeinschaft etwa dem kommunalen oder dem privaten Träger gegenüber als ein sachverständiges Gremium aufzutreten, das mit seiner fachlichen Verantwortung eine gewisse Rückendeckung gegen destruktive Kritik aus der Öffentlichkeit anbieten kann. So konnte unsere Arbeitsgemeinschaft in einem kritischen Augenblick mit Hilfe einer gemeinsamen Resolution die Gefahr der Schließung der Drogenberatungsstelle abwenden. Im Augenblick besteht das Problem, daß manche Trägerorganisationen ohne besondere Rücksicht auf den Bedarf durch Auflösung oder Verkleinerung von Beratungsstellen Kosten zu sparen versuchen. So mühen sich zur Zeit gerade Delegierte unserer Arbeitsgemeinschaft, einen kirchlichen Träger daran zu hindern, eine dringend benötigte Ehe- und Familienberatungsstelle zu liquidieren.*

Man kann sich noch weitere Aufgaben für solche Arbeitsgemeinschaften vorstellen. So können sie sich etwa als kompetenter fachlicher Partner für eine Mitarbeit an regionalen und überregionalen Planungen anbieten. In diesem Sinne hat sich unsere Arbeitsgemeinschaft soeben in eine kommunalpolitische Planungsarbeit eingeschaltet, die durch die vorgesehene Zusammenlegung mehrerer Städte und Gemeinden zu einer Großstadt notwendig wurde. Hierbei ergeben sich natürlich diverse Probleme einer Umorganisation und einer Neukoordinierung einer Reihe von Diensten, die mit psychosozialer Prävention und mit der Therapie psychisch Kranker zu tun haben.

Jedenfalls scheint es leicht einsehbar, daß solche sich von der Basis aus entwickelnden Selbstorganisationen der regionalen Beratungsdienste relativ viel ohne besonderen bürokratischen und finanziellen Aufwand leisten können. Es kommt in erster Linie auf die Eigeninitiative der Praktiker an, solche Verbindungen auf örtlicher Basis zu knüpfen. Das Modell dieser Arbeitsgemeinschaft hat Eingang gefunden in die offiziellen

* Inzwischen konnte der Fortbestand dieser Beratungsstelle erwirkt werden.

Empfehlungen des Enquete-Berichts 1975. Je nach Zahl und Art der in einer Region vorhandenen Stellen und Personen, die mit Aufgaben der psychosozialen Prävention befaßt sind, werden die Formen der Selbstorganisation der an der Basis wirkenden Kräfte recht unterschiedlich auszusehen haben. In weiten ländlichen und in vielen kleinstädtischen Gebieten herrscht bekanntlich ein großer Mangel an niedergelassenen Psychotherapeuten und Nervenärzten sowie an Beratungsstellen. Hier ist es dringend erforderlich, neue, zum Teil mobile Versorgungseinrichtungen zu entwickeln. Zugleich ist es gerade hier besonders wichtig, daß alle Berufsgruppen, die Beratungshilfe leisten können, enger als bisher zusammenarbeiten. Das betrifft Ärzte für Allgemeinmedizin, Lehrer, Erzieher, Seelsorger, Familienfürsorger, Angehörige juristischer Berufe, Beratungsdienste der Arbeitsverwaltung und der Gesundheitsämter. Entscheidend ist, daß spontane Bestrebungen um sich greifen, die zur Bildung von interdisziplinären Arbeitskreisen führen. Wenn sich erst einmal ein derartiger Arbeitskreis gebildet hat, entwickelt dieser meist ganz von selbst sinnvolle Konzepte für eine bessere Kooperation und Koordination. Wichtig ist natürlich, daß die für eine finanzielle Förderung zuständigen Trägerverbände und Administrationen solche Basisinitiativen unterstützen und nicht etwa in bevormundender Weise hemmen. Dies berührt wiederum ein sehr ernstes Problem, nämlich das traditionelle Obrigkeitsdenken in administrativen Institutionen, wo man vielfach eher beunruhigt und mißtrauisch reagiert, wenn sich die Praktiker an der Basis daranmachen wollen, ihre Zusammenarbeit untereinander aus eigenem Antrieb zu reformieren.

Im Verlauf der Psychiatrie- und der Psychotherapie/Psychosomatik-Enquete in der Bundesrepublik Deutschland haben die Experten jedenfalls eines sehr deutlich erkannt: Um die Planungen für die Vorsorge auf dem Gebiet der psychischen Gesundheit zu modernisieren, müssen die Fachleute lernen, nicht nur ihre rivalitätsgeladenen Isolierungen voneinander abzubauen, sondern obendrein verstärkt in die Sektoren Administration und Politik vorzudringen. Die Psychotherapeuten, die Psychiater usw. dürfen es nicht nur einzelnen standespolitisch aktiven Verbandsfunktionären überlassen, für eine Verbesserung der rechtlichen, organisatorischen, finanziellen Voraussetzungen ihrer Arbeit für die Klienten zu kämpfen. Sie müssen lernen, sich kollektiv viel mehr als bisher um eine Mitbestimmung zur Modernisierung unseres Gesundheitssystems zu kümmern. In Analogie zu einem bestimmten familiendynamischen Sachverhalt könnte man sagen: die Experten müssen ihr Kind-Eltern-Verhältnis zu den administrativen und den politischen Instanzen revidieren. Bei der Enquete-Arbeit hat sich gezeigt, daß die Spitzen der Fachverwaltungen und die politischen Gremien dringend kompetentere Informationen und fachlichen Rat brauchen, aber auf Grund ihrer ritualisierten Abkapselung, ihres Bürokratismus und defensiver Vorurteile vielfältig gehindert sind, ihre Entscheidungsgrundlagen zu verbessern. Für die psychotherapeutisch-psychiatrischen Experten enthält die Aufgabe einer verstärkten Einflußnahme auf die Verantwortlichen der Gesundheitspolitik zum Zwecke einer forcierten psychosozialen Prävention also sogar auch einen professionellen sozialtherapeutisch-institutionsberaterischen Aspekt.

Literatur

1 Bericht über die Lage der Psychiatrie in der Bundesrepublik Deutschland – Zur psychiatrischen und psychotherapeutisch/psychosomatischen Versorgung der Bevölkerung. (Verhandlungen des Deutschen Bundestages. 7. Wahlperiode, Anlagen: Drucksache 4200 [1975])

2 Moeller, M. L.: Selbsthilfegruppen in der Psychotherapie. In: Praxis der Psychotherapie 20 (1975), S. 181

3 Mühlich-v. Staden, Ch., und W. Mühlich: Primäre Prävention in Wohnungsbau und Stadtplanung, psychosoziale Aspekte. In: Anhang zum Bericht über die Lage der Psychiatrie in der Bundesrepublik Deutschland – Zur psychiatrischen und psychotherapeutisch/psychosomatischen Versorgung der Bevölkerung. (Verhandlungen des Deutschen Bundestages. 7. Wahlperiode, Anlagen: Drucksache 4201 [1975], S. 979)

1.2. Familientherapie als angewandte Familiensoziologie

Versuch einer Problemstellung

Josef Duss-von Werdt

Therapeutisches Handeln ist eine Form von sozialer Wechselbeziehung mit einem spezifischen Sozialisationsprozeß: Therapeut und Patient haben komplementäre Rollen zu erlernen und zu spielen. Mit diesem Wechselspiel von Rolle und Gegenrolle werden bestimmte Ziele verfolgt: Besserung, Heilung, Entlastung oder auch Angewöhnung an ein Leiden ohne absehbares Ende beim Patienten; Heilen, Helfen, Verändern vom Therapeuten. Alle diese Ziele übergreifen die Therapie und sind mehr oder weniger direkt gesellschaftlich relevant, für die Umgebung des Patienten, für Institutionen, Gemeinwesen, Staaten. So kann es zum Beispiel beabsichtigt sein, jemanden (wieder) dahinzubringen, den Anforderungen seiner Umwelt gewachsen zu sein oder sich den Realitäten der Gesellschaft anzupassen («Resozialisierung»). In der Therapie werden auch Strukturen reproduziert, wie sie im gesamten Sozialgefüge sich finden: hierarchisches Oben–Unten mit den Aspekten von Autorität, Macht usf.

Therapiert wird immer in einem vorgegebenen gesellschaftlichen Kontext, von dem die verfolgten Therapieziele nicht unabhängig sind. Sie orientieren sich vielmehr an jeweiligen Grundwerten und Vorstellungen der Gesellschaft, wie zum Beispiel Leistung, Arbeit, Schulfähigkeit. Aber auch «krank», «gesund», «normal», «abnormal» oder «deviant» sind nicht einfach medizinische oder psychologische Begriffe, sondern erhalten von Gesellschaft zu Gesellschaft andere inhaltliche Anteile, je nach den herrschenden «Normen für Normalität».

Daß Therapie damit zwangsläufig zwischen Konformismus und Gesellschaftskritik gerät, liegt auf der Hand (Richter [17]). Die Familientherapie ist in noch erhöhtem Maße anfällig für eine solche Sandwichposition.

In den letzten Jahren sind Ehe und Familie verschiedentlich unter den Beschuß wieder aufgelegter älterer (Engels [5], Horkheimer [8]) und neuer (Haensch [7], Marcuse [13], Reiche [16] u. a.) Kritik geraten. Diese geht von der soziologisch akzeptierten Feststellung aus, die Wirklichkeit der Familie hänge nicht nur von der geschichtlich konkreten gesellschaftlichen Wirklichkeit ab, «sondern (sei) bis in ihre innerste Struktur hinein gesellschaftlich vermittelt» (CLAESSENS und MILHOFFER[2]).

Daraus werden immer wieder verschiedene *politische* Folgerungen gezogen. So hieß es 1936 bei MAX HORKHEIMER: «Die Familie besorgt, als eine der wichtigsten erzieherischen Mächte, die Reproduktion der menschlichen Charaktere, wie sie das gesellschaftliche Leben erfordert, und gibt ihnen zum großen Teil die unerläßliche Fähigkeit zu dem besonders gearteten autoritären Verhalten, von dem der Bestand der bürgerlichen Ordnung in hohem Maße abhängt.» Unabhängig vom politischen System ihres Staates finden sich Politiker gegensätzlicher Schattierungen einhellig im Satz: «Die Familie ist die kleinste Zelle der Gesellschaft» (vgl. Familienrecht der DDR. Lehrkommentar[4]; HAENSCH[7], S. 75). In diese Formel werden aber je nach politischem System unterschiedliche Inhalte verpackt. In der Präambel zum Familienrecht der DDR heißt es zum Beispiel: «In der Deutschen Demokratischen Republik hat die Familie große gesellschaftliche Bedeutung. Sie entwickelt sich zu einer Gemeinschaft, in der die Fähigkeiten und Eigenschaften Unterstützung und Förderung finden, die das Verhalten des Menschen als Persönlichkeit in der sozialistischen Gesellschaft bestimmen.» Der erste bundesdeutsche Familienminister, F.-J. WÜRMELING, sah in der Familie die Urzelle auch «aller Berufsstände» (= Klassen?).

Auf Grund dieser fundamentalen gesellschaftspolitischen Bedeutung der Familie steht zu vermuten, daß die Politik in ihrem Sinn ein Interesse an Familientherapie entwickeln könnte. Daß sie es schon hat, kann man nicht behaupten. Umgekehrt stellt sich dann auch die Frage, welches gesellschaftspolitische Interesse Familientherapeuten mit ihrer eigenen Tätigkeit verbinden. Etwas ausformuliert haben diesbezüglich nur wenige von ihnen. Ganz allgemein haben Therapeuten in der Regel nicht das Zeug zum Politiker, schon gar nicht zum Revolutionär. Familientherapeuten sind trotz der alltäglichen Erfahrung, wie gestört Familien sein können, positiv für die Familie eingestellt. Ihr Streben geht dahin, defekte Familien soweit wie möglich wieder funktionsfähig zu machen. Damit anerkennen sie die bestehende Gesellschaftsordnung sowie die Familie als Grundwert für den einzelnen und die Sozietät: Ihr Tun ist *faktisch* relevant für die Gesellschaft. Es kann als reformierend bezeichnet werden. Wenn oben Therapie allgemein als Sozialisationsprozeß verstanden wurde, gilt dies im gleichen Maße auch für die Familientherapie. Soziologisch betrachtet soll sie Sozialisationsdefizite bei den beiden Generationen und ihren einzelnen Mitgliedern wettmachen. Teilweise mindestens ist sie «Nachhilfeunterricht» im Erlernen der Rollen als Gatte und Gattin, als Vater und Mutter, als Tochter oder Sohn. Für diese Rollen gibt es in jeder Gesellschaft ganz bestimmte Erwartungen, welche die Therapie gern oder ungern zu berücksichtigen hat. Schließlich ist zu vermuten, daß Gründe, weshalb dieser Zweig der Therapie zuerst in den USA und jetzt zunehmend auch in Europa so raschen Aufschwung nimmt, die Krise und Erschütterung der Familie in unserer Gesellschaft und die Besorgnis über diese Tatsache sind.

Hier kommt als erste Frage: *Ist die gesellschaftliche Relevanz der Therapie auch bewußt und ins therapeutische Konzept integriert?* Eine allen zugängliche Antwort kann familientherapeutisches Schrifttum geben, wenn man es auf seine familiensoziologischen Implikationen hin durchsieht. Im Unterschied zur medizinischen Psychologie ist die «medizinische Soziologie» mit eigener Systematik und eigenem Lehrstuhl – geschweige denn eine entsprechende Familiensoziologie noch nicht eingebürgert. Schon vor mehr als zehn Jahren hat allerdings Strotzka[21], vgl. a.[22] Familientherapie als Aufgabe der Sozialpsychiatrie gesehen und mit der gesellschaftlichen Entwicklung der Familie in Zusammenhang gebracht. Auch forderte er einen Einbezug soziologischer Erkenntnisse und Fragestellungen. Je mehr verschiedene Therapieformen sich überindividuellen Einheiten (Dyaden, Familien, Klein- und Großgruppen, in panklinischen Ambitionen sogar ganzen Gesellschaften) zuwenden, desto weniger kann der Therapeut davon dispensiert werden, sich mit Mikro- und Makrosoziologie zu befassen.

Es ist hier keine gründliche Inhaltsanalyse von Schriften unter dem Gesichtswinkel der Familiensoziologie anzustellen. Es sollen bloß an Hand weniger Texte einige Dimensionen angeleuchtet werden, die auf das folgende *zweite* Problem aufmerksam machen:

Da die therapeutische Familiensoziologie weder systematisiert noch durchreflektiert, also nur vorwissenschaftlich vorhanden ist, liegt die Annahme nahe, daß sich darin in erster Linie *die persönlichen Einstellungen und Werthaltungen der Therapeuten* hinsichtlich Familie, Ehe, Geschlechterrollen, Sexualität usf. spiegeln. Diese normativen und wertmäßigen Positionen wurden ihnen selber über die Agentur der eigenen Ursprungsfamilie vermittelt, sind dort idiosynkratisch wirksam gewesen und wurden im Verlaufe der eigenen Lebensgeschichte verinnerlicht. Die dadurch entstandene «innere Familie», die «Familie in mir selber», hat möglicherweise etwas zu tun mit der Motivation, überhaupt Familientherapien durchzuführen. Zudem dürfte sie diese besonders im Blick auf ihre Ziele mit beeinflussen. Eine familiensoziologische Reflexion kann deshalb dem Therapeuten vor allem zur Überprüfung seines inneren Familienbildes, der Familienwirklichkeit, in der er aktuell lebt, seiner gesellschaftspolitischen Position und Gesinnung sowie deren Wirkungen auf das eigene therapeutische Handeln dienen. Dazu gehört auch ein Nachdenken über das jeweilige Selbstverständnis als Mann oder Frau im Rahmen der Geschlechtersoziologie, gegebenenfalls auch als Vater bzw. Mutter, Sohn oder Tochter. Zudem sind Therapeuten «Elternfiguren» im Rahmen der therapeutischen «Ad-hoc-Familie». Soziologie hat also für den Therapeuten keinen Selbstzweck, sondern ist «Hilfswissenschaft» zur Erhellung der eigenen Situation und Person. Eine in diesem Sinne therapeutenzentrierte Soziologie sollte Bestandteil der Ausbildung zum Familien- und Paartherapeuten darstellen.

1. Das Grundmodell der Familie

Obwohl die Kernfamilie mit ihren zwei Generationen in industriellen Gesellschaften die häufigste Familienform darstellt, gibt es neben ihr aktuell auch noch andere: die unvollständige Familie oder den Familienkern, die Dreigenerationenfamilie, die mehr oder weniger in die Verwandtschaft eingelagerte Kernfamilie, Großfamilien herkömmlicher Art (Produktionseinheiten) und freie Zusammenschlüsse («Wahlsippen») und anderes mehr. Der Therapeut geht in der Regel von der vollständigen Zweigenerationenfamilie als *Modell*, das heißt Maß, sowohl für defiziente wie für alternative Formen, aus. Der Grund ist wohl ein rein pragmatischer; die Fachsoziologie tut grundsätzlich dasselbe. Auch wenn es eine Richtung gibt, therapeutische «Mehr- (als zwei) Generationen-Familien» zu bilden (Boszormenyi-Nagy[1]), geschieht es um einer Zweigenerationenfamilie willen und nicht mit der Absicht, die Dreigenerationenfamilie als Lebensgemeinschaft wieder zu beleben. Th. Lidz[12] streicht bei aller Einsicht, wie unstabil sie ist, die Vorteile der Kleinfamilie gegenüber der Großfamilie heraus.

Soziologisch problematischer ist das systemtheoretische Modell: Ihm gemäß wird Familie als eine überindividuelle, übersummative Ganzheit, in kosmologischer oder biologischer Analogie, als «System» und «Organismus» verstanden. Solange man sich des *analogen* und *modellhaften* Charakters dieser Vorstellungen bewußt ist, sie als Hilfskonstruktionen beläßt und sie nicht zu ontologischen Entitäten hypostasiert, ist das nützlich. Aber auch dann ist die Gefahr vorhanden, das einzelne Element des Systems zu entwirklichen und seine Eigenexistenz zu leugnen. In einer nicht deklarierten Analogie bezeichnet Mara Selvini Palazzoli[20] die Familie als lebendigen Organismus, «dessen Glieder ... einander bedingen in ihren jeweiligen Eigenschaften und sogar in ihrer Existenz».

LAING und ESTERSON[11] merken zu einer solchen Sicht an: «Just zu dem Zeitpunkt, da sich die Soziologen praktisch ganz vom Organizismus abgekehrt haben, entsteht eine neue medizinische Soziologie, denn der Kliniker, der seine Position als medizinischer Psychologe für jeweils eine Person aufgibt, fängt an, mit einer merkwürdigen Art medizinischen Organizismus die alten Positionen des Soziologen einzunehmen.» Gleich im Anschluß daran geben die beiden Autoren zu bedenken: «Der Begriff der Familien*pathologie* ist daher, so glauben wir, verworren. Er erweitert die Unverständlichkeit des individuellen Verhaltens auf die Unverständlichkeit der Gruppe. Es ist die *biologische Analogie*, die hier nicht nur auf eine Person, sondern auf eine Vielfalt von Personen angewandt wird. Diese Übertragung von Begriffen, die aus der klinischen Biologie [und individuellen Psychologie; d. Verf.] abgeleitet sind, auf den Bereich der Vielfältigkeit menschlicher Wesen führt unseres Erachtens nicht zum Erfolg ...» Sie schlagen deshalb für ihre Schizophreniestudien eine Methode vor, die drei Ebenen angeht: jede Person in der Familie, die Beziehungen zwischen den Personen in der Familie und die Familie selbst als System. Hier kommt eine generell bedeutsame und differenziertere Betrachtung der familiären Binnenstruktur zum Vorschein, die nicht nur für – analog (!) gesprochen – «psychotische Familien» (lies: Familien mit psychotischen Einzelmitgliedern) vorteilhaft ist, sondern überhaupt. Eine vierte Ebene, die familienum- und übergreifende Außenwelt, wird von LAING und ESTERSON nicht in Betracht gezogen, was aber auf Grund der Untersuchungen von RICHTER[18, 19] ohne Zweifel auch therapeutisch sehr wichtig wäre. Aus praktischen und methodischen Gründen ist es zwar unvermeidbar, die Behandlungseinheit Familie nach außen abzugrenzen. Trotzdem muß man sich bewußt sein, daß dies künstlich ist und man als Therapeut Gefahr läuft, sich selber mit der Familie in ein «therapeutisches Familiengetto» einzuschließen. Mindestens ist zu fragen, inwieweit die pathologische Situation einer Familie «gesellschaftlich vermittelt» nicht nur sein kann, sondern es auch ist (vgl. dazu Punkt 3).

2. Schichtspezifische Problematik

Bezieht man familienübergreifende Gesichtspunkte mit ein, ist nicht bloß die Frage aufgeworfen, ob die Familie heute von der gesellschaftlichen Situation her strukturell anfällig sei – was zum Beispiel vom Soziologen F. X. KAUFMANN[9] u. a. entschieden bejaht wird –, sondern ob auch die jeweilige Schichtzugehörigkeit einer Familie spezifische Konfliktherde enthalte und entsprechende Störungen mit sich bringe. Soweit ich die deutschsprachige Literatur überblicke – diese Arbeit beschränkt sich übrigens ausschließlich darauf –, ist das Familienkonzept der meisten Therapeuten hinsichtlich Schicht wenig, wenn überhaupt, differenziert. Wichtige systematisierende Ansätze bietet hier meines Wissens nur RICHTER[18, 19], vgl. a. STROTZKA[21, S. 68]).

Könnte man die in Kasuistiken dargestellten Familien rein quantitativ nach ihrer Schichtzugehörigkeit auszählen, würden sich wahrscheinlich drei Hypothesen bewahrheiten:

a) Die meisten dieser Familien gehören der (oberen) Mittel- und der Oberschicht an.

b) Der Sozialstatus des Therapeuten bewirkt eine Selektion seiner Klientel nach Schichten. Je höher er steht, desto höheren Schichten gehören die ihn konsultierenden Familien an. (Daß auch eine Institution selektiv wirkt, ist natürlich nicht zu vergessen, ist aber ein Thema für sich.)

c) Die meisten Therapeuten gehören den oberen Schichten an. Weil sie zudem meistens bereits aus Familien der mittleren und oberen Schichten stammen, sind sie in einer Weise auf Familie hin sozialisiert worden, die ihnen den Zugang und das Verständnis für Angehörige anderer Schichten erschwert.

Wie gesagt, sind das Annahmen, die möglicherweise da und dort schon überprüft wurden. Aber auch dann wäre es vorteilhaft, es immer wieder zu tun, zuerst bei sich selber ...

3. Die Bedeutung der Familie für die Gesellschaft

Das unmittelbar angepeilte Ziel der Familientherapie ist der Binnenraum der Familie: Verbesserung der Kommunikation unter allen Mitgliedern, Erhöhung der Stabilität des Systems, Klärung der Strukturen, Verminderung der Gefälle zwischen oben und unten, stark und schwach. KAUFMANN[10] definiert folgendermaßen: «Als Familientherapie ist jede Form von Psychotherapie zu verstehen, die an der Interaktion von zwei oder mehr Angehörigen ansetzt und eine Veränderung der zwischenmenschlichen Beziehungen in der Familie anstrebt, um psychopathologische Störungen des Verhaltens oder psychosomatische Krankheiten bei einem oder mehreren Familienmitgliedern zu beheben und zu lindern» (S. 671). Familientherapie läuft darauf hinaus, womöglich *die Familie zu erhalten.* Familientherapie wird damit eine Alternative zur Auflösung von Familien mit all ihren Folgen für die Gesellschaft, vor allem in sozialpolitischer Hinsicht (WELTER-ENDERLIN[23]). Mittelbar verfolgt sie also Ziele im Interesse der Gesellschaft. Die gesamtgesellschaftliche Bedeutung der Familie ist damit noch nicht namhaft gemacht. Die konsultierte Literatur tut dies unterschiedlich. Es seien zwei extreme Positionen herausgegriffen.

Für TH. LIDZ hängt das Weiterbestehen der Gesellschaft von der Familie ab: «Es gibt heute gute Gründe für die Vermutung, daß es, wenn die Familie, und zwar irgendeine Form von Familie, sich nicht mehr für unsere Gesellschaft eignet, es eher unsere Gesellschaft denn die Familie sein dürfte, die aufhören wird zu existieren»[12, S. X].

Die Familie ist für LIDZ ein ubiquitäres Phänomen. Ihre transkulturelle und quer durch die Zeiten bleibende Aufgabe ist es, «die primäre gesellschaftliche Instanz (zu sein), die für die biologischen Bedürfnisse des Kindes sorgt und zugleich seine Entwicklung lenkt, so daß aus ihm eine integrierte Person werden kann, die im Stande ist, in der Gesellschaft zu leben und deren Kultur zu bewahren und weiterzugeben» (a. a. O., S. 3). Gesellschaftlich ist also die Familie Garantin von Kontinuität und Tradition: Das biologische *und* das kulturelle Erbe gehen in ihr weiter. Diese Grundfunktionen können innerhalb einer großen Variationsbreite von Gesellschaften mit ihren jeweiligen Kulturen wahrgenommen werden. Brauchbare Alternativen zur Familie sieht LIDZ keine, es seien denn wieder irgendwelche Formen von Familie. Von einer historischen und kulturellen Differenzierung ausgehend sagt er über die «isolierte Kernfamilie» in unserem «wissenschaftlichen Zeitalter», daß sie «trotz ihres Mangels an stabilisierenden Kräften für die Vorbereitung ihrer Kinder auf das Leben in einer Gesellschaft, die ihre adaptiven Techniken rasch verändert, besser geeignet ist als Familien mit ausgedehnten Sippensystemen» (a. a. O., S. 7). Diese und andere Positionen des Autors würden sich bei einer genaueren Analyse als familiensoziologische «Legenden» im kritischen Sinne von E. PFEIL[14] erweisen. So ist das sozio-ökonomische System einer Gesellschaft für die Familie prägender als das «wissenschaftliche Zeitalter»: Die Kleinfamilie in ihrer gegenwärtigen Gestalt ist typisch für Industriegesellschaften. Aber unabhängig davon ging es hier darum, auf einen profilierten Stellungsbezug *zugunsten* der Familie in ihrer gesamtgesellschaftlichen Bedeutung hinzuweisen.

Gleichsam am entgegengesetzten Pol dieser konservativen und «systemerhaltenden» Tendenz gibt es Therapeuten, die nicht nur familienkritisch, sondern ausgesprochen familienfeindlich sind. Ihr bekanntester Vorläufer ist WILHELM REICH, der Psychoanalyse und Familienkritik einerseits und diese beiden mit der marxistischen Theorie andererseits verband. Für ihn sind monogame Ehe und autoritär strukturierte Familie charakteristisch für den Kapitalismus. Die monogame Ehe ist «das Rückgrat der autoritären Familie und diese die Erzeugungsstätte autoritärer Ideologien und menschlicher Strukturen»[15, S. 68]. Eine Psychoanalyse muß jedoch nach REICH zum Zerfall der monogamen Ehe führen, «wenn ohne Rücksicht auf die eheliche Moral analysiert wird» (S. 178), das heißt, wenn sich der Analytiker selber nicht in den Dienst der «kleinbürgerlichen» Moral stellt. Nicht gleich kämpferisch, aber in ähnlicher Richtung, hat sich in den dreißiger Jahren ERICH FROMM noch geäußert[6]. Vor kurzem zeigte D. COOPER, früherer Mitarbeiter von LAING, den ‹*Tod der Familie*› an[3]. Der «bourgeoise» Familienkern ist für ihn in diesem Jahrhundert «die perfektionierte Form der Nicht-Begegnung» geworden. Die Familie ist eine «ideologische Einrichtung zur Konditionierung . . . in jeder Ausbeutungsgesellschaft» (S. 7). Sie schafft eine Basis für den Konformismus, denn durch die in ihr stattfindende primäre Sozialisation erzeugt sie «Normalität». Aufziehen eines Kindes «ähnelt eher dem Abbau seiner Persönlichkeit» (S. 12). Als «Antipsychiater» lehnt COOPER auch die Psychiatrie als «Verbündete der Familie» (S. 11) ab und kann deshalb konsequenterweise mit Familientherapie nichts anfangen.

Hier engagiert sich ein Therapeut politisch, ohne allerdings die eigene ideologische Position offen zu deklarieren oder zu hinterfragen. Sein soziologisches Verständnis der Familie nimmt nicht mehr wahr, daß die Familie noch andere Wurzeln als nur gesellschaftliche hat.

Der weiteren Themenbereiche, die mit der Familie zusammenhängen, wären noch viele: In unserer Kultur bildet in der Regel die monogame Ehe den Kristallisationspunkt der Familie. Ehe ist einerseits Institution, also gesellschaftliche Einrichtung; andererseits ist sie als Zweierbeziehung eine sozialpsychologische Größe. Mit dieser und der institutionellen Ebene verbunden sind Probleme wie Geschlechterrollen, geschlechtliche Identität, Emanzipation, Sexualität, außereheliche Beziehungen, Scheidung und anderes mehr.

Wie steht der Therapeut selber innerhalb dieser Bereiche und ihrer Spannungen? Wie stellt er sich persönlich dazu? Die ihm nicht nur in Kindheit und Jugend, sondern auch in späteren persönlichen und beruflichen Erfahrungen ansozialisierten sowie von ihm erworbenen Ziel- und Wertvorstellungen spielen (ihm) sicher in der therapeutischen Praxis mindestens ebenso mit, wie die «innere Familie».

Für Ausbildung und Praxis in Familientherapie ergeben sich einige Konsequenzen:

a) Der Therapeut handelt nie unabhängig von seinen persönlichen Wertvorstellungen.

b) Wertvorstellungen liegen jenseits wissenschaftlicher Begründbarkeit. Sie sind näher an der Emotionalität («Wertgefühl») als an der Rationalität.

c) Auf der rationalen Ebene werden Wertvorstellungen in «Ideologien» umgeformt. Sie können verschiedene Schwerpunkte haben: psychologische, soziologische, politische ...

d) In der Aus- und Weiterbildung des Familientherapeuten ist es angezeigt, sich der spezifischen eigenen Wertvorstellungen hinsichtlich Familie, Ehe, Sexualität usf. gezielt bewußt zu werden. Das erfordert nicht nur methodische und wissensmäßige, sondern auch persönlichkeitsbezogene Ausbildungseinheiten.

e) Familientherapie ist *angewandte Familiensoziologie*. Schon die fachliche Familiensoziologie ist nicht «wertungsfrei» und unengagiert. In der Therapie wird Familie von allen Beteiligten erlebt, phantasiert – und danach wird gehandelt. Erlebnis, Phantasie und Handeln orientieren sich aber an einem soziologischen Modell der Familie. Diese komplexen Vorgänge bewußt zu haben, bei sich und allen Beteiligten unter Kontrolle zu bekommen, ist Sache des/der Therapeuten. So ganz ohne familiensoziologische Fachkenntnisse dürfte das schwerfallen.

Literatur

1 Boszormenyi-Nagy, I.: Invisible Loyalties. New York: Hoeber & Harper, 1973

2 Claessens, D., und P. Milhoffer (Hg.): Familiensoziologie. Ein Reader als Einführung. Frankfurt a. M.: Fischer Athenäum 1973

3 Cooper, D.: Der Tod der Familie. Reinbek bei Hamburg: Rowohlt 1972 (das neue buch. 6.)

4 Das Familienrecht der DDR. Lehrkommentar zum Familiengesetzbuch der Deutschen Demokratischen Republik vom 20. Dezember 1965 und zum Einführungsgesetz zum Familiengesetzbuch der Deutschen Demokratischen Republik vom 20. Dezember 1967. Berlin: Staatsverlag der DDR 1967

5 Engels, F.: Der Ursprung der Familie, des Privateigentums und des Staates. Stuttgart: Dietz 1918 (Erstauflage 1884)

6 Fromm, E.: Autorität und Familie. Sozialpsychologischer Teil (1936). In: H. P. Gente (Hg.): Marxismus, Psychoanalyse, Sexpol. Band 1. Frankfurt a. M.: 1970 Fischer, S. 251 ff (Fischer-Bücher 6056. Bücher des Wissens.)

7 Haensch, D.: Repressive Familienpolitik. Sexualunterdrückung als Mittel der Politik. Reinbek bei Hamburg: Rowohlt 1971 (rororo. 8023: rororo-sexologie.)

8 Horkheimer, M.: Autorität und Familie. In: M. Horkheimer: Traditionelle und kritische Theorie. Vier Aufsätze. Frankfurt a. M./Hamburg: Fischer-Bücherei 6015. Bücher des Wissens. 1970, S. 162 ff

9 Kaufmann, F.-X.: Die gesellschaftli-

che Situation der heutigen Familie. In: A. Beckel (Hg.): Ehe im Umbruch. Münster/Westf.: Regensberg 1969, S. 107ff

10 Kaufmann, L.: Familientherapie. In: K. P. Kisker u. a. (Hg.): Psychiatrie der Gegenwart. Forschung und Praxis. Bd. 1–3. Berlin: Springer 1963–1975

11 Laing, R. D., und A. Esterson: Wahnsinn und Familie, Familien von Schizophrenen. Köln: Kiepenheuer & Witsch 1975

12 Lidz, T.: Familie und psychosoziale Entwicklung. Frankfurt a. M.: Fischer 1971

13 Marcuse, H.: Triebstruktur und Gesellschaft. Ein philosophischer Beitrag zu Sigmund Freud. Frankfurt a. M.: Suhrkamp 1965 (Bibliothek Suhrkamp. Bd. 158.)

14 Pfeil, E.: Die Großstadtfamilie. In: D. Claessens/und P. Milhoffer (Hg.): Familiensoziologie. Ein Reader als Einführung. Frankfurt a. M.: Fischer Athenäum 1973, S. 148ff

15 Reich, W.: Die sexuelle Revolution. Zur charakterlichen Selbststeuerung des Menschen. (Erschien früher unter dem Titel: Reich: Die Sexualität im Kulturkampf). Frankfurt a. M.: Europäische Verlagsanstalt 1966

16 Reiche, R.: Sexualität und Klassenkampf. Zur Abwehr repressiver Entsublimierung. Frankfurt a. M.: Verlag Neue Kritik 1968 (Probleme sozialistischer Politik. Bd. 9.)

17 Richter, H. E.: Patient Familie. Reinbek bei Hamburg: Rowohlt 1970 (rororo sachbuch. 6772.)

18 Richter, H. E.: Die Gruppe. Reinbek bei Hamburg: Rowohlt 1972

19 Richter, H. E.: Die Rolle des Familienlebens in der kindlichen Entwicklung. In: Familiendynamik 1 (1976), S. 5–24

20 Selvini Palazzoli, M.: Die Familie des Anorektikers und die Familie des Schizophrenen: eine transaktionelle Studie. In: Ehe. Zentralblatt für Ehe- und Familienkunde 12 (1975), S. 107

21 Strotzka, H.: Einführung in die Sozialpsychiatrie. Reinbek bei Hamburg: Rowohlt 1965 (rowohlts deutsche enzyklopädie. 214.)

22 Strotzka, H.: Gesundheit für Millionen. Sozialpsychiatrie heute. Wien, Hamburg: Zsolnay 1972

23 Welter-Enderlin, R.: Familientherapie als Alternative zur Fremdunterbringung. In: Ehe. Zentralblatt für Ehe- und Familienkunde 12 (1975), S. 162

1.3. Gesellschaft, Familie und Individuum

Versuch einer Neuorientierung

MANFRED KLEMANN und ALMUTH MASSING

Einleitung

Der Versuch, menschliches Verhalten in seinen mannigfaltigen Schattierungen zu ergründen und seine Quellen ausfindig zu machen, ist viele Wege gegangen. Allen Unterschiedlichkeiten zum Trotz hatten diese Versuche ein gemeinsames Ziel, die vorgefundenen Manifestationen menschlichen Erlebens zu erklären oder wenigstens mittels einer kategorialen Sinnhaftigkeit zu erfassen.

Eine breitere Ausführung der Geschichte psychotherapeutischer Theorien und Methoden bis hin zur Familientherapie soll hier nicht vorgenommen werden. Lediglich kursorisch sollen die wichtigsten Stationen beleuchtet werden.

Ein wesentliches, wenn nicht das zentralste Glied in dieser Theorien-Kette ist die Entdeckung FREUDS, daß ein Zusammenhang besteht zwischen der Vergangenheit eines Menschen und seinem aktuellen Verhalten, speziell seines krankhaften Verhaltens, das nicht mit organischen Befunden erklärt werden kann. Auf dem Hintergrund seiner Beobachtung entscheidender Sozialisationsfaktoren konstruiert FREUD ein Modell des Psychischen, das sich aus einer anfänglich biologistischen Orientierung Schritt für Schritt einer dialektischen Betrachtungsweise annähert. «Seelisches» konstituiert sich in einem komplizierten Wechselspiel von Dynamik und Struktur.

Im Mittelpunkt seiner Theorie steht die Sexualität als Ausdruck der naturbedingten Triebhaftigkeit des Menschen. Kultur und Zivilisation stellt sich FREUD[7] als Ergebnis ewigen Ringens der Menschen mit ihrer Triebnatur und Über-Ich-Forderung dar. Auch das Verhalten des einzelnen wird als Resultat der Auseinandersetzung von Lust- und Realitätsprinzip begriffen, das heißt konkret, als mehr oder minder gelungene Anpassung an die Erfordernisse der äußeren Natur und der menschlichen Kultur.

Die Einflüsse äußerer Faktoren bleiben allerdings nur sekundär und werden lediglich in der Form ihrer interpretativen Verarbeitung durch den einzelnen berücksichtigt.

Im Gegensatz zu Deutschland wurde in Amerika sehr bald der Versuch unternommen, die eher individualistische Vorgehensweise zugunsten einer mehr sozialen zu verlassen.

Ein wichtiger Meilenstein auf dem Wege zur heutigen Familientherapie wurde durch die Entdeckung der *Systemtheorie* und deren Transfer auf den Bereich menschlicher Interaktion gelegt (z. B. WATZLAWICK et. al.[29]). Individuelles Verhalten erscheint auf dieser Matrix als Ergebnis wechselseitiger Beeinflussungsprozesse der miteinander kommunizierenden und agierenden Personen. Angelpunkt der Beobachtung wird der Kontext, in dem sich die einzelnen verhalten und Bewältigungsstrategien entwickeln. Das gesamte soziale Bedingungsgefüge, in dem Verhalten abläuft, rückt damit in das Zentrum wissenschaftlichen Bemühens.

Nur unter dieser Prämisse widmen sich Forschung und Therapie sinnvoll dem System «Familie» und seinen interaktionellen Spielregeln.

Der «Patient» wird hier nicht mehr als schicksalhafter Träger einer Krankheit oder als Ergebnis nur unzulänglicher individueller Bemühungen um Anpassung gesehen, sondern als designierter Symptomträger eines pathogenen Familiensystems.

Verhalten wird verstanden als jeweils folgerichtige, individuelle Antwort auf Determinanten, die einem bestimmten Kontext inhärent sind. Die Frage zur Erhellung menschlichen Verhaltens wird deshalb nicht mehr an der Individualität ausgerichtet (Was hat er?), sondern an der Sozietät (Was passiert? Was ist passiert?).

In der Praxis hatte dies zur Konsequenz, daß von nun an Familien insgesamt der psychotherapeutischen Behandlung zugeführt werden. Mit der Einführung der Familientherapie zeichnet sich die Möglichkeit ab, die Familie als übergeordnetes Subsystem zu erfassen, das wiederum abhängig von seinem sozialen Kontext existiert.

Die Familientherapie wendet sich also ab von molekularen zu molaren Strukturen.

Sie darf dabei nicht verkennen, daß der soziale Ansatz verflacht, wenn er ausschließlich als ein dem Familiensystem innewohnendes Kommunikationsmuster dargestellt wird. JACOBY[10] schreibt dazu: «Die Familie erscheint mehr und mehr als Machtgruppe und psychische Störungen einfach als Produkt nicht zusammenpassender Rollen, Erwartungen, Mitteilungen und Vorurteile» und «Differenzen und Konflikte werden als Kommunikationszusammenbrüche und nicht auch als reale Widersprüche interpretiert».

In den folgenden Abschnitten soll der Versuch unternommen werden, diese Bezüge von Familie und Gesellschaft deutlicher aufzuzeigen, ohne einem familialistischen Vorurteil zu verfallen.
Dabei ist von vornherein klar, daß hier keine geschlossene Theorie oder ein «glatter» Ansatz dargestellt werden kann. Das würde den dahinterstehenden Anspruch und die Komplexität der Fragestellung simplifizieren. Trotzdem erscheint es fruchtbar, einen derartigen Versuch zu unternehmen.

2. Die Familie als gesellschaftliches Subsystem auf den wichtigsten Stufen ihrer geschichtlichen Entwicklung

Die Familie als soziales Gebilde besitzt nicht eine Struktur a priori, sondern ihr funktionales Beziehungsgefüge spiegelt nach HIEBSCH und VORWEG[9] die Verhältnisse einer konkreten Gesellschaft wider. Oder, anders formuliert, die Anpassung an ökonomische Notwendigkeiten.

Erst auf diesem Hintergrund kann die Bedeutung der jeweiligen «familialen» Organisationsform deutlich werden und in das Konzept einer Familientherapie einbezogen werden, das *sozio-ökonomische Determinanten* zu berücksichtigen versucht.

Wenn auch die Perspektiven, unter denen die Entwicklungsgeschichte der Familie betrachtet wurde, zahlreich und ihre Ergebnisse divergent sind, so besteht doch ein allgemeiner Konsens darüber, daß die Familie in ihrer jetzigen Form innerhalb der westlichen Industrienationen nicht immer so bestanden hat.

Die patriarchalisch organisierte Kleinfamilie ist das vorläufige Endergebnis einer langen Entwicklungsgeschichte, die in dem gerade heute verunsicherten Familiensystem deutlich macht, daß die Geschichte nicht abgeschlossen ist.

Anthropologische und ethnologische Forschungsergebnisse – BACHOFEN[1], MEAD[18] – legen die Vermutung nahe, daß es in der Frühzeit der Menschheitsgeschichte eine Familienform gegeben hat, die sich an mutterrechtlichen Vorstellungen orientierte.

Das bedeutet: auf der frühesten Stufe der *matriarchal organisierten Gesellschaft* bestanden lockere Beziehungen zwischen den Geschlechtern. Daraus entwickelte sich über die Verwandtschaftsehe, die nur noch Beziehungen innerhalb einer Generation zuließ, schließlich das heute noch gültige *Inzestverbot*.

Über die Gründe der Entstehung des Inzestverbots ist immer wieder spekuliert worden. Angefangen von biologistisch-evolutionären Vermutungen, bis hin zur Annahme menschlicher Bedürfnisse nach Vergesellschaftung. Letztere Erklärung ist, wie auch RÜEGG[23] und SCHELSKY[25] meinen, noch am ehesten akzeptabel, wenngleich der Wunsch nach mehr Sozialkontakten nicht abstrakt mißverstanden werden darf, sondern Ausdruck realer Notwendigkeiten gewesen sein dürfte. Die gemeinschaftliche Bewältigung der Überlebenssicherung hatte und hat in der Kooperation immer größerer Verbände allemal günstigere Chancen.

Das Inzestverbot hat auf jeden Fall das Entstehen übergreifender Sozialbeziehungen gefördert und durch die Verringerung der Angst vor dem «Fremden» und Unbekannten, so RÜEGG[23], auch entscheidend dazu beigetragen, das In-die-Welt-Gehen zu fördern.

Schon auf der Stufe der Unterhaltssicherung, auf der Jagd und Sammeln die hauptsächlichsten Quellen für das Überleben darstellten, waren die Menschen auf gegenseitige Hilfe angewiesen.

Die angesammelten, bescheidenen Reichtümer waren, wie die erbeuteten Nahrungsmittel, kollektiver Besitz. Das geringe vorhandene Privateigentum war nicht der Rede wert und ging im Falle eines Ablebens wieder in den Besitz der Sippe der entsprechenden Stammesmutter über (ENGELS[6]).

Auf Grund einer frühen Form der Arbeitsteilung führten die Frauen den Haushalt und zogen die Kinder auf – von einigen Ausnahmen einmal abgesehen –, während den Männern die Jagd und Kriegführung oblagen.

Da die Abstammung nur in der mütterlichen Linie sicher zu verfolgen war, wurden die einzelnen Sippen nach ihren Stammesmüttern benannt. Auch die Erbfolge verlief nach matriarchaler Gesetzmäßigkeit.

Mit der Einführung der systematischen Viehzucht, des Feldbaus und der Sklaverei erreicht die Menschheitsgeschichte eine neue Stufe ihrer Reproduktionsbedingungen. Der Wert der Arbeitskraft wird die Basis gesellschaftlichen Reichtums.

Eine bescheidene Naturbeherrschung in Form einer sich langsam entwickelnden Technik, durch Vorratswirtschaft und Ausbeutung menschlicher Arbeitskraft unter dem Joch der Sklaverei unterstützt, befreit die Menschen vom direkten Zwang der täglichen Unterhaltssicherung. Reichtümer können in größerem Umfang angehäuft werden und garantieren ihren Besitzern eine relative Freiheit von der Ananke des Lebens.

Der Mann als Inhaber der Arbeitsmittel und des neuen Reichtums konnte nunmehr, weil sich – nicht zuletzt wegen des Inzestverbots – ziemlich feste Paarungsehen entwickelt hatten, erfolgreich eine Änderung des Erbrechts durchsetzen. Falls er nämlich als Sicherer des Unterhalts ausfallen würde, wäre der gesamte Reichtum vorher sofort an seine Sippe verteilt worden, so daß seine Familie keinen Anteil daran gehabt hätte. Nach patriarchalischem Recht bleibt der Reichtum jedoch in der Familie und wird direkt an die Kinder weitergegeben.

Mit der Einführung der *patriarchalischen Erbfolge* beginnt eine welthistorische Umwälzung gesellschaftlicher Verhältnisse sowohl auf der Ebene der Produktion wie auch auf der Ebene sozialer Interaktionen, speziell in der Beziehung der Geschlechter.

Außerdem beginnt mit dem Patriarchat der Siegeszug des Privateigentums über das Gemeineigentum.

Hatte die patriarchalisch konstituierte Familie anfangs den Zweck, das Eigentum zu vergrößern und zu wahren – deutlich sichtbar in den Heiratsgebräuchen jener Zeit –, so erwuchsen nach und nach eine Vielzahl von Widersprüchen, die sich aus dem Verhältnis der Arbeits- und Lebensbedingungen des sich neu etablierenden Bürgertums in den Städten und der feudalistischen Stände- und Gesellschaftsordnung ergaben. Diese alte Ordnung wurde zunehmend zu einer Fessel gesellschaftlichen Fortschritts, so MARX[15], die durch die Emanzipation der Städter gesprengt wurde.

Mit dem ausgehenden 18. Jahrhundert gerät die Familie in zunehmenden Widerspruch zu der sich rasch entwickelnden Technik. Der Aufbau von Manufakturen und die einsetzende Trennung von Wohn- und Arbeitsplatz machen eine Umänderung nötig. Die Idee eines freien Menschen, deren geistiger Ursprung im 16. Jahrhundert in der Reformation zu sehen ist, kommt immer stärker zum Tragen. Die veränderten Produktionsbedingungen, die auf einen großen Markt freier Arbeitskräfte angewiesen waren, standen in krassem Widerspruch zu der noch vorherrschenden Leibeigenschaft. Mit dem aufstrebenden Bürgertum, das immer heftiger auf eine Beteiligung an der gesellschaftlichen Macht pochte und so die Vormachtstellung des Adels brach, änderte sich auch die Struktur der Familie.

In dieser Zeit taucht in der deutschen Umgangssprache zum erstenmal als Lehnwort aus dem Lateinischen der Begriff «Familie» auf. Ganz sicher ist die Einführung dieser Bezeichnung eines sozialen Gebildes zu dieser Zeit nicht zufällig, sondern als konsequenter ideologischer Ausdruck der Lebens- und Arbeitsbedingungen dieser Epoche zu sehen.

Vor dieser Bezeichnung war immer nur vom Haus die Rede gewesen, das Wohn- und Produktionsstätte umfaßte. *familia* bezeichnete im Lateinischen die Gesamtheit der dem *pater familias* gehörenden Sklaven und Freien, zu denen auch die Frau und die Kinder gerechnet wurden.

BRUNNER[3] schreibt dazu: «Im ‹ganzen Hause› wurden Ratio und Gefühl in immer wiederkehrenden, sicherlich oft schmerzlichen Spannungen gegeneinander ausgeglichen. Mit seiner Aufspaltung in Betrieb und Haushalt tritt der ‹Rationalität› des Betriebes die ‹Sentimentalität› der Familie gegenüber.»

Auch für die Funktion der Familie und ihrer Struktur ergaben sich erhebliche Änderungen, natürlich von Schicht zu Schicht verschieden, wobei die *bürgerliche Familie* zum Fluchtpunkt einer Intimität, eines Privatim, wurde (KAHL [11]), und so dem zunehmend entmachteten Vater ein Refugium zum Ausleben und Träumen längst verlorener Macht anbot, was die tatsächliche gesellschaftliche Ohnmacht immer größerer Kreise der Gesellschaft verschleiern sollte. Denn tatsächlich verschob sich der gesellschaftliche Reichtum immer stärker in die Hände weniger, die daraus begründete Machtbefugnisse ableiteten.

Im folgenden ein Zitat von SCHNEIDER [28]: «Obwohl das Interesse der Familienmitglieder nicht mehr durch die gemeinsame Produktion der notwendigen Gebrauchsgüter bestimmt ist, bleibt das an Gehorsam, Pietät und eheliche Treue geknüpfte Ideal der frühbürgerlichen Familienform bestehen. *Der sich verschärfende Widerspruch zwischen der anachronistischen Ideologie und Psychologie der patriarchalischen Kleinfamilie und ihrer zunehmenden sozialen und ökonomischen Bodenlosigkeit* spiegelt sich in den zahllosen Familienkrisen und Familientragödien, die die Literatur des ausgehenden 19. und des beginnenden 20. Jahrhunderts ausführlichst thematisiert hat.»

Mit dem ausgehenden 20. Jahrhundert hat es durch die starke Konzentration des Reichtums – besser gesagt der Produktionsmittel – in den Händen weniger eine abermalige Änderung in der Familie gegeben. Die Mittelschichtfamilien, die wenig oder kaum nennenswerte Eigentümer besitzen, die sie an ihre Kinder vererben könnten, sind nur noch in der Lage, ihre Sozialisationsaufgabe darin zu erfüllen, daß sie ihren Kindern die besten Voraussetzungen zum Erwerb beruflicher Qualifikationen bieten, während die Unterschichtfamilien nur noch als Systeme der Unterhaltssicherung fungieren (GOTTSCHALCH et. al. [8]).

Das *Erziehungsideal der Mittelschicht* orientiert sich stark an der *Autonomie*, das heißt, das Kind soll schon sehr früh eine Eigensteuerung seines Verhaltens erlernen. Im Vordergrund steht zwar immer noch ein asketisches Ideal: Triebverzicht und Triebaufschub – aber die Erziehung verliert, auch durch die Verlagerung weiter Strecken der Sozialisation in den Bereich sekundärer Institutionen, ihre Rigidität. Kindgemäße Praktiken stehen an erster Stelle im Verhaltensrepertoire der Eltern. Umfang und Notwendigkeit, *Autonomie* zu entwickeln, sind aber auch abhängig von der Stellung des einzelnen im Produktionsprozeß.

Die Situation in den meisten *Unterschichtfamilien* stellt sich anders dar.

Für die obere Unterschicht hat schon die Übernahme alter bürgerlicher *Normen und Werte* begonnen, was sich in der Orientierung an der Leistungsideologie der Aufsteiger abzeichnet. Für die meisten Unterschichtfamilien spielt die Einbettung in Primärgruppen, so CAESAR[5], SCHLÖSSER[26] und SCHNEIDER[27], noch eine größere Rolle als in der Mittel- und Oberschicht. Die Verhaltenskontrolle wird stärker von der unmittelbaren Umwelt durchgeführt. Die Übereinstimmung mit den Werten der Subkultur ist wichtiger als individuelle Entscheidungen. Eine Entsprechung findet man in der dörflichen Maxime der «Nachbarschaftlichkeit», RÜEGG[22], die auch heute noch von großem Einfluß ist.

Das *Erziehungsverhalten der Unterschichteltern* dient in der Regel mehr der Sicherung und Wahrung elterlicher Autoritätspositionen. Kennzeichen eines derartigen Erziehungsstils sind meist autoritär formulierte Sanktionen. Es dominieren anale Erziehungspraktiken vor kinderorientierten. Die Identifikation mit den Eltern verläuft eher nach dem defensiven Typus, wodurch die Verinnerlichung des Über-Ichs nur lose gelingt. CAESAR[5] schreibt dazu, daß die Geburt eines Kindes primär «ein Problem der Versorgung des Kindes in materiell-ökonomischer Hinsicht und seiner Kontrolle darstellt, so daß Verhaltenseinschränkungen und Disziplinierungen gegenüber positiven Zielsetzungen und affektiver Unterstützung überwiegen».

Es sollte bisher deutlich gemacht werden, daß die Organisation der Familie nur auf ihrem gesellschaftlichen Hintergrund gesehen werden darf. Struktur und Inhalt sind nicht gleichzusetzen. Das heißt, konkret auf die Familientherapie bezogen, daß die Familientraditionen in Form von *Normen und Werten* nicht mit den realen Lebensbedingungen gleichgesetzt werden dürfen, diese Traditionen aber immer auch einen gesellschaftlichen Ursprung haben, den es aufzuklären gilt, um individuelles Verhalten in seiner Komplexität begreifen zu können. Für eine spezifische psychische Störung, der Phobie, haben KLEMANN, KUDA und MASSING[12] diese Interdependenzen aufzuzeigen versucht. Eine rein *familialistische Interpretation* greift zu kurz, weil sie die gesellschaftlichen Bedingungen individuellen Verhaltens verkennt.

3. Krankheit und Gesellschaft

Epidemiologische Untersuchungen zeugen unter anderem für die vielfach unternommenen Versuche, Krankheit und Umwelt miteinander in Beziehung zu setzen. Eindeutig soziale Akzentuierungen stellten jedoch dabei eher die Ausnahme denn die Regel dar.

Bei der Verwendung des Begriffs *«Krankheit»* wird der normative Gehalt dieser kategorialen Definition gewöhnlich nicht reflektiert. In dieser naiv empiristischen Betrachtungsweise liegt das Mißverständnis zu meinen, eine Sammlung und Interpretation wertfreier, also «objektiver» Daten sei prinzipiell möglich. Interpretationen und Kategorisierungen sind völlig legitim, sie müssen sich aber einen Regreß auf die dahinter herrschende Lehrmeinung gefallen lassen, die wiederum Ergebnis der Beziehung von Produktionsverhältnissen und Produktivkräften und den daraus sich ergebenden Widersprüchen, so MARX[15], ist.

Die Etikettierung einer organischen Störung oder eines abweichenden Verhaltens als krank impliziert einen nicht ausgewiesenen Begriff von Normalität. Krankheit ist also zu verstehen als gesellschaftlich umschriebener Unwert. Wobei die Wertmaßstäbe von Kultur zu Kultur unterschiedlich sind, ja sich sogar innerhalb eines Kulturkreises von Epoche zu Epoche verändern können. So schreibt WATZLAWICK[29], daß «vom Standpunkt der Kommunikationsforschung . . . die Einsicht unvermeidbar (ist), daß jede Verhaltensform nur in ihrem zwischenmenschlichen Kontext verstanden werden kann und daß damit Begriffe von Normalität oder Abnormalität ihren Sinn als Eigenschaften von Individuen verlieren».

Deshalb ist es sinnvoller, «Krankheit» nicht in einer erstarrten Klassifizierung zu verwenden, sondern mehr prozessual zu verstehen, als Geschehen in einem Interaktionsprozeß.

Bejaht man diese Voraussetzung, wird deutlich, daß symptomatisch erscheinendes Verhalten gleichzeitig Ausdruck einer gestörten Familienbeziehung und einer gestörten Beziehung innerhalb der Gesellschaft ist. Der Begriff «Störung» stellt dann eine normative Reduktion auf die gesellschaftlichen Idealvorstellungen, die als Ideologien in Erscheinung treten, dar.

In einem als «Störung» empfundenen Verhalten, sei sie subjektiv oder kollektiv empfunden, manifestiert sich der gescheiterte Versuch einer Anpassung an idealtypische Vorbilder. Sie spiegelt die Widersprüche der herrschenden Lebensumstände und die Artikulation eines aufkeimenden Protestes gegen diese gesellschaftlichen Bedingungen wider.

Ein *Symptom* ist deshalb immer Anpassung und Widerstand zugleich.

Damit eröffnet sich ein neuer Zugang zu bisher als «Krankheit» beschriebenen Phänomenen. Das Individuum oder gar die Familie können nicht mehr isoliert von einer konkreten Gesellschaft betrachtet werden. Erst auf deren Hintergrund werden sie transparent. Auch die therapeutischen Veränderungsinteressen müssen diese Zusammenhänge berücksichtigen.

Für die Familientherapie heißt das, daß sie sich ihrer eigenen gesellschaftlichen Verbundenheit immer wieder bewußt werden muß.

4. Die Krise der heutigen Familie

Die Krise der *patriarchalischen Familie* ist das Resultat einer gesellschaftlichen Umwälzung, deren Ausmaß und Wirkung zur Zeit noch gar nicht abgeschätzt werden kann (s. a. MITSCHERLICH[20]). Hatten die bürgerlichen Ideale von «Sauberkeit, Sparsamkeit und Ordnung», manifestiert in den analen und sexualfeindlichen Erziehungspraktiken einer ganzen Epoche, die bisher erreichten gesellschaftlichen Veränderungen begründet, so wächst sich, wie auch REICHE[21] meint, das überkommene protestantische Askeseideal zunehmend zu einer Fessel aus. In unserer *Konsumgesellschaft* erscheint der einmal mit ökonomischen Notwendigkeiten begründete unmittelbare *Triebverzicht* immer überflüssiger. Die gegenwärtigen Bedingungen verlangen einen Menschen, der in der Lage ist, sich einer begrenzten Triebhaftigkeit hinzugeben, ohne die Kontrolle über sich zu verlieren und für neue Stimulationen immer wieder ansprechbar zu bleiben, soweit es im Interesse der gesellschaftlichen Konsumtion von Gebrauchsgütern liegt. REICHE[20]: «Die Individuen müssen lernen zu konsumieren; zu konsumieren, wann immer das System es will, und zu konsumieren, was immer das System will. *Der klassische anale Zwangscharakter muß gelockert werden.*»

Im Interesse der Konsumption wird triebhaftes, *«süchtiges» Verhalten* gefordert und unterstützt. Individualität reduziert sich auf die Möglichkeit, zwischen mehreren Waren wählen zu können. Die aus der Verdrängung geholten oralen Charaktermodalitäten sind jedoch mit der ursprünglichen Suchtartigkeit nicht mehr zu vergleichen. SCHNEIDER[28]: «Freilich hat der spätkapitalistische ‹orale› Suchtcharakter, der eine maximale Konsum‹leistung› zu erbringen hat, mit dem feudalen Genußcharakter nichts mehr gemein.»

MASSING und BECKERS[16] sehen in der steigenden Zahl von Pubertätsmagersuchtfällen diese Umstände bestätigt, wenn sie von der Konfrontation familiärer Wertmaßstäbe (speziell im Bereich der Sexualität) mit den Forderungen unserer Zeit sprechen. Die typische patriarchalische Familie, überfrachtet mit überkommenen Erziehungsidealen, wird de facto immer mehr in ihrer Zuständigkeit als Sozialisationsagentur beschnitten. Immer weitere Bereiche der Erziehung fallen unter die Kontrolle staatlicher Institutionen (Kinderkrippen, Kindergärten, Vorschulerziehung etc.). Dadurch kommt es in den Mittelschichtfamilien zu einer Demokratisierung der Umgangsformen, die durch eine «weitgehende Entdifferenzierung der Geschlechtsrollen» (CAESAR[5]) unterstützt wird, so daß alte Strukturen auch hier nach und nach abgebaut werden. Die Schwächung der väterlichen Autorität und die Zunahme mütterlicher Kompetenz leitet einen Egalisierungsprozeß ein (BRUNNER[3], CAESAR[5], MARCUSE[14], MENDEL[19], MITSCHERLICH[20], SCHNEIDER[28]).

Der auf fast allen Ebenen der Gesellschaft stark an Einfluß verlierende Vater erlebt jedoch eine Renaissance seiner Macht in Gestalt einer entpersönlichten und anonymisierten Verwaltung. MENDEL[19]: «Da der soziale Vater tot ist oder in der Agonie liegt – nicht durch die Taten des Sohnes, sondern durch die Aktion der Mutter –, ist das soziale System, das das Kind zwischen dem 5. Lebensjahr und dem Erwachsenenalter beherrscht und das auf dem Autoritätsprinzip gründet, das sich selbst aus einer Ordnung patriarchalischen Typs herleitet (gerechter, gütiger Vater; Autorität göttlichen Rechts, die sich hierarchisch von Gott-Vater zum Staatsoberhaupt fortpflanzt), unangemessen, anachronistisch geworden. Jede soziale Autorität, die vom technologischen Ideal infiziert ist, ist nur noch ausnahmsweise die Hüterin der Werte, sondern meist nur Trägerin des Effizienzprinzips.»

Das Über-Ich trägt nicht mehr die Züge der strafenden Eltern, sondern nimmt den Charakter einer scheinbar objektiven Kontrolle an. Diese «Versachlichung» des Über-Ich führt zu Ohnmachtsgefühlen, zur Vorstellung einer naturgewordenen und -bedingten Entität «Gesellschaft», deren Veränderung unmöglich erscheint. Die Inkarnation des Vaters als Verwaltung (MARCUSE[14]) läßt jeden Widerstand schon im Keim ersticken, da Aufstand ja gleichzusetzen wäre mit Rebellion gegen eine weise Ordnung oder mit dem unsinnigen Versuch, Naturgesetze auf den Kopf zu stellen. Nach MARCUSE[14] ist die Individualität im alten Sinne von der Auslöschung bedroht, was sich letztlich seiner Meinung nach im «Abstieg der sozialen Funktion der Familie» zeigt.

In welche Richtung die Weiterentwicklung der Familie laufen wird, ist zum gegenwärtigen Zeitpunkt nicht vorhersagbar, man kann aber vermuten, daß die Familie als Stätte intimer Begegnungen und der daraus resultierenden Bedürfnisbefriedigung ihren Stellenwert auch in Zukunft haben wird. Die wachsende Gleichstellung der Partner kann nach CAESAR[5] die Chance einer stabilen Beziehung erhöhen. Insgesamt aber erfährt die Familie der Mittelschicht jetzt, wie WOLF[30] meint, einer geschichtlichen Konsequenz folgend, die Entzauberung, die die Unterschichtfamilien längst erfahren haben.

5. Der emanzipatorische Gehalt der Familientherapie

Es ist kein Zufall, daß das *Interesse an Familientherapie* jetzt auch in Deutschland zunimmt, nachdem diese Therapieform in Amerika längst einen hohen Stellenwert besitzt.

Steigende Zahlen «unglücklicher» Ehen und wachsende Scheidungsraten dürften dabei sicherlich nicht von geringer Bedeutung sein. Die desolate Situation in die nun auch weite Kreise der Mittel- und oberen Unterschichtfamilien hineingeraten, hebt die gesellschaftliche Notwendigkeit des Systems «Familie» beileibe nicht auf. Obwohl schon ein Großteil familiärer Sozialisationsaufgaben mit Erfolg von staatlicher Seite übernommen worden ist, zeigt sich dennoch einmal mehr die Überlegenheit der Institution Familie im Bereich affektiver Bedürfnisbefriedigung.

Da aus der Perspektive der Familientherapie nicht mehr nur das Individuum «krank» erscheint, sondern der gesamte Familienkontext, kann über eine Abänderung familiärer Interaktionssequenzen die im designierten Patienten manifest gewordene Störung aufgelöst und weiteren individuellen und familiären Symptomverschiebungen vorgebeugt werden.

Eine so verpflichtete Familientherapie kümmert sich in ihrem methodischen Vorgehen um die dem System «Familie» zugrunde liegenden «Spielregeln» – WATZLAWICK[29], BOSZORMENYI-NAGY und FRAMO[4], MANDEL/MANDEL[13], SATIR[24], ZUK[31]. Neue Alternativen sollen angeboten und Möglichkeiten des Neulernens erweitert werden, um auf diesem Wege allen Beteiligten eine bessere Selbstverwirklichung und emotionale Befriedigung zu verschaffen. Dies kann aber nur so weit gelingen, wie die Familie von sich aus als Urheber gestörter Interaktion verantwortlich gemacht werden kann. Eine Familientherapie, die die gesellschaftlichen Einflüsse, die individuelles Leiden produzieren, vernachlässigt, indem sie sie unter die Kategorie «sozialer Determinanten» subsumiert und als Epiphänomene einstuft, landet sehr rasch in einer familialistischen Sackgasse. Aus dieser Sicht wird der Schein für die Wirklichkeit gehalten und versucht, die Diskrepanzen zwischen Therapieeffizienz und Methode über einen endlosen Regreß auf immer frühere Generationen, wie in der «Intergenerationen-Theorie» von BOSZORMENYI-NAGY[4], zu verringern.

Eine *materialistisch orientierte Familientherapie* muß gerade den gesellschaftlich hervorgebrachten Widerspruch, der sich auch im *individuellen Leiden* zur Gestalt bringt, aushalten können, um mit diesem Wissen dem einzelnen und der Familie im therapeutischen Prozeß eine realistische Hilfestellung geben zu können. Dies ist den von RICHTER[22] genannten *Therapiezielen* an die Seite zu stellen, um einer Familiarisierung des Leidens vorzubeugen.

Die Kluft zwischen *Scheinwelt* und Scheinwerten, wie sie sich in Massenmedien repräsentiert finden und deren wichtigstes Charakteristikum die Unmöglichkeit ihrer Verwirklichung ist, und der Realität eines Durchschnittsmenschen kann durch Familientherapie im besonderen Maße gemindert werden. Enttäuschungen, erwachsen aus der Unfähigkeit der einzelnen, die vorgegaukelte Scheinwelt zu leben, können abgebaut und als Konsequenz kapitalistischer Arbeits- und Lebensbedingungen ausgewiesen werden. Gleichzeitig eröffnet sich damit dem Individuum die Möglichkeit, seine mitmenschlichen Beziehungen zu verändern und befriedigender zu gestalten. Aber auch die herrschenden Verhältnisse werden entmystifiziert. Gesellschaft erscheint nicht mehr als naturgewordene Zwangsläufigkeit, sondern wird in ihrem Sosein als Gewordenes und wieder Veränderbares begriffen. Protest und der Wunsch nach gesellschaftlicher Veränderung braucht der einzelne nun nicht mehr als «Verbrechen gegen die gesamte menschliche Gesellschaft» (Marcuse[14]) zu erleben.

Die *Grenze der Familientherapie* liegt also darin, daß sie die Hauptquelle individuellen und kollektiven Leidens, den Widerspruch zwischen Lohnarbeit und Kapital, nicht in einem therapeutischen Akt aufheben kann, sondern sie kann lediglich darauf rekurrieren und verweisen. Familientherapie kann gesellschaftliche Veränderungen nicht ersetzen, denn das hieße die Realität auf den Kopf zu stellen. Die gesellschaftlichen Verhältnisse zu erkennen und als modifizierbar aufzuzeigen, das könnte die Chance der Familientherapie sein.

6. Aspekte aus einer Familienanamnese

«Die soziale Analyse legt nahe, daß das als geistig krank erkannte Individuum nicht aufgrund von Defekten seiner Persönlichkeit erkrankt ist; vielmehr ist die Krankheit eine Antwort auf eine ‹unlebbare Situation›, die in den Beziehungen zu Freunden, zur Familie, zur Arbeit bis hin zur ganzen Gesellschaft gefunden werden kann» (Jacoby[10]).

▶ Wir wollen unseren Patienten Rolf nennen.

Er ist zwanzig Jahre alt und war bis vor kurzem in einer Kistenfabrik als Hilfsarbeiter tätig. Seine Mutter suchte mit ihm einen Hausarzt auf, weil Rolf überzeugt war, ein «Zwitter» zu sein. Sein unumstößlicher Gedanke sei, eine Geschlechtsumwandlung mit sich vornehmen zu lassen. Es erfolgt eine Überweisung in eine psychiatrische Klinik, von der die Familie mit Ausnahme der Mutter nichts erfährt. In der Familie und auf dem Dorf heißt es, Rolf sei wegen einer Blutkrankheit in einer Klinik, der Vater meint wegen eines nervösen Augenzuckens.

Die vorliegende Krankengeschichte ist relativ blande bis auf die spezielle Symptomatik.

Rolf ist das älteste Kind von sieben Geschwistern. Er ist unehelich geboren. Die Großmutter mütterlicherseits willigte nicht in eine Heirat ein, weil der Vater – ein Hilfsarbeiter mit landwirtschaftlicher Nebenbeschäftigung – noch nicht volljährig sei. So wächst Rolf die ersten Jahre bei der Mutter und der Großmutter auf. Erst nach einer zweiten Schwangerschaft heiraten die Eltern. Die Kindheitsentwicklung wird als unauffällig geschildert, ebenso scheint die Schulzeit (bis auf schulische Leistungen: Rolf blieb in der vierten und siebten Klasse sitzen) unproblematisch zu sein. Die Schulentlassung erfolgte in der achten Klasse ohne Volksschulabschluß. Er begann eine Lehre als Landmaschinenschlosser, die er jedoch bald abbrach, weil er keine Lust mehr hatte, sich nicht gut mit dem Meister verstand und die Arbeit auch zu «dreckig» fand. Er arbeitete anschließend in einem Sägewerk, verließ nach einem Arbeitsunfall auch diese, um anschließend in der Kistenfabrik zu arbeiten.

Zwischen dem zwölften und achtzehnten Lebensjahr sei er etwa achtmal von zu Hause weggelaufen. Sein Kontakt zu anderen Jugendlichen sei aber immer normal gewesen.

Mit der *Mutter* gäbe es keine Schwierigkeiten, hingegen mit dem *Vater*, weil der sehr streng sei, ihn zuviel zu landwirtschaftlicher Arbeit herangezogen hätte. Mit seinen *Geschwistern* käme er gut zurecht: eine Schwester hat Abitur, ein Bruder macht eine Maurerlehre, die anderen Geschwister besuchten noch Volks- und Realschulen.

Zur speziellen Vorgeschichte finden wir, daß Rolf schon immer viel mit Mädchen gespielt habe, so daß er im nachhinein hierin einen Anhaltspunkt für eine vollzogene «Umwandlung» sieht, zumal in den Jahren seiner Kindheit verstärkt «Umfrisierungen» an Kindern durchgeführt worden seien: entweder weil sie Versuchskaninchen gewesen seien für ihre Eltern oder zwecks Vorbeugung gegen die Gefahr von Sittlichkeitsverbrechen. Rolf betont immer wieder, daß ziemlich viele «Umgepolte» in seinem Heimatdorf herumlaufen würden. Auch bei der Bundeswehr hätte man ihm auf den Kopf zugesagt, daß er schon einmal ein Mädchen gewesen sei. Mit siebzehn Jahren habe er mit einem Mädchen ein merkwürdiges Erlebnis gehabt. Sie habe auf seinem Schoß gesessen. Er habe bei sich ein Anschwellen der Brüste bemerkt und bei ihr eine Erektion verspürt. Sie habe reagiert wie ein Mann und er wie eine Frau. Auch habe er einen Rückgang seines Bartwuchses bemerkt. Einmal sei er in Mädchenkleidern seiner Schwester durch den Ort gegangen und niemand habe bemerkt, daß er kein Mädchen war. Mit neunzehn Jahren habe er seine ersten Regelblutungen bekommen, und nachdem er auch noch drei Hormonspritzen bekommen habe, sei seine halbe Umwandlung zum Zwitter fertig gewesen. Jetzt müsse nur noch der Bart endgültig weg, da er doch keinen «Schlag» mehr nach Mädchen habe. Als Frau würde er dann zur weiblichen Kripo gehen, dort könne er den ganzen Tag legal mit Waffen umgehen – zumindest würde er sich die Waffen an die Wand hängen. Würde er ohne eine geschlechtsumwandelnde Behandlung entlassen, dann würde er sich unterderhand Hormonpillen besorgen und anschließend Geld sparen, um die Umwandlung zum Beispiel in Algerien machen zu lassen.

Nach dieser Anamnese kommt man im psychopathologischen Befund zu der Überlegung, ob bei Rolf angesichts seiner dürftigen sprachlichen Äußerungen, die von vulgären Ausdrücken nur so wimmelten und doch ohne emotionale Beteiligung blieben, und angesichts seiner geringen Schulleistungen nicht vielleicht ein unterdurchschnittliches Intelligenzniveau zu vermuten wäre. Es fiel weiter auf, wie unernst Rolf sein zentrales Problem, nämlich die mangelnde Identifikation mit dem männlichen Geschlecht, vorbrachte. Seine Äußerungen hatten überdies ein konfabulatorisch aufschneiderisches Gepräge. Auffallend war ferner seine distanzlose Unverblümtheit, mit der er über alles Sexuelle redete. Im Hinblick auf sein ticartiges Augenzwinkern und die gleichzeitige Mitbewegung im Mundwinkelbereich war vielleicht eine frühkindliche Hirnschädigung in Erwägung zu ziehen. Durch eine psychologische Untersuchung sollte die Intelligenzkapazität ermittelt und nach Hinweisen auf schizophrene Denkstörungen gefahndet werden.

Diagnostisch dachte man in erster Linie an eine *Pfropfschizophrenie.* ◂

Im Gegensatz zu dem hiermit kurz referierten Krankenbericht versuchten wir in unserer theoretischen Überlegung und praktischen Arbeit von vornherein den Gesamtzusammenhang zu sehen, der für unseren «Patienten» *real* existierte.

Im folgenden soll nicht etwa der lange, mühevolle therapeutische Prozeß in diesem Fall nachgezeichnet werden. Wir wollen abrißhaft nur die wichtigsten Stadien im Wechselspiel zwischen Umwelt, Familie und eigenem Erleben von Rolf aufzeigen, aus dem schließlich sein «Symptom» hervorging, nämlich sich als Zwitter zu fühlen. Und wie paßt dazu die Reaktion des Patienten, sich vollends in eine Frau umwandeln lassen zu wollen, und wie die medizinische Diagnosestellung «Pfropfschizophrenie»?

Die Diagnose Pfropfschizophrenie (Schizophrenie bei einem schon vorher Schwachsinnigen) kam im wesentlichen durch das medizinisch-biologistische Krankheitsmodell psychischer Störungen zustande, in dem zwar Umwelteinflüsse in der Anamnese berücksichtigt werden, aber lediglich den Stellenwert initialer Traumata erhalten. Die Diagnose stützte sich hauptsächlich auf die vermutete Inkohärenz des Denkens, des Handelns und der Affektivität: Zerfahrenheit im Denken, Stereotypien, Gefühlsleere, Wortneubildungen, Sinnlosigkeit seiner Umwandlungswünsche.

Aber gerade hier wurde nicht ausreichend berücksichtigt, daß Rolf aus einer Arbeiterfamilie stammt und als Hilfsarbeiter nach Bernstein[2] in dieser *lower working class* über einen *restringierten Code* verfügt, in dem die beschriebenen Auffälligkeiten mühelos unterzubringen sind. Das etwaige Vorliegen eines Hermaphroditismus ließ sich mit Sicherheit ausschließen.

Wir werden nicht versuchen, eine neue Diagnose zu nennen, da wir meinen, daß diagnostische Kategorisierungen starr bleiben, daß es vielmehr darauf ankommt, eine möglichst detaillierte Momentaufnahme der individuell sinnvollen Realität des Patienten zu erstellen, um *hieraus* therapeutische Arbeit abzuleiten.

► Rolf lebte als uneheliches Kind mit seiner Mutter bei der Großmutter mütterlicherseits. Die drei schliefen in einem gemeinsamen Schlafzimmer, damit sich die Mutter nicht noch ein Kind «anhängen» ließe. Auch verlangte die Großmutter von der Mutter den Abbruch ihrer Krankenschwesternausbildung. Die Großmutter führte weiterhin vollständig den Haushalt quasi mit zwei Kindern. Zu ihrer eigenen Tochter war sie immer sehr streng, machte ihr das uneheliche Kind zum Vorwurf, verbot ihr jedes Zusammentreffen mit dem Vater ihres Kindes. Die Großmutter willigte in eine Heirat nicht ein, da der Vater noch nicht volljährig war, eine andere Konfession hatte und der Tochter etwas Besseres als ein Arbeiter zustünde. Wichtig in diesem Zusammenhang erscheint auch, daß die Großmutter als Heimatvertriebene und geschiedene Frau keinen Anschluß in der neuen Umgebung gefunden hatte und die Isolierung, Einsamkeit und Verunsicherung als Fremde sehr fürchten mußte. Aus ihrer eigenen Problematik als geschiedene Frau vermittelte sie der Tochter nicht gerade ein positives Männerbild. Männer seien höchstens dazu da, Geld nach Hause zu bringen. Real gab der Vater von Rolf regelmäßig einen großen Teil seines geringen Verdienstes dieser Großmutter. Die Großmutter nahm ihrer Tochter praktisch ihr Kind ab, indem sie sich ausschließlich um Rolf kümmerte, ihn extrem verwöhnte, ihn – um mit den Worten Rolfs zu sprechen – als Schmusepuppe benutzte, ihn lange Zeit mit Mädchenkleidern herumlaufen ließ, weil er darin so «süß» aussah, und ihn nur aus dem Hause ließ, wenn sie ihn begleitete. Zu seiner Mutter konnte Rolf daher in diesen ersten Jahren wenig Kontakt entwickeln. Durch eine zweite Schwangerschaft erzwang sich die Mutter dann endgültig doch die Heiratseinwilligung. Ihr scheint nur dieser Weg offengestanden zu haben, die Großmutter zu verlassen. Die Eltern zogen mit Rolf in eine eigene Wohnung. Rolf wurde von heute auf morgen vor die Tatsache gestellt, daß nicht mehr er der Mittelpunkt war. Die Verwöhnung durch die Großmutter stellte, wie immer deutlicher wurde, eine zweischneidige Situation dar: einerseits fühlte er in sich, daß er etwas Besonderes sei, andererseits sah er sich erstmals mit Spielkameraden konfrontiert und erlebte sich ihnen gegenüber ängstlich und unselbständig, mußte sich als «altes Weib» beschimpfen lassen.

Die Schulsituation stellte ihn vor weitere Schwierigkeiten. Rolf realisierte, daß er der Kleinste in der Klasse war und blieb (er wurde nur 160 cm groß). Er versuchte anfänglich durch Kaspereien aufzufallen, um wenigstens so noch andeuten zu können, daß er auch jemand sei. Man zwang ihn, mit der rechten Hand zu schreiben, obwohl er Linkshänder ist. Außerdem wurde er, obwohl er nach heutigen Kriterien als Legastheniker einzustufen ist, überhaupt nicht in dieser Richtung untersucht.

Die schulischen Leistungs- und Entfaltungsmöglichkeiten wurden noch dadurch eingeschränkt, daß er in der landwirtschaftlichen Arbeit eingespannt wurde, zu der man aber nur nach der Fabrikarbeit des Vaters oder am Wochenende kam, so daß real für seine Schularbeiten nur die knappe Zeit vor dem Schlafengehen blieb. Bald kam auch die negative Einstellung der Mutter zu «den Männern» zum Tragen, die sie von der Großmutter vermittelt bekam. Den vier Mädchen in der Familie, von denen die Älteste Abitur hat und studiert, wurde eine höhere Schulbildung ermöglicht, die Jungen hingegen schafften noch nicht einmal den Volksschulabschluß. Zu seiner Unterprivilegierung als Arbeiterkind spürte Rolf auch noch die innerfamiliäre Diskrepanz, daß hier nämlich den Mädchen bessere Chancen eingeräumt wurden: «Ich würde als Frau eine höhere Intelligenzquote bekommen, als Junge kann ich höchstens das Stadium eines 16jährigen erreichen.» Er beneidete die Mädchen wegen ihrer Möglichkeiten und Chancen und reagierte allen weiblichen Werten gegenüber mit erhöhtem Mißtrauen. Rolf versuchte nach der Schule eine Lehre als Landmaschinenschlosser, brach diese aber ab, weil er als Kleinster und «Dümmster» weder mit den Launen seines Meisters noch mit den Hänseleien seiner Arbeitskollegen fertig wurde. Er wurde schließlich Hilfsarbeiter, weil er so von der Arbeit her wenigstens den gleichen Status quo wie die «Erwachsenen» hatte. Während er Geld verdienen mußte, schlug die Aufsteigerideologie der Mutter nur bei den Mädchen durch. Es gelang Rolf nicht, eine befriedigende Identität zu entwickeln. Er erfuhr sich vielmehr als abhängiges Objekt anderer, geriet in den degradierenden Machtkampf zwischen Mutter und Vater. Diesen wenig anheimelnden Zuständen begann der Patient sich durch Weglaufen von zu Hause, später durch eine Eingliederung in eine leicht dissoziale Subkultur zu entziehen.

Ein anderes entscheidendes Moment war seine sexuelle Entwicklung. Zwar konnte er als Unterschichtkind in aufschneiderischen und vulgären Worten über Sexualität reden. Bei näherem Hinsehen stellte man jedoch fest, daß dieser Themenkreis innerhalb der Familie einer totalen Tabuisierung unterlag. Das ging so weit, daß Rolf sich nicht traute, seine schwangere Schwester zu fragen, ob sie nun ein Kind erwarte oder nicht. Vielmehr stellte er wilde Vermutungen an oder stieß Beschimpfungen aus, daß die Frauen einen nur mit einem Kind hereinlegen, man dürfe denen nicht trauen. Es stellten sich bei ihm in hohem Grade infantile Sexualvorstellungen heraus, angefangen von der Sexualität als Beziehungsebene zwischen Menschen, über Fortpflanzung bis zu konkreten anatomischen Fragen. An dieser Stelle traute er sich zum erstenmal zu sagen, daß er an einer hochgradigen Phimose leidet. Männlich und weiblich wurden von ihm nicht als stabile Kategorien, sondern als Aspekte mit fließenden Übergängen aufgefaßt.

Den entscheidenden Wendepunkt in seiner Entwicklung stellte sein achtzehntes Lebensjahr dar. Sozial war er nun zwar volljährig. Von Institutionen wurden ihm jedoch «Reifegrade» abgesprochen. So wurde ihm z. B. bei der Bundeswehr nur der Tauglichkeitsgrad 2 bis 3 bescheinigt, was ihm Spott in seiner Peer-Group eintrug. Außerdem hatte ihn ein Musterungssanitäter gefragt, ob er nicht ein Mädchen sei. Zur gleichen Zeit versuchte er den Führerschein zu machen, der ihm aber nach einem psychologischen Test wegen Unreife, Affektlabilität und Aggressionshemmung abgesprochen wurde. (Zu diesem Test kam es, weil er es wiederholt versäumt hatte, zum Verkehrsunterricht zu gehen, nachdem er mit seinem Fahrrad im Verkehr aufgefallen war.) Gerade der Führerschein wird aber in seiner Sozialschicht als «Lebensberechtigungsschein» aufgefaßt oder als Voraussetzung der Männlichkeit. Rolf fühlte sich nun endgültig durch Institutionen zum «Krüppel» gestempelt. Die neuen Rollenerwartungen brachten ihn in immer größere Konflikte. Während es ihm früher jedoch möglich war, eine Lösung durch aktives Aus-dem-Felde-Gehen oder Weglaufen herbeizuführen, erschien dies ihm für einen «Volljährigen» als nicht mehr adäquat. Daraus ergab sich für ihn nun die Forderung, Verantwortung zu übernehmen für sein psychisches Erleben wie auch für seine sozialen Verpflichtungen. Da er aber diesen Anforderungen nur unter großen Ängsten gerecht werden konnte und durch sein Mißtrauen stark eingeengt war, griff er nun zu einer Strategie, die er schon bei seiner Mutter als Verhaltensmodus erlebt hatte: er stellte sich dumm, ließ andere an sich abprallen und «redete andere tot». Aber am liebsten wollte er aus seiner Haut heraus, weil für ihn die männliche Rolle unerfüllbar geworden war. Bis zum achtzehnten Lebensjahr hatte er die Möglichkeit gesehen, diesen Problemen durch den Kompromiß in Form von «Nicht-Junge-nicht-Mädchen-Sein» auszuweichen, das heißt: als latenter Zwitter die konformen Rollenerwartungen zu unterlaufen. Mit der Ausprägung der sekundären Geschlechtsmerkmale, insbesondere des Bartwuchses, im Anschluß an die sich nunmehr stärker verändernden Umwelterwartungen gerade hinsichtlich der sexuellen und sozialen Ansprüche wurde der alte Konflikt aktualisiert. Als einzig lebbare Koexistenz zwischen gesellschaftlichen Erwartungen, familiären Konflikten und individuellem Erleben blieb ihm nur ein Ausweichen in Transsexualität und Pseudodebilität. Als Zwitter konnte er sowohl der von ihm in seiner Familie erlebten Bevorzugung der Frau nach Kräften teilhaftig werden, als auch die Angst und das Mißtrauen besiegen, das er gegenüber dem weiblichen Geschlecht hatte. Außerdem war es ihm so gelungen, den männlichen Rollenerwartungen seiner Arbeiterklasse aus dem Wege zu gehen. Aber gleichzeitig geriet er wieder in den Konflikt, daß auch die Frauenrollen nichts Abstraktes, sondern an konkrete Beziehungssituationen und Erfahrungen gebunden ist, daß er also durch die Introjektion immer doch auch so etwas wie negative Aspekte in sich hineinnimmt. Dies kann er bis zu einem gewissen Grade ausblenden. Was davon übrigbleibt, stellt sich, psychodynamisch gesehen, in den Dienst seines schon vorhandenen geringen Selbstwertes. ◂

Literatur

1 Bachofen, J. J.: Das Mutterrecht. Hälfte 1.2. Hg. von K. Meuli. Basel: Schwabe 1948 (Bachofen: Gesammelte Werke. Bd 2.3.)

2 Bernstein, B.: Lernen und soziale Struktur. In: B. Bernstein u. a. (Hg.): Lernen und soziale Struktur. Amsterdam N. V.: de Munter 1970

3 Brunner, O.: Vom «ganzen Haus» zur «Familie». In: H. Rosenbaum (Hg.): Familie und Gesellschaftsstruktur. Frankfurt a. M.: Fischer 1974. (Fischer Taschenbücher. 6521: Texte zur politischen Theorie und Praxis.)

4 Boszormenyi-Nagy, I., und J. L. Framo (Hg.): Familientherapie. Bd 1.2. Reinbek bei Hamburg: Rowohlt 1975 (rororo studium. 80/81: Psychoanalyse)

5 Caesar, B.: Autorität in der Familie. Reinbeck bei Hamburg: Rowohlt 1972

(rowohlts deutsche enzyklopädie. 366.)
6 ENGELS, F.: Der Ursprung der Familie, des Privateigentums und des Staats. Berlin: Dietz 1973
7 FREUD, S.: Gesammelte Werke. Bd 1–18. London: Imago Publ.; Frankfurt a. M.: S. Fischer: 1946–1968
8 GOTTSCHALCH, W., M. NEUMANN-SCHÖNWETTER und G. SOUKUP: Sozialisationsforschung. Frankfurt a. M.: Fischer 1971 (Fischer Taschenbücher. 6503: Texte zur politischen Theorie und Praxis.)
9 HIEBSCH, H., und M. VORWERG: Einführung in die marxistische Sozialpsychologie. Berlin: Deutscher Verlag der Wissenschaften 1972
10 JACOBY, R.: Gesellschaftstheorie und Psychotherapie (Laing, Cooper). In: Das Argument 17 (Nr. 89) (1975), H. 1/2
11 KAHL, J.: Das Elend des Christentums. Reinbek bei Hamburg: Rowohlt 1968 (rororo 1093: rororo aktuell)
12 KLEMANN, H., M. KUDA und A. MASSING: Phobie oder die Angst vor dem Dorf. In: Zeitschrift für psychosomatische Medizin und Psychoanalyse 21 (1975), H. 4
13 MANDEL, A. u. a.: Einübung in die Partnerschaft durch die Kommunikationstherapie und Verhaltenstherapie. München: Pfeiffer 1973 (Reihe Leben lernen Nr. 1.)
14 MARCUSE, H.: Triebstruktur und Gesellschaft. Frankfurt a. M.: Suhrkamp 1969 (Bibliothek Suhrkamp. Bd 158.)
15 MARX, K.: Die Frühschriften. Stuttgart: Kröner 1968 (Kröners Taschenausg. Bd 209.)
Das Kapital. Berlin: Dietz 1973 (K. MARX und F. ENGELS: Werke. Bd 23. 24.)
16 MASSING, A., und W. BECKERS: Zur Frage der Manifestationsbedingungen und Häufigkeitszunahme der Pubertätsmagersucht. In: Zeitschrift für psychosomatische Medizin und Psychoanalyse 20 (1974), H. 1
17 MEAD, M.: Kulturbegriff und psychosomatische Medizin. In: A. MITSCHERLICH u. a.: Der Kranke in der modernen Gesellschaft. Köln, Berlin: Kiepenheuer & Witsch 1970 (Neue wiss. Bibl. Soziologie. 22.)
18 MEAD, M.: Jugend und Sexualität in primitiven Gesellschaften. Bd 1–3. München: Deutscher Taschenbuch-Verlag 1970 (dtv-Taschenbücher. 4032–4034: Wiss. Reihe)
19 MENDEL, G.: Generationskrise. Frankfurt a. M.: Suhrkamp 1972
20 MITSCHERLICH, A.: Auf dem Weg zur vaterlosen Gesellschaft. München: Piper 1967
21 REICHE, R.: Sexualität und Klassenkampf. Frankfurt a. M.: Verl. Neue Kritik 1968 (Probleme sozialistischer Politik. Bd 9.)
22 RICHTER, H. E.: Patient Familie. Reinbek bei Hamburg: Rowohlt 1970 (rororo sachbuch. 6772.)
Eltern, Kind, Neurose. Reinbek bei Hamburg: Rowohlt 1969 (rororo sachbuch. 6082.)
23 RÜEGG, W.: Soziologie. Frankfurt a. M., Hamburg: Fischer-Bücherei 1969 (Funkkolleg zum Verständnis der modernen Gesellschaft. Bd 6.) (Fischer-Bücherei. 1031.)
24 SATIR, V.: Familienbehandlung. Freiburg i. Br.: Lambertus Verlag 1973
25 SCHELSKY, H.: Soziologie der Sexualität. Reinbek bei Hamburg: Rowohlt 1968 (rowohlts deutsche enzyklopädie. 2.)
26 SCHLÖSSER, M.: Die Familiensituation der Arbeiter. In: H. ROSENBAUM (Hg.): Familie und Gesellschaftsstruktur. Frankfurt a. M.: Fischer 1974 (Fischer Taschenbücher. 6521: Texte zur polit. Theorie und Praxis.)

27 SCHNEIDER, L.: Charakteristika des Haushalts der Fabrikarbeiter. In: H. ROSENBAUM (Hg.): Familie und Gesellschaftsstruktur. Frankfurt a. M.: Fischer 1974 (Fischer Taschenbücher. 6521: Texte zur politischen Theorie und Praxis.)
28 SCHNEIDER, M.: Neurose und Klassenkampf. Reinbek bei Hamburg: Rowohlt 1973 (das neue buch. 26.)
29 WATZLAWICK, P., J. H. BEAVIN und D. D. JACKSON: Menschliche Kommunikation. Bern, Stuttgart, Wien: Huber 1971
WATZLAWICK, P.: Lösungen. Bern, Stuttgart, Wien: Huber 1974
30 WOLF, M.: Individuum/Subjekt/Vergesellschaftung der Produktion. In: Ästhetik und Kommunikation. 5 (1974), H. 15/16
31 ZUK, G. H.: Familientherapie. Freiburg i. Br.: Lambertus Verlag 1975

1.4. Wert-, Ziel- und Normenkonflikte in der Familientherapie:
Zur Beziehung von Familienarbeit und Recht

Ludwig Reiter, Egbert Steiner und
Hans Strotzka

1. Einleitung

Wir gehen von der Überlegung aus, daß es in jeder Gesellschaft einige Berufsgruppen gibt, deren Aufgabe Hilfestellung bei sozialen Konflikten verschiedenster Art ist. In der gegenwärtigen Gesellschaft besorgen dies unter anderem Psychotherapeuten, Sozialarbeiter und Juristen. Überblickt man die Selbst- und Problemdarstellungen der «Konfliktmanager» in der Fachliteratur, so wird man feststellen können, daß sie sich bevorzugt mit den intrapsychischen und/oder interpersonellen Schwierigkeiten ihrer Klienten befassen, daß sie aber kaum auf jene Konflikte eingehen, in die sie selbst verwickelt sind. Gemeint sind damit nicht jene Probleme, die in der Klient-Betreuer-Interaktion auftreten (z. B. Übertragung und Gegenübertragung), sondern Konflikte, wie sie sich etwa aus der *double-agent*-Rolle des Betreuers als Helfer einerseits und Kontrolleur andererseits ergeben (Szasz[48], Nelson[32], Strotzka[45]). Freilich wird man eine Analyse dieser Rollenkonflikte kaum in den Begriffen einer individualisierenden Betrachtungsweise zureichend durchführen können, da es sich ja vorwiegend um Konflikte auf einer komplexen gesellschaftlichen Ebene handelt. Wir meinen damit die Tatsache, daß Therapie und Beratung zunehmend in administrativen Organisationen vor sich gehen und daß die Konflikte daher vorwiegend *struktureller* Natur sind. Deren Kennzeichen ist es, daß die einzelnen Akteure austauschbar sind, ohne daß der Konflikt dadurch beseitigt würde. Spannungen und Schwierigkeiten werden zwar vielfach als persönliche erlebt, die Personifizierung lenkt jedoch von den Widersprüchen ab, die nicht durch die Anstrengungen einzelner beseitigt werden können.

Warum gehen wir vom *Konflikt*begriff aus? Wir glauben, daß für die Analyse psychosozialer Problemstellungen auch entsprechende Paradigmen (Theorien, Modelle, Lösungsversuche) herangezogen werden sollten. Unter einem sozialen Konflikt wollen wir, einer Definition COSERS (zit. nach KRYSMANSKI[23]) folgend, einen Kampf um Werte oder Statusansprüche, um Macht und knappe Ressourcen verstehen. Konflikt ist ein wichtiges Element sozialer Interaktion und weit davon entfernt, immer ein negativer Faktor zu sein. Sozialer Konflikt kann auf viele Arten sowohl zu Erhaltung von Gruppen und Kollektiven als auch zu Festigung interpersonaler Beziehungen beitragen. Wir wollen jedoch nicht so weit gehen, Konflikt als einen Wert an sich (MENDEL[30]) hochzustilisieren oder zu fordern, daß man Konflikte schätzen müsse (GALTUNG[13]), sondern wir sehen in den Theorien sozialer Konflikte eine sinnvolle Möglichkeit der Beschreibung der uns interessierenden Phänomene. Wir wollen uns dabei an die Forderung BÜHLS[6, S. 10f] halten, nur dann eine Analyse im Rahmen der Konflikttheorie vorzunehmen, wenn mindestens folgende Kriterien erfüllt sind:

a) Ein Konflikt kann nur durch Hinweis auf zugrunde liegende gesellschaftliche Beziehungen und Prozesse erklärt werden.

b) Ein Konflikt ist als mehrdimensionales Geschehen aufzufassen, das heißt, er läßt sich nicht auf eine einzige Ursache reduzieren oder in einer Ebene verstehen.

c) Man muß von einer gesellschaftlichen Ambivalenz ausgehen. Jeder Konflikt hat sowohl positive als auch negative Aspekte, auch wenn die Betroffenen dies im Augenblick nicht so sehen können.

Wir glauben, zumindest tendenziell diesem Programm nachkommen zu können und wollen uns an Hand eines umschriebenen Problems aus der Familienarbeit mit dem Ineinandergreifen von Konflikten und Vorgängen auf verschiedenen Ebenen befassen.

Wie wir bereits erwähnten, wird Familienarbeit* nicht so sehr von privat tätigen Therapeuten und Beratern, sondern vor allem in und von Organisationen durchgeführt, wobei meist in multidisziplinären Teams

* Wir legen in diesem Beitrag keinen Wert auf eine Unterscheidung zwischen Therapie und Beratung. Wir folgen damit ACKERMAN[1], der Ehe- und Familienberatung unter dem Sammelbegriff «Familientherapie» subsumiert. RICHTER[41] sieht die Beziehung zwischen Beratung und Therapie komplizierter als ihn die juridische Regelung erfaßt: «Wieder einmal erweist sich also die juristische Ordnung als unzuverlässige Hilfe zur Orientierung über eine Realität. Und ebenso als ungeeigneter Wegweiser in die Zukunft.» Zu diesem Schluß müsse man kommen, da heute schon nichtärztliche Berufe wesentlich qualifizierter «Familientherapie» betreiben würden, ohne dies jedoch auf Grund der Gesetzeslage als solche deklarieren zu dürfen. In Zukunft sollten die nichtärztlichen Berufsgruppen (Sozialarbeiter, Psychologen, Sozialpädagogen) neben einer verbesserten Ausbildung auch eine erweiterte juristische Legitimation erhalten (S. 281).

gearbeitet wird. Dabei arbeiten nicht nur psychosoziale Berater (ärztliche Psychotherapeuten, Psychologen, Sozialarbeiter, Sozialpädagogen etc.) zusammen, sondern auf Grund der Problemstellung haben auch Juristen eine wesentliche Aufgabe. Diese Art der Teambildung mit voller Beteiligung der Juristen scheint jedoch eher selten zu sein (Göhring[15]). Daher hat sich auch «das Fachschrifttum noch nie mit dem Unterschied in der Einstellung der Psychologen oder ausgebildeten Eheberater einerseits und der Juristen andererseits zur Ehe befaßt»[15, S. 161]. Daß eine solche enge Zusammenarbeit auch in Zukunft selten sein könnte, geht aus dem «Bericht über die Lage der Psychiatrie in der Bundesrepublik Deutschland»[3] hervor. Die Beratungsteams sollen aus Angehörigen der Grundberufe der Psychologie, Medizin, Sozialarbeit und Soziologie zusammengesetzt werden, «in bestimmten Fällen ist auch die Mitwirkung von anderen Berufen wie z. B. von Juristen und auch von Laien sinnvoll»[3, S. 197]; allerdings würde sich bei der Errichtung von «Familiengerichten», wie sie in den USA und in Japan bereits existieren und in zahlreichen anderen Ländern zur Diskussion stehen, die enge Zusammenarbeit von Juristen und Angehörigen psychosozialer Berufe als unumgänglich erweisen; vgl. dazu Becker[2].

Zwei der Autoren dieses Beitrags verfügen über mehrjährige Erfahrungen auf dem Gebiet der interdisziplinären Teamarbeit mit Psychologen, Sozialarbeitern und Juristen (Strotzka als ärztlicher Leiter einer Beratungsstelle für Ehe- und Familienangelegenheiten, Reiter als Familientherapeut und -berater sowie in der Aus- und Fortbildung von Sozialarbeitern). Gerade die Auseinandersetzung und Diskussion mit den juridischen Beratern einer Ehe- und Familienberatungsstelle hat uns gezeigt, daß in Teams Konflikte ausgetragen werden müssen, die sich aus den verschiedenen Kategorien und Beschreibungssystemen herleiten, die das «Werkzeug» der verschiedenen Berufe sind. Konflikte zwischen psychosozialen und juristischen Beratern sind unter anderem deshalb oft schwer lösbar, weil diese Berufsgruppen gleichsam «keine gemeinsame Sprache sprechen» und auch in ihrem Verständnis dessen, was Beratung ist, divergieren. Keine der Positionen kann auf die andere reduziert werden, und so muß eine außerhalb der beruflichen Vorstellungen und Kategorisierungen existierende Ebene gefunden werden, auf der Konflikte ausgetragen und Verständigung erzielt werden kann. Das Medium dieser Auseinandersetzungen stellt die Alltagssprache mit den je individuellen Überzeugungen, Werten und Einstellungen dar, was die Personifizierung der Konflikte nur fördert. Wir werden diese Gedanken im Verlauf des Beitrags nochmals aufgreifen und behandeln. Zunächst soll aber, von einer konkreten Episode ausgehend, unser Thema entwickelt werden. Eine umfassende Darstellung der komplexen Probleme, die sich in den Beratungsstellen auf Grund ihrer vielseitigen Verflechtung mit anderen Bereichen der Gesellschaft ergeben, kann hier nicht geleistet werden. Es sollen einzelne Aspekte hervorgehoben werden, von denen die Autoren glauben, daß sie bisher in der Literatur der Familienarbeit vernachlässigt wurden.

2. Klientenprobleme

Wir gehen von zwei Falldarstellungen aus und stellen dann eine Methode zu deren Lösung dar, wie sie in der Literatur vorgeschlagen wurde. Im Anschluß daran wird eine Diskussion über deren Anwendbarkeit wiedergegeben.

▶ *Fall 1:* Ein Ehepaar (sie 35 Jahre alt, er 32 Jahre, ein Sohn im Alter von elf Jahren) kommt auf Anraten eines befreundeten Arztes gemeinsam in die Eheberatung. Sie sind seit zwölf Jahren verheiratet. Vor zwei Jahren lernte der Mann bei einem Auslandsaufenthalt eine andere Frau näher kennen, ohne daß es jedoch zu einer intimen Beziehung gekommen wäre. Zwischen den beiden fand daraufhin ein ständiger Briefwechsel statt, und man vereinbarte ein Wiedersehen. Die Ehefrau fand die Briefe und bedrängte ihren Mann, die Beziehung sofort abzubrechen. Er weigerte sich, und es entstand eine schwere Ehekrise. Täglich kam es zu verbalen und gelegentlich auch zu handgreiflichen Auseinandersetzungen, wobei er ihr einmal so unglücklich die Hand verdrehte, daß es bei ihr zu einem Unterarmbruch kam. Beide hatten Angst voreinander, besonders sie fühlte sich so massiv bedroht, daß sie sich eine Schußwaffe besorgte. Daraufhin reagierte er mit dem Wunsch, die gemeinsame Wohnung zu verlassen, was von ihr mit Scheidungsdrohungen beantwortet wurde. Beide machten einander Szenen und versuchten jeweils den anderen durch verschiedene Manöver zu erniedrigen. Die Frau verlangte den Abbruch der brieflichen Beziehung, und es gelang ihr, ein schon projektiertes Zusammentreffen ihres Mannes mit seiner Freundin im letzten Moment zu vereiteln. Sie erklärte, daß nach Abbruch der Freundschaft die Ehe rasch wieder intakt sein würde. Sollte es dazu nicht kommen, so würde sie Selbstmord begehen und dabei auch den Sohn mitnehmen. Er hingegen meinte, daß die Ehe schon seit langem nicht mehr befriedigend sei, da er sich von seiner Frau kontrolliert fühle. Die Freundschaft mit der anderen Frau sei für die Ehe nebensächlich, da er seine Frau ja nicht betrogen habe. Die Ehe würde dann in Ordnung kommen, wenn sie sich weniger um seine Angelegenheiten kümmere und ihn nicht ständig kontrolliere.

Zum Zeitpunkt des Erscheinens des Ehepaares in der Beratungsstelle herrscht zwischen den beiden starke Spannung, Drohungen und Gegendrohungen sind an der Tagesordnung, die Frau leidet an einer reaktiven Depression. Sie können sich auch über Fragen des Unterhalts und der Haushaltsführung nicht einigen. Die Frau klagt darüber, von ihrem Mann zu wenig Wirtschaftsgeld zu bekommen, was er mit dem Hinweis beantwortet, daß sie ohnehin berufstätig sei. Beide haben bis dahin jedoch noch keinen Rechtsanwalt konsultiert. ◂

▸ *Fall 2:* Herr M, dreißig Jahre alt, verheiratet, drei Kinder im Alter zwischen vier und einem Jahr, sucht auf eigene Initiative hin die Beratungsstelle auf, wobei er sein Problem folgendermaßen darstellt: Seine Frau möchte sich von ihm scheiden lassen und habe deshalb schon einen Anwalt aufgesucht. Sie habe in der letzten Zeit ständig Literatur über die Frauenemanzipation gelesen und dies sei ihr in den Kopf gestiegen. Sie habe keinerlei Sinn mehr für das Familienleben. Er sei völlig ratlos und könne sich den Sinneswandel seiner Frau nicht erklären. Sein Beruf sei sehr anstrengend, und die ständigen häuslichen Auseinandersetzungen hätten dazu geführt, daß er schon mehrere Kilo Gewicht verloren habe. Sein Wunsch sei, daß man die Frau vorlade und dahingehend auf sie einwirke, daß sie sich wieder auf ihre Pflichten als Hausfrau und Mutter besinne. Die Kinder zeigten bereits Verhaltensstörungen, und der Haushalt sei völlig verwahrlost.

Auf Ersuchen des Beraters kommt Frau M. in der darauffolgenden Woche in die Beratungsstelle. Sie gibt beim ersten Gespräch mit dem Berater eine andere Darstellung der Ehekrise: Sie habe das äußerst intolerante und autoritäre Verhalten ihres Mannes seit langem satt, habe aber erst jetzt den Entschluß gefaßt, sich von ihm zu trennen. Früher habe ihr der Mut gefehlt. Die von ihrem Mann erwähnte Literatur spiele dabei eine nebensächliche Rolle. Ihr Mann stamme aus einer autoritären Familie, und dieses Verhalten habe sich im Verlaufe der Ehe in keiner Weise verringert. Auch die drei Kinder – zwei davon seien bereits wegen Verhaltensstörungen in einer Erziehungsberatungsstelle vorgestellt worden – könnten sie von ihrem Entschluß nicht abbringen. Seit Monaten sei das Zusammenleben eine Hölle. Er habe sie mehrfach bedroht, Türen eingetreten und sie zweimal geschlagen und dabei verletzt. Sie habe die Funkstreife alarmiert, und jetzt laufe eine Anzeige wegen Gattenmißhandlung gegen ihren Mann, die sie jedoch aus Rücksicht auf seine berufliche Laufbahn zurückziehen möchte. Keinesfalls könne sie sich vorstellen, daß es je wieder zu einer intimen und menschlichen Beziehung zwischen ihr und ihrem Mann kommen könne.

In der ersten gemeinsamen Sitzung verlangt Herr M. nochmals eindringlich vom Berater, daß er seine Frau auf ihre Pflichten in der Familie hinweise. Das Beratungsgespräch spielt sich in gespannter Atmosphäre ab, da der Berater die ihm vom Klienten zugedachte Rolle nicht annimmt und sein Selbstverständnis als «Vermittler» darstellt. Eine Woche darauf erscheint Herr M. allein und teilt dem Berater mit, daß er sich brieflich beim zuständigen Stadtrat über das Verhalten des Beraters beschwert habe. Er begründet dies mit dem Hinweis auf die offizielle Widmung der Eheberatungsstelle, die Jahre vorher aus Gründen der rasch ansteigenden Scheidungsziffern gegründet worden sei und deren Zweck in der Erhaltung der Ehe liege. In der vorhergegangenen gemeinsamen Sitzung mit dem Ehepaar hatte Herr M. bereits zu verstehen gegeben, daß er über die Beratungsstelle und deren Auftrag informiert sei. Er hatte den Berater darauf hingewiesen, daß dessen Zielvorstellungen – nämlich die Verbesserung der Kommunikation zum Zwecke einer reifen Entscheidung beider Ehepartner – ein Verstoß gegen die von ihm wahrgenommenen Organisationsziele der Eheberatung sei. Das Einzelgespräch mit Herrn M. ist das letzte, da eine Fortsetzung dem Berater aus Gründen der Gegenübertragungsproblematik nicht möglich ist. Die Beschwerde bei der vorgesetzten Dienststelle bleibt ohne Folgen. ◂

Solche und ähnlich gelagerte Fälle sind jedem Eheberater und Therapeuten bekannt. Einer oder beide Ehepartner sehen nach einem Alles-oder-nichts-Prinzip nur die Möglichkeit, entweder den Zustand durch eine Scheidung zu beenden oder die Beziehung radikal zu sanieren, indem einer vom anderen das einseitige Nachgeben und Einlenken verlangt. Gelegentlich kommen auch Paare, die eine Trennung ins Auge gefaßt haben oder eine solche bereits begonnen haben. Diese Möglichkeit wird jedoch sehr selten ergriffen, da sich meist ein Partner verzweifelt an den Trennungswilligen klammert, da er befürchtet, ihn sonst zu verlieren. Während so der eine versucht, maximale Kontrolle über den anderen auszuüben, trachtet der andere um jeden Preis, die «Freiheit» zu erlangen.

3. Die «Strukturierte Trennung»

1972 veröffentlichte M. K. Toomin[52] in der Zeitschrift *Family Process* einen Beitrag mit dem Titel *‹Structured Separation with Counceling: A Therapeutic Approach for Couples in Conflict›*. Darin wird eine versuchsweise Trennung der Ehepartner als eine Form der Krisenintervention bei akuten Ehekrisen dargestellt. *Ziel* der vorübergehenden und durch Abmachungen strukturierten Trennung sollte es sein, den gegenwärtigen

Ehekonflikt einer Lösung zuzuführen, die Entscheidung über Beisammenbleiben oder Scheidung eines Paares zu treffen und durch den Trennungsprozeß und die damit verbundene Bearbeitung der Probleme auch persönlich zu reifen. Es wird von der Prämisse ausgegangen, daß eine bedeutungsvolle menschliche Beziehung nie mehr völlig ausgelöscht werden könne. Für eine Ehe gelte dies besonders dann, wenn Kinder vorhanden seien. Selbst bei Abbruch der Kontakte lebten die Bezugspersonen in der Erinnerung fort, und nicht verarbeitete Objektverluste stellten ein Hindernis für die weitere Entwicklung eines Individuums dar. Dies könnte störende Auswirkungen bei der Aufnahme neuer Beziehungen haben.

Der Leser wird unschwer die psychoanalytischen Grundlagen erkennen. Anders als in der psychoanalytischen Technik wird hier jedoch in sehr aktiver Form den Ehepartnern eine eingreifende Veränderung ihres Lebens direkt vorgeschlagen: Als Ausgangssituation sollte das Paar die Verpflichtung eingehen, während des dreimonatigen Zeitraums der Trennung* nicht im selben Haus zu wohnen, keinen Rechtsanwalt aufzusuchen, keine längerfristigen finanziellen Abmachungen zu treffen und keine Entscheidungen in bezug auf das gemeinsame Eigentum und den Verbleib der Kinder zu machen. Während des Trennungszeitraums bleiben die Kinder bei jenem Elternteil, der am besten für sie sorgen kann. Die Ehepartner sollten sich nur auf beiderseitigen Wunsch treffen und nur so lange zusammenbleiben, als es von beiden erwünscht sei. Sexueller Kontakt sei ebenfalls nur dann zulässig, wenn ihn beide wünschten. Das

* Im Unterschied zum österreichischen Recht (bis 31. 12. 1975; vgl. Fußnote S. 80) sieht die Rechtsprechung der meisten amerikanischen Bundesstaaten die legale Trennung vor (*limited divorce, legal separation, partial divorce, semidivorce*). Das Ehepaar bleibt rechtlich verheiratet, darf aber nicht zusammen leben. Es ist rechtlich nicht erlaubt, miteinander sexuell zu verkehren, aber wenn einer der Ehepartner einen «außerehelichen» Sexualverkehr durchführt, wird er des Ehebruchs schuldig erkannt. Der Mann ist weiterhin verantwortlich für den Unterhalt von Frau und Kind(ern), aber die legale Trennung erlaubt keinem Ehepartner eine neue Heirat. Die legale Trennung hat ihre Wurzeln mehr im kirchlichen als im weltlichen Recht. Im Falle, daß es einem Ehepartner nicht mehr zugemutet werden konnte, mit dem anderen zu leben (Gewalttätigkeiten, Alkoholismus etc.), erlaubte die Kirche den getrennten Wohnsitz. Heute, wo das Gesetz ein staatliches ist, dient es dem Zweck, einen Ehepartner (meist die Frau) zu schützen und ihr und den Kindern gleichzeitig den Lebensunterhalt zu sichern. In diesem Zusammenhang sei auch auf die Reformbestrebungen des Scheidungsrechts hingewiesen, wo nach einer Trennungsfrist die Scheidung auch gegen den Einspruch des Ehepartners möglich ist. Anders als im kirchlichen Recht stellt die legale Trennung ein Moratorium dar, in dem über den Weiterbestand der Ehe entschieden werden kann. Der Hinweis auf die US-Rechtsprechung scheint uns notwendig, da die Methode der «Strukturierten Trennung» in den USA konzipiert und erprobt wurde.

Zusammentreffen mit den Kindern sei so zu regeln, daß es ebenfalls nur auf Wunsch des jeweiligen Elternteils und der Kinder erfolgen sollte. Während der Zeit der Trennung – die durchaus verlängert werden könne – sollten gemeinsame Sitzungen mit dem Therapeuten oder Berater stattfinden. Dies sei vor allem dann nötig, wenn Angstzustände, Depressionen oder Zeichen besonderer Abhängigkeit aufträten. In den Monaten der Trennung sollte das Paar die Beziehung besser verstehen lernen, da die pathologischen Interaktionen durchbrochen seien, und falls sie in der einen oder anderen Form wieder aufträten, in den gemeinsamen Sitzungen bearbeitet werden könnten. Die freiwillige Trennung auf Zeit ermögliche die Distanz zum anderen und erleichtere neue Perspektiven und Problemlösungen. Gefühle, die bisher unterdrückt werden mußten, könnten geäußert werden. Dies gelte besonders für die ambivalenten Einstellungen gegenüber dem anderen. Eine Vielzahl neuer Erfahrungen sei durch den geänderten Lebensstil möglich. Dies gebe jedem die Gelegenheit, eine realistische Sicht seiner Person zu gewinnen bzw. wiederzugewinnen.

Besonders erwähnenswert erscheint uns, daß in der eben dargestellten Arbeit die der Beratungstechnik zugrunde liegenden *Werte* ausdrücklich und ausführlich herausgearbeitet werden: Einer Partnerschaft, die auf Zwang gegründet und durch Abhängigkeit, Einschränkung emotionaler Möglichkeiten, geringe Risikobereitschaft und Zwang der Umstände gekennzeichnet ist, wird als Idealbild eine Beziehung gegenübergestellt, in der *Selbstachtung*, *Respekt vor sich und den anderen*, *Vertrauen*, *freie Wahlmöglichkeiten*, *Mut*, *Ehrlichkeit* und *emotionale Weiterentwicklung* die Leitwerte darstellen. Negativ bewertet sollten in einer Beziehung Angst, Scham, Furcht und Rache werden, desgleichen alle manipulativen und destruktiven Manöver eines oder beider Partner.

Exkurs: Werte und Wertkonflikte in Psychotherapie und Beratung

a) Der Wertbegriff

Die systematische Behandlung des Wertbegriffs bzw. -konzepts erscheint uns nötig, da Wertaspekte der Psychotherapie in den letzten Jahren stärker diskutiert wurden, bislang aber wenige systematische und/oder empirische Untersuchungen dazu vorliegen. Beim Versuch einer Bestimmung des Begriffs «Wert» muß davon ausgegangen werden, daß sich eine Reihe wissenschaftlicher Disziplinen seiner bedienen (Philosophie, Logik, Ethik, Ästhetik, Soziologie, Sozialpsychologie, Wirtschaftswissenschaften, Entscheidungstheorie etc.). Wir dürfen dabei nicht erwarten, daß alle unter dem Begriff «Wert» das gleiche verstehen, sondern können annehmen, daß er erst im jeweiligen Aussagenzusammenhang präzisiert wird. In den von uns bereits erwähnten Konflikttheorien bestehen auf diesem Gebiet ebenfalls begriffliche Unschärfen. Dazu ESSER[9, S. 40]: «In wenig anderen Gebieten der umfangreichen Diskussion um den Konfliktbegriff und um die Ursachen interindividueller Konflikte herrscht so weitgehende begriffliche Unklarheit, wie sie in den Darstellungen etwa zu Interessenkonflikten, Wertkonflikten, Zielkonflikten, Konflikten um Rechte, Prinzipien, Normen u. a. zu finden ist.» Dies scheine verständlich, wenn man die Vieldeutigkeit der zugrunde gelegten Begriffe und ihre häufig auf einen bestimmten Tatbestand abgestellte Definition berücksichtige.

Macht man sich die Mühe zu untersuchen, mit welchen Sachverhalten das Wertkonzept bereits in Verbindung gebracht wurde, so kann man durchaus von einer ubiquitären Verwendung sprechen. Dies hängt mit der Tatsache zusammen, daß Menschen die Vorgänge um sich herum einer ständigen *Bewertung* unterziehen. Sie stehen den Umweltvorgängen nicht unbeteiligt, interessen- und emotionslos gegenüber, sondern ziehen gewisse Objekte und Situationen anderen vor. Mit anderen Worten, sie stellen *Präferenzordnungen* auf. Das Ausmaß, in dem Bewertungen mit allen unseren Handlungen verbunden sind, ist uns selbst in der Regel nicht bewußt. Aber schon eine Analyse unserer Sprache zeigt, daß sehr vielen Begriffen *Wertkonnotationen* anhaften. Wir unterliegen der Notwendigkeit der Bewertung. TAJFEL[49] hat beispielsweise herausgearbeitet, daß die Einordnung von Personen, Objekten und Ereignissen in bestimmte Kategorien – ein ständig mehr oder minder unbewußt ablaufender Vorgang – in ganz erheblichem Ausmaß von den sozialen Werten einer Person abhängt. Stark wertbezogene Urteile und Meinungen sind wesentlich schwerer einer Veränderung zugänglich als andere. Außerdem neigen wir dazu, bei der Aufnahme und Beurteilung neuer Informationen so vorzugehen, daß die Struktur unserer Auffassungen über die Umwelt, besonders da wo sie mit Werten in Verbindung steht (sozusagen unsere Ideologie oder Weltanschauung), selektiv verstärkt und untermauert wird. Was mit unseren Bewertungen nicht übereinstimmt, wird umgedeutet, verdrängt, «abgewehrt». Werte sind also ein wesentlicher Teil unserer sozialen Identität, ihre Preisgabe oder Änderung ist nicht ohne weiteres möglich.

Wir kommen zu einer Definition des Wertbegriffs: Werte können ganz allgemein als Maßstäbe bezeichnet werden, nach denen eigenes und fremdes Verhalten beurteilt wird, sie stellen also Konzepte oder Standards zur

Beurteilung der Realität dar. Manche bezeichnen Werte «als Konzeptionen darüber, wofür eigentlich Belohnungen gegeben werden sollten, während die Abweichung von wertkonformem Verhalten als bestrafungswürdig bzw. nicht belohnungswürdig angesehen wird» (KREUTZ[22, S. 7]). In der letztgenannten Definition kommt der Wertbegriff allerdings in die Nähe des Normbegriffs, da eine *Norm* als Standard bezeichnet werden kann, dessen Nichteinhaltung mit Sanktionen verbunden ist (MÜNCH[31, S. 128]). Wesentlich für die Wertdefinition ist noch, daß Werte als Standards ab einer gewissen Ranghöhe fungieren, daß sie also im System der Persönlichkeit über Überzeugungen, Einstellungen und Einstellungssystemen rangieren. Nach der Auffassung von ROKEACH[42, 43] sind Werte von größerer Bedeutung als Einstellungen, da ihre motivationale Komponente stärker ist. Wesentlich erscheint noch die auf HILLIARD zurückgehende Unterscheidung zwischen *«Letzten Werten»* und *«Instrumentellen Werten»*. Erstere richten sich auf Ziele, letztere beziehen sich auf positiv bewertete Mittel und Methoden, um Ziele zu erreichen.

b) Werte in Psychotherapie und Beratung

Psychotherapie und Beratung können als Veränderungsprozesse oder Beeinflussungsprozesse im Rahmen persönlicher Beziehungen (zwischen Therapeut und Klient) verstanden werden, wobei bestimmte Ziele angestrebt werden, die in enger Verbindung mit Werten stehen. In dieser Definition ist weder enthalten, daß diese Ziele ausgesprochen werden müssen noch daß sie vom Beginn einer therapeutischen Beziehung an klar sein müssen. Auch die Frage, wer die Ziele definiert, bleibt zunächst offen. Manche mögen sich an der Bezeichnung «Beeinflussungsprozeß» stoßen und meinen, der Patient oder Klient werde das Opfer einer Manipulation. Tatsächlich ist es so, daß wir ständig versuchen, unsere Umwelt zu beeinflussen und zu verändern. Dies braucht an sich noch nichts Negatives zu sein, vor allem wenn es im Rahmen einer interpersonellen Beziehung erfolgt, in der die Entscheidungsfreiheit des anderen respektiert wird, also nicht Gewalt ausgeübt wird. Niemand wird leugnen wollen, daß Therapeuten und Berater über ein bestimmtes Ausmaß an Macht verfügen, die der spezifischen Situation der Beratung entspringt, und daß diese Macht verwendet wird, um Ziele zu realisieren. Daß das Handeln von Personen in helfenden Berufen dabei von bestimmten Werthaltungen getragen wird, soll im folgenden herausgearbeitet werden. Um die Frage der Wertfreiheit oder Werthaftigkeit therapeutischen Handelns gibt es eine lange und in vielem mißverständliche Diskussion. Der Psychotherapieforscher H. STRUPP[47, S. 200] faßt die heute zunehmende Auffassung so zusammen: «Es kann keinen Zweifel geben, daß die moralischen und ethischen Werte des Therapeuten immer im Spiele sind.» Immer beeinflusse der Therapeut, ob er es akzeptiere oder nicht, auch die Werthaltungen seines Patienten. Und zum gleichen Problem meint HERRON[19, S. 300]: «Das Problem liegt in der Verantwortlichkeit des Therapeuten, dem Klienten mitzuteilen, in welchem Ausmaß Werthaltungen und Ideologien des Therapeuten die Behandlung beeinflussen, gleichgültig wie immer das therapeutische Verfahren bezeichnet wird.» Diese Forderung dürfte keineswegs allgemein anerkannt sein, und ihre Realisierung wirft einige Schwierigkeiten auf. Wie ernst es aber vielen Therapeuten um diese Fragen ist, beweist die Diskussion einer Gruppe von Verhaltenstherapeuten (YOELL, STEWART, WOLPE, GOLDSTEIN und SPEIERER[55]), in der es um Werte und Ziele in der Behandlung von Eheproblemen geht. Die Autoren legen ihre Standpunkte und Prinzipien dar und nehmen zu einer Reihe ethischer Probleme Stellung, wobei sie sich in ihren Auffassungen nicht unerheblich unterscheiden. In einer anderen Arbeit behandelt der Psychoanalytiker TICHO[51] die Frage, wie sehr der Therapeut in der Analyse die Ziele der Therapie und die Erwartungen und Lebensziele der Patienten einbeziehen könne bzw. solle.

c) Werte in der Familienarbeit

Inwieweit die Wertbasis von Familientherapeuten übereinstimmt, muß hier offen bleiben. Wir selbst haben eine Untersuchung über Werte von Psychotherapeuten und Beratern durchgeführt (REITER und STEINER[39]) und gefunden, daß – auf einem relativ abstrakten Niveau der Analyse – keine wesentlichen Unterschiede zwischen Therapeuten und Beratern verschiedener Aufgabengebiete bestehen. Wir konnten hingegen nachweisen, daß sich die Gruppe der Therapeuten und Berater als Ganzes gesehen von anderen Gruppierungen unterscheidet.

Gehen wir nochmals zur «Strukturierten Trennung» zurück. Die dort vertretenen Werte scheinen uns eher die *«Autonomie»* des einzelnen Individuums zu betonen und weniger die *Kommunikationsstrukturen* und die damit zusammenhängenden Werte. Die vorgeschlagene Methode zur Behandlung von Ehekrisen muß als Beispiel für die Auswahl *eines* Aspekts einer Krise angesehen werden. Der Wert *«Solidarität»* oder *«Loyalität»*, der von den meisten Menschen mit Ehe in Verbindung gebracht wird, fehlt hier zumindest explizit. Aus der Sicht der Ideologiekritik könnte man anmerken, daß die Ehepartner als «freie» Individuen gesehen werden, die sich gleichsam auf dem «Markt» der emotionalen

Beziehungen zum «Tausche» anbieten.*

Eine charakteristische Schwierigkeit in der Familientherapie ergibt sich aus der Tatsache, daß der Therapeut nicht nur die Interessen einer Person maximieren sollte, sondern daß er es mit einer Mehrzahl von Personen zu tun hat und daß gleichzeitig die Verflechtungen zu anderen Lebensbereichen verstärkt berücksichtigt werden müssen (z. B. zur rechtlichen Regelung der Familie). Konsequenterweise haben daher Familientherapeuten eine neue ethische Basis für die Familienarbeit gefordert und dies sogar für wichtiger erachtet als die Konstruktion neuer Theorien (Boszormenyi-Nagy und Spark[5]).

4. Eine Diskussion

In geraffter Form stellen wir nun eine Gruppendiskussion dar, wie sie in einer Beratungsstelle für Ehe- und Familienprobleme stattfand. Das Team setzte sich aus Sozialarbeitern, Psychologen, ärztlichen Psychotherapeuten und Juristen zusammen. In der Diskussion ging es um die eingangs dargestellten Eheprobleme und deren Beratung bzw. Therapie. Einer der ärztlichen Berater berichtete über die «Strukturierte Trennung». Ziel der Vorstellung der Methode war es, eine Diskussion zu folgenden Fragestellungen anzuregen: Welches sind die juridischen Implikationen? Welche ethischen Fragen stellen sich? Welche Berater können (oder sollen) mit dieser Methode arbeiten? Wie könnte die Zusammenarbeit mehrerer Berater an einem Fall aussehen, der in dieser Form betreut würde?

a) Stellungnahme der Juristen

Den Großteil der Diskussion nimmt ein von den juridischen Beratern vorbereiteter Kommentar zur «Strukturierten Trennung» ein, den wir fast vollständig wiedergeben.

Von den Juristen des Teams wird darauf hingewiesen, daß

erstens die Eheberatung eine Tätigkeit auf Grund eines Gesetzes (Sozialhilfegesetzes), also eine Tätigkeit der öffentlichen Verwaltung sei; sie unterscheide sich damit wesentlich von allen privaten Beratungseinrichtungen und habe von vornherein einen anderen Ausgangspunkt;

* Es soll nicht unerwähnt bleiben, daß aus psychoanalytischer Sicht die «Strukturierte Trennung» eine Versuchung für den Therapeuten oder Berater zu einem unkontrollierten Agieren aus der Gegenübertragung darstellt (symbolische Trennung der Eltern und somit Ausleben eigener ödipaler Wünsche).

zweitens sich die Beratungsstelle in ihren eigenen Richtlinien zu absoluter Diskretion und Verschwiegenheit verpflichte.

Aus diesen zwei Grundsätzen leitet sich nach Auffassung der Juristen folgendes ab:

Erstens: Es sei alles zu vermeiden, was zu einer Zeugenpflicht der einzelnen Berater führen könne.

Zweitens: Es sei alles zu vermeiden, wodurch seitens der Eheberatung in einen rechtlich relevanten Ablauf erkennbar und beweisbar eingegriffen werde und was Gegenstand einer prozessualen Erörterung werden könne.

Drittens: Die Eheberatungsstelle müsse es vermeiden, beim Zustandekommen von Vereinbarungen oder Abkommen jeder Art mitzuwirken, da dies dazu führen könne, daß sich der Klient gerichtlich darauf berufe.

Nach dieser grundsätzlichen Bestimmung des *rechtlichen* Standortes der Beratungsstelle fassen die Juristen nochmals wesentliche Punkte der «Strukturellen Trennung» zusammen (an dieser Stelle wollen wir den Leser auf die eingangs bereits erwähnte Problematik der unterschiedlichen «Sprachspiele» verschiedener Berufe hinweisen. Auch hier findet eine Darstellung in einer neuen Diktion statt, um den Sachverhalt so unter neuen Gesichtspunkten bearbeitbar zu machen):

Die Methode sehe folgende Maßnahmen vor:

Erstens: Eine Vereinbarung der Ehegatten über eine zeitlich begrenzte Trennung des gemeinsamen ehelichen Haushaltes.

Zweitens: Eine Vereinbarung über die Beschränkung des sexuellen Kontakts nur im Rahmen des gegenseitigen Einverständnisses.

Drittens: Dispositionen der Eheleute über die Zuteilung der Kinder während der Trennung, verbunden mit entsprechenden Abmachungen auch über das Besuchsrecht.

Viertens: Absprachen der Ehegatten, keine längerfristigen finanziellen Bindungen einzugehen.

Zum Problem der Trennung sei zu sagen: Die Trennung sei ein von der Rechtsordnung grundsätzlich nicht gebilligter Zustand, er sei familienrechtswidrig. Aus einer Entscheidung des Obersten Gerichtshofes sei zu entnehmen, daß dieser Zustand als ein «dem Wesen der Ehe widersprechender Rechtszustand» aufzufassen sei.*

* Das am 1. Januar 1976 in Kraft getretene 412. Österreichische Bundesgesetz (Neuordnung der persönlichen Rechtswirkungen in der Ehe) bringt diesbezüglich eine Änderung. Der § 92 lautet: «Verlangt ein Ehegatte aus gerechtfertigten Gründen die Verlegung der gemeinsamen Wohnung, so hat der andere diesem Verlangen zu entsprechen, es sei denn, er habe gerechtfertigte Gründe von zumindest gleichem Gewicht, nicht mitzuziehen. Ungeachtet des Abs. 1 kann ein Ehegatte vorübergehend gesondert

Daraus würden sich folgende Schlüsse ergeben:

Erstens: Eine Vereinbarung über eine Trennung sei ungültig und rechtsunwirksam.

Zweitens: Ein Einverständnis zur Trennung sei jederzeit widerrufbar.

Drittens: Entsprechend der ständigen Rechtsprechung des Obersten Gerichtshofes gäbe es daher keine gerichtliche Entscheidung auf Herbeiführung oder Sanktionierung des Trennungszustandes außerhalb eines Scheidungsverfahrens.

Die Herbeiführung der Trennung durch den Ehegatten sei daher eine rechtlich nicht gebilligte Vorgangsweise, die der Gesetzgeber aber nicht verhindern könne. Allerdings knüpfe die Rechtsprechung Rechtsfolgen an diesen faktischen Zustand:

Erstens: Solange die Ehegatten einverstanden seien, bleibe der Unterhaltsanspruch bestehen. Das einverständliche Getrenntleben sei an sich kein Scheidungsgrund, er könne nur auf dem Wege der Entfremdung und Zerrüttung letztlich dazu werden.

Zweitens: Die einseitige und eigenmächtige Herbeiführung des Trennungszustands sei ein Scheidungsgrund und bewirke den Verlust des Unterhaltsanspruchs des eigenmächtig Handelnden.

Drittens: Nach dem jederzeit möglichen Widerruf des Einverständnisses durch einen der beiden Eheteile bilde die Weigerung zur Rückkehr des Ehepartners einen Scheidungsgrund im Sinne des § 49 Ehegesetz.

Viertens: Es sei ein im Außerstreitverfahren ergehender Beschluß möglich, der den anderen Eheteil zur Wiederaufnahme der Ehegemeinschaft verhalte, der Auftrag sei aber nicht vollstreckbar.

Bezüglich der Vereinbarungen über den sexuellen Kontakt sei hervorzuheben, daß eine solche Beschränkung des Geschlechtsverkehrs sittenwidrig sei, weil dem Wesen der Ehe widersprechend (Ausnahme sei eine Einschränkung aus medizinischen Gründen). Diesbezügliche Vereinba-

Wohnung nehmen, solange ihm ein Zusammenleben mit dem anderen Ehegatten, besonders wegen körperlicher Bedrohung, unzumutbar oder dies aus wichtigen persönlichen Gründen gerechtfertigt ist.

In den Fällen der Abs. 1 und 2 kann jeder der Ehegatten vor oder auch nach der Verlegung der Wohnung oder der gesonderten Wohnungsnahme die Entscheidung des Gerichts beantragen. Das Gericht hat im Verfahren außer Streitsachen festzustellen, ob die Weigerung mitzuziehen oder die gesonderte Wohnungsnahme durch einen Ehegatten rechtmäßig war oder ist. Es hat bei der Entscheidung auf die gesamten Umstände der Familie, besonders auf das Wohl der Kinder Bedacht zu nehmen.»

Durch dieses Gesetz wird einiges an der dargestellten Problematik gegenstandslos, dies ändert aber nichts an unserem prinzipiellen Anliegen, die Dynamik der Verflechtung zwischen Recht und Familienarbeit darzustellen.

rungen müßten daher als unwirksam und jederzeit widerrufbar angesehen werden, die Ablehnung des Geschlechtsverkehrs nach erfolgtem Widerruf sei eine Eheverfehlung im Sinne des § 49 EG (Scheidungsgrund).

Dispositionen über die Zuordnung der Kinder und über das Besuchsrecht seien ohne pflegschaftsbehördliche Genehmigung rechtlich unwirksam, sie erforderten die Zustimmung des Gerichts.

Abschließend sei zu den Vereinbarungen in finanzieller Hinsicht zu sagen: Diese seien zur gegenseitigen Vermeidung langfristiger finanzieller Bindungen an sich zwar möglich, aber praktisch nicht durchsetzbar und überprüfbar. Sie hinderten im Außenverhältnis in keiner Weise das Eingehen einer rechtlichen Verbindlichkeit, sondern wirkten nur im Innenverhältnis zwischen den Eheteilen. Eine Verletzung habe keine, nicht einmal schadenersatzrechtliche Folgen.

Zum Abschluß ihrer Stellungnahme weisen die Juristen darauf hin, daß die Eheberatungsstelle als Teil der öffentlichen Verwaltung die bestehenden Gesetze und die hierzu ergangene Rechtsprechung zu beachten habe. Die Stelle dürfe keine Initiative entwickeln, die auf die Herbeiführung eines rechtlich nicht gebilligten Zustands gerichtet sei. Konkret sei jede Art gezielter Einwirkung auf die Herbeiführung des Trennungszustands abzulehnen. Wenn es nämlich zur Scheidung komme (zwei Drittel der Fälle aus der Untersuchung von Toomin ließen sich nach der Trennungsfrist scheiden), könne man nicht verhindern, daß die Beratungsstelle auch in das gerichtliche Verfahren involviert werde. Zeugenladungen seien dann eine Mindestfolge, unter Umständen werde die Beratungsstelle überhaupt für das Scheitern der Ehe verantwortlich gemacht. Ihre Tätigkeit werde damit Prozeßgegenstand. Analoge Überlegungen seien auch in Hinblick auf die Vereinbarungen bezüglich sexueller Kontakte anzustellen. Die Beratungsstelle dürfe nicht kausal an der Herbeiführung einer familienrechtswidrigen Vereinbarung beteiligt sein. Auch hier bestünde die Gefahr, daß diesbezügliche Aktivitäten der Beratungsstelle in einem Scheidungsverfahren aufgerollt würden. Die Mitwirkung bei Vereinbarungen der Kinderzuordnung und das Besuchsrecht seien dem Pflegschaftsgericht vorbehalten. Bei vermögensrechtlichen Vereinbarungen (Vermeidung längerfristiger finanzieller Bindungen) dürfe der Berater nicht «Urkundsperson» solcher Vorgänge werden. Denn hier könnte die Folge sein, daß sich ein Eheteil im Streitfall zu Beweiszwecken auf die Mitwirkung des Beraters berufe.

b) Die Kontroverse zwischen psychosozialen Beratern und Juristen

In der folgenden Diskussion wird zunächst von einigen psychosozialen Beratern die restriktive Auffassung von Beratung, wie sie von einigen Juristen vertreten wird, problematisiert. Der Beratungsprozeß sei ohne ein gewisses persönliches Engagement am Fall (bei Kontrolle der Gegenübertragung) und den daraus resultierenden Entscheidungsproblemen nicht denkbar. Es wird darauf hingewiesen, daß in allen maßgebenden Definitionen von Beratung der Aufbau einer persönlichen Beziehung als Agens von Veränderung enthalten sei. Der Berater befinde sich oft in einem ethischen Dilemma über Art und Ausmaß des Engagements, er könne sich aber dieser Problematik nicht entziehen. Eine völlig «objektive» Informatik, wie sie von einem Juristen gefordert wird, sei undenkbar und auch von der Sache her verfehlt. Gleichsam an die Adresse des Leiters meinen einige, daß man an einer so engen Beratungsdefinition nur dann interessiert sein könne, wenn man an Gesichtspunkten des reibungslosen Ablaufs mehr interessiert sei als an wirklichen Erfolgen. Man könne also die Zurückhaltung im Hinblick auf die Verwicklung in gerichtliche Angelegenheiten nicht ganz verstehen, da sie eine – wenn auch nicht gewünschte – Folge einer engagierten Beratung sein könne. Diese Auffassung wird jedoch nicht von allen psychosozialen Beratern geteilt, obwohl darauf hingewiesen wird, daß in den nun fast zwei Jahrzehnten der Beratungstätigkeit noch kein Fall in diesem Sinne problematisch geworden sei. Zur Frage der Komplikationen wird von den Juristen jedoch geltend gemacht, daß sie im Falle von Schwierigkeiten die Verantwortung nach außen zu übernehmen hätten.

Ein weiterer Einwand gegen die Stellungnahme der Juristen besteht im Hinweis auf die Praxis, mit Patienten oder Klienten im Rahmen einer Ehepaartherapie oder -beratung sogenannte «Kontrakte» abzuschließen. Dies sei besonders bei verhaltenstherapeutisch orientierten Beratern üblich, man könne sich außerdem auf einen Zweig der neueren Psychologie, der «Kontraktpsychologie» im Sinne KANFER und PHILLIPS[21] berufen. Es sei also durchaus üblich, daß Berater «beim Zustandekommen von Vereinbarungen oder Abkommen mitwirkten». Bei der jetzt in zunehmendem Maße angewandten Therapie von Sexualstörungen nach MASTERS und JOHNSON[27] müßten sich beide Partner zwar auch verpflichten, eine gewisse Zeitspanne hindurch nicht genital zu verkehren und nur bestimmte vorgeschriebene Berührungsübungen durchzuführen, dies finde jedoch im Rahmen eines medizinisch definierten Heilverfahrens statt. Bevor man auch gestörte Partner- und Familienbeziehungen als «krank» im medizinischen Sinne definiere, müsse man sich Gedanken über die

Konsequenzen der Ausdehnung des Krankheitsbegriffs machen.

Bezüglich des «Wesens der Ehe» wurde darauf hingewiesen, daß nicht recht erkennbar sei, worin dieses bestehen solle. Unter Hinweis auf die Leerformelhaftigkeit des Ausdrucks meinten einige, daß offensichtlich jeder etwas anderes darunter verstehe.

Die Juristen hoben hervor, daß ein Grund zur Sorge bestehe, wenn juristisch nicht ausreichend informierte Berater (dies trifft vor allem die ärztlichen und psychologischen Mitarbeiter, da sie im Verlauf ihrer Berufsausbildung im Unterschied zu den Sozialarbeitern kaum etwas über Rechtsfragen hören) in einer rechtlich so sensiblen Materie mit Klienten umgingen. Man müsse nämlich im Interesse der Klienten und zu ihrem Schutz dafür sorgen, daß nicht durch unzulässige Vereinbarungen einem der Ehepartner ein schwerwiegender Nachteil erwachsen könne. Ehepartner kämen ja häufig im Zuge eines Ehekonflikts in die Beratung, ohne sich vorher rechtlich informiert zu haben. Man dürfe also nicht in jedem Fall erwarten, daß sich die Klienten mit den rechtlich nicht unkomplizierten Spielregeln auskennen würden. Genaue Kenntnis der rechtlichen Situation sei ja vielfach schon Zeichen eines längerdauernden Konflikts und lasse unter Umständen auf die Motivationslage des Klienten schließen (der Klient sei an einer einvernehmlichen Lösung des Konflikts gar nicht mehr interessiert, sondern wolle nur mehr sein «Recht»).

Zur Frage der ethischen Vertretbarkeit des Verfahrens wird vor allem an einem Punkt Kritik geübt: In der Arbeit von TOOMIN werde im Rahmen der «Strukturierten Trennung» den Ehepartnern auch vorgeschlagen, während des Trennungszeitraums neue Erfahrungen zu sammeln, wobei dies die Aufnahme neuer sexueller Beziehungen einschließe. Die Mehrzahl der Berater meint, sich nicht zu einem solchen Ratschlag entschließen zu können, da damit die Chance einer Verbesserung der Beziehung der Ehepartner nur verringert werde. Dagegen wird von anderen eingewandt, daß man in der Literatur nicht mehr ausschließlich auf dem Standpunkt stehe, eine außereheliche Beziehung verschlechtere die Ehe. Es wird auf eine Arbeit von ENGLISH[8] und Bemerkungen einiger anderer Autoren (YOELL et. al.[55], WILLI[54]) zu diesem Thema hingewiesen. Auch die Frage der seit einiger Zeit diskutierten Trennung von sozialer und sexueller Treue gehöre hierher.

Einig waren sich alle Berater, daß das Verfahren nur für Klienten in Frage käme, die es sich leisten könnten, entweder für die Zeit der Trennung eine zweite Wohnung zu mieten oder bei Angehörigen mit ausreichend großer Wohnung einzuziehen. Angehörige der sozialen Unterschicht würden sich diesen «Luxus» kaum leisten können, so daß einmal mehr die Bevorzugung von Mittel- und Oberschichtangehörigen in psychosozialen Behandlungs- und Beratungsverfahren demonstriert werde.

Die Ausführlichkeit des dargestellten Beispiels soll die Vielfalt der Verflechtungen zeigen, die in der Familienarbeit möglich sind. Wir wechseln nun die Abstraktionsebene und gehen auf Hintergründe des Konflikts ein, ohne das Beispiel in der Folge zu Illustrationszwecken zu benützen.

5. Dimensionen des Konflikthintergrundes

Die Diskussion um die «Strukturierte Trennung» dient uns nun als Anlaß zu Überlegungen und teilweisen Erklärungen (Erklärungsskizzen) jener Konflikte, die zu derartigen Auseinandersetzungen führen. In den manifesten Konflikten sehen wir «Symptome» latenter Spannungen, welche auf die Organisation der Beratung zurückzuführen sind. Wir wollen nochmals auf die immer wieder beobachtbare Tendenz zur «Personifizierung» struktureller Konflikte hinweisen, welche die zugrunde liegenden Konflikte oftmals verdecken.

a) Zur Organisation von Beratungsdiensten

In unserer gegenwärtigen Gesellschaft bestimmen Organisationen – als komplexe, zielorientierte und rational aufgebaute soziale Systeme (Mayntz[28]) – weitgehend unser Leben. Auch die Auseinandersetzung mit sozialen Konflikten findet weitgehend in organisierter Form statt. Ein wesentlicher Gesichtspunkt bei der Analyse von Organisationen ist die Frage nach deren Zielen. Der Zielbegriff spielt gerade in der Organisationsforschung eine bedeutende Rolle.

Was versteht man unter dem Begriff *«Ziel»*? Ganz allgemein kann man ein Ziel als einen angestrebten Zustand bezeichnen. Ziele geben die Richtung des Handelns an. Die Zielaussage enthält neben einer deskriptiven auch eine wertend-vorschreibende (normative) Komponente (Reiter und Strotzka[40]; Reiter[37]). Eine Organisation kann gleichzeitig mehrere Ziele verfolgen, man spricht dann von Zielkomplexität. Eine Beratungsstelle kann zum Beispiel das formelle Ziel haben, Ratsuchenden Hilfe zu leisten, die informellen Ziele der Mitglieder können aber in Verdienst, Karriere, Forschung etc. liegen. Organisationsziele bleiben selten konstant, da sich die Organisation an geänderte Umweltzustände anpassen muß bzw. andere Aufgaben zugeteilt bekommt. Eine Eheberatungsstelle kann zum Beispiel gegründet werden, um einen Beitrag zur Senkung von Scheidungsraten in einer Gesellschaft zu leisten. Durch die Änderung in der «Beratungsideologie» und/oder der Einstellung der Umwelt kann dieses Hauptziel zu einem Nebenziel für die Berater werden. Als neues Hauptziel wird nun etwa die «Verbesserung der Kommunikationsstruktur» der Ratsuchenden angesehen (schon sprichwörtlich ist ja die Antwort von Eheberatern oder -therapeuten auf die Frage nach ihrem Ziel: «Ehen sollen nicht um jeden Preis aufrechterhalten werden» oder «Eine gute Scheidung ist auch ein Erfolg»).

Eine häufige Begleiterscheinung von Zielwandel bzw. Zielverschiebung ist das Auftreten von *Zielkonflikten*. Sie führen oft zu einer Reflexion über die Sinnhaftigkeit der gesamten Organisation und sind auf diese Weise Anlaß zu Veränderungen und Verbesserungen. Organisationsziele sind oft unpräzise und «leerformelhaft». Dies ist aus ideologiekritischen Überlegungen, aber auch aus Gründen der Effektivitätskontrolle kritisiert worden. Die relative Unbestimmtheit der Ziele hat jedoch auch funktionale Gründe. Die Vielfalt der Fälle, mit denen etwa eine Eheberatungsstelle konfrontiert wird, läßt sich nicht unter eine gleichermaßen umfassende wie präzise Formel bringen. Das Fehlen spezifizierter Organisationsziele scheint erst die Arbeit von Beratungsstellen adäquat zu ermöglichen, da dadurch die nötige Flexibilität für die Behandlung vielschichtiger Probleme sichergestellt und auch deren vielseitige Verflechtungen mit anderen Lebensbereichen angemessen berücksichtigt werden kann. (Unsere Formulierung bei der Familienarbeit lautet: «Es soll ein Minimum an Schäden und Belastungen für möglichst viele Familienmitglieder angestrebt werden.») Diese notwendige relative Unbestimmtheit der Ziele macht unseres Erachtens auch ein Überdenken der «Effektivität» von Beratung notwendig, da die klassischen, weitgehend aus der Ökonomie kommenden Konzepte die Arbeit der Berater nicht zureichend erfassen.

Ein Spannungsfeld, das in den letzten Jahrzehnten die Aufmerksamkeit der Organisationstheoretiker auf sich zog, ist die Rolle des *Spezialisten* in *bürokratischen* Organisationen. Besonders die Konflikte, denen Sozialarbeiter als *Semi-Professionals* ausgesetzt sind, wurden von Autoren wie HUGHES[20], WILENSKY und LEBAUX[53] und ETZIONI[10] bearbeitet. Die Zahl jener, die sich mit der Rolle des Professionals in bürokratischen Organisationen befaßte, ist wesentlich größer (vgl. GOULDNER[14], BLAU und SCOTT[4], PUGH et. al.[35], THOMAS und BENNIS[50]). Anders als die alten Professionen (Ärzte, Juristen), deren Leitbild lange Zeit die freie Praxis war und deren professionelle Normen danach orientiert sind, finden Sozialarbeiter ihre Tätigkeit weitgehend in bürokratischen Organisationen. Schwierigkeiten ergeben sich aus der Tatsache, daß es eine Verwaltungshierarchie gibt, die mit der professionellen Ausrichtung der Sozialarbeiter in Konflikt gerät. Verwaltung basiert auf *Hierarchie*, während die Grundlage der fachlichen Autorität das *Fachwissen* ist (ETZIONI [10, S. 87]). Im Unterschied zur Fachautorität, die weitgehend an die Person des Trägers gebunden ist, entscheidet in Verwaltungshierarchien weitgehend die Position über das Ausmaß an Macht und Kontrollmöglichkeiten. Fachwissen wird nicht gleich leicht von einer Person auf die andere übergehen, wie dies bei Machtbefugnissen durch Positionen in der Regel der Fall ist.

Betrachten wir die von uns dargestellte Beratungsstelle*, so handelt es sich dort um die Verwendung von Fachwissen im Rahmen der Verwaltung. Die Leitung obliegt nur zum Teil einem Fachmann (Psychiater als ärztlicher Leiter), die letzte Entscheidung liegt – außer bei medizinischen Belangen im engeren Sinne – bei einem Juristen der Verwaltungshierarchie, dem sich auch der ärztliche Leiter im Konfliktfall zu beugen hat**. Kompliziert wird die Situation dadurch, daß nur die Sozialarbeiter der Verwaltung unterstellt sind, während die Ärzte und Psychologen auf der Basis von Werkverträgen arbeiten. Dieses Hereinholen von Fachleuten (Psychiatern, Psychologen) von außen stellt bereits eine Entschärfung potentieller Konflikte dar, da die Gesamtorientierung dieser Fachleute weiterhin außerhalb der Beratungsstelle bei ihren professionellen Organisationen liegt. Andererseits stellen Entscheidungen fachlicher Natur insofern stets eine potentielle Konfliktquelle dar, als der Leiter, der der Verwaltungshierarchie angehört, nicht nur beratende Funktion hat, sondern alle Entscheidungen der Berater letztlich gegenüber anderen Stellen (z. B. vorgesetzte Dienststelle, Öffentlichkeit, politische Organisationen) zu verantworten hat. Er *muß* sich daher in kritischen Situationen einmischen, bleibt aber dabei auf die Beratung dieser Fachleute angewiesen, die vielfach erst darüber befinden, welche Situationen als kritisch anzusehen sind. Wir sehen, daß es sich hier um eine strukturelle Verklammerung mit beträchtlichem Konfliktpotential handelt. Die Leitung einer fachorien-

* Diese Beratungsstelle wurde vor etwa zwanzig Jahren gegründet. Sie beschäftigt derzeit in drei Teams insgesamt siebzehn Sozialarbeiter, sechs Juristen, vier ärztliche Psychotherapeuten und drei Psychologen. 1974 wurden an 124 Beratungsabenden 3172 Beratungen durchgeführt (eine Darstellung der Probleme, mit denen die Beratungsstelle konfrontiert ist, findet sich bei REITER und JAGER [38]).

** Als Beispiel kann der Fall eines Heimzöglings angeführt werden, der die Beratungsstelle aufsuchte, nachdem er aus dem Heim davongelaufen war. Nach einem längeren Gespräch mit dem ärztlichen Leiter schickte ihn dieser nach Hause. Da dies jedoch nicht dem gesetzlich vorgeschriebenen Vorgehen entspricht (der Jugendliche hätte ins Heim zurückgebracht werden müssen), kam es zwischen dem ärztlichen und dem administrativen Leiter zu einer Auseinandersetzung, in deren Rahmen auch Fragen der Letztverantwortung aufgeworfen wurden.

tierten Organisation – wie die der Beratungsstelle – stellt nach Etzioni[10, S. 130] ein «Dilemma» im Sinne eines institutionalisierten Rollenkonflikts dar. Dieses Dilemma wird wegen des besonderen Rollenverständnisses der typischen Fachleute (Professionals) noch verstärkt. Die erfolgreichsten unter ihnen interessieren sich in der Regel nicht für Verwaltungsangelegenheiten, sie stehen im Gegenteil allen Einschränkungen ihrer eher als künstlerisch empfundenen Tätigkeit skeptisch bis feindlich gegenüber. Sie fühlen sich oft auch anderen Werten verbunden (z. B. Wissenschaft). Fürstenau[12, S. 1066] weist darauf hin, daß das Fachpersonal in psychosozialen Institutionen keinerlei Interesse an Fragen der Organisation habe. Jeder wolle nur behandeln, beraten und mit anderen Menschen umgehen und suche Befriedigung in einer helfenden, heilenden Beziehung zu anderen Menschen, erwarte aber, daß die Verwaltung, ohne ihn zu behelligen, jene Bedingungen schaffe, unter denen er erfolgreich sein Bedürfnis befriedigen könne.

Die beschriebenen Spannungen können erheblich gemindert werden, wenn nicht reine Verwaltungsspezialisten die Leitung von fachlichen Organisationen innehaben, sondern entweder Fachleute selbst oder Verwaltungspersonen, die von fachlichen Aufgaben einiges verstehen. In unserem Falle ist es so, daß alle leitenden Juristen selbst in der Beratung tätig sind und deshalb auf Grund der langjährigen Zusammenarbeit mit Psychiatern, Psychologen und Sozialarbeitern gute Kenntnisse von deren Arbeit haben. Dennoch zeigt die Diskussion, daß Gesichtspunkte des klaglosen Funktionierens und der reibungslosen Abwicklung des Beratungsdienstes für die Verantwortung tragenden Juristen gegenüber innovativen und kreativen Ansprüchen der Berater durchgesetzt werden sollen. Risikofreudigkeit wird bestenfalls dem einzelnen Berater zugebilligt, ist aber als grundsätzliche Haltung der Organisation kaum gewünscht.

Eine weitere Schwierigkeit kommt hinzu, da Stellen, in denen Sozialarbeiter tätig sind, «halb-fachliche» Organisationen* sind. Die Fachautori-

* Unser Beispiel (der Versuch der Einführung der «Strukturierten Trennung» in das Beratungsangebot) könnte auch mit Hilfe des «Innovationskonzepts» der Organisationssoziologie behandelt werden. Dieses Konzept ist aber unserer Meinung nach zur Behandlung des dargestellten Problems aus folgenden Gründen unzureichend:

a) Bei der beschriebenen Beratungsstelle handelt es sich um keine stabile, formale Organisation, sondern um eine Ausgliederung aus einer bestehenden Fürsorgeeinrichtung mit nur teilweiser Aufhebung ihrer Organisationsstruktur. Innovation gehört unter anderem zur Aufgabe dieser Beratungsstelle, da sie sich ständig sowohl den Veränderungen der Beratungstechniken als auch der Umwelt anpassen muß.

b) Die Ausgliederung ist selbst das Ergebnis mangelnder Bewältigung sozialer Probleme durch die gründende Stelle (Fürsorgeeinrichtung). Zur Lösung der neuen tät der Sozialarbeiter beruht gegenüber jener der Professionals auf einer kürzeren Ausbildungszeit, und sie behandeln (nach herrschenden Wertauffassungen) weniger wichtige Fragen als etwa Ärzte und Juristen. Sie haben somit weniger berufliche Autonomie, was sich nicht zuletzt in einem geringeren Recht auf Vertraulichkeit bei ihrer Tätigkeit äußert. Sozialarbeiter haben einen streng geregelten Arbeitstag, genau festgelegte Pflichten, müssen detailliert Bericht erstatten und unterliegen weitgehender Kontrolle ihrer Vorgesetzten. Von daher versteht man den Kampf der Sozialarbeiter um volle Professionalisierung, ihre Annäherung an die Psychotherapeuten, die ihnen als fachliche Berufsgruppe am nächsten stehen und deren Vorteile sie für sich in Anspruch nehmen möchten.

b) Unterschiede zwischen psychosozialen und juridischen Beratern

Eine multidisziplinäre Arbeitsorganisation von Beratungsstellen und Teamarbeit scheinen als Voraussetzung für ein optimales Versorgungsangebot an die Hilfe- und Ratsuchenden notwendig, erzeugen aber gleichzeitig Widersprüche und Probleme, die nicht vernachlässigt werden können. Es sollen mehrere Aspekte der Arbeitsorganisation betrachtet werden, in denen sich psychosoziale Berater (Sozialarbeiter, Psychologen, ärztliche Psychotherapeuten) von juristischen Beratern unterscheiden, ohne daß damit behauptet werden soll, daß zwischen den einzelnen Gruppen psychosozialer Berater keinerlei Konflikte bestehen.

Die Auffassung, was Beratung eigentlich sei, spielt in den psychosozialen Berufen eine nicht unwesentliche Rolle. Dabei geht es unter anderem auch um standespolitische Fragen. Ein und dieselbe Tätigkeit kann einmal mit dem Begriff Therapie und das andere Mal als Beratung etikettiert werden, je nachdem wer sie gerade durchführt. Darum geht es uns hier nicht. Wir wollen vielmehr den historischen Wandel des Begriffsinhalts verfolgen und glauben, daß dies in den Arbeiten des Soziologen Halmos am eindrucksvollsten analysiert wird.

Halmos[16] unterscheidet zwei Kategorien innerhalb der Dienstleistungsberufe:

Probleme bediente man sich einer modifizierten Organisationsstruktur (Beiziehung von Fachleuten wie Psychiater etc.), Leitung und Kontrolle blieben aber weiterhin bei der «Mutterorganisation». Da die «Tochterorganisation» aber gleichzeitig innovativ sein muß und von der Bürokratie kontrolliert wird, hat sie damit gleichsam von der «Geburtsstunde» an einen strukturellen Konflikt eingebaut.

Die Betrachtung dieser Konflikte führt unseres Erachtens zu einem besseren Verständnis der Situation und auch des Verhaltens der beteiligten Personen als die Betrachtung unter dem Gesichtspunkt der Innovation.

a) Die *unpersönlichen* Dienstleistungsberufe; dazu gehören unter anderem Rechtsanwälte, Architekten, Ingenieure und Wirtschaftsprüfer.

b) Die *persönlichen* Dienstleistungsberufe; deren Aufgabe sei es, in der Persönlichkeit des Klienten Veränderungen herbeizuführen. Zu dieser Gruppe gehören Ärzte, Krankenschwestern, Lehrer, Sozialarbeiter und Geistliche.

Den Unterschied zwischen den beiden Gruppen sieht der Autor so: «Kein Zweifel, die beiden Berufsklassen haben gewisse Grundverpflichtungen miteinander gemein, aber diese Verpflichtungen sind nur in den persönlichen Dienstleistungsberufen zu inhaltsreicher und verfeinerter Vollkommenheit gediehen, und das macht den grundsätzlichen Unterschied aus, den ich zu machen wünsche. Um die ideologischen Orientierungen der persönlichen Dienstleistungsprofessionen zu verstehen, müssen wir bedenken, daß diese Berufe heutzutage nach Gesichtspunkten sozialpsychologischer Theorien gelehrt und nach moralischen Prinzipien ausgerichtet werden, die, trotz aller Proteste der rigorosen Verhaltenswissenschaftler, grundsätzlich freudianischen Ursprungs sind. Liebenswürdigkeit, Toleranz, Bestätigung, Freizügigkeit und ein Skeptizismus gegenüber starken Liebes- und Haßregungen sind in diesem psychoanalytischen, sozialpsychologischen und soziologischen Jahrhundert zu neuem Leben erwacht» (nach NORTH[33, S. 18]). HALMOS versucht in seinem Buch *‹Beichtväter des 20. Jahrhunderts›* zu zeigen, wie die persönlichen Dienstleistungsberufe zunehmen und auch die unpersönlichen beeinflussen. Es entstehe allmählich eine Ethik der Berater, und die persönlichen Dienstleistungsberufe veränderten durch ihr steigendes Prestige das «moralische Klima» der ganzen Gesellschaft.

Spezieller gefaßt besteht der Unterschied zwischen Juristen und psychosozialen Beratern in folgendem: Ein juristischer Berater liefert *Information*, ob bzw. wie ein Konflikt einer Lösung durch einen Dritten – den Richter – korrekt zugeführt werden kann. Durch den psychosozialen Berater wird ein Konflikt zwar auch *«transformiert»* (BÜHL[6, S. 35]), diese Übersetzung in ein neues Interpretationsschema findet aber im Rahmen einer *persönlichen Beziehung* statt. Im juridischen System wird durch Parteinahme des Rechts Recht und Unrecht zugeteilt und auf diese Weise versucht, zu einer Konfliktlösung zu kommen. Der psychosoziale Berater hingegen entgeht in seinem Zugang zum Klientenproblem einer Allianz mit einer der Parteien durch eine Transformation eines alltagssprachlich dargestellten Konflikts in ein (fachliches) Konzept, in dem keiner Sieger oder Verlierer, Schuldiger oder Unschuldiger sein soll. Ein Ehestreit wird als «Kommunikationsstörung» oder «Kollusion» beschrieben, im Rahmen des neuen Interpretationssystems können sich Gesichtspunkte der

Gerechtigkeit in neuer Form unter Umgehung eines richterlichen Spruchs durchsetzen (konzeptualisiert als «Homöostase», «Balance» etc.). Eine Lösung im juristischen Bereich mißt «Tatsachen» an Normen, am Recht, das allgemeine Gültigkeit und Verbindlichkeit beansprucht, wobei die dort getroffenen Entscheidungen in der Regel auch durchsetzbar sind. Im psychosozialen Bereich wird ein individueller Ausgleich vorgenommen, die Lösungen müssen von den Betroffenen selbst akzeptiert werden, um wirksam zu werden. Veränderung muß durch Überzeugung und nicht durch Machtandrohung herbeigeführt werden.

Von daher wird besser verständlich, was von den einzelnen Berufsgruppen als «Gegenstand» der Beratung angesehen wird. Alle beraten «die» Familie, aber es werden jeweils verschiedene Aspekte hervorgehoben, andere völlig ausgeblendet oder zumindest randständig behandelt. Die psychosozialen Berater sehen die Familie im wesentlichen als Netzwerk emotionaler Beziehungen (mit unterschiedlicher Betonung der sozialen Faktoren), Juristen im wesentlichen als einen Vertrag mit durchsetzbaren Vereinbarungen, Soziologen heben wahrscheinlich wieder andere Aspekte hervor etc. Diese Tatsache ist allgemein bekannt, Überlegungen darüber werden aber meist nur *innerhalb* des jeweiligen Paradigmas angestellt. Es entstehen in den Teams unter Umständen Konflikte um die Durchsetzung des jeweiligen Standpunktes, wobei von den einzelnen Parteien die eigenen Konzepte oft denen der anderen als überlegen (fortschrittlicher, wertvoller etc.) gesehen werden. Der Anspruch des anderen wird manchmal als hinderlich für die Verwirklichung und Entfaltung des eigenen Ansatzes – und damit für eine wirksamere Beratung – erlebt. Dieser Standpunkt scheint unseres Erachtens vielfach von psychosozialen Beratern gegenüber dem Recht bzw. den Juristen eingenommen zu werden. Beide Konzepte haben jedoch eine Legitimationsbasis (Medizin/Psychiatrie bzw. Recht), die ein Zurückweisen ihres Anspruchs durch die andere Partei unmöglich macht.

Auf Grund unserer Erfahrung können wir sagen, daß psychosoziale Berater, falls ein Klient seinen Konflikt als einen im Rechtssystem zu entscheidenden interpretiert, dies geringer bewerten, als wenn er ihn in «psychologischer» Sprache darstellt. Die Berater dürften der Auffassung sein, daß es sich dabei um einen reiferen Zustand des Klienten handelt. Nach der gängigen Beratungsmethodik wird allerdings das Interpretationssystem des Klienten weitgehend im Sinne einer non-direktiven Haltung akzeptiert. (Der Gesetzgeber sieht es offensichtlich anders, wenn z. B. wie in der Schweiz die Eidgenössische Expertenkommission für die Revision des Eherechts einen Ausbau der Vorkehrungen auf dem Gebiet des Eheschutzes vorsieht. Eheschutzrichter sollten künftig Eheleute dazu anhalten können, «sich vorgängig eines Verfahrens auf faktische Trennung einer Eheberatung zu unterziehen»; FARNER [11, S. 28]. Es bleibt abzuwarten, wie Eheberater auf diesen «Beitrag zur Sanierung gefährdeter Familien» reagieren werden.)

Daß die oben dargestellten Widersprüche in der Praxis der Beratungsstellen nicht ständig zu Reibereien führen, hat seinen Grund darin, daß von allen Beteiligten akzeptierte, meist implizite Regeln für die Behandlung problematischer Situationen ausgebildet wurden. Ständige Auseinandersetzungen würden die Arbeit des Teams gefährden, woran niemand Interesse haben kann. Beim Versuch der (kognitiven) Bewältigung dieser Situation tritt jedoch ein Vorgang auf, den wir als «Verdoppelung des eigenen Paradigmas» bezeichnen wollen. Familientherapeuten und -berater sehen das Beratungsteam bzw. die Organisation, in der sie tätig sind, ebenfalls als «Familie» an und wollen Organisationsprobleme auf ähnliche Weise lösen, wie sie dies aus der Familienarbeit gewohnt sind. Juristen ziehen die in ihren angestammten Bereichen bewährten verwaltungstechnischen Lösungen zur Bewältigung der organisatorischen Schwierigkeiten heran. Die daraus resultierende Dysfunktionalität, wie sie etwa FÜRSTENAU [12, S. 1064] beschrieben hat, erfahren die «Problemlöser» auch selbst. Die Probleme kehren immer wieder, dies wird jedoch nicht auf die verkürzte Situationsdefinition zurückgeführt, sondern gleichsam als «natürliche», in Teamarbeit zwangsweise auftretende Schwierigkeit behandelt.

Nicht nur die Zuständigkeit, auch der Zugang und die Bearbeitung von Problemen unterscheidet psychosoziale von juristischen Beratern. Die Tätigkeit der psychosozialen Berater kann durch folgende Denkfigur charakterisiert werden: Es werden *Ziele* («Output» oder «Zwecke») festgelegt und die *Mittel* («Techniken» oder «Methoden») so ausgewählt, daß ihre Anwendung die geringsten schädlichen *Nebenfolgen* hat. Dem liegt der Gedanke zugrunde, daß es für ein mit dem (oder den) Klienten gemeinsam erarbeitetes Behandlungs- bzw. Beratungsziel mehrere Möglichkeiten der Realisation gibt, daß also die konkret zu wählende Methode von den Folgen in anderen Lebensbereichen her bestimmt wird (siehe dazu OPP [34, S. 275], LUHMANN [26, S. 173]). Daraus folgt allerdings keine Autonomie der Zwecke, da das Vorhandensein oder Fehlen von Mitteln die Auswahl der Ziele wesentlich beeinflußt. Insgesamt bedeutet dies für den psychosozialen Berater, will er die komplexen Verflechtungen der Lebenswelt seiner Klienten berücksichtigen, daß er mit einem breiten Wissen über Hilfsmöglichkeiten flexibel auf die an ihn herangetragenen Anforderungen reagieren können muß. Dieses Wissen wird durch die berufliche Sozialisation und Fortbildung weitgehend bestimmt und ist bei

Sozialarbeitern auf Grund ihrer breitgestreuten Ausbildung wesentlich offener als bei schulmäßig ausgebildeten Therapeuten (diese Erfahrung konnten zwei der Autoren zu Beginn ihrer Tätigkeit als Eheberater machen). Die Auswahl des Beschreibungssystems durch den Sozialarbeiter, in das ein Konflikt im Klientensystem transformiert wird, ist von vornherein nicht durch eine Schule ähnlich festgelegt wie bei Psychotherapeuten. Der Sozialarbeiter kann das Interpretationssystem so festlegen, daß in ihm ein Konflikt möglichst gut und rasch lösbar wird, daß lange Zeit möglichst viele Optionen offen bleiben etc. Wir verweisen hier etwa auf die bisher noch zu wenig beachtete und untersuchte Wahl des Beratungssettings hin (z. B. Einzel- versus gemeinsame Beratung bei Ehe- und Familienkonflikten), welche nach unserer Auffassung das Ergebnis deutlich zu beeinflussen scheint. Auf Grund der besonderen «Eigenschaften» des Sozialarbeiters könnte man diesen (nach einem Begriff von H. Lenk[24]) als «Generalisten» bezeichnen und ihn dem Spezialisten gegenüberstellen. Diese Eigenschaft ermöglicht es ihm, auf Krisensituationen flexibel zu reagieren und gleichzeitig die Beschränkungen seiner Handlungsmöglichkeiten zu sehen.

Im Gegensatz dazu arbeiten juristische Berater nach «Konditionalprogrammen» (im Sinne Luhmanns). Diese Art von Zugang ist, wie schon weiter oben angedeutet, viel weniger flexibel. Ihre Aufgabe besteht darin, *Fakten* mit *Normen* zu vergleichen bzw. die Voraussetzungen zu prüfen, ob ein vom Klienten gestelltes Problem überhaupt in ein juristisches übersetzt werden kann. Sind diese Voraussetzungen gegeben, so ist auch das Ergebnis im wesentlichen festgelegt. Juristen haben keine Wahl bei der Festlegung von Zielen, diese sind gewissermaßen nur das Ergebnis eines vom «Input» (im Sinne Luhmanns) her gesteuerten Prozesses.

In der Praxis der Beratung wird diese idealtypische Dichotomisierung jedoch selten eingehalten. Wie wir an anderer Stelle ausgeführt haben (Strotzka und Reiter[46, S. 25]), verlangt ein Teil der Klienten auch vom psychosozialen Berater im wesentlichen «nur» Information, und wir stehen vor der Entscheidung, ob wir selbst uns damit zufriedengeben sollen oder nicht. Andererseits gehen Juristen oft weit über das reine Informationsangebot hinaus und treten gemeinsam mit dem Klienten in eine persönliche Beziehung zum Zwecke der Entscheidungsfindung ein.

Der Leser könnte an dieser Stelle den Vorschlag zur Lösung dieser Konflikte erwarten. Das Aufzeigen von Lösungen überschreitet jedoch die Möglichkeiten dieses Beitrags, es kam uns vor allem auf die Darstellung von Widersprüchen im Handlungsraum von Beratungsstellen an.

6. Recht, Familienrecht und Familienpolitik

Wir wollen unseren Beitrag nicht abschließen, ohne einiges zum Verhältnis von Recht und Familie gesagt zu haben. Das Erscheinen einiger Abhandlungen zu diesem Thema in letzter Zeit weist auf einen Nachholbedarf hin.

Das menschliche Zusammenleben wird direkt oder indirekt durch Recht geprägt. Kein Lebensbereich findet ohne Recht zu einer dauerhaften sozialen Ordnung. Immer schon steht soziales Zusammenleben unter normativen Regeln, die andere Möglichkeiten ausschließen und denen Verbindlichkeit zukommt (Luhmann[25, S. 1]). Die Existenz von Recht als ein Mittel der Organisation und Gestaltung der Gesellschaft, kurz: der *sozialen Kontrolle*, impliziert, daß einige Arten des menschlichen Verhaltens nicht mehr wahl-frei, sondern in gewissem Sinne obligatorisch sind (Hart[17, S. 18]). Ungeachtet der Allgemeinheit seines Geltungsanspruchs wird Recht von vielen im humanwissenschaftlichen Bereich Tätigen nur in seinem restriktiven Aspekt gesehen. Wir zitieren als Beispiel dafür Mechanic[29, S. 144], der in diesem Zusammenhang auch auf die Rolle der Psychiatrie eingeht: «Das Rechtssystem neigt zur Starrheit und unterläßt es, die ungeheuren Verschiedenheiten in der emotionalen Disposition der Menschen und ihren sozialen Situationen zu berücksichtigen. Mit der Aufzwingung standardisierter Codes setzt es die Bedingungen für tragische menschliche Situationen. Da das Recht oft unbeugsam ist, werden diese menschlichen Probleme dadurch geregelt, daß man die Angelegenheit ruhen läßt, daß man in Ermessensfragen Nachsicht übt, und daß man die gesetzlichen Bestimmungen nicht durchführt. Der organisatorische Ermessensspielraum stellt eine Möglichkeit dar, um das Rechtssystem humaner zu gestalten, aber er verletzt tendenziell auch das Prinzip, daß alle Menschen vor dem Gesetz gleich sind. Was an dem Prozeß des Ermessens am meisten stört, ist, daß er oft die Privilegierten und Einflußreichen mehr begünstigt als andere Leute und informell unterschiedliche Standards von Gerechtigkeit und Mitleid aufstellt. Schließlich sollte das Recht selbst die Menschen mit mehr Mitleid beurteilen und für die Unterschiede zwischen ihnen mehr Verständnis haben. Aber solange das Recht und die formalen administrativen Bestimmungen nicht mit der Komplexität menschlicher Situationen fertig werden, solange werden sich zwangsläufig informelle Systeme der sozialen Organisation entwickeln, und die Psychiatrie wird eine immer wichtigere Rolle bei der Herleitung dieser informellen Lösungen spielen. Genau aus diesem Grund müssen die Psychiater sich ihrer sozialen Rollen und Verantwortungen voll bewußt sein.»

Wir können die Einstellung von «Beratern» (im Sinne von HALMOS[16]) zum Recht nur aus ihren vereinzelten Äußerungen dazu erschließen. Sie betonen ähnlich wie MECHANIC den behindernden Aspekt der Rechtsnormen. Dabei wird übersehen, daß diese neben ihrem Zwangscharakter auch die wesentliche positive Funktion haben, Erwartungen über das Handeln anderer zu stabilisieren, ihr Handeln vorhersehbar zu machen und so eigenes Handeln zu ermöglichen. Rechtsnormen stellen «Vertrauen» her, das, auch wenn es in einzelnen Fällen enttäuscht wird, weiterhin dem Handeln zugrunde liegen kann. Vertrauen, das bei engen Sozialkontakten über persönliche Beziehungen zustande kommt (z. B. in der Familie), kann durch das Recht, wenn auch in veränderter Form, auf unbekannte «Dritte», ausgeweitet werden. Dies um so mehr, da Brauch, Sitte und öffentliches Moralbewußtsein diese stabilisierende Funktion in der heutigen Gesellschaft nur mehr schlecht erfüllen. Unabhängig davon, wie der Berater zum jeweils konkreten Inhalt dieser Normen steht, muß er bei seiner Tätigkeit diese Funktion des Rechts sehen. Seine Aufgabe wird sicherlich dadurch erschwert, daß die Unzulänglichkeit bestimmter Gesetze beim Zustandekommen von Problemen, mit denen er konfrontiert ist, beteiligt ist. Hier liegt auch eine wichtige Funktion der Juristen in den Beratungsstellen. Neben Rechtsinformation für Klienten scheint uns eine juristische Beratung der psychosozialen Berater wichtig, damit diese nicht nur die psychodynamische Dimension im Auge haben, sondern auch mögliche unerwünschte Nebenfolgen ihrer Interventionen im Rechtssystem berücksichtigen. Auf Grund des besonderen Charakters des Rechtssystem – Allgemeinanspruch, Durchsetzbarkeit auf Grund des staatlichen Gewaltmonopols – soll der Widerspruch zwischen der tatsächlichen Rechtslage und den «progressiven» Werthaltungen der Berater nicht auf Kosten der Klienten «gelöst» werden.

Die Geschichte des Ehe- und Familienrechts zeigt, wie stark die Aufnahme von Geschlechtsbeziehungen und die Zeugung und Aufzucht von Kindern normativen Regelungen unterworfen war und ist. Für das Verständnis der Familie ist die Kenntnis und das Verständnis der sie betreffenden Vorschriften und deren Funktion für die Gesellschaft unerläßlich. Diese Verschränkung wird leicht übersehen, da die Diskussion um das Familienrecht vor allem mit moralischen Argumenten geführt wird. Nach Auffassung vieler wird im Familienrecht nur das «sittliche Wesen» von Ehe und Familie kodifiziert und als «Konkretisierung der natürlichen Ordnung präsentiert» (SIMITIS[44, S. 19]). Diese Wendung ins Prinzipielle und der konstante Hinweis auf die sittliche Ordnung dienen nach Auffassung des genannten Autors der Beschränkung des Diskussions- und

Reformraumes und damit dem Schutz einer konkreten – der patriarchalischen – Familienform. Die Krise dieser Familienform wird oft zur Krise der Familie schlechthin hochstilisiert.

Die Reform des Familienrechts, die derzeit in vielen Staaten im Gange ist, läßt sich nicht von den Werten der Gleichberechtigung und Emanzipation trennen. Gerade hier läßt sich auch die Verbindung zu den ökonomischen Bedingungen in den entwickelten Industriegesellschaften zeigen. HEINSOHN und KNIEPER[18] haben in einer Arbeit über die *‹Theorie des Familienrechts›* diese Zusammenhänge aufgezeigt: Bei Zunahme der Industrialisierung könne der Bedarf an Arbeitskräften nicht mehr allein durch Männer gedeckt werden, die ökonomische Verselbständigung der Frau wirke sich auch auf den Familienverband aus. Das alte Familienrecht, das durch ein ausgefeiltes Erb- und Güterrecht im wesentlichen die Interessen der besitzenden Klasse schützte, werde nun zu einem Hemmschuh der industriellen Entwicklung, die mobile Arbeitskräfte benötige. Die dadurch bedingte Entwicklung der «Berufstätigenehe» (RAMM[36]) habe ihrerseits wieder verschiedene Folgen. Die (für die Gesellschaft) «richtige» Kindererziehung werde nicht mehr automatisch gewährleistet und neue Normen (Kindesrecht, Jugendrecht) müßten entwickelt werden, um eine «ordentliche» Erziehung dort zumindest tendenziell anzustreben, wo die Eltern versagten. Weit gravierender scheine jedoch eine andere Folge zu sein, die von den genannten Autoren beschrieben wird: Eine steigende Zahl von Lohnarbeitern habe kein Interesse mehr an der Aufzucht von Kindern, da diese für sie nur Belastungen, aber keine wirtschaftlichen Vorteile mehr brächten. Vererbbares Privateigentum, Tradition, Uninformiertheit über Antikonzeptiva, der Wunsch des Mannes, eine Frau an sich zu binden, Emotions-, Sinngebungs- und Identitätsgründe reichten als Motivation nicht mehr aus, das Absinken der Bevölkerungszahlen in den entwickelten Industrienationen zu verhindern. Der «Wunschkindgedanke» genüge nicht zur Sicherung des gesellschaftlich notwendigen Nachwuchses, so daß sich Planer schon vereinzelt mit den Konsequenzen einer geringeren Bevölkerungsdichte in den Industriestaaten befaßt hätten. Entsprechend den widersprüchlichen Tendenzen der Entwicklung der Familie sei auch in der Gesetzgebung keine eindeutige Richtung zu sehen. In den beiden richtungweisenden Elementen des gegenwärtigen Familienrechts – der Gleichberechtigung und dem Kindeswohl – manifestiere sich eine deutlich individualistische Konzeption, in der sich die Idee eines souveränen, über die eigenen Interessen entscheidenden Individuums durchsetze. Gerade diese Tendenz, die Ausdruck der gesellschaftlichen Realität des Lohnarbeiters sei, führe zum Scheitern der bisherigen staatlichen Bevölkerungspolitik. Das Bewußtsein, daß die

Aufbringung eines Kindes eine Leistung für den Staat sei, nehme zu. Dies ziehe aber wieder Abgeltungsforderungen für die Kinderaufzucht seitens der Betroffenen nach sich (z. B. die Gleichstellung von Hausarbeit und Lohnarbeit).

Für den Berater in Ehe- und Familienangelegenheiten scheint uns die Kenntnis der Tatsache wichtig, daß die Einrichtung von Beratungsstellen bzw. die finanzielle Unterstützung für diese Stellen Mittel einer breitgefächerten Hilfeleistung für die Kernfamilie darstellen. Die Familie zieht nach wie vor unter den für den Staat günstigen finanziellen Bedingungen (hoher Anteil an Gratisarbeit!) Kinder in einem emotional günstigen Klima auf. Daran konnten weder der Nachweis der großen Zahl pathogener Familien noch die prinzipielle Kritik an der Familie, noch das Auftreten von sogenannten Alternativfamilien (Kommunen etc.) etwas ändern.

7. Schluß

Im vorliegenden Beitrag ging es uns darum, einige Beziehungen zwischen Familienarbeit und Recht zu behandeln. Wir versuchten zu zeigen, wie die multidisziplinäre Arbeit mit der Familie Probleme in der Organisation der Beratung hervorruft, deren Lösung alles andere als einfach erscheint. Ein Anstoß zur Abfassung dieses Beitrags liegt unter anderem in der immer wieder Verwirrung stiftenden Frage, ob denn eigentlich ein wesentlicher Unterschied zwischen Familie und Gruppe bestehe. Da die Zahl jener Therapeuten und Berater, die mit Familien arbeiten, ständig zunimmt, hielten wir es für nötig, auch den vernachlässigten Aspekt der rechtlichen Regulierung dieser Form des menschlichen Zusammenlebens im Hinblick auf die therapeutische bzw. beraterische Arbeit darzustellen.

Wir wollen uns Simitis und Zenz[44, S. 9] anschließen, wenn sie feststellen, daß «sozialwissenschaftliche Aussagen zur Situation der Familie auf die Kenntnis des jeweilig geltenden Familienrechts angewiesen (sind). Die Rechtsnormen sind Daten, ohne deren Berücksichtigung der gesellschaftliche Kontext, in dem Familien entstehen und agieren, nicht beschrieben und begriffen werden kann». Auch Richter[41, S. 280] berücksichtigt diesen Gesichtspunkt, wenn er schreibt: «Allerdings stößt Familientherapie natürlich oft auch auf relevante juristische Realitäten. Vielfach ergeben sich enge Interdependenzen zwischen familienrechtlichen Komplikationen und psychosozialen Konflikten. Das sieht man etwa bei un- oder außerehelichen Schwangerschaften, ehelicher Untreue, Scheidungsangelegenheiten, Sorgerechtsregelungen für Kinder nach Scheidungen usw. Auf der juristischen Ebene können als Ursache, Symptom oder Folge von psychischen Prozessen Entscheidungen fallen, die für den Verlauf familientherapeutischer Bemühungen so bedeutsam sind, daß der Therapeut diese Ebene stets sehr ernsthaft berücksichtigen muß.» Wie der Autor weiter hervorhebt, bedeutet berücksichtigen aber nicht in Abhängigkeit geraten.

Seitens der Juristen schreibt DRAPALIK[7, S. 14]: «Man muß sich allerdings über eines klar sein: Die Gesetze können nicht alles regeln – nicht auf dem Gebiete der Ehe und Familie, also auf dem Gebiete des engsten menschlichen Zusammenlebens. Wir wissen, wie oft Forderungen an das Gesetz, an die Ordnungsmacht des Staates erhoben werden, die nur von Haß und Rachsucht oder gekränkter Eitelkeit diktiert werden. Da ist es dann die heikle Aufgabe des Beraters, dem Klienten klarzumachen, daß das Gesetz nur die Rechte und Pflichten regeln kann, die als Außenwirkung einer menschlich-persönlichen Bindung entstehen, daß das Gesetz aber niemals in diese persönliche Bindung selbst eingreifen kann, und auch nicht die Aufgabe hat, Racheinstrument in der Hand des vielleicht auch mit Recht gekränkten Partners zu sein.»

Vom Standpunkt der psychosozialen Berater soll die vorliegende Arbeit auf die Notwendigkeit der Berücksichtigung des besonderen Charakters der Familie als einer rechtlich normierten Institution hinweisen und einen Beitrag zur Bearbeitung von Schwierigkeiten in multidisziplinären Beratungsteams leisten.

Literatur

1 ACKERMAN, N. W.: The Growing Edge of Family Therapy. In: Family Process 10 (1971), S. 143

2 BECKER, W.: Das Familiengericht – eine neue sozialpädagogische Hoffnung in der Bundesrepublik. In: Ehe 4 (1973), S. 168

3 Bericht über die Lage der Psychiatrie in der Bundesrepublik Deutschland. (Verhandlungen des Deutschen Bundestages. 7. Wahlperiode. Anlagen: Drucksache 4200 [1975]

4 BLAU, P. M. und W. R. SCOTT: Formal Organizations. London: Routledge & Kegan, 1963

5 BOSZORMENYI-NAGY, I. und G. M. SPARK: Invisible Loyalties. New York: Harper & Row 1973

6 BÜHL, W. L. (Hg.): Konflikt und Konfliktstrategie. München: Nymphenburger Verlagshandlung 1972

7 DRAPALIK, H.: Rechts- und Organisationsprobleme der Ehe- und Familienberatung. In: Ehe- und Familienberatung. Wien: Institut für Stadtforschung, München: Jugend und Volk in Komm. [1974], S. 9.

8 ENGLISH, O. S.: Is marital infidelity justified? In: Sexual Behavior 1 (1971), S. 26

9 ESSER, W. M.: Individuelles Konfliktverhalten in Organisationen. Stuttgart: Kohlhammer, 1975

10 ETZIONI, A.: Soziologie der Organisationen. München: Juventa, 1969

11 FARNER, H.: Familienerziehung und

familiäre Erziehungsformen in der Schweiz. In: AGI-Mitteilungen 76 (1975), S. 24
12 Fürstenau, P.: In: Anhörung von Prof. Dr. Fürstenau, einschließlich der Diskussion zu Fragen der Institutionsberatung. Anhang zum Bericht über die Lage der Psychiatrie in der Bundesrepublik Deutschland. (Verhandlungen des Deutschen Bundestages. 7. Wahlperiode. Anlagen: Drucksachen 4201 [1975])
13 Galtung, J.: Strukturelle Gewalt. Reinbek bei Hamburg: Rowohlt, 1975 (rororo aktuell, 1877.)
14 Gouldner, A. W.: Cosmopolitans and Locals. Administrative Science Quarterly 2 (1957/58), S. 281
15 Göhring, H.-J.: Die Ehe aus der (einseitigen) Sicht der Juristen. In: Ehe 4 (1973), S. 161
16 Halmos, P.: Beichtväter des 20. Jahrhunderts. Zürich: Theologischer Verlag 1972
17 Hart, H. L. A.: Der Begriff des Rechts. Frankfurt a. M.: Suhrkamp 1973
18 Heinsohn, G., und B. Knieper: Theorie des Familienrechts. Frankfurt a. M.: Suhrkamp 1975 (edition suhrkamp. 747.)
19 Herron, W. G.: The Power of Psychotherapy. In: Journal of Consulting and Clinical Psychology 42 (1974), S. 298
20 Hughes, E. C.: Men and their work. Glencoe: Free Press 1958
21 Kanfer, F. H., und J. S. Phillips: Contract Psychology: An Operational Approach to the Problem of Conscience and Self-Control. In: R. C. Johnson, P. R. Dokecki und O. H. Mowrer (Hg.): Conscience, Contract and Social Reality. New York: Holt, Rinehart & Winston 1972, S. 417
22 Kreutz, W.: Einiges zur empirischen Signifikanz des Wert-Begriffes. In: Angewandte Sozialforschung 1 (1973), S. 1
23 Krysmanski, H. J.: Soziologie des Konflikts. Reinbek bei Hamburg: Rowohlt 1971 (rowohlts deutsche enzyklopädie. 362.)
24 Lenk, H.: Philosophie im technologischen Zeitalter. Stuttgart: Kohlhammer 1971 (Urban Taschenbücher 807. Reihe 80.)
25 Luhmann, N.: Rechtssoziologie. Reinbek bei Hamburg: Rowohlt 1972 (rororo studium. 1/2.)
26 Luhmann, N.: Zweckbegriff und Systemrationalität. Frankfurt a. M.: Suhrkamp 1973 (suhrkamp-taschenbücher wissenschaft. 12.)
27 Masters, W. H., und V. E. Johnson: Human Sexual Inadequacy. Boston: Little, Brown & Co. 1970
28 Mayntz, R.: Soziologie der Organisation. Reinbek bei Hamburg: Rowohlt 1963 (rowohlts deutsche enzyklopädie. 166.)
29 Mechanic, D.: Psychiatrische Versorgung und Sozialpolitik. München, Berlin, Wien: Urban & Schwarzenberg 1974 (Medizin u. Sozialwiss. 2.)
30 Mendel, G.: Plädoyer für die Entkolonialisierung des Kindes. Olten: Walter 1973
31 Münch, R.: Mentales System und Verhalten. Tübingen: Mohr (Siebeck) 1972 (Heidelberger Sociologica. 10.)
32 Nelson, M. C. u. a. (Hg.): Roles and Paradigms in Psychotherapy. New York: Grune & Stratton 1968
33 North, M.: Mythos und Wirklichkeit der Psychotherapie. München, Berlin, Wien: Urban & Schwarzenberg 1974 (Urban & Schwarzenberg Taschenbücher. 1006.)
34 Opp, K.-D.: Verhaltenstheoretische Soziologie. Reinbek bei Hamburg: Rowohlt 1972 (rororo studium. 19.)
35 Pugh, D. S. u. a.: Writers on Organi-

zations. Hammondsworth: Penguin Books 1971

36 RAMM, T.: Die Ehe im sozialen Wandel und das Recht. In: Die Stellung der Frau in Gesellschaft und Recht. Wien: Sensen Verlag 1975. (Mitteilungen des Instituts für Gesellschaftspolitik. 19.)

37 REITER, L.: Werte, Ziele und Entscheidungen in der Psychotherapie. In: H. STROTZKA (Hg.) Psychotherapie: Grundlagen, Verfahren, Indikationen. München, Berlin, Wien: Urban & Schwarzenberg 1975, S. 85

38 REITER, L., und E. JAGER: Ergebnisse einer Probedokumentation in der Ehe- und Familienberatungsstelle der Gemeinde Wien. In: Ehe- und Familienberatung. Wien: Institut für Stadtforschung, München: Jugend und Volk in Komm. [1974], S. 41

39 REITER, L., und E. STEINER: Allgemeine Wert- und Zielvorstellungen von Psychotherapeuten und Beratern. In: Praxis der Psychotherapie. 21 (1976) S. 80

40 REITER, L., und H. STROTZKA: Some Problems concerning the Goals in Psychotherapy. In: What is Psychotherapy? Proceedings of the 9th International Congress of Psychotherapy. Hg. T. E. MOGSTAD und F. MAGNUSSEN. Basel: Karger 1974, S. 423

41 RICHTER, H. E.: Familientherapie und Familienberatung – Entwicklung, Aufgaben, Arrangement. In: S. SIMITIS. und G. ZENZ (Hg.): Seminar Familie und Familienrecht, Band 2. Frankfurt a. M.: Suhrkamp 1975, S. 276 (suhrkamp-taschenbücher wissenschaft. 103.)

42 ROKEACH, M.: Beliefs, Attitudes and Values. San Francisco: Jossey-Bass 1968

43 ROKEACH, M.: The Nature of Human Values. New York: The Free Press 1973

44 SIMITIS, S.: Zur Situation des Familienrechts – Über einige Prämissen. In: S. SIMITIS und G. ZENZ (Hg.): Seminar Familie und Familienrecht, Band 1. Frankfurt a. M.: Suhrkamp 1975, S. 15

45 STROTZKA, H.: Der Standort der Bewährungshilfe in einer allgemeinen Sozialpsychiatrie. In: L. ROSENMAYR u. a. (Hg.): Gefährdung und Resozialisierung Jugendlicher. Wien, Frankfurt, Zürich: Europaverlag 1968

46 STROTZKA, H., und L. REITER: Methoden der Ehe- und Familienberatung. In: Ehe- und Familienberatung. Wien: Institut für Stadtforschung. München: Jugend und Volk in Komm. [1974], S. 25

47 STRUPP, H. H.: Some Observations on the Fallacy of Value-Free Psychotherapy and the Empty Organism: Comments on a Case Study. In: Journal of Abnormal Psychology 83 (1974), S. 199

48 SZASZ, T.: The Psychiatrist as Double Agent. In: Trans-Action 4 (1967), S. 16

49 TAJFEL, H.: Soziales Kategorisieren. In: S. MOSCOVICI (Hg.): Forschungsgebiete in der Sozialpsychologie. Bd 1. Frankfurt a. M.: Athäneum Fischer 1975, S. 345

50 THOMAS, J. M., und W. G. BENNIS: The Management of Change and Conflict. Hammondsworth: Penguin Books 1972

51 TICHO, E. A.: Termination of Psychoanalysis: Treatment Goals, Life Goals. In: Psychoanalytic Quarterly 41 (1972), S. 315

52 TOOMIN, M. K.: Structured Separation with Counseling: A Therapeutic Approach for Couples in Conflict. In: Family Process 11 (1972), S. 299

53 WILENSKY, H. L., und C. N. LEBAUX: Industrial Society and Social Welfare.

New York: Russel Sage Foundation 1958
54 WILLI, J.: Die Zweierbeziehung. Reinbek bei Hamburg: Rowohlt 1975
55 YOELL, W. u. a.: Marriage, Moral and Therapeutic Goals: A Discussion. In: Behavior Therapy and Experimental Psychiatry 2 (1971), S. 127

1.5. Zur Interaktion zwischen Randgruppenfamilien und Behörden am Beispiel der Familie W.

Angela Güttges

Familien mit sehr niedrigem Sozialstatus stellen einen Familientherapeuten vor ganz besondere Aufgaben. Sozialökologische Untersuchungen (Strotzka u. a.[4]) zeigen, daß psychopathologische Auffälligkeiten hier viel häufiger als in der Mittelschicht zu sozialen Verwicklungen führen. Psychische Spannungen werden eher in der Form von dissozialem oder gar delinquentem Verhalten ausgelebt. Die Umgebung ist oft nicht geneigt zu fragen, welche Ängste, welche Depressionen, welche tiefreichenden schweren Entwicklungsstörungen hinter den jeweiligen Verhaltensanomalien stecken. Nachbarn, Vermieter, Sozialbehörde usw. empfinden solche «Problemfamilien» meist weniger als therapie-, vielmehr als disziplinierungsbedürftig.

Das irrationale Agieren derartig gestörter Familien pflanzt sich in die Umwelt hinein fort. Das Ergebnis ist, daß zumal Hauswirte und selbst die befaßten Ämter mitunter genauso gegen agierende Familien kämpfen, wie diese sich selbst benehmen. Es werden gegen die «Problemfamilien» Sanktionen verhängt, die mehr durch Verärgerung als durch sozialtherapeutische Überlegungen gesteuert werden. Häufig werden Maßnahmen getroffen, mit denen man den «uneinsichtigen» Eltern einen Denkzettel verpassen will, ohne daß man bedenkt, wie verhängnisvoll sich die Maßnahmen für die Kinder der Familien auswirken.

Ein Familientherapeut, der Familien mit sehr niedrigem Sozialstatus helfen will, muß jedenfalls von vornherein darauf gefaßt sein, daß er sich oft nicht darauf beschränken kann, Probleme im Umgang der Familienmitglieder miteinander zu bearbeiten. Er muß darauf vorbereitet sein, daß er auch – und manchmal sogar an erster Stelle – die Beziehungen zwischen der Familie und ihrer Umgebung untersuchen muß. Dabei geht es dann nicht nur um affektive Interaktionsprozesse, sondern zugleich meistens um konkret ökonomische bzw. juristische und administrative Regelungen, die in irgendeiner Weise mitbedacht werden müssen.

Obwohl der Familientherapeut häufig den Druck verspürt, entweder einer Familie hundertprozentig gegen die Umwelt beizustehen oder sich mit der Behörde zu verbünden, um in einer chaotischen Familie irgendwelche sinnvoll erscheinenden Maßnahmen durchzusetzen, muß er immer versuchen, sich von einseitigen Parteinahmen freizuhalten. Das ist um so schwieriger, je kämpferischer die Auseinandersetzungen zwischen einer Familie und den befaßten Instanzen ausgetragen werden. Die folgende skizzenhafte Studie will zunächst nur aufzeigen, welche chaotischen und dramatischen Verwicklungen in diesem sozialen Bereich anzutreffen sind.

▸ Alarmiert durch einen Zeitungsartikel trafen Vertreter des Städtischen Jugendamtes, des Sozialamtes, des Ordnungsamtes und des Kinderschutzbundes sowie Mitglieder einer am Ort arbeitenden Initiativgruppe in einer völlig verwahrlosten Wohnung einer Randsiedlung zusammen. Die sanitären Einrichtungen in der Wohnung waren kaputt, die Etagentür fehlte. Wochenlang offen herumliegender Müll der Vormieter verbreitete einen modrigen, alles durchdringenden Geruch. Der Strom war, wie in Erfahrung gebracht werden konnte, abgestellt, weil noch Stromrechnungen der Vormieterin unbeglichen waren. Es sah so aus, als hätte man die wenigen Möbel der eben mit Hilfe eines Räumungsbeschlusses hier eingewiesenen Familie W. einfach achtlos in die Wohnung geworfen. Nasse Wäsche, trockene Wäsche, Geschirr, Spielzeug lagen herum, und Frau W., die soeben hier «eingezogen» war, schien vor dem Zwangstransport in diese «Obdachlosenwohnung» keine Minute Zeit gehabt zu haben, etwas einzupacken.

In diesem Gerümpel standen überrascht und verlegen die Vertreter der zuständigen Behörden. Mit Rechtfertigungsversuchen bemühte sich jeder, dem anderen die Schuld für die Zwangseinweisung in eine Notunterkunft zuzuschieben.

W.s waren der Wohnungsbaugesellschaft (Vermieter) und der Familienhilfe seit drei Jahren als «querulatorische Familie» bekannt.

Frau W. ist als älteste von fünf Geschwistern im Elternhaus aufgewachsen. Die Familienstruktur war durch die Unterdrückung ihrer hilflos hörigen Mutter durch den impulsiven, jähzornigen Vater geprägt. Mit neunzehn Jahren wurde Frau W. schwanger und heiratete. Sie bezog mit ihrem Mann eine Zweizimmerwohnung, die in einem ruhigen Wohnviertel mitten in der Stadt lag. Ihr Mann war selten zu Hause. Sie sagte im Interview: «Ja, mein Mann war damals ständig auf Montage. Ich war die ganze Woche alleine. Da hat er mir die ganze Woche mit dem Säugling 60 DM dagelassen, davon sollte ich zum Essen kaufen, zum Anziehen,

Waschpulver und alles, und da bin ich nicht rumgekommen. Die Woche über bin ich zu meiner Mutter gegangen, und er wollte mir das dann verbieten. So haben wir uns dann regelrecht auseinandergelebt. Außerdem hatte er ständig was mit anderen Frauen.»

Damals wurde die Wohnungsbaugesellschaft zum erstenmal aufmerksam auf diese Familie. Mitbewohner hatten sich beschwert, weil Frau W. sich nicht an die Hausordnung hielt. Man warf ihr vor, sie unterließe es, das Treppenhaus regelmäßig zu putzen und den Mülleimer entleeren zu lassen. Vor allem aber bezogen sich die Beschwerden auf «lautstarke Auseinandersetzungen» zwischen den Eheleuten.

Zwei Angestellte der Wohnungsbaugesellschaft gingen damals zu Frau W., um sie zur Ordnung zu ermahnen. Die für diesen Bezirk zuständige Sozialarbeiterin wurde ebenfalls benachrichtigt. Sie bemühte sich in ein paar Gesprächen, Frau W. dahingehend zu beeinflussen, sich doch wenigstens an die Hausordnung zu halten, da sonst ihr Aufenthalt für die anderen Mitbewohner in diesem Haus nicht zumutbar sei.

Frau W. schlug sich vorläufig mit ihrem Kind allein durch. Manchmal hatte sie eine Beschäftigung als Verkäuferin oder als Putzfrau. Zwischendurch war sie arbeitslos. Ihr geschiedener Mann bezahlte keinen Unterhalt, so daß sie immer wieder auf die Unterstützung des Sozialamtes angewiesen war. Die materiellen Belastungen wuchsen an. Sie hatte zum erstenmal in der alten Wohnung einen Mietrückstand von 1000 DM.

Nach Berichten des Angestellten der Wohnungsbaugesellschaft war Frau W. «damals mit den Nerven völlig fertig und ließ alles schlampen». Da die Klagen der Mitbewohner über Frau W.s Unordentlichkeit immer heftiger wurden, bezog sie auf Drängen der Wohnungsbaugesellschaft eine einfachere Wohnung, die an einer lauten Ausfallstraße lag.

Eines Tages lernte sie in einer Gastwirtschaft ihren heutigen Freund kennen. Er stellte sich als DDR-Flüchtling vor. «Da kamen wir so ins Gespräch. Und dann sind wir abends nach Hause gegangen. Da haben wir noch ein bißchen getrunken und da hat er auch bei mir geschlafen, weil er nicht mehr wußte, wie es zum Lager ging. Ich wollte ihm den Weg nicht mehr zeigen. Ich getraue mich nicht, abends durch die Stadt zu laufen. Dann hat er mich gefragt, ob er bei mir wohnen dürfe. Weil ich so allein war, sagte ich ja. Am nächsten Morgen holte er seine Sachen. Zuerst dachte ich wunder, was er alles mitbringt. Aber es waren nur zwei Aktentaschen und eine Plastiktüte, das war alles.»

Bernd hatte hier vorher in einem Auffanglager gelebt. Er war aus der DDR ausgewiesen worden, nachdem er angeblich fünf Jahre wegen versuchten «Grenzdurchbruchs» im Gefängnis gesessen hatte.

Vorübergehend arbeitete er nun als Fahrer eines Kaufhauses. Bald verlor er diese Stelle wieder, weil es Auseinandersetzungen gab. Er fühlte sich ohnehin in dieser Arbeit unausgefüllt, da er als Schweißtechniker eine entsprechend spezialisierte Tätigkeit zu verdienen glaubte.

Nach einem Jahr entsprang aus dieser Beziehung ein Kind. Bernd kaufte sich einen großen Schäferhund, angeblich zum Schutz für sich und die Kinder. Zwischen Frau W. und dem oft auftrumpfenden und sich sehr anspruchsvoll gebärdenden Freund häuften sich Auseinandersetzungen. Bernd trank, Frau W. beschimpfte ihn dann mit dem Ausdruck «DDR-Schwein», womit sie ihn empfindlich traf. Er fing an, sie zu schlagen. Solche aggressiven Zusammenstöße wechselten mit Intervallen ab, in denen die beiden sich wieder ganz gut vertrugen.

Auch in diesem Haus wurde die Familie nach kurzer Zeit den Mitbewohnern laufend unangenehmer. Diese beschwerten sich wiederum bei der gleichen zuständigen Wohnungsbaugesellschaft über den laut bellenden Hund und über W.s allgemein. Man veranstaltete eine Unterschriftensammlung, um den Auszug der lästigen Familie zu erzwingen.

Frau W. wurde krank. Bernd mußte die Kinder hüten und verlor erneut seine Arbeit. Ihr Vater wünschte, daß sie sich von Bernd trennen sollte. Sobald er pensioniert werden würde, wollte er dafür sorgen, daß Bernd aus der Wohnung ginge. Er habe Erkundigungen über ihn eingezogen. In der DDR habe Bernd ebenfalls nicht arbeiten wollen. Er sei und bleibe ein Faulenzer.

Die Sozialarbeiterin, die in diesem Bezirk Frau W. betreute, hatte von ihrer Kollegin gehört, daß dieselben Schwierigkeiten auch schon in der vorherigen Wohnung aufgetreten waren. «Ich meine, die gehören da nicht hin, wenn ich es ganz ehrlich sagen soll. Ich kann die anderen Mieter gut verstehen. Ich habe mich dann auch nicht mehr um die Familie gekümmert, sondern alles so laufenlassen.»

Bei der Wohnungsbaugesellschaft entschloß man sich wegen der Beschwerden der Hausbewohner und wegen eines neuerlichen Mietrückstandes von Frau W., eine Räumungsklage einzureichen.

Niemand bemühte sich mehr, die als «uneinsichtig» abgestempelte Problemfamilie zu beraten, etwa einen Mietzuschuß bereitzustellen oder vermittelnd in die Auseinandersetzungen zwischen Familie W. und den Nachbarn einzugreifen.

Frau W. und Bernd verhielten sich auf Grund der Spannungen, die sie miteinander hatten, auf der Behörde teils gegensätzlich, teils solidarisch. Sie liefen abwechselnd zu der Wohnungsbaugesellschaft, um noch zu verhandeln. Sie agierten so ihre Beziehungsprobleme aus: Erschien Frau W. auf den Ämtern, konnte man sich dort ganz gut mit ihr verständigen und einigen. Man hatte ihr eine Wohnung in einer Obdachlosensiedlung vorgeschlagen und mit ihr besprochen, daß die Wohnung noch renoviert werden müßte. Sie sagte zu und versprach, mit Bernd am nächsten Tag wiederzukommen, um über die Renovierungsarbeiten zu beraten.

Kaum war sie nach Hause zurückgekehrt, warf ihr Bernd vor, sie habe sich zuviel gefallen lassen und müsse sich wehren. «Er selber würde sich um die Renovierungsarbeiten nicht kümmern.» Nun ging Frau W. wieder zur Wohnungsbaugesellschaft und erklärte dort im Gegensatz zu ihren früheren Versicherungen, daß Bernd sich an der Renovierung nicht beteiligen würde.

Ihre Ambivalenz handelte sie in einer Art und Weise ab, daß bei der Wohnungsbaugesellschaft der Eindruck einer völligen Abhängigkeit von Bernd entstand. In der Wohnungsbaugesellschaft ärgerte man sich nur noch über das Hin und Her. Man beschränkte sich darauf, die Räumung bei Gericht durchzusetzen.

Frau W. war in dieser Zeit in ärztlicher Behandlung wegen eines Magengeschwürs und wurde am Tag der Räumung ins Krankenhaus gebracht. Die akute Verschlimmerung der Erkrankung kann man sicher als psychosomatische Reaktion verstehen. Die kolikartigen Beschwerden am Tag der vorgesehenen Räumung waren möglicherweise ein unbewußter Hilferuf bzw. der Versuch einer Unterschichtpatientin, aus ihrer sozialen Problematik durch eine psychosomatische Regression herauszukommen. Der Gerichtsvollzieher, der bei seiner Ankunft an der Wohnung Frau W. in den Ambulanzwagen des Roten Kreuzes steigen sah, schien «verstanden» zu haben, daß Frau W. mittels ihrer Krankheit eine Fluchtreaktion ausdrückte. Er klopfte an die Scheibe des Autos und sagte: «Frau W., kommen Sie mal raus, abgehauen wird nicht.» Frau W. berichtete in diesem Zusammenhang, daß der Fahrer des Wagens den Arzt habe aus der Praxis holen müssen, um ihr zu bescheinigen, daß sie wirklich krank gewesen sei. Die weitere Entwicklung schilderte Frau W. folgendermaßen: «Während ich nun im Krankenhaus war und Bernd auf die Kinder aufpaßte, haben sie angefangen zu räumen und alles durch das Fenster geknallt und in der anderen Wohnung abgeladen.»

Bernd rief die Lokalzeitung an. Auf Grund dieses Anrufs und eines unmittelbar folgenden Berichts der Lokalreporterin kam es zu dem Zusammentreffen in der Obdachlosenwohnung, das eingangs geschildert wurde. Aus Verärgerung hatte die Wohnungsbaugesellschaft das Obdachlosenquartier in dem alten verkommenen Zustand belassen und keinerlei Aufräumung oder gar Renovierung veranlaßt. Später wurde die Renovierung notdürftig von der Wohnungsbaugesellschaft durchgeführt.

Die Kinder waren durch die Räumung und die katastrophalen Begleitumstände völlig verstört. Die Gewaltaktion des Gerichtsvollziehers mit den grob agierenden Begleitpersonen wirkte auf sie außerordentlich erschreckend. Schließlich mußten die Kinder aus dem Chaos in der neuen Wohnung weggebracht und für zwei Wochen provisorisch anderweitig versorgt werden, ehe das neue Quartier überhaupt in einen menschenwürdigen Zustand versetzt worden war. ◄

Die oben geschilderte Episode zeigt, wie schwierig es für Vertreter einer Wohnungsbaugesellschaft und der Sozialbehörde einerseits und für eine derart agierende Problemfamilie andererseits ist, sich miteinander zu verständigen, geschweige denn zu kooperieren.

Obwohl in einem «Erlaß des Hessischen Sozialministers über Grundsätze zur Verbesserung der Lage der Obdachlosen» die Neueinweisung von Familien mit Kindern in Notunterkünfte ausdrücklich untersagt wird, kommt es übrigens immer wieder zu Vorfällen der geschilderten Art. Aus dem folgenden Zitat des Erlasses geht deutlich hervor, daß in jedem Fall alle Möglichkeiten ausgeschöpft werden sollten, um Zwangseinweisungen zu verhindern. Ich bringe einen Auszug aus den «Sozialen Maßnahmen zur Verbesserung der Lage der Obdachlosen», überreicht vom Hessischen Sozialminister Dr. H. SCHMIDT,[3] und habe die in diesem Zusammenhang am wichtigsten erscheinenden Stellen durch Kursivschrift hervorgehoben:

3. Verhinderung der Obdachlosigkeit mit Hilfe der Sozialarbeit
Die bestehende Situation in den sozialen Brennpunkten läßt sich nur verbessern, wenn die Zahl der Obdachlosen insgesamt rückläufig wird.

3.1 Vorbeugende Maßnahmen
Die Sozialdienste der Landkreise und Gemeinden sollen frühzeitig in Erfahrung bringen, welche Familien oder Personen ihres Betreuungsbezirkes Gefahr laufen, obdachlos zu werden. Durch rechtzeitige Vorplanung und Betreuungsmaßnahmen soll verhindert werden, daß Wohnungsverluste oder sozial auffälliges Verhalten Ausgangspunkt eines Einweisungsverfahrens werden. Die betroffenen Bürger werden regelmäßig auf Beratungsstellen aufmerksam gemacht werden müssen. *Bei drohender Kündigung, letztlich wegen sozialer Unangepaßtheit, muß den Ursachen dieser Unangepaßtheit nachgegangen werden. Sachgemäße therapeutische Maßnahmen sind vorzuschlagen.*

3.2 Mietkostenübernahme, Familienanalyse
Bei Nichtbezahlung der Miete haben die Sozialämter in jedem Falle zu prüfen, bis zu welchem Grad Hilfe nach § 15a BSHG gewährt werden kann. Bei der Prüfung, ob und ggf. welche Hilfe in Betracht kommt, ist zu berücksichtigen, welche Gesamtkosten durch die Einweisung in ein Obdachlosenghetto für die gesamte Staatsgemeinschaft entstehen. Insbesondere ist zu überlegen, daß der Bau von entsprechenden Auffangwohnungen erheblich mehr kosten würde als eine kurzfristige Mietkostenübernahme.

Daneben ist den subjektiven Ursachen nachzugehen, die die Zahlungsunfähigkeit ausgelöst haben. Für jede Familie, die Gefahr läuft, in ein Obdachlosenghetto eingewiesen zu werden, *sollte eine Analyse, verbunden mit einem Therapievorschlag, erstellt werden mit dem Ziel, eine Einweisung zu verhindern und langfristig die Ursachen der Gefährdung zu beseitigen.*

3.3 Verhinderung der Einweisung durch Ausschöpfen anderer Hilfsmaßnahmen
Für jeden neuen Fall von Obdachlosigkeit wird durch die Sozialämter ein Katalog von Hilfsmaßnahmen erstellt, der von vornherein sichert, daß alle Möglichkeiten ausgeschöpft worden sind, um eine Einweisung in ein Obdachlosenghetto zu verhindern. Solange nicht alle Möglichkeiten für eine anderweitige Unterbringung faktisch überprüft worden sind, darf einer Einweisung weder zugestimmt noch sie vorgenommen werden. Der Leiter des Sozialamtes bildet einen Stab, der längerfristige Methoden zur Bekämpfung der Obdachlosigkeit entwickelt. Das letztere gilt jedoch nur dann, wenn eine ins Gewicht fallende Zahl von Obdachlosen in dem betroffenen Geschäftsbereich vorhanden ist.

3.4 Keine Einweisung für Familien mit Kindern oder Kranken
Familien mit Kindern oder Familien, bei denen Kinder erwartet werden oder bei denen ein Familienmitglied nicht nur für kurze Zeit erkrankt ist, sollen nicht in Obdachlosensiedlungen eingewiesen werden. *Den Einweisungsbehörden muß bei jedem Fall vor Augen gehalten werden, daß die Schäden, die Kinder und Erwachsene erleiden, so nachhaltig sind, daß sie später nicht mehr behoben werden können.* In die Überlegungen mit einzubeziehen ist, daß Familien häufig dann erst ihre Kinderzahl erheblich vergrößern, wenn sie in einem sozialen Brennpunkt wohnen. Die mit der Wiedereingliederung verbundenen Folgekosten sind sehr viel größer als die, die mit der Nichteinweisung verbunden sind.

Der geschilderte Fall zeigt eine häufig anzutreffende Diskrepanz zwischen sehr sinnvollen Verordnungen der zentralen Aufsichtsbehörde einerseits und einer davon unbeeinflußt scheinenden rückständigen Praxis bei den nachgeordneten kommunalen Ämtern andererseits.

Wenn man abschließend ein Fazit ziehen will, muß man sich fragen, welche Fehler Sozialamt und Wohnungsbaugesellschaft begangen haben und wie in solchen Fällen sinnvoller zu verfahren wäre.

Natürlich ist zunächst zuzugestehen, daß solche soziopathischen und weitgehend desorganisierten Familien sehr schwierig zu betreuen sind. Immerhin ist es in derartigen Fällen sinnvoll, sozialpsychiatrisch und sozialtherapeutisch erfahrene Spezialisten einzuschalten, um zunächst eine bessere diagnostische Übersicht über die Probleme einer solchen Familie zu erhalten.

Der hier geschilderte Fall wurde zum Anlaß für eine Initiative der Sozialtherapeutischen Abteilung der Psychosomatischen Klinik der Universität Gießen, der Wohnungsbaugesellschaft und dem Sozialamt für alle ähnlichen Fälle in Zukunft anzubieten, von hier aus eine fachliche Klärung vorzunehmen und die Institutionen zu beraten. Bei der Familie W. sieht es so aus, als ob bei den jeweiligen Zuspitzungen mit Kriseninterventionen einiges hätte erreicht werden können. Ob therapeutische Aktivitäten einen nachhaltigeren Erfolg erreicht hätten, ist freilich zu bezweifeln.

Von anderen vergleichbaren Fällen wissen wir, daß es immerhin hilfreich zu sein pflegt, wenn man den Sachbearbeitern auf den Behörden deutlich machen kann, wie solche nach außen soziopathisch agierenden Familien dazu tendieren, ihre Spannungen auf die Umgebung zu übertragen. In der Umgebung neigt jede tangierte Gruppe oder Institution wieder dazu, die ihr von der Familie aufgegebenen Spannungen weiter nach außen zu kanalisieren. So wie Frau W. und Bernd sich immer wieder miteinander solidarisierten, um Außenfeinde anzugreifen, so verfahren die Nachbarn mit ihrer Unterschriftensammlung gegen die Familie. Und so geraten am Ende auch die mit dieser Familie befaßten Mitarbeiter des Sozialamtes und der Wohnungsbaugesellschaft in ein ähnlich impulsives Strafverhalten hinein, wobei zum Schluß nicht mehr daran gedacht wird, das Problem der Familie W. einer Lösung näherzubringen, sondern nur noch, dieses Problem an einen neuen sozialen Ort zu verschieben.

Die aggressive Stimmung auf den Ämtern läßt dann zum Beispiel vergessen, daß die Kinder einer solchen Familie rechtzeitig psychologisch untersucht werden müßten, um ihnen gegebenenfalls durch irgendwelche Maßnahmen weiteren Schaden durch die Sanktionen gegen die Familie zu ersparen. Sozialtherapeutisch geschulte Experten können die Behördenmitarbeiter gelegentlich durch Beratung von dem Druck entlasten, den solche Familien vermitteln. Es ist dann denkbar, daß man sich zusammen mit Vertretern der Wohnungsbaugesellschaft und des Sozialamtes zusammensetzt, um gemeinsam mit der betroffenen Familie zu sprechen.

Wenn sehr stark desorganisierte, unangepaßte Familien aus der Unterschicht aus einem Haus bzw. einer Siedlung mit Familien aus der unteren Mittelschicht zusammen leben, kann es recht sinnvoll sein, die jeweiligen Problemfamilien zu einem Umzug in eine neue Umgebung zu bewegen, die ihrem Sozialstatus eher gemäß ist. Innerhalb eines Milieus, in dem soziopathische Verhaltensweisen weniger auffallen, können solche Familien sich mit ihrer Nachbarschaft oft besser zurechtfinden, so wie diese auch umgekehrt mit ihnen. Wie die Nachbeobachtung bei der Familie W. zeigt, wäre es sicherlich möglich gewesen, Frau W. und ihren Freund im Rahmen einer beharrlichen Betreuung dazu zu bewegen, freiwillig das Haus zu verlassen, in dem sie nur noch Feinde hatten. So wäre ihnen die brutale Gewaltaktion der Zwangsräumung erspart worden, die Eltern und Kinder unnötig zusätzlich traumatisierte. Auch hätte man die Sachbearbeiter der Wohnungsbaugesellschaft sicher dazu motivieren können, für die Familie W. entsprechend den Vorschriften des Sozialministers eine vom Milieu her passende Sozialwohnung anzubieten.

Das schließlich ausgewählte Notquartier, das übrigens nach einem Architektengutachten keineswegs mehr den gültigen Baubestimmungen entsprach, hätte auf keinen Fall gewählt werden dürfen. Durch die Zuweisung dieses furchtbaren und rechtlich unzulässigen Quartiers haben Wohnungsbaugesellschaft und Sozialamt letztlich ein ähnliches ungesteuertes soziopathisches Agieren bewiesen, wie es ursprünglich von der Familie ausging. So ergibt sich hier wie in manchen vergleichbaren Fällen am Ende der Eindruck, daß sich Behörden auf der gleichen Ebene des impulsiven Agierens rächen, auf der ihnen Familien begegnen, die sie betreuen bzw. versorgen sollen.

Es bedarf offensichtlich noch einer langen und intensiven Aufklärungsarbeit, um zunächst einmal bei den betroffenen Ämtern ein Bewußtsein dafür zu wecken, daß psychosoziale Fehlverhaltensweisen solcher Familien auch unter dem Aspekt eines krankhaften Hintergrunds betrachtet, geklärt und behandelt werden müssen. Solange von diesem Bewußtsein noch wenig vorhanden ist, können familien- und sozialtherapeutische Initiativen in diesem Problembereich nur schwer Fuß fassen. Deshalb wurde für diesen Beitrag absichtlich ein Fall als Beispiel ausgewählt, der typisch ist für die verbreitete Ahnungslosigkeit und Unreflektiertheit im Behördenverhalten gegenüber dissozialen Familien mit sehr niedrigem Sozialstatus.

Beispiele für Bemühungen der Ämter, auch bei solchen verfahrenen Problemen eine therapeutische Perspektive im Auge zu behalten, sind zwar auch vorhanden, aber vorerst eine große Rarität. Dabei ist freilich zu berücksichtigen, daß sich Psychotherapeuten und Psychiater lange Zeit von den spezifisch psychopathologischen Problemen der Unterschicht bzw. Randschichtkultur ferngehalten und damit die mit Sanktionen und Disziplinierungen operierenden Behörden im Stich gelassen haben.

Literatur

1 RICHTER, H. E.: Lernziel Solidarität. Reinbek bei Hamburg: Rowohlt 1974

2 SAGER, C. J., TH. L. BRAYBOY u. B. R. WAXENBERG: Black Ghetto family in therapy. New York: Grove Press 1972

4 STROTZKA, H., M. D. SIMON und P. SIWY: Umweltbedingungen psychosozialer Fehlentwicklungen. Eine sozialökologische Feldstudie in einer niederösterreichischen Kleinstadt. Manuskript Wien: Inst. f. Höhere Studien 1970 (Forschungsbericht. Institut für Höhere Studien und wissensch. Forschung, Wien. 40.)

5 «Soziale Maßnahmen zur Verbesserung der Lage der Obdachlosen» überreicht vom Hess. Sozialminister Dr. H. Schmidt 1972

1.6. Über familientherapeutische Orientierung vom Standpunkt des Sozialarbeiters

HEINZ WILFING

Anfangs zögernd, in der Folge zusehends schneller und schließlich in rascher Ausbreitung haben sich Forschung und Praxis der Psychotherapie mit Gruppenkonflikten befaßt. Naturgemäß galt auch bald ein Hauptinteresse der Dynamik jener in unserer Sozietät am häufigsten auftretenden Kleingruppe, der *Familie.* Eine große Zahl von Veröffentlichungen ist auf Fragen der Genese, des Verlaufs und der diagnostischen Kriterien von Familienkonflikten eingegangen, die Familientherapeuten legen verschiedene Konzepte und therapeutische Strategien vor, die sich zum Teil an bestehenden psychotherapeutischen Schulen orientieren und insofern Modifikationen von Praktiken darstellen, die in der individuellen Therapie bereits seit langem geübt werden und über die daher Erfahrungswerte vorliegen, die aber zum Teil auch als echte Neuentwicklungen, die einer klinischen Langzeitüberprüfung noch bedürfen, angesehen werden müssen.

Darüber hinaus besteht kaum Zweifel darüber, daß neben den im engeren Sinne therapeutischen Ansätzen im gesamten psychosozialen *Versorgungssystem* sowohl Hilfe und Stütze für den einzelnen als auch gezielte familienbezogene Angebote erforderlich sind.

Verfolgt man die historische Entwicklung der sozialen und psychohygienischen Versorgungseinrichtungen, können schwerpunktmäßig das Gesundheitswesen und die Armenfürsorge als die Wurzeln derartiger Institutionen festgestellt werden. Es ist klar, daß dabei das Ziel primär in der Beseitigung akuter Übelstände gesehen wurde, der auf längere Sicht zu planende *prophylaktische Aspekt* fand noch kaum Berücksichtigung. Es wurde die soziale Hilfe vielmehr von dem impliziten Leitgedanken bestimmt, dem Hilfsbedürftigen mittels begrenzter Gaben an materieller Unterstützung und wohl auch schon ratender Zuwendung über eine jäh augenblickliche Notsituation zwar hinwegzuhelfen, den Hilfsmaßnahmen aber doch einen derart engen Rahmen zu setzen, daß die Abhängigkeit des Hilfsbedürftigen vom Ermessen des Gewährenden erhalten blieb und so keiner der am jeweiligen Hilfsprozeß Beteiligten seine Funktion dabei je in Frage zu stellen hatte. In subtiler Form mögen auch heute noch Rudimente eines derartigen Ansatzes erkennbar sein, was angesichts einer ungünstigen ökonomischen Entwicklung und der damit zunehmend schwindenden Bereitschaft der öffentlichen Hand, für Projekte und Maßnahmen auf dem Wohlfahrtssektor Mittel und Personal großzügig einzusetzen, auch Ausdruck der eigenen und einfühlbaren Existenzangst der in diesem Bereich Tätigen sein kann. Im Bemühen, die eigene Legitimation nicht zu verlieren, stehen die Sozialarbeiter emanzipatorischen Tendenzen ihrer Klienten oft nicht eben fördernd gegenüber, eine Haltung, die nicht a priori wertend verurteilt werden kann, wenn die Wahrung eigener vitaler Interessen als legitim anerkannt wird.

Von diesen und anderen Faktoren belastet, muß der *Sozialarbeiter*, wendet er sich einem einzelnen Klienten zu, dennoch trachten, eine Beziehung zu diesem innerhalb der Dualität zwischen Helfendem und Hilfesuchendem aufzubauen. Eine derartige Zweierbeziehung wurde – wie im übrigen auch in der Medizin – seit den Anfängen als tragendes Element jeder zwischenmenschlichen Hilfe angesehen.

In der Medizin hat diese Konstellation oft zur Bildung von Bündnissen zwischen dem Arzt und dem Patienten geführt, die eine gegen die Angehörigen des Patienten gerichtete verschwörerische Tendenz aufwiesen, es konnte jedoch auch eine Rollenfixierung des Patienten dadurch erreicht werden, daß die Angehörigen eine Funktion als Arztgehilfen übernahmen, was die direkte Kommunikation zum Patienten meist ausschloß und die Häufigkeit von Gesprächen «über» den Patienten deutlich anwachsen ließ.

In ähnlicher Weise muß auch die Beziehung des Sozialarbeiters zum einzelnen Klienten problematisiert werden, es sind dabei aber noch eine Reihe weiterer erschwerender Momente zu beachten.

Der Sozialarbeiter, selbst durch seine, gegenüber vergleichbaren helfenden Berufen, prestige- und einkommensmäßig unterlegene Position weitgehend unsicher und im steten Ringen um einen Orientierungspunkt zwischen dem Klienten und dessen Angehörigen einerseits und seinen meist aus dem Bereich der öffentlichen Administration kommenden vorgesetzten Stellen andererseits begriffen, neigt zu Extremhaltungen gegenüber seiner Klientel, die häufig nicht primär von den Klientenbedürfnissen her, sondern durch das unausbleibliche Konfliktpotential eines neuen und sich gegenüber anderen Berufen erst langsam behauptenden Berufsfeldes determiniert sind. Es kommt häufig dazu, daß der Sozialarbeiter sich mit seinem Klienten in einem Maße identifiziert, das die Beibehaltung des Überblicks und der uneingeschränkten Urteilsfähigkeit gefährdet. Gegenüber den sozialen Einrichtungen, insbesonders solchen mit öffentlichem Status, ist diese kritische Distanz nunmehr meist ausreichend gegeben, es ist möglicherweise auch eine Folge des allgemein sich verbreitenden Mißtrauens gegenüber dem staatlichen Apparat, die eine derartige «Systemkritik» beinahe zu einer Form modischer Entwicklung gemacht hat. Die entgegengesetzte Notwendigkeit, auch dem Klienten gegenüber ein bestimmtes Maß an Distanz zu wahren, kann sich auf einen allgemein zu beobachtenden Trend nicht stützen. Naturgemäß muß hier zwischen der fehlenden Distanz einerseits und der Errichtung einer amtlich oder sonst irgend professionell legitimierten starren Barriere zwischen dem Helfer und seinem Klienten das ausgewogene Mittelmaß gefunden werden.

Inwieweit ist es nun möglich, die durch zahlreiche Faktoren belastete Beziehung zwischen dem Sozialarbeiter und seinem Klienten im Sinne familienbezogener Arbeit zu erweitern?

Es ist bemerkenswert, daß Sozialarbeit seit ihren Anfängen auf die Familie hin orientiert war, und dieses Gedankengut, wenn auch aus verschiedensten ideologisch motivierten Intentionen heraus, hat auch Eingang in die legistischen Grundlagen sozialarbeiterischer Aktivitäten gefunden. Gesetze hinken der rasch sich ändernden gesellschaftlichen Entwicklung und auch den sozialwissenschaftlichen Erkenntnissen darüber meist längerfristig nach, was durch den demokratisch und rechtsstaatlich durchaus zwingend notwendig langen Weg der Rechtsfindung und Gesetzgebung begründet ist, um so mehr verdeutlicht eine Formulierung etwa des Wiener Sozialhilfegesetzes die Familienbezogenheit des der Wohlfahrtspflege zugrunde liegenden Ideengutes:

«Bei der Gewährung von Sozialhilfe ist darauf Bedacht zu nehmen, daß die familiären Beziehungen zwischen den Hilfesuchenden und seinen Angehörigen erhalten und gefestigt und die Kräfte der Familie zur Selbsthilfe angeregt und gefördert werden»[11].

Es ist damit allerdings noch nicht ausgesagt, was unter familienbezogener Sozialarbeit im näheren verstanden wird und welcher Familienbegriff derartigen Formulierungen zugrunde liegt.

Staatliche *Familienpolitik* und in ihrem Gefolge familienorientiertes Handeln der Sozialarbeiter wird je nach ideologischem Vorverständnis in höchst verschiedener Weise interpretiert. Einer eher dem traditionellen Familienverständnis verpflichteten Haltung der tatsächlich entscheidungstragenden Sozialbürokratie, wie sie sich etwa in der Zielsetzung der Erhaltung, Förderung und Betreuung der «sozial geordneten Familie» (PROHASKA[8]) manifestiert, steht extrem die Ablehnung aller die traditionelle Familie stützenden Maßnahmen gegenüber. HAENSCH[6] unterstellt etwa der von beamteten Helfern betriebenen Familienarbeit und dem dieser Tätigkeit zugrunde liegenden sozialpolitischen Ideengut, der manipulierenden und unterdrückenden Funktion der herkömmlichen Kleinfamilie Vorschub zu leisten und den einzelnen auf diese Art lediglich an ein autoritäres Staatssystem in höherem Maße anzupassen. Es ist allerdings anzuführen, daß für die Familientherapie und die damit verbundene Forschung «Familie» an sich sehr weit definiert ist und als Kriterium primär das Aufeinander-Bezogensein der Familienmitglieder und nicht so sehr die Wohnsituation, der juristische Status oder bestehende bzw. fehlende Verwandtschaftsbeziehungen herangezogen werden. Lebensformen, die von der aufeinander bezogenen Kleingruppe gänzlich abweichen und somit auch unter ein derart erweitertes Familienverständnis nicht mehr fallen, sind heute erst in experimentellen Ansätzen real beobachtbar und es muß naturgemäß eine Generationsentwicklung abgewartet werden, bis darüber auf Grund von Erfahrungswerten argumentiert werden kann.

Festzuhalten ist auch, daß zwischen familienbezogener Sozialarbeit und Familientherapie ein direkter Vergleich nicht zulässig ist. Trotz der bestehenden Tendenz, den Sozialarbeiter zum Sozialtherapeuten und Sozialarbeit zu einer speziell modifizierten Psychotherapie zu machen – eine Entwicklung, die von vielen Sozialarbeitern selbst unterstützt und in der Hoffnung auf Selbstwertgewinn und Statusverbesserung forciert wird –, müssen doch die real bestehenden wesentlichen Unterschiede zwischen beiden Disziplinen evident bleiben.

Sozialarbeit ist, wie GUGGENBÜHL-CRAIG[5] definiert, eine im weitesten Sinne gefaßte Psychotherapie, die mit den ihr zur Verfügung stehenden Mitteln materieller, gesellschaftlicher und psychologischer Art versucht, Benachteiligten die Möglichkeit zu größerer Selbstverwirklichung, zur besseren Nutzung an sich bestehender Freiräume und zu persönlichem Wohlbefinden zu geben. Sozialarbeit unterscheidet sich von den primär auf Reflexion hin orientierten Psychotherapieformen aller schulischen Richtungen durch die Einbeziehung des aktiven Handelns für und auch gemeinsam mit dem Klienten.

Im Sinne dieses umfassenden Anspruchs der Sozialarbeit, die gesamte psychosoziale und auch ökonomische Situation des Klienten zum Gegenstand zu haben, ist das soziale Umfeld eines *Primärklienten* wesentlich in das Betrachtungsfeld miteinbezogen, mithin auch die Familie als vielleicht bedeutsamster Teil dieses Umfeldes, wenngleich die Mitberücksichtigung der Familie in der Sozialarbeit, die ja ein standardisiertes Setting nicht kennt, nicht derart augenscheinlich zu machen ist, wie dies etwa in der medizinischen Familientherapie möglich erscheint, in der es sich sehr wohl deutlich bemerkbar macht, wenn dem Arzt an Stelle einer nunmehr fünf Personen in der Therapiestunde gegenübersitzen.

Für den Sozialarbeiter war der Umgang mit größeren sozialen Einheiten auch deshalb seit längerem erleichtert, weil er an seinen Klienten nicht in direkter Weise gebunden und daher in der Planung seiner Hilfsaktivität beweglicher als viele vergleichbare berufliche Helfer ist.

Es ist sicher nicht gut denkbar, daß der Arzt von dem seine Ordination aufsuchenden Ulcuskranken nur das Honorar entgegennimmt, ihm aber weitere Zuwendung zunächst verweigert und statt dessen die Behandlung der Gattin anbietet, eine Vorgangsweise, die mitunter sachlich durchaus ihre Berechtigung hätte. Die Bindung des Arztes an den Patienten und die Tendenz, den einzelnen zum Mittelpunkt aller Überlegungen zu machen, entstammen nicht zuletzt der ökonomischen Situation, die sich in der Arzt-Patient-Beziehung in einer Form vertraglicher Abmachung manifestiert. Der Patient kauft die Leistung des Arztes für sich als Individuum, sei es in Form direkter Honorierung oder indirekt über sozialversicherungsmäßige Deckung, er verbindet mit diesem Abschluß auch einen Ausschließlichkeitsanspruch. In ähnlicher Weise mag das auch für die von Anwälten geleistete Rechtspflege gelten: Es wird der Anwalt, der sich von A beauftragen und honorieren läßt, dessen Über-Ich oder natürliches Rechtsempfinden ihn aber doch eher zugunsten B agieren läßt, kaum reüssieren.

Sozialarbeiter arbeiten fast durchwegs als Angehörige öffentlicher oder privater Institutionen, kaum jemals auf Grund von direkt mit den Klienten geschlossenen Arbeitsverträgen, was sie von einer Reihe wesentlicher Bindungen befreit.

So problematisch die unselbständige und daher stets im Verbund mit einer Institution stattfindende soziale Arbeit einerseits gesehen werden muß – unzweifelhaft ist die Motivation und Arbeitsintensität im Durchschnitt bei unselbständig-beamteten Helfern geringer als bei Freiberuflichen und es dürfte auch zutreffen, daß ein Mitarbeiter um so mehr auf die Inhalte und Zielsetzungen der ihn tragenden Institutionen eingeengt wird, je größer und daher unbeweglicher diese Institution ist –, so hat dieser Zustand doch wesentlich dazu beigetragen, daß der Sozialarbeiter von jeher sein Augenmerk auch auf Gruppen und Formen des Gemeinwesens legen konnte und dies auch getan hat.

Der Zugang zur Familie ist in jedem einzelnen Fall durch eine Entwicklung charakterisiert, die sich nicht autonom vollzieht, sondern vom Sozialarbeiter Initiative und Durchsetzungsvermögen verlangt, zumal sich an ihn kaum je ein Familiensystem als Ganzes wendet, sondern zumeist eine einzelne Person, vielleicht in letzter Zeit auch in zunehmendem Maße Paare. Es liegt am Sozialarbeiter, wenn ihm die Arbeit mit der Gesamtfamilie indiziert erscheint, die anderen Familienmitglieder in seinen Kontakt zu bringen und zur Mitarbeit zu motivieren. Der erstkontaktierende Klient, dessen Kommunikation mit den Partnern oft konfliktbedingt gestört ist, kann dabei selten initiativ sein.

Im wesentlichen ist zwischen zwei Arten der Kontaktnahme von Sozialarbeiter und Klientem zu unterscheiden, Reflexion und Handeln des Helfers variieren in hohem Maße in Abhängigkeit davon, auf welche Art der Zugang zum Klienten erfolgt. In Anlehnung an die auch bei anderen helfenden Berufen bestehende Situation bietet auch der Sozialarbeiter seine speziellen Kenntnisse und Fähigkeiten in Form der *Beratung* an. Die Initiative, sich dieser Beratungs- und Hilfsmöglichkeit zu bedienen, geht vom Klienten aus. Er wendet sich an den Sozialarbeiter, indem er ihn in seiner *agency* aufsucht, dort anruft oder auch über eine Informationsstelle, wie sie von der kommunalen Verwaltung zumindest in Großstädten betrieben wird, an ihn verwiesen und weitergeleitet wird.

Beratungsstellen sind ausschließlich auf die Arbeit mit selbstinitiativen Klienten hin ausgerichtet, allerdings wird, wie bereits ausgeführt, im Zuge einer längeren Beratung auch versucht, Bezugspersonen des Primärklienten miteinzubeziehen. Geführt wird die Beratungsstelle meist von einem multiprofessionellen Team, in dem der Sozialarbeiter in zunehmendem Maß seine Rolle definieren und seinen Platz behaupten kann, auch wenn die Funktionstrennung zwischen den jeweiligen Mitarbeitern angesichts der sich häufig überschneidenden Arbeitsgebiete schwierig ist. Zumindest residual noch vorhandenes starres Kompetenz- und Fachdenken, in das auch Prestige- und Statusdenken zwangsläufig einfließt, mag die Situation noch zudem erschweren.

Erfahrungen aus einer Wiener Ehe- und Familienberatungsstelle (STROTZKA und REITER[10]) haben gezeigt, daß dem Sozialarbeiter im wesentlichen die Funktion des informativen Erstgesprächs und damit auch die Entscheidung über das weitere Vorgehen zukommt. Darüber hinaus befaßt er sich mit der Betreuung jener Fälle, bei denen psychosoziale Probleme ohne Krankheitswert im engeren Sinne vorliegen. Über fachliche Abgrenzungen hinausgehend aber hat sich das problemorientierte Vorgehen bewährt, das die Fallzuweisung von anderen wesentlichen Kriterien abhängig macht. Persönliche Fähigkeiten, spezielle Interessen und Einstellungen wie auch äußere Determinanten, darunter im besonderen die zeitliche Verfügbarkeit, werden in Betracht gezogen und eine optimale Lösung kann auch nur gemeinsam teammäßig erarbeitet werden.

Neben dieser Möglichkeit, im Rahmen der *counseling agencies* Ratsuchenden ein möglichst adäquates Angebot zu unterbreiten, hat sich der Sozialarbeiter aber auch mit solchen Klienten zu konfrontieren, die eine Konfrontation zumindest oberflächlich nicht suchen, vielfach auch feindselig ablehnen. Ein großer Teil der Jugendarbeit, der Arbeit mit sozialen Randgruppen, im besonderen mit Kriminellen oder psychisch Kranken, kommt unter Bedingungen zustande, die vor allem dadurch charakterisiert sind, daß Kontaktangebot und Initiative nicht vom Klienten, sondern vom Sozialarbeiter ausgehen.

Sozial abweichendes und auffälliges Verhalten, sofern es zu Konflikten mit geltenden Normen und zur Einschränkung von Sicherheit und Freiraum anderer Menschen führt, Maßnahmen der traditionellen juristischen Schutzinstitutionen jedoch nicht angebracht erscheinen, führt zur Intervention des Sozialarbeiters.

Der Sozialarbeiter sieht sich in dieser Situation einerseits mit dem seinem Berufsbild adäquaten Bedürfnis konfrontiert, dem Klienten ad personam zu helfen, andererseits besteht seitens der ihn beauftragenden Sozietät die Erwartung, er möge sein Handeln auf das Ziel der Beseitigung der die Ordnung störenden Faktoren hin richten. Aus zweifellos gegebener Verantwortlichkeit gegenüber gefährdeten Dritten und auch angesichts seiner eigenen existentiellen Abhängigkeit von der ihn tragenden Institution kann sich der Sozialarbeiter diesen Erwartungen auch nicht verschließen. Es sei dies etwa am Beispiel der gebotenen Obsorge für minderjährige Kinder verdeutlicht, die durch eine bei einem Elternteil bemerkbare psychische Störung akut oder auf längere Sicht in ihrer gesunden Entwicklung gefährdet erscheinen, eine Situation, die den Sozialarbeiter zwingen kann, die etwa bestehende Vertrauensbeziehung zum erkrankten Elternteil um einer im Interesse des Kindes liegenden eingreifenden Maßnahme willen zu durchbrechen.

Das vom Sozialarbeiter in dieser Situation erbrachte Kontaktangebot ist daher vielfach durch Gegensätzlichkeit oder auch Unvereinbarkeit beider impliziter Erwartungshaltungen belastet, gegenüber der freien Beratungssituation besteht eine um wesentliches geringere Chance, es zum Ausgangspunkt für eine helfende Beziehung gestalten zu können. Über den hier schon erschwerten Zugang zum individuellen Klienten hinaus soll auch der nicht primär motivierten Klientel familienbezogene Hilfe angeboten werden, es sind dafür adäquate und gegenüber der freien Beratung sicher zu modifizierende Strategien noch zu entwickeln.

Überlegungen dazu setzen allerdings klar umrissene Zielvorstellungen voraus, es ist auch notwendig, sich der relativ enggesteckten Möglichkeitsgrenzen bewußt und damit fähig zu sein, innerhalb dieser frei von Zweckpessimismus und der in der Sozialarbeit häufig um sich greifenden

Von-vornherein-Resignation agieren zu können. Zur Frage, welcher Notstand denn nun bei der Familie vorliege und sozialarbeiterische Hilfe auf den Plan rufe, gibt es sicher keine generell befriedigende Antwort, es erscheint jedoch sinnvoll zu überlegen, die Familie sei dann gestört und hilfsbedürftig, wenn sie ihre wesentlichen Funktionen nicht mehr erfüllen kann.

In der vorindustriellen Zeit bestand die familiäre Hauptfunktion in der Aufrechterhaltung einer viele Personen einschließenden Risikengemeinschaft. Die Großfamilie zog auch das schwache Individuum mit, reagierte sie auf eine Störung jedoch mit Ausstoßung desselben, so blieb allenfalls Hilfe durch konfessionelle Institutionen oder private Mildtätigkeit zu erwarten.

Die Übernahme der direkten Hilfsverpflichtung durch öffentliche Fürsorgeträger, wie sie etwa um die Jahrhundertwende in den Industriestaaten einzusetzen begann, führte allerdings auch nicht zur unmittelbaren Entlastung der Familie. Für die einem Familienmitglied geleistete Hilfe – etwa die Unterbringung eines Altersdekompensierten in Anstaltspflege – forderte die übergreifende gesellschaftliche Institution von der Familie Kostenerstattung, sie setzte damit die durch sozialen Wandel auf Kleinstgruppenumfang reduzierte Kernfamilie erneut starken Belastungen aus. Seitens der Familie wird damit einhergehend auf den schwachen und kostenverursachenden Familienteil Druck ausgeübt, der sich auch im Versuch manifestiert, den Hilfesuchenden an der Inanspruchnahme öffentlicher Institutionen zu hindern.

Überlegungen, diesen Druck auszugleichen, führen zur Forderung, Kosten für soziale Hilfen, auch solche materieller Natur, sehr niedrig zu halten oder überhaupt den Angehörigen nicht zu verrechnen und die entstehende ökonomische Belastung auf die gesamte Sozietät aufzuteilen.

Aus der Tatsache, daß die Regreßbestimmungen in den meisten Staaten zunehmend gemildert und in den letzten Jahren für einige wesentliche Bereiche überhaupt abgeschafft worden sind, kann ersehen werden, daß die Gesellschaft diesen Weg auch weitgehend gewählt hat, wenngleich auch das Spannungen ökonomischer und sozialpolitischer Natur mit sich bringt. Es besteht daher in der Dotierung sozialer Einrichtungen ein großer Nachholbedarf und die bestehenden Institutionen weisen in ihrer materiellen und personellen Ausstattung noch erschreckende Lücken auf.

Dennoch kann angenommen werden, daß die Gesellschaft der Familie die Funktion der *Risikengemeinschaft* zwar nicht abgenommen, aber zumindest weitgehend erleichtert hat, wobei sich die von Sozialversicherungs- und Fürsorgeinstitutionen erbrachten Leistungen nicht ausschließlich auf materielle Hilfe beschränken, sondern auch emotionalen

Bedürfnissen Rechnung zu tragen suchen.

Zur Frage nach den nunmehr vorherrschenden und ausschließlich von der Familie zu tragenden Funktionen lassen sich grob zwei hauptsächliche Anschauungen unterscheiden:

Eine meint als Hauptfunktion der Familie ihr systemerhaltendes und gesellschaftsstützendes Element. Von der Familie als basale Organisationsform menschlichen Zusammenlebens hänge auch die gesicherte Existenz größerer sozialer Strukturen ab, sie sei gleichermaßen ein Spiegel des Geschehens in der gesamten Sozietät.

Von einer anderen Gruppe wird in zunehmendem Maße eine Position vertreten, die eine Funktion der Familie innerhalb einer stark differenzierten Gesellschaft nicht mehr direkt an diese Gesellschaft gebunden sieht, sondern die Familie als im Dienste der Persönlichkeit des einzelnen und dessen optimaler Entwicklungschancen stehend versteht (Parsons und Bales[1]).

Sozialarbeit mit Familien scheint heute eher an dieser zweiten Auffassung orientiert zu sein, auf eine durch ideologische Grundlagen determinierte Lenkung gesellschaftlicher Prozesse wird zunehmend verzichtet. Am Beispiel der sozialpolitischen Maßnahmen und der eingerichteten Institutionen zur Beratung in Fragen der Familienplanung läßt sich dies verdeutlichen. Stand früher das Bestreben im Vordergrund, durch staatliche Propaganda, fiskalische Begünstigungen bzw. Benachteiligungen und letztlich auch durch rigide Gesetzgebung auf das Bevölkerungswachstum Einfluß zu nehmen, wobei dafür durchaus auch eine Reihe einfühlbarer Motivationen ausschlaggebend gewesen sein mögen – man denke etwa an arbeitsmarktpolitische Erwägungen oder auch an die Warnungen eines Club of Rome hinsichtlich der weltweiten zukünftigen Ernährungssituation –, haben sich letztlich derartige Lenkungsversuche aber als nur sehr bedingt wirksam erwiesen und wurden weitgehend eher als Einschränkung des freien Entscheidungsraums von den Menschen erlebt.

Nunmehr hat sich demgegenüber eine Entwicklung angebahnt, die der Familie ein höheres Maß an Eigenentscheidungsraum zubilligt, der Staat beschränkt sich auf das Angebot von Beratung und materieller Unterstützung, der in diesem Feld tätige Sozialarbeiter versteht sich als Hilfsangebot zur Erreichung der von der Familie selbst gesteckten Ziele.

In Ansehung der für die Persönlichkeitsentwicklung des einzelnen wesentlichen Bedeutung der Familie geht auch die Arbeit mit der Familie von den Möglichkeiten und Chancen jedes einzelnen Familienmitglieds aus, dabei sind neben den soziodynamischen auch die ökonomischen und im weiteren Sinne sozialhygienischen Aspekte mit in die Situationsanalyse einzubeziehen. Es bleibt freilich dem Sozialarbeiter überlassen, in jedem einzelnen Fall zwischen der Beschränkung des Hilfsangebots auf kognitive Beratung und einem aktiv handelnden Eingreifen, das dem Klienten die Initiative mitunter auch zumindest vorübergehend aus der Hand nimmt, zu entscheiden, und es mag wohl auch durch die Persönlichkeit des Sozialarbeiters determiniert werden, welcher Strategie er häufiger den Vorzug gibt.

Es wurde bereits angeführt, daß der Zugang zur Gesamtfamilie in der Realität nicht immer in der gewünschten Form einer kooperativen Arbeit zustande kommt, wofür Faktoren fehlender Motivation sowohl auf seiten der Familie als auch auf seiten des Sozialarbeiters eine Rolle spielen können.

In der Jugendarbeit wird beim Versuch, sich mit der Persönlichkeitsentwicklung des Kindes auseinanderzusetzen, primär Augenmerk auf die Mutter-Kind-Beziehung gelegt, die als stabilisiert, als zuwenig gefestigt oder auch als in zu hohem Ausmaß protektiv erlebt werden kann. Ausschlaggebend für diese bevorzugte Bewertung mag die tradierte Gewohnheit sein, für Belange der intrafamiliären Jugendpflege primär die Mutter als kompetent anzusehen und auch ihre Verantwortung in erster Linie anzusprechen, auch sehen theoretische Ansätze (vgl. SPITZ[9]) die Mutter als erste und für die Persönlichkeitsentfaltung des Kindes wesentlichste Bezugsperson.

Die Einbeziehung anderer Familienmitglieder, vornehmlich des Vaters und auch von Angehörigen der Großelterngeneration, erweist sich aber bald als nötig, und der Sozialarbeiter kann, will er erfolgreich Hilfe bei der «zweiten, soziokulturellen Geburt» (CLAESSENS[3]) leisten, weder die Probleme der partnerschaftlichen Beziehung der Eltern des von ihm primär betreuten Kindes noch das Sozialisations- und Freizeitpotential der Familie, schichtspezifische Elterneinflüsse oder allgemeine Verhaltenscodes aus seinem Denken und Handeln ausklammern.

Sozialarbeit hat das größtmögliche Wohlbefinden jedes Menschen zur Zielvorstellung. Im Bemühen um dieses Ziel wird nicht nur kurativ, sondern in zunehmendem Maße auch prophylaktisch gearbeitet. Die Bewegung, sich neben den grundlegenden Disziplinen der sozialen Einzelfall- und Gruppenarbeit nunmehr auch der Gemeinwesenarbeit und darüber hinausgehend sozialpolitischen Aktivitäten zuzuwenden, ist deutlicher Ausdruck des in der Sozialarbeit sich durchsetzenden gruppen- und familienbezogenen Denkens (vgl. LUUKA[7], BOER und UTERMANN[2]).

Die weitere Entwicklung scheint dahin zu gehen, Sozialarbeiter immer mehr zur Planung sozialer Maßnahmen, zur Mitgestaltung menschlichen Lebensraums oder auch, wie dies in einem erst kürzlich in Wien entstandenen Institut gehandhabt wird, bei der industriellen Produktion von adaptierten Gebrauchsgegenständen im Rahmen der Rehabilitationstechnologie (*social design*) miteinzubeziehen, wobei seine Rolle in erster Linie in der Kontaktherstellung und -aufrechterhaltung zu den jeweils im Interessenfeld stehenden Bevölkerungsgruppen bestehen wird. So hat er Zugang zu Familien, auch ohne daß diese ihn erst durch soziale Abweichung zur Kontaktaufnahme hätten stimulieren müssen. Potentielle Konfliktsituationen können in dieser Weise frühzeitig erkannt und mit den Familien bearbeitet werden, eine Reihe von Störungen wäre überhaupt zu verhindern, den entscheidungstragenden Institutionen können valide Bedürfnisanalysen hinsichtlich sozial- und familienpolitischer Maßnahmen geliefert werden.

Es liegt auf der Hand, daß es dazu auch der entsprechenden Qualifikation und auch berufspolitischen Anerkennung des Sozialarbeiters bedarf. Wenn auch gegen eine unmittelbare Übernahme der sozialarbeiterischen Ausbildung in den akademisch-universitären Bereich einige Bedenken erhoben werden können und auch die Fähigkeit der derzeit auf Universitätsboden betriebenen sozialwissenschaftlichen Studienrichtungen, für Familienarbeit die adäquaten Voraussetzungen zu vermitteln, noch problematisiert werden muß (vgl. hierzu STIERLIN in diesem Band, S. 329), so wird für die Sozialarbeit der Zukunft zweifellos eine zwar weiterhin eigenständige, aber den übrigen akademischen Disziplinen gleichwertige Ausbildung zu fordern sein. Eine analytische Schulung der Sozialarbeiter, wie sie im übrigen schon FREUD[4] 1926 angeregt hat, wird dabei eine nicht unerhebliche Rolle spielen.

Derart wird Sozialarbeit, von qualifizierten Sozialarbeitern koordiniert und im Team mit Spezialisten anderer Fachrichtungen betrieben, auch über die sich rasch vollziehenden gesellschaftsverändernden Prozesse hinweg in näherer und fernerer Zukunft für die Familie und darüber hinaus für jede Form menschlichen Lebens und Zusammenlebens von Relevanz sein und an der Gesellschaft ihre stützende Funktion erfüllen können.

Literatur

1 BALES R. F., und T. PARSONS: Family, Socialization and Interaction Process. Glencoe, Ill.: Free Press 1955

2 BOER, J., und K. UTERMANN: Gemeinwesenarbeit. Einführung in Theorie und Praxis. Stuttgart: Enke 1970

3 CLAESSENS, D.: Familie und Wertsystem. Eine Studie zur zweiten soziokulturellen Geburt des Menschen und der Belastbarkeit der Kernfamilie. 3. Aufl. Berlin 1972. (Soziologische Abhandlungen. 4.)

4 FREUD, S.: Die Frage der Laienanaly-

se. London: Imago Publ. 1926 (Freud: Gesammelte Werke, Bd. 14.)

5 Guggenbühl-Craig, A.: Über die Berufshygiene des Sozialarbeiters. Sozialarbeit in Österreich, 29, 1975

6 Haensch, D.: Repressive Familienpolitik. Reinbek b. Hamburg: Rowohlt 1969 (rororo sexologie. 8023.)

7 Luuka, Ü.: Gemeinwesenarbeit. Freiburg: Verlag Lambertus 1972

8 Prohaska, W.: Wie kann moderne Sozialarbeit in den bestehenden Einrichtungen verwirklicht werden? Sozialarbeit in Österreich 19, 1972.

9 Spitz, R. A.: Die Entstehung der ersten Objektbeziehungen. 2. Aufl. Stuttgart: Klett 1960

10 Strotzka, H., und L. Reiter: Methoden der Ehe- und Familienberatung. In: Ehe- und Familienberatung. Ergebnisse eines Seminars. Institut für Stadtforschung Wien, München: Jugend und Volk. [1974]

11 Wiener Sozialhilfegesetz 1973

1.7. Paardynamik und Gesundheitsverhalten –

Einige Ergebnisse einer repräsentativen Erhebung

DIETER BECKMANN

1. Emotionale Offenheit der Frau

Nach Auffassung in letzter Zeit besonders beachteter Wissenschaftler spielt das Geschlecht der Partner bei Eheproblemen eine geringe Rolle: Kommunikationstheoretiker (vgl. WATZLAWICK et. al.[10]) postulierten allgemeine Regeln, nach denen Partner bei bestimmten Voraussetzungen in eine Sackgasse geraten können. Beide Partner sind nach dieser Auffassung mehr oder weniger ausgeprägt aufeinander bezogen, so daß jeweils der eine sein Verhalten als Reaktion auf das Verhalten des anderen interpretiert. Bei krankhaften Beziehungen befriedigen die Partner dabei gegenseitig ihre Bedürfnisse, ohne das quälende Spiel aufgeben zu können. Sie sind nach kommunikationstheoretischer Ansicht in einem geschlossenen System gefangen, das sich gegen Einflüsse von außen abschirmt.

Hinter derartigen Modellvorstellungen steht ein technologisches Konzept: Ehepaare oder auch Familien funktionieren wie regeltechnisch gesteuerte Automaten mit Steuerung und Gegensteuerung von Funktionen.

Aus den Grundannahmen derartiger und ähnlicher Auffassungen einer Reihe von Schulen wird deutlich, daß unausgesprochen vorausgesetzt wird, Mann und Frau seien in gleicher Weise aufeinander bezogen. Sie würden in gleicher Weise sich gegen Einflüsse von außen abschirmen. Diese Grundannahme ist falsch. Die Frau ist nicht nur sehr viel weniger verschlossen gegen emotionale Einflüsse von außen als der Mann: sie sucht sie in der Regel sogar aktiv, wenn Eheprobleme entstanden sind. Traditionell kommt es der Frau zu, Familienschwierigkeiten zu erkennen und zu lösen. RICHTER[7] beschreibt diese auch heute noch gültige Tatsache unter dem Aspekt der «Leidensfähigkeit» der Frau, wodurch ihr eine Führungsaufgabe bei der Lösung von Partnerproblemen zukomme.

Nach einer repräsentativen Erhebung an zweihundert Ehepaaren in der Bundesrepublik Deutschland haben erheblich mehr Frauen als Männer bei Eheproblemen Hilfe bei Verwandten, Bekannten oder auch hilfegebende Institutionen gesucht (BECKMANN und RICHTER[3]). Die Modellvorstellung, daß Mann und Frau innerhalb der Ehe in gleicher Weise in einem abgeschlossenen, unauflösbaren Spiel aufeinander bezogen sind, ist demnach einseitig. In der Regel erkennt die Frau sehr viel häufiger als der Mann, daß bei Eheschwierigkeiten die Hilfe anderer notwendig wird. Die Frau ist emotional viel weniger an pathologische Beziehungsmuster in der Ehe fixiert als der Mann.

Noch deutlicher wird diese besondere emotionale Offenheit der Frau bei der Suche um Hilfe, wenn man berücksichtigt, daß sich bei Eheproblemen Frauen fast immer allein ohne ihren Mann und nur sehr selten mit ihrem Mann gemeinsam an andere wenden würden.

Eheschwierigkeiten sind sehr häufig, besonders verstärkt durch den Trend zur Kleinfamilie. Hilfe sucht jedoch zunächst die Frau. Sie sucht die Hilfe in der Regel bei Verwandten und Freundinnen, nur sehr selten bei professionellen Gruppen. An erster Stelle bei den Personen außerhalb der Verwandtschaft und des Freundeskreises steht der Hausarzt und an zweiter Stelle der Rechtsanwalt. Arbeitskollegen oder auch der Pfarrer werden sehr selten um Rat gefragt. Spezialisierte Institutionen wie zum Beispiel Eheberatungsstellen, Pro-Familia-Stellen, Psychotherapeuten, Nervenärzte, Kliniken für Psychotherapie oder Psychiatrie werden wegen Eheproblemen noch seltener aufgesucht.

2. Somatisierung

Aus der Psychoanalyse stammt das Konzept der Somatisierung; etwas vereinfacht: unausgelebte Konflikte verursachen körperliche Krankheiten. BRÄUTIGAM und CHRISTIAN[5] zitieren amerikanische Untersuchungen, nach denen Frauen wie auch untere Schichten der Bevölkerung eine größere Tendenz zur Somatisierung aufweisen. Diese Untersuchungen sind nicht nur wegen methodischer Probleme umstritten, sondern auch deshalb, weil sie ganz unterschiedliche Sachverhalte, für die der Begriff Somatisierung verwendet wird, miteinander vermischen. Es ist wichtig, diese unterschiedlichen Sachverhalte gesondert zu überprüfen, ehe man die Unterschiede in den psychosomatischen Reaktionsweisen zwischen den Geschlechtern simplifizierend global als Folge der Unterdrückung der Frauen analog zur Unterdrückung der unteren durch die oberen Schichten interpretiert.

Vier Sachverhalte werden häufig im Begriff der Somatisierung vermischt:

1. Die Flucht in eine organische Krankheit (mit Schäden an den Organen).

2. Die Flucht in eine funktionelle Krankheit (mit Veränderungen körperlicher Funktionen ohne Schaden an den Organen).

3. Die Flucht in körperliche Beschwerden (ohne organische Schäden und ohne faßbare Funktionsstörungen).

4. Die Deutung körperlicher Beschwerden oder Krankheiten als seelisch bedingt durch den Patienten (Laienätiologie).

2.1. *Organische Krankheiten*

Koronarleiden, insbesondere Herzinfarkt, Magengeschwüre, Diabetes, Gelenkrheumatismus (Beckmann und Richter[3]) und andere häufige organische Krankheiten mit psychosomatischer Genese sind heute eher typisch männliche Krankheiten. Bezieht man die allgemeine Lebenserwartung auf die Anfälligkeit für lebensverkürzende Krankheiten, so sind Männer im Durchschnitt erheblich weniger widerstandsfähig als Frauen: Die durchschnittliche Lebenserwartung der Frauen liegt generell höher (Rosenmayr[9]). Frauen neigen weniger stark als Männer zur Somatisierung in Richtung organischer Krankheiten.

Diese Tatsache läßt sich weiterhin dadurch belegen, daß zur Zeit der Befragung 33 Prozent der Männer gegenüber lediglich 26 Prozent der Frauen an einer Krankheit litten. Die Männer sind also bei Ehepaaren im Durchschnitt kränker. Sie zeigen hiernach eine erhöhte Tendenz, unausgelebte Konflikte in körperlichen Krankheiten ausleben zu müssen.

2.2. *Funktionelle Krankheiten*

Ganz gegensätzlich hierzu stellt sich die Tendenz zur Somatisierung in Richtung von Funktionsstörungen dar. Vegetative Funktionsstörungen, wie zum Beispiel Hypotonie (niedriger Blutdruck), Durchblutungsstörungen, Verstopfung, Schlafstörungen, Gleichgewichtsstörungen, Herzjagen, Herzstolpern und andere mehr sind nach einer repräsentativen Erhebung bei 1600 Personen der Bundesrepublik Deutschland Leiden der Frauen (Beckmann u. a.[3]). Männer leiden sehr viel seltener an derartigen Störungen, mit Ausnahme von wenigen Symptomen des Magens (Sodbrennen, Aufstoßen). Funktionsstörungen sind exakt nur über medizinische Testverfahren meßbar. Nach vielen Untersuchungen kann eine Funktionsstörung mit oder ohne Beschwerden verbunden sein (Beckmann[1]). Vegetative Regulationsstörungen korrelieren nicht mit Beschwerden. Eine Patientin, bei der mehrere Funktionsstörungen gemessen werden, kann sich trotzdem beschwerdefrei fühlen. Deshalb sind funktionelle Störungen von Beschwerden, die über Fragebögen erfaßbar sind, abzugrenzen. Gesichert ist jedoch, daß Frauen vermehrt zur Somatisierung in Richtung funktioneller Beschwerden neigen, am ausgeprägtesten in Richtung von Hypotonie (31 Prozent). Niedriger Blutdruck wird häufig als eine Somatisierung von depressiven Verstimmungen aufgefaßt.

2.3. Beschwerden

Bei über fünfzig systematisch über ein lang erprobtes Verfahren (BSB, vgl. RICHTER und BECKMANN[8]) erfaßten Beschwerden (Schmerzen, Übelkeit, Mißempfindungen u. a. m.) zeigt sich ein gut abgesicherter Befund, der frühere Untersuchungen ergänzt (vgl. RICHTER[7]), daß Frauen über fast alle Beschwerden sehr viel häufiger als Männer klagen. Da aber Frauen auch vermehrt über Angst, Depression und seelische Konflikte klagen, ist es wenig sinnvoll, hier von «Somatisierung» zu sprechen. Frauen sind klagsamer oder auch leidensfähiger als Männer. Die Klagsamkeit ist gesichert geschlechtsabhängig, aber nicht schichtabhängig (BECKMANN u. a.[3]).

Interessant ist hier ein Einzelbefund: Leiden an sexueller Untererregbarkeit ist geschlechtsabhängig: Frauen leiden sehr viel häufiger an sexueller Untererregbarkeit als Männer. Frauen leiden also nicht nur an Schmerzen, Mißempfindungen und anderen Beschwerden sehr viel häufiger, sondern auch häufiger an unerfüllten sexuellen Wünschen. Dieses Teilergebnis der repräsentativen Erhebung macht deutlich, daß Frauen eine geringere Tendenz zur Abwehr von Triebwünschen haben, hier speziell im sexuellen Bereich. Sie sind sich der unerfüllten Triebwünsche bewußter als Männer: sie sind emotional offener, wie schon im einleitenden Abschnitt dargestellt wurde.

Hier wird besonders deutlich, wie problematisch es ist, von einer generell erhöhten Tendenz zur Somatisierung bei Frauen zu sprechen. Die erhöhte Klagsamkeit der Frauen wird von RICHTER[7] als größere «Fähigkeit zum Leiden» interpretiert. Frauen erleben soziale, psychische und körperliche Beeinträchtigungen empfindsamer als Männer: sie verdrängen aber weniger ihre psychischen Konflikte in körperliche Krankheiten hinein. In diesem Sinne somatisieren die Frauen also weniger als die Männer.

2.4. Bewertung

Nach der zitierten Erhebung (BECKMANN u. a.[3]) sind Frauen sehr viel häufiger der Auffassung, daß körperliche Beschwerden seelisch bedingt seien. Sie sind sich im Vergleich zu Männern häufiger darüber klar, daß sich seelische Konflikte in körperlichen Leiden ausdrücken können. Sie haben also ein seelisches Krankheitsbewußtsein, das heißt ein Konzept von ihrem Leiden (Laienätiologie), das der wissenschaftlichen Theorie der Somatisierung nahesteht. Dieses Konzept ist jedoch weitergefaßt: körperliche Beschwerden entstehen zum Beispiel auch durch bewußt erlebte Frustration im sexuellen Bereich (vgl. Absatz 2.3), nicht allein durch abgewehrte Triebimpulse, die nicht bewußt erlebt werden.

RICHTER[7] beschreibt die vermehrten Abwehrtendenzen von Männern mit der Formel, daß der Mann mehr durch organische Krankheiten gefährdet sei, weil er weniger leiden könne. Da der Mann die engen Beziehungen zwischen seelischen Konflikten und krankhaften körperlichen Reaktionen weniger durchschauen könne bzw. durchschauen wolle, habe er auch weniger Verständnis für die psychosomatische Auffassung von Krankheiten. Insofern kann es nicht Zufall sein, daß in der männlich-technischen Welt der modernen Medizin psychosomatische Theorien kaum Eingang gefunden haben. Auch die technologischen Konzepte der Kommunikationstheoretiker (vgl. Abschnitt 1.) stammen von Männern.

Der typische Konflikt zwischen Mann und Frau ist also, daß der Mann sich gesund fühlt, obwohl er objektiv kränker ist, und die Frau sich krank fühlt, obwohl sie objektiv gesünder ist. RICHTER[7] hat die enge Beziehung zwischen Männlichkeits-Ideal und Herzinfarkt-Profil eingehend dargestellt. Ein Mann hat nicht neurotisch, gehemmt, emotional, labil und selbstunsicher zu sein, er hat kein seelisches Krankheitsbewußtsein zu haben. Ein derartiges Selbstkonzept ist für Koronarkranke typisch (BRÄUTIGAM und CHRISTIAN[5]). Zur Rolle der Frau gehören die Emotionalität, Labilität und Depression.

Frauen nehmen ärztliche Hilfe sehr viel häufiger in Anspruch als Männer. Bei den untersuchten Ehepaaren waren nur 29 Prozent der Männer in den letzten fünf Jahren zu ein- oder mehrmaliger Behandlung im Krankenhaus gegenüber 47 Prozent der Frauen. Auch gehen Frauen häufiger ambulant zum Arzt als ihre Männer und halten sich auch genauer an ärztliche Anweisungen (BECKMANN und RICHTER[3]). Frauen sind sehr viel häufiger davon überzeugt, daß ihr körperliches Befinden durch eigene Probleme, Eheschwierigkeiten, Probleme mit den Eltern oder ihren eigenen Kindern beeinflußt wird. Sie haben also häufiger als Männer ein Konfliktbewußtsein, ein seelisches Krankheitskonzept und eine Laienätiologie in Richtung des Konzepts der Somatisierung seelischer und sozialer Konflikte. Deshalb sind Frauen im Durchschnitt eher Verbündete von Psychotherapeuten und Familientherapeuten. Männer geraten dort leichter in defensive Positionen, da sie ihre Rolle der emotionalen Stabilität und dominanten Selbstsicherheit verteidigen müssen.

3. Eheschwierigkeiten

Wenn fast bei der Hälfte aller Ehepaare die Frauen wegen Eheproblemen Hilfe bei anderen gesucht haben, wird die soziale Bedeutung von Eheberatung, Ehe- und Familientherapie deutlich, selbst wenn bisher professionelle Hilfe sehr selten in Anspruch genommen wurde (vgl. 1).

36 Prozent aller Frauen sind davon überzeugt, daß Eheschwierigkeiten Kinder krank machen, gegenüber immerhin 26 Prozent der Männer. Da 87 Prozent der untersuchten Paare ein oder mehrere Kinder haben, ist diese Einstellung von großer Bedeutung. Nur 9 Prozent der Frauen und 14 Prozent der Männer sehen keinen Zusammenhang zwischen einer schwierigen Ehe und der Gesundheit der Kinder.

Aber auch hier zeigt sich, daß Frauen offener und klarer die wissenschaftlich hinreichend gesicherten Zusammenhänge zwischen Neurosen der Eltern und Krankheiten ihrer Kinder erkennen (RICHTER[6]). So überrascht es auch nicht, daß Frauen sich bei ernsthaften Eheschwierigkeiten zu 23 Prozent und Männer zu nur 7 Prozent zuerst an die eigene Mutter wenden würden. An eine Eheberatungsstelle würden sich im Unterschied hierzu lediglich 8 Prozent der Frauen und auch 8 Prozent der Männer zuerst wenden. Frauen suchen also bei Eheschwierigkeiten zunächst in der Verwandtschaft und im Laiensystem Hilfe. Zu professionellen Institutionen, insbesondere zum Sozialamt, zu Eheberatungsstellen, zu Pro-Familia-Stellen, zum Hausarzt, zum Nervenarzt, zu psychotherapeutischen und psychiatrischen Kliniken haben Männer eher mehr Vertrauen. Sie würden sich zu 25 Prozent zuerst an Spezialinstitutionen wenden gegenüber nur 17 Prozent der Frauen.

Die Frau sucht also bei ernsthaften Eheschwierigkeiten eher bei Verwandten und Bekannten, der Mann eher bei professionellen Institutionen Hilfe. Hiernach ist die Frau emotional offener gegenüber unmittelbaren Kontaktpersonen, während der Mann den mehr anonymen, kontaktarmen Schutz von spezialisierten Institutionen suchen würde. Nach den Ausführungen im vorigen Kapitel verspricht sich der Mann offensichtlich hierdurch eine vermehrte Wahrung seiner verleugnenden, Schwächen verbergenden und selbstsicheren Einstellung. Nimmt er jedoch Kontakt zu derartigen familienorientierten, beratenden und therapierenden Institutionen auf, wird er seine Erwartungen häufiger enttäuscht sehen müssen.

4. Rollenmerkmale von Frau und Mann im Gießen-Test

Wie auch in einer früheren Erhebung (BECKMANN und RICHTER[2]) ergibt sich bei der Ehepaarerhebung (BECKMANN und RICHTER[3]), daß Frauen ein anderes Selbstkonzept als Männer haben. Frauen halten sich für ängstlicher, bedrückter, passiver, schwächer, emotional labiler, aber auch als attraktiver und anderen Menschen sorgenvoller zugewandt. Diese depressive Ängstlichkeit der Frau im Selbstbild des Gießen-Tests entspricht der emotionalen Offenheit und Leidensfähigkeit, die besonders in Abschnitt 2.3. angesprochen wurde.

Aus Sicht der Ehemänner werden die Frauen (Gießen-Test, Fremdbild) noch durchlässiger, kontaktfähiger und offener erlebt, als die Frauen sich selbst sehen (Gießen-Test, Selbstbild). Auch die depressive Ängstlichkeit betonen die Männer bei ihren Ehefrauen. Der Frau kommt also in der Ehe eine Rolle zu, die den Erwartungen der Männer weitgehend entspricht. Die Frau hat hiernach die Fähigkeit, emotional zu reagieren und sich gleichzeitig dem Mann zu unterwerfen: denn die vermehrte Dominanz der Männer im Selbstkonzept wird auch durch Erwartungen der Frauen im Fremdbild bestätigt.

Diese Rollenmerkmale von Mann und Frau sind durch viele Untersuchungen hinreichend gesichert. Bei der Diskussion um das Problem der Emanzipierung der Frau wird jedoch häufig übersehen, daß die soziale Stellung der Frau nicht allein zum Maßstab von positiven Veränderungen in den Rollen der Geschlechter erhoben werden kann. Man sollte sich zunächst fragen, ob überhaupt eine Rollenteilung notwendig ist, und weiterhin, ob eine Anpassung der Frau an das Männlichkeitsideal wünschenswert ist.

Dieses prinzipielle Wertproblem wird hier an der Schwierigkeit deutlich, Gesundheit und Krankheit zu definieren: Ehefrauen sind gesünder, fühlen sich jedoch kränker, leiden mehr, auch an körperlichen Beschwerden. Sie sehen die Ursache ihrer Beschwerden mehr in familiären Bedingungen, suchen häufiger Hilfe im Laiensystem. Ehemänner sind kränker, fühlen sich jedoch gesünder, leiden weniger, auch an körperlichen Beschwerden. Sie suchen bei Eheschwierigkeiten, wenn überhaupt, Hilfe eher bei professionellen Institutionen.

Männer und Frauen sind also in sehr unterschiedlicher Weise bei Eheschwierigkeiten betroffen. Es ist zu vermuten, daß Therapien, die mehr emotionale Offenheit und empathisches Verstehen des anderen betonen, stärkere Veränderungen bei der Rolle der Männer voraussetzen. Dagegen wird bei relativ technisch konzipierten Therapieformen, wie zum Beispiel bei bestimmten verhaltenstherapeutischen Richtungen, eher eine stärkere

Veränderung der Rolle der Frau unbemerkt vorausgesetzt. Ganz unabhängig davon ist jedoch die gut belegte Tatsache, daß durch die Rolle der Frau die Ehepaardynamik nicht mit einem abgeschlossenen System zweier in gleicher Weise aufeinander bezogener Interaktionspartner verglichen werden kann. Die Frau hat in der Regel eine größere Zahl an engen emotionalen Bindungen an Verwandte und Bekannte als der Mann.

Literatur

1 BECKMANN, D.: Arzt-Patient-Beziehung, in: M. v. KEREKJARTO (Hg.): Medizinische Psychologie, Berlin, Heidelberg, New York: Springer-Verlag 1974 (Heidelberger Taschenbücher. Bd 149: Basistext Medizin)

2 BECKMANN, D., E. BRÄHLER und H.-E. RICHTER: Repräsentative Erhebung an 200 Ehepaaren der Bundesrepublik und Berlin; unveröffentl. Material. Gießen 1975

3 BECKMANN, D., E. BRÄHLER, A. KÖHL, H. R. LADEMANN und H. E. RICHTER: Repräsentative Erhebung an 1600 Personen der Bundesrepublik und Berlin; unveröffentl. Material. Gießen 1975

4 BECKMANN, D., und H. E. RICHTER: Gießen-Test. Bern, Stuttgart, Wien: Huber 1972

5 BRÄUTIGAM, W., und P. CHRISTIAN: Psychosomatische Medizin. Suttgart: Thieme 1973

6 RICHTER, H. E.: Eltern, Kind und Neurose. Reinbek bei Hamburg: Rowohlt 1969 (rororo sachbuch. 6082.)

7 RICHTER, H. E.: Lernziel Solidarität. Reinbek bei Hamburg: Rowohlt 1974

8 RICHTER, H. E., und D. BECKMANN: Herzneurose. Stuttgart: Thieme 1973

9 ROSENMAYR, L.: Soziologie des Alters. In: R. KÖNIG: Handbuch der empirischen Sozialforschung. Band 2. Stuttgart: Enke 1969

10 WATZLAWICK, P., J. H. BEAVIN und D. D. JACKSON: Menschliche Kommunikation. Bern, Stuttgart, Wien: Huber 1971

Zweiter Teil

Familientherapie in der Praxis

Vorbemerkung

HORST E. RICHTER

Sowohl in den Familien als in den Beratungs- und Behandlungsinstitutionen macht man sich zur Zeit erst allmählich damit vertraut, daß Familientherapie ein sinnvolles Arrangement sein kann, um Hilfe bei psychischen Schwierigkeiten und Krankheiten zu bekommen bzw. zu leisten.

Wenn Eltern mit *seelisch gestörten Kindern* zur Beratung kommen, dann hängt ihre Bereitschaft zur Mitarbeit in einer Familientherapie davon ab, ob sie sich von vornherein einen Zusammenhang zwischen den kindlichen Schwierigkeiten und ihrem eigenen Verhalten vorstellen können. Der folgende Teil wird deshalb mit Ergebnissen aus einem Forschungsprojekt eingeleitet, das sich mit den unterschiedlichen *Krankheitstheorien der Eltern seelisch gestörter Kinder* befaßt (2.1. T. NERAAL: «Welche Ursachen nehmen die Eltern an, wenn in der Familie ein Kind psychisch erkrankt?»).

Auch die beiden folgenden Kapitel beschäftigen sich vorzugsweise mit Familientherapie aus Anlaß von *Erziehungsschwierigkeiten mit Kindern*. Im zweiten Kapitel (2.2. W. BAUMANN/R. STEINWALD: «Die Anwendung der Familientherapie in Beratungsinstitutionen») wird erläutert, daß die Einführung von Familientherapie in einer *Beratungsstelle* nicht per Vorschrift, sondern nur im Verlaufe eines allmählichen und geduldigen Umstellungsprozesses erfolgen kann und daß man jeden Methodenschematismus vermeiden sollte. Es kann durchaus angezeigt sein, bei einer und derselben Familie zwischen Sitzungen mit der Gesamtfamilie und Einzelsitzungen mit den Eltern bzw. mit dem Kind abzuwechseln. Das dritte Kapitel (2.3. H. E. RICHTER: «Familienberatung») enthält den Versuch, an Hand von Tonbandprotokollen den Prozeß einer *analytisch orientierten Familienberatung* detailliert darzustellen. Das Verfahren der Familienberatung in einer oder wenigen Sitzungen verdient wegen der Häufigkeit seiner Anwendung in den Beratungsdiensten in der Tat besondere Aufmerksamkeit.

In den folgenden Kapiteln gruppieren sich die therapeutisch zu bearbeitenden Probleme weniger um Kinder als um *Jugendliche.* Die *Ablösungsprobleme Jugendlicher* sind das Zentralthema des vierten Kapitels (2.4. H. Stierlin: «Die Familientherapie Jugendlicher im Lichte eines Delegationsmodells»), wobei gezeigt wird, daß eine analytisch orientierte Familientherapie ein sehr differenziertes Verständnis der dynamischen Beziehungen zwischen Eltern und Jugendlichen benötigt. Daß auch Mitglieder der *Großelterngeneration* mit Gewinn in die Familientherapie einbezogen werden können, wird im fünften Kapitel an Hand diverser Beispiele belegt (2.5. E. und U. Sperling: «Die Einbeziehung der Großeltern in die Familientherapie»). Dies ist die Variante der *«Mehrgenerationen-Therapie»*.

Die nächstfolgenden Kapitel untersuchen die Möglichkeiten der Familientherapie vorwiegend im Rahmen *psychiatrischer Kliniken.* Die *Familien schizophrener Jugendlicher* bilden nach wie vor ein zentrales Arbeitsfeld von psychiatrischen Familientherapeuten. Im sechsten Kapitel (2.6.) wird von R. Schindler die *«Bifokale Familientherapie»*, ein nun schon klassisch zu nennendes Verfahren einer *Kombination von Familien- und Gruppentherapie*, beschrieben. Indikation und Durchführbarkeit der Familientherapie speziell mit Schizophrenen sind das Thema des siebten Beitrags (2.7. L. Kaufmann: «Spezifische Probleme in der Familientherapie von Schizophrenen»). Das achte Kapitel (2.8. H. Gastager: «Versuch einer familientherapeutisch orientierten stationären Psychiatrie») liefert Ausblicke auf relativ *neue Indikationsfelder* für Familientherapie in der stationären Psychiatrie: *Schwachsinn*, *Alkoholismus* und *Drogenabhängigkeit* lassen sich in den Indikationskatalog einbeziehen, wobei unter anderem auch *verhaltenstherapeutische Konzepte* als geeignet angeführt werden.

Gerade bei den schweren und chronischen psychiatrischen Krankheitsbildern, zumal bei den Psychosen, muß die Therapie akuter klinischer Episoden in eine länger andauernde Nachbetreuung übergehen. Und es stellt sich die Frage, wie die Familientherapie in moderne *sozialpsychiatrische Rehabilitationsprogramme* integriert werden bzw. wie eine familientherapeutische Strategie die Rehabilitationsarbeit leiten kann. So ist es das Thema des letzten Kapitels des Zweiten Teils, die Chancen familientherapeutischer Perspektiven in der *sozialpsychiatrischen Nachsorge* zu überprüfen (2.9. A. Uchtenhagen: «Familiendynamische Aspekte in der Rehabilitation psychisch Kranker»).

2.1. Welche Ursachen nehmen die Eltern an, wenn in der Familie ein Kind psychisch erkrankt?

Terje Neraal

Stellen wir uns eine Familie vor, die im Wartezimmer sitzt und auf das erste Gespräch mit dem Berater wartet. Sie ist zum Beispiel gekommen, weil ihr Kind auf Grund von Konzentrationsschwierigkeiten in der Schule nicht mitkommt.

Durch die Lektüre von populärwissenschaftlichen Artikeln in der Illustriertenpresse wissen die Eltern, daß der Leistungsdruck in der Schule heutzutage den Schüler sehr belastet, aber auch, daß das kindliche Versagen oft mit dem Fehlverhalten der Eltern etwas zu tun hat. Dann haben sie in Annoncen gelesen, daß Vitaminmangel und Mangel an «spezifischen Hirnnahrungssubstanzen» zu Müdigkeit und Konzentrationsschwäche führen können. Weiterhin denken sie darüber nach, ob sie sich vielleicht nicht genug Zeit für das Kind genommen haben. Andererseits ist das Kind aber vielleicht nur faul, mit etwas mehr Ehrgeiz und Anstrengung könnte es eventuell doch die Schule so wie früher schaffen.

Auf jeden Fall ist das Kind daran schuld, könnten die Eltern denken, daß wir uns als Familie in dieser etwas demütigenden Situation befinden und ein Gespräch mit einem Fremden über uns ergehen lassen müssen. Hätte die Lehrerin uns nicht bedrängt, eine Beratungsstelle aufzusuchen, wir wären von uns aus bestimmt nicht hingegangen. Vielleicht sind wir hier überhaupt an der falschen Stelle? Wir hätten vielleicht doch den Rat des Hausarztes befolgen sollen, beim Kind erst einmal ein EEG machen zu lassen. Wie wird der Berater überhaupt mit uns umgehen? Wem wird er die Schuld zuschieben? Wird er mit seinem psychologischen Wissen Probleme in unserer Familie aufdecken, die wir eigentlich nicht sehen wollen? Wird er unsere Fähigkeiten als Eltern in Zweifel ziehen, so wie wir manchmal selber daran zweifeln, ob wir gute Eltern sind? Wird er für das Kind gegen uns Partei ergreifen, oder kann er auch unsere Sorgen verstehen? Was werden wohl die Großeltern sagen, wenn sie erfahren, daß wir wegen des Kindes zum Psychologen gehen müssen?

Die wichtigsten Gefühle der Eltern, die durch diese Gedanken zum Ausdruck kommen, könnte man beschreiben als *Ratlosigkeit*, ein Gefühl, nach außen hin versagt zu haben, ein diffuses Gefühl, selber *schuld* zu sein, sowie *Angst* vor dem Berater, auf den man einerseits Hoffnungen setzt, der einem andererseits aber vollkommen fremd ist.

Der Gedanke, als Eltern versagt und damit das Scheitern des Kindes verschuldet zu haben, stellt eine unerträgliche Kränkung des Selbstwertgefühls dar. Die Eltern werden versuchen, diesen Gedanken *abzuwehren.* Ihre Bestrebungen werden dahin gehen, in diesem Chaos von Vermutungen und Gefühlen aufzuräumen und sich auf bestimmte Erklärungen festzulegen, mit denen sie dem Arzt gegenübertreten können. In manchen Familien werden Vater und Mutter unterschiedliche Erklärungsversuche machen, in anderen Familien werden sich die Eltern auf gemeinsame Interpretation einigen.

Wir sind der Ansicht, daß wir durch die von den Eltern angegebenen Ursachen der kindlichen Störung wichtige Informationen über die von ihnen in dieser Situation mobilisierten *Abwehrmechanismen* erhalten können. Diese Abwehrmechanismen sind wahrscheinlich besonders durch folgende Faktoren beeinflußt: durch die Persönlichkeitsstruktur und Kindheitserfahrung der Eltern selbst, durch ihren Wissensstand über Zusammenhänge zwischen Umwelteinflüssen und kindlichen psychischen Störungen sowie durch gesellschaftliche Normen in der weiteren Umgebung der Eltern.

In Gießen, in der Ambulanz für Familien- und Sozialtherapie am Zentrum für Psychosomatische Medizin, lassen wir die Eltern unabhängig voneinander *vor* dem Gespräch mit dem Therapeuten einen Fragebogen zu den Ursachen des kindlichen Fehlverhaltens ausfüllen. In diesem Fragebogen sind 36 verschiedene Verursachungsmöglichkeiten (Items) aufgeführt, die jeweils nach dem Grad ihres Zutreffens («gar nicht» bis «stark») eingestuft werden sollen. Eine Faktorenanalyse (Hauptachsenmethode) dieses Fragebogenverfahrens erbrachte vier Faktoren, die sich als voneinander unabhängige laienätiologische Krankheitskonzepte interpretieren lassen.

Das Konzept I wird durch folgende Items repräsentiert:

1. «Durch mangelnde Selbstkontrolle des Kindes».
2. «Das Kind stellt zu hohe Anforderungen an sich selbst».
3. «Zu geringes Durchsetzungsvermögen des Kindes».
4. «Zu starkes Verlangen nach Wunscherfüllung beim Kind».
5. «Durch Sich-gehen-Lassen aus Bequemlichkeit von seiten des Kindes».

6. «Vererbte Charakterzüge aus der Familie des Vaters».
7. «Durch den schädlichen Einfluß des Fernsehens auf das Kind».
8. «Ungerechte Behandlung des Kindes von seiten der Kameraden».
9. «Ungerechte Behandlung des Kindes von seiten des Lehrers bzw. der Kindergärtnerin».

Bei näherer Betrachtung der in diesem Konzept angenommenen Ursachen fällt zunächst auf, daß in keinem einzigen Item die Eltern sich selbst direkt miteinbeziehen. Zwar werden in Item 6 Charakterzüge aus der Familie des Vaters als Ursache in Erwägung gezogen, jedoch fanden wir heraus, daß es die Mütter sind, die dieses Item ankreuzen.

Weiterhin wird in dieser Itemgruppe eine *vorwurfsvolle* Haltung der Eltern sichtbar. Zum einen wird das Kind selbst für seine Schwierigkeiten verantwortlich gemacht (Item 1 bis 5). Eigenschaften, die im Kind selbst verankert sind, wie «egoistisch», «faul», «schwächlich», «unterkontrolliert», spiegeln eine moralisierende Haltung dem Kind gegenüber wider. Zum anderen wird auch der Außenwelt die Schuld gegeben (Item 7 bis 9); der ungerechten Behandlung von Kameraden und Lehrern sowie dem schädlichen Einfluß des Fernsehens werden große Bedeutung zugemessen.

Bei Eltern, die diese Ursachen annehmen, scheint es auf den ersten Blick, als ob sie krampfhaft an der Theorie festhalten müssen: «als Eltern haben wir keinen Anteil an den vorhandenen Schwierigkeiten». Was hier aber abgewehrt wird, sind gerade die massiven Schuldgefühle und Gefühle der eigenen Unzulänglichkeit, die es ihnen nicht erlauben, sich selbstkritisch zu fragen, was sie eventuell selbst falsch machen. Somit wird bei diesem Konzept deutlich, daß *Projektion* als Abwehrmechanismus benutzt wird, um sich Entlastung zu verschaffen, und zwar sowohl Projektion nach außen auf die weitere Umgebung als auch auf das Kind, welches als Träger der schwachen und schlechten Eigenschaften angesehen wird.

Als logische Konsequenz dieses Abwehrverhaltens werden die Eltern zu Beginn des Erstgesprächs von dem Berater erwarten, daß er durch eine ausführliche Erstuntersuchung allein des Kindes herausfinden soll, was nun speziell dessen Symptome verursacht hat. Danach soll der Berater eine Einzeltherapie des Kindes durchführen und eventuell auch noch mit dem Lehrer sprechen, damit dieser lernt, anders mit dem Kind umzugehen. Als Berater/Therapeut hat man es manchmal schwer, sich diesem Druck der Eltern zu entziehen, weil man in Gefahr gerät, selbst zu einem dieser ungerechten Außenweltfeinde gemacht zu werden.

Gelingt es aber dem Berater gleich im ersten Kontakt, der ganzen Familie das Gefühl zu vermitteln, daß hier nicht nach dem «Schuldigen» gefahndet wird, sondern daß man als Berater bestrebt ist, auch die Eltern mit ihren Unzulänglichkeiten zu verstehen, so ist es meist möglich, diese Eltern doch noch so weit zu entlasten, daß sie freier auch über ihre eigenen Probleme reden können. Würde man hingegen auf die Ersterwartung der Eltern eingehen und das Kind als «Sündenbock» ansehen und nur es allein untersuchen und behandeln, so würden Berater und Familie ein gemeinsames Abwehrsystem bilden, und zwar zum Nachteil des Kindes und letztlich auch zum Nachteil der Eltern.

Konzept II wird durch folgende Verursachungsannahmen gebildet:

1. «Zu geringe Möglichkeit der Mutter, sich mit dem Kind zu beschäftigen».
2. «Zu geringe Möglichkeiten des Vaters, sich mit dem Kind zu beschäftigen».
3. «Ungünstige Wohnverhältnisse».
4. «Umzug in eine für das Kind fremde Umgebung».

In dieser Gruppe von Aussagen beziehen sich die Eltern selbst in die Ursachenvorstellungen mit ein; es werden Schuldgefühle sichtbar, die in Zusammenhang mit den geringen zeitlichen Möglichkeiten der Eltern stehen, sich mit dem Kind zu beschäftigen. Hier klingt aber auch durch, daß es dafür *reale* Gründe gibt, zum Beispiel schlechte Wohnverhältnisse oder ein Umzug, die den Eltern als Legitimation für die unzureichende Zuwendung Entlastung verschaffen.

Natürlich kann man die realen sozialen Verhältnisse wie beengte Wohnsituation, Arbeitsüberlastung und abrupter Milieuwechsel, die den Umgang mit dem Kind einschränken, als in Frage kommende Ursachen nicht leichtfertig von der Hand weisen. Oft sind es solche Umstände, die zu einem gereizten Familienklima mit beitragen und latente Konflikte zum offenen Streit werden lassen. Die Familien, die unsere Ambulanz aufsuchen, stammen aber vorwiegend aus der Mittelschicht, in der nicht unmittelbare soziale Not die arbeitszeitliche Überbelastung erklären kann. Man muß deshalb vermuten, daß als Teilursache für die hektische Betriebsamkeit der Familienmitglieder oft auch eine Abwehr der Ängste in Frage kommt, die in Zusammenhang mit gegenseitiger Nähe und passiven Wünschen entstehen.

Der Abwehrmechanismus, der bei diesen Eltern sichtbar wird, ist die *Rationalisierung*, die allerdings nicht ganz ausreicht, um die vorhandenen Schuldgefühle der Eltern zu verbergen. In solchen Familien animieren die Eltern den Berater oft zu einem möglichst sachlichen Gespräch, in dem sie über bessere Zeiteinteilung, die Bedeutung der beengten Wohnverhältnisse sowie allgemeine Richtlinien für Erziehungsfragen sprechen wollen.

Wenden wir uns nun dem Konzept III zu. Die zugehörige Itemgruppe unterscheidet sich von den beiden vorhergehenden dadurch, daß einander ausschließende Möglichkeiten angekreuzt werden. Wer die Items 1, 2 und 3 bejaht, verneint die Items 4 und 5 und umgekehrt:

1. «Durch eine verborgene körperliche Erkrankung».
2. «Durch eine vom Kind früher durchgemachte körperliche Erkrankung».
3. «Durch eine in der Familie der Mutter vorkommende vererbte körperliche Schwäche».
4. «Durch eine vorliegende Schlafstörung des Kindes».
5. «Durch eine Trennung des Kindes von der Familie».

Wenn wir zunächst davon ausgehen, daß Einschlaf- und Durchschlafstörungen bei Kindern im engen Zusammenhang mit Ängsten stehen, die durch die nächtliche Trennung von den Eltern aufkommen, und daß diese Ängste des Kindes wiederum durch elterliche Ängste mobilisiert werden, könnte man dieses Konzept mit den Stichworten «Trennungsängste» versus «körperliche Erkrankung» etikettieren. Von Eltern, die Trennungsängste als Ursache annehmen, werden körperliche Erkrankungen als in Frage kommende Ursache abgelehnt, während Eltern, die eine körperliche Ursache bejahen, Trennungsängste verneinen.

Hier drängt sich der Verdacht auf, daß das Ablehnen bzw. Akzeptieren einer dieser Ursachengruppen miteinander in engem Zusammenhang steht. Aus der klinischen Erfahrung wissen wir, daß Eltern, die an der Theorie festhalten, daß allein körperliche Erkrankungen für die psychische Störung des Kindes in Frage kommen, häufig Eltern sind, die in besonderem Maße eigene Trennungsängste und somit Ängste vor Objektverlust abwehren. Andererseits brauchen Eltern, die ihre eigenen Trennungsängste auf das Kind projizieren und somit die Ängste nur beim Kind wahrnehmen, körperliche Erkrankungen als Erklärung nicht mehr in Anspruch zu nehmen. Somit wird deutlich, daß die Eltern in beiden Fällen Trennungsängste abwehren, das eine Mal durch *Projektion* auf das Kind, das andere Mal durch *somatische* Erklärungsversuche.

Die Gruppe von Eltern, die vorwiegend körperliche Ursachen annimmt und psychologische Erklärungen ablehnt, hat meistens, bevor sie eine psychologische Beratungsstelle aufsucht, mehrere organmedizinische Untersuchungen beim Kind veranlaßt. Wenn dabei keine stichhaltigen Befunde erhoben werden konnten, werden manchmal auch Homöopathen zu Rate gezogen. Erst wenn alle diese Versuche erfolglos geblieben sind, lassen sich die Eltern dazu überreden, eine psychologische Beratungsstelle aufzusuchen. Mit diesen Eltern haben wir es zu Anfang oft besonders schwer, da sie meistens psychologische Interpretationen ablehnen, so daß der weniger erfahrene Berater sich häufig hilflos fühlen wird. In dieser Lage kann sich der Berater zweier Strategien bedienen: Entweder er gibt auf und verweist die Familie zurück an den organisch orientierten Arzt, oder er versucht mit allen Mitteln, den Widerstand der Eltern zu brechen, was aber meistens zu einer Verhärtung der Abwehr führt.

Die Gruppe von Eltern, die körperliche Ursachen verneint und dafür Trennungsängste beim Kind vermutet, ist für den Therapeuten viel besser zugänglich. Hier kann er meist relativ schnell auch die eigenen Ängste der Eltern ansprechen und aufdecken und somit eine Entlastung sowohl für das Kind als auch für die Eltern herbeiführen.

Konzept IV schließlich wird durch folgende Items veranschaulicht:

1. «Übertragung Ihrer eigenen Nervosität auf Ihr Kind».
2. «Durch Probleme, die die gesamte Familie betreffen».
3. «Durch falsche Ratschläge von zum Beispiel Verwandten, Lehrern, Ärzten».

Eltern mit diesen Vorstellungen scheinen sich selbstkritisch zu fragen, ob nicht die eigenen inneren Spannungen etwas mit den kindlichen Störungen zu tun haben könnten. Sie scheinen auch zu spüren, daß gestörte Beziehungen und Interaktionen in der Familie eine maßgebliche Rolle für die Schwierigkeiten des Kindes spielen. Diese Familien sehen ein, daß sie sich «festgefahren» haben, leiden darunter und suchen meistens aus eigener Initiative eine Beratungsstelle auf. Daß sie auch das Item 3 ankreuzen, weist möglicherweise darauf hin, daß die oft nicht konfliktbezogenen Ratschläge, die sie von anderen erhalten haben, keine Entlastung gebracht haben, sondern eher Enttäuschung.

Für den Berater, der selber nicht allzu große Angst vor offenen Konflikten hat, stellen sich diese Familien als gut geeignet für eine Familienberatung dar.

Ausgehend von den oben beschriebenen Untersuchungsergebnissen müssen wir feststellen, daß eine Minderheit der Eltern, die uns aufsuchten, in der Lage ist, sich schon beim ersten Gespräch mit dem Berater selbst offen und angstfrei mit einzubeziehen. Vorhandene Abwehrmechanismen werden durch die Untersuchungssituation als solche bereits verstärkt. Das Erkennen und Umgehen mit diesen Mechanismen von seiten des Beraters wird für die Kontaktherstellung mit der Familie von entscheidender Bedeutung sein. Wenn nämlich die Eltern merken, daß der Berater bemüht ist, auch ihre eigenen Sorgen zu verstehen, kann man oft erleben, daß die Eltern – auf eigene Probleme angesprochen – erleichtert sagen: «Erst dachten wir, daß wir dieses Problem hier gar nicht erwähnen dürften!»

Wenn sich aber der Berater aus eigenen unbewältigten Kindheitskonflikten und Mangel an Selbsterfahrung von den Eltern in die Defensive drängen läßt oder selber durch eine vorwurfsvolle Haltung die Abwehr der Eltern noch verstärkt, kann die Familienberatung schon beim ersten Gespräch scheitern. Wenn der Berater erkannt hat, daß die Abwehrmechanismen sich um so deutlicher offenbaren, je stärker die dahinterliegenden Angst- und Schuldgefühle sind, wird er sich zunächst auf eher stützende Interpretationen beschränken, bis die Eltern sich angstfreier auch ihren eigenen Problemen zuwenden können.

Dieser Bericht basiert auf ersten Ergebnissen einer umfangreichen Fragebogenuntersuchung, die weiter fortgesetzt wird.

Literatur

Balint, M.: Der Arzt, sein Patient und die Krankheit. 3. Aufl. Stuttgart: Klett 1965

Beckmann, D.: Arzt-Patient-Beziehung. In: M. v. Kerekjarto (Hg.): Medizinische Psychologie, Berlin, Heidelberg, New York: Springer 1974 (Heidelberger Taschenbücher, Bd. 149.)

Bibring, G. L.: Teaching of Dynamic Psychiatry. New York: International University Press. 1968

Erikson, E. H.: Kindheit und Gesellschaft. Stuttgart: Klett 1974

Freud, A.: Das Ich und die Abwehrmechanismen. München: Kindler 1975

Hollingshead, A. de B., und F. C. Redlich: Social class and mental illness. New York: Wiley 1958

Mechanic, D., und E. H. Volkhart: Illness behavior and medical diagnosis. In: Journal of Health and Social Behavior 1 (1960), S. 86

Mitscherlich, A.: Krankheit als Konflikt. Studien zur psychosomatischen Medizin. Bd 1., 2. Frankfurt: Suhrkamp 1969 (edition suhrkamp. 164/237)

Moeller, M., und J. W. Scheer: Psychotherapeutische Studentenberatung. Probleme der Klienten – Problematik der Institution. Stuttgart: Thieme 1974

Richter, H. E.: Eltern, Kind und Neurose. Stuttgart: Klett 1963

Richter, H. E.: Patient Familie. Reinbek bei Hamburg: Rowohlt 1970

Scheer, J. W., und M. L. Moeller: Krankheitskonzepte psychotherapeutischer Patienten I und II. Ihr Zusammenhang mit Symptomen, Verhalten, Angsturteilen. In: Zeitschrift für Medizinische Psychologie 1976 (im Druck)

Willi, J.: Die Zweierbeziehung. Reinbek bei Hamburg: Rowohlt 1975

2.2. Die Anwendung der Familientherapie in Beratungsinstitutionen

Bericht über eine Familientherapie als Vorbereitung für eine Ehepaartherapie und Kinder-Einzeltherapie

WILLI BAUMANN und RENATE STEINWALD

Die Anwendung familientherapeutischer Konzepte erfolgt zunehmend in Beratungsinstitutionen, in denen hauptsächlich Sozialarbeiter, Psychologen und Psychagogen tätig sind. Damit kann ein wichtiger Beitrag zur Behandlung der großen Zahl psychisch Kranker in unserer Bevölkerung geleistet werden. Wie der hier dargestellte Fall zeigen soll, ist bei dieser Aufgabenstellung eine Voraussetzung, daß die Familientherapie in ein breites Angebot verschiedener Diagnose- und Therapieformen integriert ist, um den vielseitigen und vielschichtigen Verursachungen und Strukturbildungen psychischer Störungen gerecht werden zu können. Bei der Verflechtung von individueller und sozialer Pathologie müssen Einzeltherapie, Paartherapie und Familientherapie nach dem Modell eines Kontinuums oder Spektrums gesehen und additiv eingesetzt werden können. Leicht unterliegt ja die Einführung der Familientherapie dem Trend zur Polarisierung, zum Entweder-Oder-Denken. Das Neue wird dann nicht hinzugefügt, sondern es soll das Alte verdrängen. Einzeltherapie wird dann beispielsweise gleichgesetzt mit: alt = konservativ = schlecht und Familientherapie mit: neu = progressiv = gut. Darin liegt die Gefahr, daß Familientherapie in überschwenglicher Begeisterung aufgenommen wird und daß dann die Enttäuschung irrationaler Erwartungen zu totaler Abwendung und Verwerfung führt – ein häufig auftretendes Gruppenphänomen.

Es ist der Kompliziertheit der Familientherapie auch nicht angemessen, wenn Beratungseinrichtungen ihre Organisation insgesamt einfach «auf Familientherapie umstellen» und so aus dem neuen Paradigma ein neues Dogma wird, unter dessen Zwang sich die Berater in einer Art Familienverschwörung eine Identität oder Harmonie schaffen wollen. Familientherapie läßt sich nicht einfach anordnen. Sie muß sich in einer Institution entwickeln können unter Bearbeitung auch der unbewußten Widerstände, die einer Familienorientierung im Wege stehen. Nur dann bekommt der Familientherapeut den so dringend benötigten Rückhalt positiver Gruppenerfahrungen innerhalb seiner Institution.

Um problemorientiert die Vielfalt an Ausbildung, Einstellung und Persönlichkeitsmerkmalen der Mitarbeiter für die Familientherapie einsetzen zu können, bedarf es einer regelmäßigen, praxisbegleitenden Supervision in der Mitarbeitergruppe, die in ihrer Dynamik zum Spiegel der Vorgänge in der Familienbehandlung werden muß. Es ist eine gruppendynamische Erfahrung, daß eine Gruppe die Struktur *der* Gruppe widerspiegelt, mit der sie befaßt ist. Das bedeutet hier, daß auch die Bearbeitung der Dynamik einer Familiengruppe abhängig ist von dem Grad der Bewußtwerdung der Dynamik innerhalb der Supervisionsgruppe, die deshalb eine wichtige therapeutische Funktion hat. In ihr müssen Probleme bearbeitet werden, die sich daraus ergeben, daß die Familie ein Schnittpunkt individueller und kollektiver Über-Ich-Mechanismen ist und daß in ihr äußere Objekte und innere Objekte (Objektrepräsentanzen) gleichzeitig wirken, denn wir können davon ausgehen, daß niemand in optimaler Weise darauf vorbereitet ist, sich ohne Gefahr eigener Parteinahme in die Ehe- oder Familienprobleme einzumischen.

Auch die im folgenden beschriebene Behandlung der Familie K. basiert auf der Möglichkeit unserer Institution*, verschiedene Behandlungsformen anbieten zu können, und auf der laufenden, behandlungsbegleitenden Supervision in der Mitarbeitergruppe, in der die einzelnen Teilnehmer sich wechselnd mit den Familienmitgliedern identifizieren, verschiedene Behandlungspositionen vertreten, Diagnose und therapeutisches Vorgehen schrittweise weiterentwickeln und vor allem dazu beitragen, daß die Familienorientierung, das heißt die Arbeit mit der Familie als Gruppe, beibehalten wird.

Herr K. meldete sich telefonisch und erklärte, daß seine siebenjährige Tochter Ute «Anpassungsschwierigkeiten» in der Schule habe, sie «lügt wie gedruckt», sie werde mit den Schularbeiten nicht fertig, sei überhaupt sehr widerspenstig und neige zu aggressiven Ausbrüchen.

Zum verabredeten Erstgespräch**, das hier zusammengefaßt und in einigen biographischen Details chiffriert dargestellt ist, kamen Herr und Frau K. gemeinsam mit Ute (z. Z. 8 Jahre). Ute habe leider mitkommen müssen, da heute niemand auf sie achtgeben könne, sagte der Vater. Ute blieb dann im Wartezimmer, während zunächst mit den Eltern ein Erstin-

* Institut für Sozialarbeit e. V., Frankfurt am Main; Fachlicher Leiter Dr. med. W. Baumann.

** Das Erstgespräch wurde von Frau Ch. Klückmann, Sozialarbeiterin (grad.) und Psychagogin in Ausbildung, durchgeführt.

terview durchgeführt wurde. Beide wirkten sehr jung. Herr K. war aktiv im Gespräch, Frau K. eher zurückhaltend. Insgesamt war das Gespräch mühsam, es mußte viel nachgefragt werden in einer bedrückenden und beklemmenden Atmosphäre. Das Gespräch begann mit der anklagenden Aufzählung von Utes Schwierigkeiten. Die Eltern meinten dann selbst, daß es vielleicht mit Ute so schwierig sei, weil sie bis zu ihrem vierten Lebensjahr bei ihrer Oma, der Mutter von Herrn K., aufgewachsen sei. Diese habe das Kind extrem verwöhnt, Ute sei völlig unselbständig gewesen, als sie mit vier Jahren zu ihnen kam. Frau K. habe dann langsam versucht, ihr Grenzen zu setzen und ihr beizubringen, sich selbst zu waschen, anzuziehen und selbständig zu essen. Ute sage grundsätzlich nein, wenn etwas von ihr verlangt werde, wolle dann ihre Sachen packen und «nach Hause», das heißt zur Oma, zurück.

Langsam kam dann heraus, daß Frau K. nicht die Mutter von Ute ist. Utes leibliche Mutter hat sich nie um ihr Kind gekümmert. Ute war zunächst bei den Eltern dieser Mutter, immer auch in der Kinderkrippe. Herr K. schildert, wie er sie mit dem Moped in seinen Mantel gehüllt dorthin gefahren hat. Mit zwei Jahren kam Ute dann zur Mutter des Vaters. Herr K. kannte damals schon seine jetzige Frau, und diese hatte auch Kontakt mit Ute. Als Ute vier Jahre alt war, heirateten Herr und Frau K. und nahmen Ute zu sich, denn sie sollte in einer «normalen Familie» aufwachsen. Auf Befragen sagten die Eltern, daß Ute nicht wisse, daß Frau K. nicht ihre richtige Mutter sei. Die Anregung, darüber Überlegungen anzustellen, konnten die Eltern nicht aufgreifen. Sie meinten, das könne für Ute kein Problem sein. Zur Entwicklung von Ute sagte Herr K., daß sie schon immer ein unwahrscheinlich starkes und robustes Kind gewesen sei, eines, das sich behaupten könne und das nichts so schnell umwerfe.

Wichtig in diesem Gespräch war die Empfindung, daß Ute es den Eltern sehr schwermacht, sie überhaupt lieb zu haben, weil sie einfach «so schlimm» ist und alle Angebote der Eltern einfach vom Tisch fegt. Zudem ist sie der Anlaß für viele Auseinandersetzungen der Eltern untereinander. Frau K. wirft ihrem Mann vor, er sei zu gut, während er ihr vorwirft, sie sei zu streng. Der Vater konnte seine innere Beziehung zu Ute nicht recht zugeben. Er war aber emotional beteiligt, seine Augen verrieten das einige Male, was sehr im Widerspruch zu seiner sonst strengen Haltung stand. Es war ihm aber nicht möglich, Weichheit auch nach außen zu zeigen. Die Szene, wie Herr K. damals die kleine Ute unter seinem umhüllenden Mantel mit dem Moped zur Krippe gefahren hatte, wurde von ihm deutlich heruntergespielt, obwohl die Interviewerin sie wie einen Lichtstrahl im ganzen Gespräch empfand, weil darin etwas von Wärme und

Zuneigung für Ute spürbar wurde. Aber Herr K. mußte es abwehren, und es stellte sich die Frage, ob Herr K. es vor seiner Frau nicht zeigen darf, daß er sein Kind liebt.

Frau K. ihrerseits engagierte sich einmal sehr warmherzig für Ute, als davon berichtet wurde, daß diese in einen Urlaub nicht mitgenommen werden sollte, weil es vorher «so schlimm» mit ihr gewesen war, Ute dann sehr weinte und Frau K. dafür eintrat, sie doch noch mitzunehmen.

Nach Beendigung des Gesprächs mit den Eltern holte die Interviewerin auch Ute zu einem Gespräch, geleitet von der Frage: sie wolle doch einmal sehen, ob das Kind wirklich «so schlimm» sei. Ute wirkte gar nicht robust und draufgängerisch. Inhaltlich kam etwa folgendes heraus: wenn man selbst lieb ist, haben einen auch die Eltern lieb. Ute versteht, daß sie Angst haben muß, die Liebe der Eltern zu verlieren, wenn sie selbst nicht lieb ist. Die Omi hat sie am liebsten, weil sie von ihr alles bekommt. Sie möchte aber nicht zur Omi, sondern bei den Eltern bleiben. Die Eltern schreien oft, auch die Mutti. Wenn sie zum Beispiel mit dem Vati «rumkalbert», wird die Mutti böse, geht ins Schlafzimmer und knallt die Tür. Auf die Bemerkung, die Eltern machten sich Sorgen um sie, sagt Ute, daß sie sich selbst auch Sorgen um die Eltern mache. Auf Nachfrage kommt dann: sie hat immer Angst, daß dem Vati etwas aus dem Auto geklaut wird, er vergißt nämlich manchmal abzuschließen, und einmal ist auch schon etwas geklaut worden. Angst hat sie auch, wenn sie allein zu Hause ist, zumal der Vati manchmal die Tür abschließt.

Im Gegensatz zu den Darstellungen der Eltern zeigte sich eine als weich, verletzbar, sogar liebenswert empfundene Ute. In der Interviewerin bildete sich die Vorstellung, daß Utes Darstellungen einmal in Gegenwart der Eltern erfolgen müßten.

Die Besprechung in der Mitarbeitergruppe ließ deutlich werden, daß Ute wahrscheinlich ein frühgestörtes Kind ist, dessen depressive Struktur einer intensiven analytischen Einzelbehandlung bedarf, und daß die Eltern ein Eheproblem haben, das sie über das Kind ausagieren und dadurch voreinander verleugnen. Ute darf nicht wissen, daß Frau K. nicht ihre richtige Mutter ist, obwohl die Wahrheit in der Luft liegt. Ute ist statt dessen die Lügnerin und Böse (wie ihre leibliche Mutter), mit der sich Herr und Frau K. beschäftigen und so der Konfrontation mit der früheren Ehe von Herrn K. ausweichen. Andererseits können Utes Schwierigkeiten nicht therapeutisch angegangen werden, solange sie nicht wissen darf, wie die Dinge wirklich liegen. Auch der Kindertherapeut müßte ja vor Ute das Geheimnis wahren. Voraussetzung für eine Behandlung der gestörten Partnerbeziehung und der Störung der psychischen Entwicklung Utes ist also die Auflösung der Blockierung, die durch das Geheimnis (die Familienlüge) über Utes Geburt gegeben ist. Aus diesem Grunde wurde eine Familientherapie von begrenzter Dauer (zehn Sitzungen) angeboten. Utes Fähigkeit, das zu verbalisieren, was die Eltern selbst nicht aussprechen können, wurde dabei als wichtiges Hilfsmittel angesehen.

Die Autoren, von denen Frau Steinwald (Sozialarbeiterin) die Behandlung durchführte und Herr Baumann (Psychoanalytiker) die Supervision innerhalb der Mitarbeitergruppe leitete, haben die folgende Darstellung aus dem Material der zehn Behandlungsstunden und den Supervisionssitzungen zusammengestellt, wobei die Gegenwartsform gewählt wurde, um den Leser unmittelbar an der Situation teilnehmen zu lassen.

Die Therapeutin hatte bis zur ersten Sitzung mit der Familie nur einen kurzen telefonischen Kontakt zwecks Terminabsprache.

▸ *1. Sitzung:* Die Familie kommt pünktlich. Als ich das Wartezimmer betrete, habe ich den Eindruck, daß sich drei Einzelpersonen im Raum befinden. Die Eltern sitzen weit voneinander entfernt, Ute sitzt in einer Ecke und liest. Herr K. springt bei meinem Eintreten auf, kommt auf mich zu. Ute klappt demonstrativ ihr Buch zu und schaut mich an, Frau K. erhebt sich zögernd. Nach der Begrüßung gehen wir gemeinsam ins Behandlungszimmer, wobei mir auffällt, daß folgende Reihenfolge eingehalten wird: zuerst der Vater, dann Ute, zum Schluß die Mutter.

Im Behandlungszimmer sind mehr Stühle als Personen. Wir stehen dann alle vier etwas verloren in dem «Riesenraum». Ich lege meinen Terminkalender auf den Tisch und bestimme dadurch meinen Platz. Die dann zustande kommende Sitzordnung ist von besonderer Wichtigkeit, weil daran so deutlich wird, was in der Stunde thematisch zwischen allen Beteiligten agiert wird. Die Mutter geht um mich herum und setzt sich neben mich, während der Vater, einen Stuhl zwischen ihm und mir freilassend, mir gegenüber Platz nimmt, Ute setzt sich neben den Vater.

Schweigen! – Ute beginnt den Vater am Arm zu zerren und mit ihm herumzualbern. Der Vater schüttelt sich etwas unwillig, läßt es sich aber weiterhin gefallen. Er nimmt währenddessen eine lässige Haltung ein und sagt: «Ja, da wären wir!» Dabei schaut er Ute an, lächelnd eine Augenbraue hochziehend. Ich spreche dann aus, was ich weiß, nämlich daß die Eltern sich Sorgen um Ute machen und Ute sich Sorgen um die Eltern macht, also jeder mit jedem Schwierigkeiten hat.

Diese Art der Eröffnung habe ich gewählt, um schlaglichtartig der Familie deutlich zu machen, welche Tendenz mir aus dem Erstinterview bekannt ist.

Daraufhin sehen beide Eltern Ute an. Frau K., die begonnen hat zu rauchen, bläst etwas heftig eine große Rauchwolke von sich. Ute senkt den Blick, fängt sich aber schnell wieder und beginnt erneut, am Vater herumzuzerren und lacht ihn dabei an. Herr K. geht zwar darauf ein, jedoch immer mit einem Seitenblick auf mich und seine Frau. Dieses Spiel zwischen Vater und Tochter setzt sich eine ganze Zeitlang fort. Der Vater wirft zwar scheinbar energisch ein: «Nun ist aber Schluß», lacht aber dabei. Ute läßt sich davon nicht beeindrucken und fährt fort, an ihm herumzuzupfen. Überhaupt wirkt das ganze Treiben der beiden recht lustbetont und heiter. Als das eine Weile so geht, sage ich: «Ihr beide versteht euch aber gut», lächle dabei und schaue beide an.

Hierzu ist zu bemerken, daß mir aufgefallen ist, daß immer, wenn eine Intervention meinerseits an Vater und Tochter gemeinsam geht, ich die Duzform verwende. Das macht deutlich, wie sehr Vater und Tochter in diesem «Spiel» auf einer gemeinsamen Ebene sind.

Auf meine Bemerkung entgegnet der Vater: «Ja, wenn's ums Rumtoben geht, dann ist sie immer dabei!» Ute nickt heftig, lächelt den Vater dabei herausfordernd an. Frau K. sagt dazu: «Mit *dir* rumtoben!» Frau K. hat bis dahin nichts gesagt, ist nur kaum merklich in ihrem Sessel näher an mich herangerückt und raucht. Nach der oben geschilderten Szene sehe ich sie freundlich an und sage: «Sie sehen sehr blaß aus.» Etwas verlegen, sich halb entschuldigend, entgegnet Frau K.: «Ich habe solche Kopfschmerzen.» Herr K. beginnt dann, Utes schlimme Seiten zu schildern. Es kommen diese Klagen: Ute ist so wild. Sie gehorcht nicht. Was man ihr auch sagt, sie tut immer das Gegenteil. Sie geht abends nicht ins Bett. Sie macht alles mutwillig kaputt. Sie gibt freche Widerworte. Frau K. ergänzt bzw. kommentiert die Aussagen ihres Mannes knapp, in vorwurfsvollem, anklagendem Ton. Ute reagiert darauf verlegen, nimmt schließlich wie ein Klammeräffchen den Arm des Vaters und kuschelt sich an ihn.

Hier wird sehr deutlich, daß sich Ute auf Klagen und Vorwürfe nicht resigniert zurückzieht, sondern Nähe sucht.

Insgesamt ist diese Stunde gekennzeichnet von nonverbaler Interaktion und sehr langen Schweigepausen. Es entwickelt sich eine massive Koalition zwischen Vater und Tochter einerseits und eine «Verbundenheit der Übriggebliebenen», der Mutter und mir andererseits. Das Agieren Utes mit dem Vater zieht sehr viel Aufmerksamkeit aller Beteiligten auf sich. Dieses Agieren hat besonders von Utes Seite demonstrativen Charakter in Richtung auf mich. Frau K. steht am weitesten außerhalb, blaß, leidend, überwiegend still.

Die Stunde wird gegen Ende äußerst mühsam und gespannt, alle schielen heimlich zur Uhr. Als die Zeit fast herum ist, frage ich, ob wir uns denn in Zukunft mittwochs für eine Stunde treffen wollen. Ich schaue dabei zuerst Frau K. an, dann den Vater und Ute. Frau K. versucht jetzt, Blickkontakt mit ihrem Mann aufzunehmen, der darauf aber nicht eingeht. Schließlich nickt sie mir zögernd lächelnd zu. Herr K.: «Ja sicher, warum nicht?» Ute grinst breit und äußert sich mit: «Hmmmm!» Danach tritt für alle Beteiligten eine Entspannung ein. Beim Verabschieden hängt sich Ute so an ihren Vater, daß er kaum in der Lage ist, mir die Hand zu geben. Frau K. steht dabei, sich offensichtlich überflüssig fühlend und sagt im Hinausgehen: «Bis nächsten Mittwoch dann.»

2. Sitzung: Die Familie kommt eine Viertelstunde zu früh. Diesmal habe ich die überflüssigen Stühle weggeräumt. Ute setzt sich mir gegenüber, der Vater rechts von mir und die Mutter links. So bleibt die Sitzordnung bis zum Ende der zehn Sitzungen. Diese Platzordnung wird auch beibehalten, wenn jemand von der Familie in den folgenden Stunden fehlt.

Die Atmosphäre in der Eröffnungsphase dieser Sitzung ist wesentlich entspannter als in der ersten Stunde. Zunächst sehen mich alle drei erwartungsvoll an. Ich erwidere die Blicke ebenso erwartungsvoll. Sehr bald beginnt Ute erneut, die Aufmerksamkeit des Vaters auf sich zu ziehen, indem sie seine Hand nimmt und mit seinen Fingern herumspielt. Alles in allem ist Utes Verhalten heute dem Vater gegenüber weniger demonstrativ und fordernd, eher werbend. Auch Herr K. geht nicht mehr so intensiv auf Utes «Spiele» ein, richtet seine Aufmerksamkeit etwas mehr auf die Gesamtsituation. Frau K. sitzt verloren in ihrem Sessel und raucht, unsicher von einem zum anderen blickend oder einen Punkt an der Wand fixierend. Herr K. ergreift schließlich das Wort und berichtet, mit einem spitzbübischen Lächeln auf Ute hin, daß sie in der vergangenen Woche erstaunlich brav gewesen sei. Sie sei sogar einmal gehorsam gewesen, von allein ins Bett gegangen und hatte bedeutend weniger Widerworte gegeben. Die ganze Art seines Berichts läßt jedoch deutlich werden, daß er an das Wunder nicht so recht glaubt und es für eine Taktik von Ute hält. Frau K. kommentiert die Aussagen ihres Mannes nonverbal, indem sie spöttisch lächelnd ins Leere blickt und dann mich wie eine Bundesgenossin ansieht. Herr K. spricht schließlich aus, welche Hypothesen er für Utes Wohlverhalten aufgestellt hat: Weihnachten steht vor der Tür, ein Besuch bei ihrer geliebten Großmutter winkt. Während Herr K. spricht, schaue ich Ute an, die zwischendrin vor sich hin gemurmelt hat: «Stimmt ja gar nicht», oder «Richtig!» Einmal sagt sie: «Ich kann machen, was ich will!» Das alles sagt sie in trotzigem Ton, sucht aber deutlich den Blickkontakt des Vaters oder mit mir. In dieser Situation ist Frau K. deutlich von Vater und Tochter ausgeschlossen. Ich spreche aus, daß mir das auffällt. Ich schaue Frau K. an und sage dann noch: «Sie sagen gar nichts dazu.» Sie zuckt die Schultern, zieht an ihrer Zigarette und schaut mich traurig an. Das Gerede zwischen Vater und Tochter geht weiter. Schließlich sage ich zu Frau K.: «Das ist ja gar nicht so einfach für Sie.» Es entsteht eine Schweigepause. Vater und Tochter sehen mich an, Frau K. schaut auf den Tisch. Sie sieht plötzlich wieder sehr blaß aus. Ich stelle es fest. Ehe Frau K. etwas dazu sagen kann, platzt es aus Ute heraus: «Die sieht immer so blaß aus!» Frau K. schaut mich daraufhin lange an und nickt kaum merklich. Es macht sich ein verschämtes Schweigen zwischen Vater und Tochter bemerkbar, das beide durch körperliche Unruhe zu kaschieren versuchen. Die zweite Stunde geht gespannt zu Ende. Die Verabschiedungsszene ist heute so, daß Ute zwar neben dem Vater steht, sich aber nicht mehr an ihn anhängt und Frau K. mir deutlich betont die Hand gibt und als letzte den Raum verläßt.

Frau K. hat in dieser Sitzung also wieder ausschließlich geschwiegen; hauptsächlich agierten Vater und Tochter. Thema war Utes Verhalten, vom Vater verbalisiert, von Ute kommentiert. Ute brachte auch zum Ausdruck, welche Erwartungen sie an die Eltern hat, was sich mir so darstellte: Zum Vater: «Sei du immer für mich da!» Zur Mutter: «Ich weiß nicht, was ich von dir halten soll.» Selbst wenn der Vater mit Ute schimpfte, wurde noch mehr gefühlsmäßige Verbundenheit von ihm zu seiner Tochter spürbar als zu seiner Frau, auch wenn er mit Ute etwas Belangloses besprach. Hier deutete sich bereits der Konflikt zwischen den Eheleuten an.

3. Sitzung: Vater und Tochter kommen allein, viel zu spät. Ute strahlt, der Vater ist ein wenig verlegen. Betont forsch und lapidar bemerkt der Vater, die Mutter sei krank, sie habe Grippe. Jetzt seien sie eben allein gekommen. Beide erwecken den Eindruck, sich verschworen zu haben, wenn auch schuldbewußt und ein wenig unbehaglich. Bedrückendes, hilfloses Schweigen! Wieder ist die nonverbale Kommunikation situationsbestimmend. Ich spreche aus, daß wir alle drei recht schweigsam hier herumsitzen und wohl niemand so recht wisse, was er sagen solle. Ute mit einem Stoßseufzer: «Heute ist es hier so richtig langweilig.» Hier wird Utes Begabung deutlich, Dinge auszusprechen, die atmosphärisch spürbar sind. Der leere Stuhl ist nicht zu übersehen, es wird spürbar, daß die Mutter «draußen» ist, es aber trotzdem keinen Spaß macht, für sich zu sein. Vater und Tochter spielen zwar ein Spiel miteinander, das Intimität vortäuscht, aber sich als oberflächlich erweist. Ute nennt die Situation «langweilig». In meiner Intervention versuche ich, das deutlich zu machen, indem ich sage: «Ja, wenn die Mutti nicht da ist, dann ist es langweilig.» Der Rest der Stunde ist mühsam, bedrückend, wir werden alle ein bißchen müde, sind froh, als die Zeit endlich herum ist. Meine Schlußbemerkung zu dieser Stunde ist: «Dann wollen wir hoffen, daß die Mutti bis zum nächstenmal wieder gesund ist.» Das wird von beiden stumm akzeptiert. Wir verabschieden uns fast förmlich, ein bißchen traurig und unterkühlt.

Diese dritte Stunde zeigte, daß unter den ödipalen Szenen, die Ute mit dem Vater immer wieder arrangierte, depressive Elemente sichtbar wurden, was die Vermutung erhärtete, daß bei Ute eine frühe Störung vorliegt. Besonders beeindruckend zeigte sich dieser Zusammenhang in Utes Clownerie und der darunter spürbaren depressiven Stimmung. Diese Sitzung war für den weiteren Verlauf der Behandlung und die Überlegungen zum Verständnis der Dynamik von großer Bedeutung. Es zeigte sich nämlich, daß beim Wegfall des Zusammenhalts, der durch das Familienthema gegeben ist, jeder einzelne dieser Familie sich in einer tiefen Vereinsamung befindet.

4. Sitzung: In der vierten Stunde ist die Familie wieder vollständig versammelt. Es ist von Anfang an eine sehr lebhafte Stunde. Ute tobt die Treppe hinauf. Alle nehmen die Stammplätze ein, und Ute beginnt gleich, in Aktion zu treten. Sie bietet aus Vaters Zigarettenschachtel allen an, gibt allen Feuer, betont auch der Mutter. Überhaupt ist sie auffallend lieb und bemüht, sich von der besten Seite zu zeigen. Ihr Spiel mit dem Vater wird immer spärlicher. Die ersten zehn Minuten dieser Sitzung vermitteln mir den Eindruck von Harmonie, Einigkeit und Heiterkeit. Herr K. beginnt jedoch sehr bald, dieses schöne Bild zu zerstören, indem er einen Wochenbericht über Utes Verhalten einleitet. Dem könnte man die Überschrift geben: «Schlimmer denn je!» Frau K. unterbricht ihren Mann mit der Bemerkung: «Ach, wann bist du denn schon mal zu Hause!» Jetzt ist es förmlich aus ihr heraus, was sie an Ute schlimm findet: Schon morgens beginnt der Kampf mit dem Aufstehen, sie fühlt sich Utes Widerstand hilflos ausgesetzt. Tenor der Klagen ist weiterhin, daß Ute sich deshalb so schlimm verhält, um die Mutter «hochzubringen». Ute reagiert darauf zunächst wieder verlegen. Mitten in die Ausführung der Mutter hinein sagt sie: «Du lügst ja!» Es entspinnt sich dann ein regelrechtes Wortgefecht zwischen Mutter und Tochter, in dem beide deutlich affektiv beteiligt sind. Schließlich bricht dieser Zweikampf zusammen, weil sich Frau K. gekränkt zurückzieht, nachdem Ute ihr an den Kopf geworfen hat: «Ja, ich habe es auch lieber, wenn Papa mir die Schuhe zubindet!» Ich sage zu Frau K.: «Sie können Ute wohl auch gar nichts recht machen.» Sie fühlt sich verstanden, nickt traurig und hat Tränen in den Augen. Auch Ute und der Vater sind daraufhin sehr betreten, und es entsteht eine längere dumpfe Schweigepause. Ute ist es wieder, die versucht, die Situation zu retten. Sie nimmt meinen Terminkalender und beginnt darin herumzublättern, bis der Vater ihr das ärgerlich verbietet. Ute schaut mich mit großen Augen ratlos an. Ich lasse diese Schweigepause lange bestehen. Schließlich greife ich auf, was uns in der letzten Stunde passiert ist. Ich spreche dabei Ute direkt an und sage: «Du hast letztes Mal gemeint, es sei so langweilig hier.» Ute: «Stimmt, da war überhaupt nichts los.» An Frau K. gewendet sage ich: «So ist es, wenn Sie nicht da sind.» Frau K. lächelt sehr lieb Ute an und sagt seufzend: «Ja, und wenn ich da bin, ist zuviel los!» Ute nimmt plötzlich wieder Vaters Zigaretten vom Tisch und fragt die Mutter: «Willste?» Sehr schroff und kühl antwortet Frau K.: «Nein, jetzt nicht!» Ute war deutlich enttäuscht. Sie legt sich dann mit dem ganzen Körper über den Tisch und sieht mich von unten an.

Diese Situation macht deutlich, daß Frau K. ihrerseits große Schwierigkeiten hat, auf libidinöse Angebote von Ute einzugehen, besonders dann, wenn diese Angebote von Utes Seite aus auch noch «aggressiv verpackt» sind, was ja sehr häufig der Fall ist. Dabei ist es wichtig, daß ich Frau K. die Möglichkeit geben kann, sich an mich gefühlsmäßig anzulehnen.

Ich interveniere sehr direkt, indem ich ausspreche, was ich wahrnehme: Mutter und Tochter hätten es sehr schwer, sich zu verstehen. – Während Frau K. darauf mit Irritation reagiert, macht Ute klar durch Mimik, Gestik und Körperhaltung, daß sie mich verstanden hat. In ihrem Blick, der sich an mich heftet, ist eine ganze Skala von Gefühlen abzulesen: Wut, Trauer, Triumph und Wunsch nach Nähe. Herr K. ist es, der jetzt «draußen» ist; er sitzt in sich versunken da und hat Tränen in den Augen. Das passiert in den folgenden Stunden immer häufiger, als wolle er mir signalisieren: «Das hat mich betroffen, rühre nicht daran!» Ich sage, zu ihm gewandt, um ihm aus seiner Vereinsamung herauszuhelfen: «Das stelle ich mir aber auch für Sie nicht leicht vor, daß die beiden sich so schwer verstehen.» Er wehrt das deutlich ab, indem er wieder davon zu sprechen beginnt, wie schlimm Ute sich verhält.

An dieser Stelle wird mir sehr einfühlbar, daß die Beschäftigung mit Utes aggressivem schlimmem Verhalten für die Eltern auch zur Abwehr ihrer eigenen gekränkten Gefühle benutzt wird. Durch diese Szene werden die unausgesprochenen Bedürfnisse aller Familienmitglieder ausgedrückt. Ich beobachte in dieser Sitzung auch, daß immer dann, wenn die Eltern sich abwehrend verhalten, Ute laut, trotzig oder sogar wütend reagiert, was die Eltern ihrerseits verunsichert und beunruhigt. Daran wird erkennbar, daß die Eltern hilflos den enttäuschten Gefühlen Utes gegenüberstehen. Es sind die gefühlsmäßig dichtesten Situationen, wenn Ute aufhört, in den Sitzungen schlimm zu sein und zu agieren. Immer dann ist es für alle traurig.

Nachdem ich die Schwierigkeiten zwischen Ute und der Mutter angesprochen habe, äußert sich Frau K. dazu: Es sei für sie selbst so schwierig gewesen von Anfang an. Sie sei noch so jung gewesen, als sie Ute zu sich genommen hätten, und Ute sei ja auch schon vier Jahre alt gewesen. Dabei sieht sie mich bedeutungsvoll an. Wichtig ist hier eine Beobachtung an Herrn K. Während Frau K. das ausspricht, macht er den Eindruck, zentral betroffen zu sein. Zwischen den Eheleuten spielt sich eine intensive Kommunikation per Blickkontakt ab. Ich muß diese Stunde abbrechen, weil die Zeit um ist. Das fällt mir schwer. Ich habe den Eindruck: Plötzlich ist ein großes Bedürfnis aller da, zu sprechen und abzuladen. Ich bemerke ein Bedauern bei allen und habe das Gefühl, die Familie erlebt das Behandlungszimmer wie einen Schutzraum. Wenn sie ihn verlassen, wird es wieder nur schwierig und schlimm. In dieser Verabschiedungsszene liegt mehr Intimität als vorher. Die Verabschiedung wird zu einer Trennung, bei der die Trauer durch aufgesetztes und distanziertes Verhalten verleugnet wird.

5. und 6. Sitzung: In den folgenden beiden Sitzungen kommen die Eheleute allein. Sie begründen das mit der Tatsache, daß Ute darauf gedrängt habe, der Einladung der Oma zu folgen, die sie für die Weihnachtsferien bei sich haben wolle. Die ganze Ambivalenz der Eheleute dieser Großmutter gegenüber, der Mutter von Herrn K., wird in diesem Gespräch deutlich. Einerseits zwingt die Großmutter beide Eheleute dazu, vor allem Herrn K., ihr dankbar zu sein, hat sie doch Ute bis zum vierten Lebensjahr großgezogen und hängt mit einer «Affenliebe» an dem Kind, zum anderen bedeutet Utes Aufenthalt bei der Oma Ruhe für die Eheleute, so jedenfalls hoffen sie. Außerdem werden beide Elternteile von der Oma mit Vorwürfen und Schuld sozusagen bombardiert. Vor allem Frau K. hat zu leiden, die in den Augen der Großmutter zu jung, zu unreif, unerfahren und überhaupt erziehungsunfähig ist. Die Oma torpediert die pädagogischen Bemühungen Frau K.s permanent.

Ute ihrerseits hat ganz offensichtlich die Großmutter als Mutterbild introjiziert und hat mit ihrem Ausspruch in der zweiten Sitzung: «Ich weiß ja auch nicht, ob ich auf Mutti hören muß», ihrer inneren Unsicherheit in bezug auf diese «zwei Mütter» Ausdruck verliehen. Mit Utes Wegbleiben in dieser und der folgenden Stunde geht sie, so kann man es verstehen, wieder einen Schritt auf die «erste Mutter» zu, um damit die «zweite Mutter» zu verletzen. Sie spielt eine gegen die andere aus. Das Thema «Oma» ist zu Beginn der fünften Sitzung Schwerpunkt. Die ambivalenten Gefühle der Eltern machen sich auch atmosphärisch in

Unruhe und Spannung einerseits und dem Aufatmen andererseits, «den Störenfried» kurzfristig los zu sein, bemerkbar. Frau K. spricht die Befürchtung aus, daß Ute wieder «vollkommen verrückt spielt», wenn sie von der Oma zurückkommen werde. Herr K. versucht, das zu bagatellisieren und bemüht sich überhaupt, die Schwierigkeiten in bezug auf die Oma zu verleugnen. Ich gehe auf Frau K.s Befürchtungen ein und versuche, mit ihr zu verstehen, was da in Ute vorgeht, wenn diese «verrückt spielt». Dabei habe ich die Möglichkeit, Utes allgemein aggressives Verhalten mit in Betracht zu ziehen, und kann beispielhaft auf gemeinsam erlebte Situation der ersten vier Sitzungen zurückgreifen.

Herr K. wird dabei sehr nachdenklich, wehrt jedoch nach wie vor verbal sehr stark ab. Frau K. kann gut mitgehen und ist zu produktiver Introspektion fähig. Ausgehend davon, daß Ute immerhin erst mit vier Jahren ihre zweite Mutter kennenlernte, kommen wir schließlich auf das Problem, daß Ute gegenüber nie klar ausgesprochen worden sei, daß weder Frau K. noch die Großmutter die leibliche Mutter Utes seien. Dies, obwohl immer wieder in Utes Gegenwart in Andeutungen über diesen Sachverhalt gesprochen wird.

Ich bemühe mich, die Bedeutung dieser Tatsache für Ute mit den Eltern zu durchdenken. Zunächst können beide ganz gut einfühlen, daß diese Situation für das Kind verwirrend sein muß, sowohl gefühlsmäßig als auch in der Realität. Vor dem Gedanken, dies Ute gegenüber aufzuklären, indem man es mit ihr bespricht, prallen die Eltern zurück. Sie stellen sich auf den Standpunkt, besonders Herr K., daß Ute das nicht mitbekommen habe, nichts darüber wisse, und überhaupt nicht in der Lage sei, etwas davon zu spüren. Frau K. beginnt bald, das anzuzweifeln, was sich mimisch ausdrückt. Ich greife das auf und füge hinzu, daß auch ich das bezweifle, zumal wir genügend Beispiele dafür hätten, wie gut Ute in der Lage sei zu spüren, was in einer Situation vor sich gehe. Trotzig bleibt Herr K. bei seiner Einstellung. Hier spreche ich aus, an Herrn K. gewandt, daß ich den Eindruck gewonnen hätte, daß er es einfach nicht wahrhaben wolle und daß er deshalb vermute, daß es auch Ute nicht wahrnehme. Beispielhaft wende ich zur Verdeutlichung ein sprachliches Bild an: Dieses Verhalten von Herrn K. erscheint mir so, als sagte er Ute dauernd, daß diese Wand (des Zimmers) schwarz ist, die ja tatsächlich gelb ist. Ute, die versuche, sich an den Aussagen der Erwachsenen zu orientieren, sei dadurch gezwungen, einerseits dem Vater zu glauben, daß diese Wand schwarz sei, andererseits habe sie aber auch gelernt, daß diese Farbe sonst als gelb und nicht als schwarz bezeichnet werde. Die Folge davon könne man sich als eine Verwirrung bei Ute vorstellen. «Was ist nun wahr? Woran soll ich mich orientieren?» Darauf Herr K.: «Ach.» – «Ach, ja, hm.» Frau K. nickt. Darauf gehe ich ein und stelle fest, daß Frau K. öfter mitgeteilt hatte, daß sie Utes Verhalten nicht verstehen könne. Nun aber hätte ich das Gefühl, daß es ihr leichterfalle als ihrem Mann.

Hier wird bereits deutlich, daß der Konflikt, daß Frau K. die nichtleibliche Mutter ist, auch den Konflikt zwischen den Eheleuten bestimmt. Von da an war es kein Thema mehr, *daß* es gesagt werden müsse, sondern nur noch wie, und welche Befürchtungen die Eltern damit verbinden. Frau K. beginnt zuerst, sich dazu zu äußern. Sie befürchtet, daß Ute ihr nach Offenbarung der Wahrheit überhaupt nicht mehr gehorchen und erst recht gegen sie rebellieren werde. Herr K. schließt sich dem an.

In der sechsten Sitzung wird dieses Thema zunächst fortgesetzt, und die Ängste, Ute könne sich noch schlimmer gebärden, machen schließlich der Vorstellung Platz, daß es viel wahrscheinlicher sei, daß nach Auflösung dieser Verwirrung für Ute ein wenig Beruhigung eintreten werde. Außerdem kommen die Eltern zu der Erkenntnis, daß sie mit Ute eigentlich bisher in diesem Punkt in Unaufrichtigkeit leben, was alle belastet. Schließlich spielen die Eltern mit mir fast wie in einem Rollenspiel durch, *wie* man es Ute sagen kann. Zunächst haben die Eltern vor, dieses Thema zu Hause mit Ute anzuschneiden, geraten dabei jedoch in Angst und Hilflosigkeit und nehmen recht erleichtert mein Angebot an, daß wir das ja zusammen hier in einer Sitzung tun könnten. Am Ende dieser Sitzung versuche ich auszudrücken, was ich in dieser Situation empfinde und sage: «Ich habe das Gefühl, daß wir nun dabei sind, ein Ei zu legen und es in diesen beiden Stunden vorbereitet haben.» Das scheint mit dem Gefühl der Eltern übereinzustimmen. Wir gehen einig, aber in Erwartungsangst, auch von meiner Seite, auseinander.

In diesen beiden Sitzungen bin ich wesentlich stärker als zuvor interpretierend mit den Eheleuten umgegangen. Es ist bemerkenswert, daß die Eltern über ihre Ängste in Abwesenheit von Ute sprechen konnten und damit der Konflikt zwischen ihnen beiden deutlicher wurde. Utes Beitrag zu diesen Stunden bestand in ihrem Wegbleiben und beinhaltete eine wichtige Aussage in bezug auf das Familienthema: die Familienlüge, die nicht nur zwischen Kind und Eltern, sondern auch zwischen Mann und Frau steht.

Der nächste Termin, in dem Ute wieder dabei sein sollte und konnte, wurde in letzter Minute vom Vater telefonisch abgesagt. Zwischen der abgesagten sechsten und der siebten Sitzung trat durch den Jahreswechsel eine dreiwöchige Pause ein. Ich war sehr enttäuscht über die Absage und die dadurch entstandene lange Pause, konnte ich ihnen mein «Weihnachtsgeschenk» nun doch nicht machen.

7. Sitzung: Es kommen alle drei. Es herrscht eine bedrückende Stimmung, die Ute so formuliert: «Es ist so komisch heute hier. Ganz anders als sonst.» Sie schaut der Reihe nach Vater, Mutter und mich an. Wir schweigen betreten. Sie rettet uns drei Erwachsene, indem sie von ihren Ferien bei der Oma berichtet. Mit gezielten Seitenblicken auf die Mutter teilt sie mit, wie wundervoll es bei der Oma gewesen sei. Das Schönste bei der Oma sei, daß sie da machen könne, was sie wolle. Ansonsten sei nichts Besonderes losgewesen. Weihnachten mit den Eltern sei langweilig gewesen, fügt sie hinzu. Ich habe den Eindruck, in der Pause wurde alles sozusagen «auf Eis gelegt». Es entsteht eine große Schweigepause. Da hinein mit einem pfiffigen Gesichtsausdruck Ute: «Ich habe den Wetterbericht gehört.» Wir sehen sie alle erstaunt an und verstehen sie nicht. Ich frage: «Was meinst du denn damit?» Ute: «Ich habe gehört, wie ihr [schaut die Eltern an] euch gestritten habt!» Wir sind alle ganz verblüfft, die Eltern werden unsicher. Schließlich frage ich die Eltern, ob das denn stimmt. Und Frau K. sagt: «Ja, ja.» Näher geht sie nicht darauf ein. Herr K. schweigt eisig. Ich habe den Eindruck, daß es den Eltern ganz unheimlich wird vor Ute. Die Stunde zieht sich zäh, wir drucksen herum. Am Ende der Stunde geht Ute auf mich zu, umfaßt mich und sagt: «Bei dir ist es so schön, kann ich nicht noch bleiben?» Ich erkläre ihr, daß das nicht geht, aber daß wir uns ja in der nächsten Woche wiedersehen.

8. Sitzung: In dieser Stunde kommt es dann dazu, daß das heikle Thema angeschnitten wird. Zunächst wird lange Zeit der Sitzung über allerlei Alltägliches gesprochen. Es scheint so, als werde auch diese Stunde noch vergehen, ohne daß jemand den Mut findet zu sagen, was nun gesagt werden muß. Mir erscheint es so, als steigere sich die Spannung bis ins Unerträgliche. Ute sitzt wachsam und lauernd da. Aus diesem Gespräch über das Alltägliche entwickelt sich dann folgendes: Ute stellt fest, daß sie auch der Mutti nichts recht machen könne, deshalb sei es bei der Oma schöner. Damit ist das Thema «Oma» wieder auf dem Tisch. Es scheint mir, als sei das für Herrn K. ein Stichwort. Er stellt fest, daß die Großmutter Ute sehr verwöhnt und die Mutti ihr eben manchmal etwas verbieten muß. Er hat das Gefühl, daß das der «Madame» nicht paßt. Es entspinnt sich ein Wortgeplänkel zwischen Tochter und Vater, wobei es inhaltlich um die Oma geht. Dann tritt eine Schweigepause ein. Die Eltern sehen mich auffordernd an. Ich sage zu Ute: «Ich glaube, Mutti und Vati haben sich vorgenommen, dir etwas zu erklären.» Gespanntes Schweigen. Herr K. rafft sich dann auf und beginnt: «Als du ganz klein warst, warst du bei deiner Oma. Und jetzt bist du bei mir und der Mutti.» – Er hustet und sieht mich hilflos an. Ich sage zunächst zu Ute: «Ja, und da gibt es noch eine Mutti, die du gar nicht kennst.» Ute schaut Herrn K. an und fragt: «Stimmt das?» Er nickt und hat Tränen in den Augen. Ute wendet sich an Frau K. und fragt: «Aber du hast mich doch geboren?» Beide, Frau K. und ihr Mann, sagen wie aus einem Mund: «Nein!»

Ute lehnt sich in den Sessel zurück, beginnt an den Fingernägeln zu kauen und sieht versunken vor sich hin. – Es ist ganz still im Raum. Plötzlich beugt sich Ute vor, sieht Frau K. an und sagt sehr ruhig und bestimmt: «Aber jetzt bist du meine Mutti geworden.» Dann legt sie den Kopf auf den Tisch, schaut Frau K. von unten an und lächelt. Frau K. lächelt zurück.

Diese Szene war überaus beeindruckend. Nun war Herr K. abseits und konnte offensichtlich nur sehr schwer die Intensität und Dichte der Beziehung in dieser Situation zwischen seiner Frau und Ute ertragen. Diese Szene war damit auch ein Schlüssel für die nun beginnende Konfliktbearbeitung zwischen den Eheleuten geworden. Die Sitzung wurde etwas vor der Zeit beendet. Es war einfach jetzt nichts mehr zu sagen. Ich hatte den Eindruck, als seien alle Beteiligten ausgesprochen ruhebedürftig.

9. und 10. Sitzung: Die folgenden beiden Stunden bilden den Abschluß dieser Familientherapie und leiten gleichzeitig ein neues Arrangement ein, nämlich die Eheberatung der Eltern. Die Spannung aller Beteiligten: Was wird die neue Situation bei Ute auslösen? und die Erwartungsangst, daß etwas Außergewöhnliches passieren könnte, löst sich bereits in der neunten Stunde. Es war in der Zwischenzeit nichts Besonderes geschehen. Ute war nicht ausgesprochen brav, aber auch nicht ungewöhnlich frech. Auf meine Frage in der Eröffnungsphase der neunten Stunde an alle gerichtet: «Wie geht's?» antwortet Ute einfach: «Gut.» Die Eltern nicken zustimmend. Die neunte Sitzung verläuft ruhig mit größeren Schweigepausen, die aber eher nachdenklichen als gespannten Charakter haben. Mehr und mehr zieht Ute sich auf den Beobachterposten zurück, ist aber sehr bemüht, mit mir im Blickkontakt zu bleiben. Es entwickelt sich ein Dialog zwischen den Eltern, der thematisch zunächst unterschiedliche Meinungen zu Erziehungsfragen zum Inhalt hat. Dabei rückt Herr K. immer mehr, auch unterstützt durch einige Interventionen meinerseits, in den Mittelpunkt des Geschehens. Es wird schließlich ganz deutlich, daß es nun gar nicht mehr um Ute geht, sondern um Probleme, die die Eltern miteinander haben. Ute hilft uns sehr, als sie für uns alle recht überraschend und ruhig erklärt: «Das ist eure Sache!» Das traf so genau die Situation, daß ich es betont verstärkt wiederholte.

In der zehnten Stunde können wir dann nur noch gemeinsam erneut feststellen, daß es jetzt um die Probleme zwischen den Eltern geht. Ute beginnt, sich sichtlich zu langweilen, und spielt mit allen möglichen Gegenständen herum, die mir gehören und für sie erreichbar sind. Als ich sie anspreche und meinen Eindruck schildere, bestätigt mir Ute das und sagt: «Ich weiß gar nicht, was ich hier noch soll!» Das ist für mich der Einstieg, das neue Arrangement anzubieten, nun für eine Weile mit den Eltern allein zu sprechen, einmal in der Woche eine Stunde lang. Die Eltern sind damit einverstanden. Ute, die ich befrage, stimmt dem auch zu.

Ich verabrede mit den Eltern den nächsten Termin. Dann verabschiede ich mich besonders von Ute, die meine beiden Hände nimmt und versucht, mit mir herumzutoben. Mir fällt der Abschied von Ute sehr schwer. Ich bleibe in der Tür stehen und sehe den dreien nach. Ute, die als letzte herausgeht, bleibt auf dem Flur noch einmal stehen und winkt mir zu. Ich winke zurück. ◂

In der nun folgenden Ehepaartherapie ist es den Eltern möglich, über sich selbst zu sprechen und ihre Beziehung zueinander zu bearbeiten. Als noch einmal die Frage auftaucht, ob Ute, die ihnen durch ihr schlimmes Verhalten keine Ruhe mehr läßt, wieder dazukommen sollte, besteht Frau K. darauf, daß das jetzt ihre Stunde sei, und es um sie und ihren Mann gehe. Herr K. übernimmt viele der Aktionen, die in der Familientherapie von Ute gehandhabt worden sind. Es kommt heraus, daß er von seinen Eltern und Geschwistern als das «schwarze Schaf» («die frühe Ehe mit der verwahrlosten Frau») in der Familie angesehen wird. In bezug auf seine Gefühlsäußerungen ist er noch sehr abwehrend. Er spielt den Clown wie vorher Ute, wenn er eigentlich heulen muß. Bei Frau K. entwickelte sich zwischenzeitlich ein bläschenförmiger Ausschlag an Händen und Füßen, der sie sehr behindert. Ute hat ihr schon gesagt, sie sei ja jetzt überflüssig, solle doch gehen, da sie ohnehin nichts mehr im Haushalt machen könne, sie selbst würde das übernehmen.

Ute kann ihre großen Schwierigkeiten jetzt in einer psychoanalytisch-orientierten Kinderpsychotherapie bei einer anderen Therapeutin bearbeiten. Dabei ist es unser Konzept, daß die Ehepaartherapie und die Kindertherapie in einer gemeinsamen Supervisionssituation mit den beiden Therapeutinnen integriert werden.

2.3. Familienberatung

Horst E. Richter

Unter gewissen Umständen ist es möglich, ein Familienproblem in einer oder auch in zwei Sitzungen so anzusprechen, daß man dadurch bereits eine nennenswerte therapeutische Veränderung bewirkt, durch welche die Familie instand gesetzt wird, wieder allein zurechtzukommen. Es empfiehlt sich, die Bedingungen für derartige effektive Einmal- oder Zweimal-Beratungen genauer zu studieren. Denn angesichts der Wartelisten vieler Beratungs- und Behandlungsinstitutionen ist es oft angezeigt, unter verschiedenen aussichtsreichen Verfahren jeweils das zeitlich am wenigsten aufwendige vorzuziehen.

An manchen Beratungsstellen glaubt man statt dessen, beim ersten Besuch einer Familie könne es sich immer nur um die Aufgabe einer diagnostischen Abklärung und einer Überprüfung von Indikationskriterien handeln. Die Folge kann sein, daß die Berater sich in dieser Phase rein fragend verhalten und von ihren gewonnenen Einsichten noch keinen therapeutischen Gebrauch zu machen wagen. Manche haben Angst, in irgendeiner Weise interpretativ oder beratend zu intervenieren, solange sie noch keine ausgedehnte biographische Erhebung veranstaltet haben. Deshalb bestellen sie eine Familie womöglich mehrmals ein und trachten dabei lediglich danach, die Tatbestände der Vorgeschichte immer mehr zu vervollständigen, ehe sie sich zutrauen, den Familienkonflikt therapeutisch anzugehen. Sie vergessen, daß auch ein solches ausgedehntes exploratives Vorgehen indirekt eine aktive Wirkung ausübt und zum Beispiel eine Familie in eine steigende passive Erwartungsspannung hineinversetzen und eine regressive Bewegung auslösen kann. Statt dessen ist es durchaus sinnvoll, wenn der Berater die im Interview anfallenden Erkenntnisse schon frühzeitig der Familie als Anregung zu kritischem Nachdenken anbietet. Er kann diese Offerten als Test benutzen, der einen Einblick in die Plastizität, in die Introspektionsfähigkeit und in die Bereitschaft zur Selbstkorrektur bei den Klienten vermittelt. Mitunter zeigt sich, daß schon ein oder zwei treffende therapeutische Bemerkungen regelrecht «einschlagen» und von der Familie offensichtlich als Orientierungshilfe für die Änderung irgendeines pathogenen Verhaltensmusters benutzt werden.

Wenn man immerhin mit der Möglichkeit rechnet, daß man durch eine frühzeitige Intervention die Selbsthilfe-Möglichkeiten einer Familie in stärkerem Maße mobilisieren kann, dann empfiehlt es sich, nicht unbedingt gleich einen Termin für eine zweite Zusammenkunft festzulegen, sondern etwa zu sagen: «Vielleicht probieren Sie erst einmal, ob Sie nach unserem heutigen Gespräch Ihr Problem besser bewältigen können. Wenn Sie merken, daß es noch nicht recht geht, dann melden Sie sich bitte. Wir stehen Ihnen auf jeden Fall wieder zur Verfügung.»

Ein vorrangiges technisches Problem für einen psychoanalytisch orientierten Familienberater besteht natürlich darin, ob er schon bei einer einmaligen Zusammenkunft mit einer Familie genügend Anhaltspunkte gewinnen kann, um die Konfliktlage genügend zu übersehen und so gezielt intervenieren zu können, daß er die Selbsthilfefähigkeiten der Familie an dem geeigneten Punkt und in der richtigen Weise zu stimulieren vermag. Mit der Einstellung auf ein begrenztes Beratungsziel ist in jedem Fall die Beschränkung auf eine relativ leicht zugängliche Konfliktebene verbunden. Es kommt darauf an, eine *gemeinsame Phantasie* der Familie herauszufinden, die einen wesentlichen ursächlichen Anteil an dem Problem hat, das zum Anlaß der Beratung wurde. Welche unbewußte Phantasie ist es, die zur Blockierung eines Familienteils durch einen anderen bzw. zur wechselseitigen Blockierung verschiedener Familienteile führt? Wie kann man diese Phantasie am einfachsten ansprechen? Von welchem Mitglied der Familiengruppe kann man erwarten, daß man es am besten dazu bewegen kann, die übrigen Mitglieder in die Bearbeitung dieses Themas mit hineinzuziehen? Ist in der Familie trotz aller möglicherweise vorhandenen Spannungen genügend Solidarität vorhanden, um die Erwartung zu rechtfertigen, daß man von einem bestimmten Punkt aus die ganze Gruppe zu einem gemeinsamen Schritt in eine sinnvolle Richtung anstoßen kann? Dieses Kriterium ist sehr genau zu bedenken. Mitunter ist ein Elternteil – am ehesten die Mutter – sehr rasch dazu bereit, dem Berater bei der Suche nach dem Hintergrund eines familiären Problems zu folgen. Dieses Angebot kann sehr verführerisch sein und den Berater zu der voreiligen Hoffnung verleiten, er brauche quasi nur einmal intensiv mit einer therapeutischen Intervention hinzulangen, um der Familie freie Bahn für eine bessere Entfaltung zu schaffen. Dabei mag er übersehen, daß der andere Elternteil, etwa der Vater, sich nicht mitziehen läßt und sich in seiner Abwehr bzw. in seinem pathogenen Verhaltensmuster eher verhärtet, wenn man zu ungestüm auf das Problem losgeht. Das Tempo der Beratung muß sich immer nach dem trägsten und zähesten Mitglied der Klientengruppe richten. Sonst passiert es, daß der Berater mit einem besonders kooperativen Familienmitglied quasi psychologisch davonläuft und einen anderen Familienteil ratlos oder gar enttäuscht und verärgert zurückläßt. Das heißt nun keineswegs, daß sich der Therapeut um den am wenigsten beweglichen und eher bremsend wirkenden Klienten aus der Familie am intensivsten kümmern müßte. Er kann durchaus das offenste und flexibelste Familienmitglied vorrangig dazu benutzen, um an ihm die pathogene Familienphantasie modellhaft herauszuarbeiten. Aber er sollte dabei nie die familiären Partner des Betreffenden aus dem Auge verlieren. Wenn er zum Beispiel ein wichtiges Konfliktmotiv an der Mutter verdeutlicht, dann ist es für ihn ratsam, gleichzeitig genauestens den Vater zu beobachten und zu verfolgen, ob dieser emotional mitgeht und insgeheim oder auch ausdrücklich die Schritte mitvollzieht, die seine Frau vor seinen Augen in Zusammenarbeit mit dem Berater unternimmt. Genauso schädlich wie eine unabsichtlich geförderte Dissoziation zwischen den Eltern wäre natürlich eine stimulierte Gegenläufigkeit in den Reaktionsweisen der Eltern einerseits und der Kinder andererseits. Einem ungeschickten, unbedingt auf einen raschen Erfolg erpichten Berater kann es leicht passieren, daß er entweder gemeinsam mit den Eltern die Kinder oder gemeinsam mit den Kindern die Eltern – in psychologischem Sinne – «abhängt» und vor lauter Freude über die blendende Kooperation mit den einen verkennt, welches Widerstandspotential er bei den «Zurückbleibenden» sät.

Wer sich in Familieninterviews und Familienberatungen einübt, wird bald erkennen, daß es gar nicht so schwierig ist, die oben genannten Kriterien für die Wirksamkeit einer kurzfristig eingesetzten Beratungsstrategie zu kontrollieren. Ein subjektives Kriterium beim Berater ist allerdings obendrein von hoher Bedeutung. Das ist der Mut, sich frühzeitig in experimentierender Weise mit der Familie aktiv intervenierend einzulassen. Wem über die Zulässigkeit dieses Verhaltens Bedenken kommen, der verwechselt vielleicht zweierlei: Schädlich ist natürlich ein mehr oder minder blindes Hineinagieren in die Familie. Dagegen ist es ohne weiteres legitim, in einer in den Folgen sehr genau beobachteten Weise aktiv Reaktionen herauszufordern. Diese Form von Aktivität ist im Grunde weniger «Agieren» als jene Art von distanzierter Frage- und Abwartetechnik, die von einem mehr oder minder phobischen Berater aus Selbstschutzgründen praktiziert wird.

Gleichwohl ist zuzugestehen, daß das Arrangement der Beratung deshalb legitime Ängste heraufbeschwören kann, weil es vielfach in der

Ausbildung viel zu kursorisch oder gar abschätzig behandelt und nicht gründlich genug theoretisch und mit Hilfe systematischer Supervision eingeübt wird. Oder es geschieht, daß die Ausbilder zum Beispiel in der Fallsupervision mit überhöhten theoretischen Normen operieren und den jungen Kollegen diejenige Spontaneität austreiben, die gerade in der Beratungspraxis ein wichtiges Element der Technik ist. Unbedingt ist ein gründliches theoretisches Wissen über das Unbewußte, über psychosoziale Abwehrformen, über Kollusion (WILLI[13]) und die Grundtypen von Familienneurosen wichtig (BOSZORMENYI-NAGY[2], EHRENWALD[3], LIDZ[5], RICHTER[6], STIERLIN[8,9,10], TOMAN[11], WEAKLAND[12], WILLI[13] u. a.). Aber wenn diese Basiskenntnisse vorhanden sind, sollte der Berater, der natürlich auch irgendein Selbsterfahrungstraining durchlaufen haben sollte, seine intuitiven Fähigkeiten nicht vernachlässigen. Oft sind in der Beratung diejenigen Interventionen die besten, die unmittelbar aus spontanen Einfällen entspringen. Bei der genauen Durcharbeitung von Tonband- oder Videoprotokollen läßt sich feststellen, daß geschickte Berater gelegentlich blitzartig assoziativ reagieren und mit ihren intuitiven Interventionen genauestens den Punkt treffen, der sich auch bei reiflichem Abwägen und subtiler Präparation der einzelnen Schritte als optimaler Ansatz ergeben hätte. Der Berater benötigt Zutrauen in seine Fähigkeit und in seine Legitimation zu einem unbefangen spontanen Verhalten, sowie er stets gleichzeitig darauf bedacht sein sollte, sich nebenher den Zusammenhang der Prozesse möglichst klar vorzustellen, die sich zwischen der Familie und ihm abspielen. Eine wichtige Fortbildungshilfe stellt zusätzlich die Durcharbeitung von Videobändern dar, wobei sich die Verwendung von zwei Kameras als wünschenswert erweist, damit der Berater bzw. die gesamte Fortbildungsgruppe stets die Reaktion sowohl der Klienten wie diejenige des oder der Therapeuten gleichzeitig verfolgen und analysieren können. Tonbandaufzeichnungen vermitteln nur eingeschränkte Informationen. Dennoch sei in der Folge versucht, die wichtigsten Episoden einer Beratungssitzung an Hand eines Tonbandprotokolls zu veranschaulichen und zu analysieren.

► *Beispiel:* Zwei erbgleiche Zwillingsbrüder von zehn Jahren werden von der 35jährigen Mutter und dem 46jährigen Adoptivvater in der Familienambulanz unserer Psychosomatischen Klinik vorgestellt. Die Familie lebt in einer benachbarten ländlichen Kleinstadt. Die Mutter ist in einem Dorf aufgewachsen. Als sie die Zwillinge bekam, war sie 25 Jahre alt. Der Vater der Kinder rückte zum Militär ein und ließ sie mit den Kindern im Stich. Sie mußte wegen der Kinder ihre Arbeit unterbrechen. Nachdem sie vorher bereits außerhalb allein gewohnt und ein wenig ihre starke Abhängigkeit von den Eltern gelockert hatte, war sie durch die Umstände genötigt, in ihr Elternhaus im Heimatdorf zurückzukehren. Es war für sie eine schwere Zeit. Schließlich lernte sie ihren heutigen Ehemann kennen, den sie heiratete, als die Kinder vier Jahre alt waren. Dieser Mann, ein Handwerksmeister, hat die Jungen adoptiert. Aus der Ehe stammt noch eine zweieinhalbjährige Tochter, die nicht mit vorgestellt wird. Der Anlaß des Besuchs in unserer Klinik ist eine Empfehlung der Klassenlehrerin der Zwillinge. Sie hat sich besorgt darüber geäußert, daß die Jungen so scheu seien und sich zu wenig am Unterricht beteiligten.

Die Mutter erweist sich als eine schmale, zunächst schüchtern wirkende Frau, die oft den Kopf leicht gesenkt hält. Im Interview taut sie aber mehr und mehr auf. Sie spricht ziemlich freimütig über alle Schwierigkeiten, nur merkt man, daß sie nichts sagen möchte, was ihren Mann belasten könnte. Anfangs halte ich das für pure Untertänigkeit, dann scheint es mir so, daß sie ihn eher schonen will. Der Adoptivvater hingegen stellt sich auf den ersten Blick wie ein biederer, sehr selbstsicherer Patriarch dar. Meist führt er das Wort. Die ganze Familie scheint daran gewöhnt zu sein, daß er im Namen aller spricht und stets zu wissen vorgibt, was mit den anderen vor sich geht. Alles, was er hervorbringt, klingt sehr bedacht, sehr ernst, vernünftig. Er wirkt eher wie ein Ende-Fünfziger. Im Verlauf des Gesprächs verliert er aber für mich ein wenig die Merkmale altväterlicher Souveränität. In der Übereiltheit, in der er öfter auch für die anderen Familienmitglieder auf meine Fragen antwortet, enthüllt er Ängste, die Kontrolle über das Geschehen zu verlieren. Sein dominantes Verhalten steht also zweifellos unter einer gewissen Spannung.

Die Familie gruppiert sich im Interview so, daß Mutter und Adoptivvater die Kinder einrahmen. Die beiden Zwillingsbrüder legen ihre Arme auf die Armlehnen der Stühle. Es ist vornehmlich Rolf, der immer wieder mit den Fingern nach der Hand von Markus sucht, um sich durch diese Berührung mehr Sicherheit zu verschaffen. ◂

▸ *Tonbandprotokoll des Familieninterviews in Ausschnitten*

THERAPEUT: Markus und Rolf, kann man euch beide an irgend etwas auseinanderhalten?

MARKUS und ROLF: Ja.

ADOPTIVVATER: Ja, der Markus da ist etwas dicker im Gesicht.

THERAPEUT: Also Rolf ist etwas dünner? Wiegt er auch weniger?

MUTTER: Nein, er ist der schwerere. Ich finde auch, daß der Rolf das dickere Gesicht hat. Er ist zwei Pfund schwerer und war immer schwerer.

THERAPEUT: Ach ja? Was meint ihr denn? Gibt es einen von euch, der stärker ist?

MARKUS: Nein.

ADOPTIVVATER: An und für sich gewinnt jeder einmal.

MUTTER: Die zwei sollen reden, die zwei sollen sprechen.

THERAPEUT: Haut ihr euch denn? Oder vertragt ihr euch gut?

MARKUS: Wir streiten uns.

THERAPEUT: Ja, worüber denn?

MUTTER: Ihr braucht euch nicht zu schämen. *Die Jungen schweigen verlegen.*

THERAPEUT: Wir können ja erst mal fragen, warum Sie überhaupt hierhergekommen sind.

ADOPTIVVATER: Die Klassenlehrerin hat angeregt, daß wir einmal einen Test machen sollen. Da wurde Ihr Institut hier genannt. Die Sache war nicht so ganz klar und deutlich ausgedrückt. Sie sind beide sehr zurückhaltend in der Schule, finden wenig Kontakt zu jedem Fremden, und der Markus ist zum Beispiel noch fast jede Nacht naß. Das ist, gewissermaßen im groben, der einzige Grund. Sonst – direkte Mängel liegen keine vor. Aber sie gehen zum Beispiel nur mit ganz wenigen Ausnahmen zu keinem fremden Kind in den Hof zum Spielen usw. Sie gehen nicht auf die Schlittenbahn. Ich mußte sie zwingen, Fahrrad fahren zu lernen. Jetzt habe ich sie gezwungen, Stelzen zu laufen. Sie laufen auch nicht Rollschuh. Alles von sich aus nicht. Es ist eine ... ungeheure Zurückhaltung. Angst darf man das nicht nennen, denn sonst sind sie ganz normal.

MUTTER: Auch in der Schule. Die Lehrer sagen, die schriftlichen Arbeiten sind alle in Ordnung. Aber es passiert nicht e i n mal, daß einer selbst den Finger streckt und sich meldet.

ADOPTIVVATER: Nach zwei Jahren Schule, da hat sich noch keiner gemeldet. Das ist jetzt neulich erst so zufällig herausgekommen. Erst jetzt hat sich der Rolf mal beschwert, er würde sich mal melden, und er käme dann doch nicht dran. Vorher haben sie sich überhaupt nicht gemeldet.

THERAPEUT: Sagt ihr mal was dazu!

ADOPTIVVATER: Vor allem Angst. Im Wasser zum Beispiel, Schwimmen lernen, da ist eine furchtbare Verkrampfung und Zurückhaltung. Es muß alles unter Zwang gemacht werden.

THERAPEUT: Wie ist das mit dem Wasser?

ADOPTIVVATER: Ja, sie haben vor allem Neuen eine furchtbare Angst, sie wollen nicht ins Wasser.

MUTTER: Ich meine, sie sind jetzt zehn Jahre, jetzt wird es ja langsam Zeit, daß sie schwimmen würden. Und das Wasser kann noch so warm sein im Sommer, da stehen sie da und zittern, und die Angst und die Aufregung, vor allem die Angst.

ADOPTIVVATER: Kein Morgen, wo die mal im Bett bleiben. Sie sind pünktlich. Sie haben sieben Minuten Schulweg, würde ich schätzen, was ich brauchen würde. Und sie sind ja auch groß gewachsen und können gut marschieren. Sie müssen über eine halbe Stunde vorher von sich aus fortgehen, damit sie ja nicht zu spät kommen. Nur aus Angst gehen sie so früh weg. Ein anderes Kind muß man morgens dreimal wecken, was ich für normal halte, daß ein Kind eher noch schlafen will. Die beiden kommen runtergeflitzt wie verrückt, um bloß pünktlich zu sein.

MUTTER: Wenn es fünf Minuten zu spät ist, weinen sie.

ADOPTIVVATER: Ja, wenn sie fünf Minuten zu spät sind, da fangen sie schon an zu weinen.

MUTTER: Wir können einfach nicht erklären, was das ist. Irgendwie eine Verkrampfung oder was, ich weiß auch nicht.

ADOPTIVVATER: Der kleine Mangel ist bei Markus wohl noch etwas stärker ausgeprägt als beim Rolf. Der Rolf ist zum Beispiel sportlich recht gut und der ist auch ansonsten so ein bißchen vorneweg.

MUTTER: Worauf ich das vielleicht zurückführe: als die ganz klein waren, da waren sie noch ziemlich frei. So ziemlich frei wie das Mädchen, die jetzt zweieinhalb ist. Die waren etwa dreieinhalb, da hatte der Markus so Beschwerden, da wuchs etwas links hier oben. *Sie zeigt auf die Hüftgegend.*

ADOPTIVVATER: Im Hüftgelenk.

MUTTER: An der Leiste war das. Ich bin zum Hausarzt, und der dachte, es wäre ein Hodenbruch oder so etwas. Und dann wurde hier in der Universitätsklinik festgestellt, daß da ein Bruch im linken Hüftgelenk war. Und da hat der Junge neun Wochen im Streckverband gelegen. Da hatte ich das Kind schon sauber gehabt, und ich möchte behaupten, hier im Krankenhaus hat das angefangen. Er sagt heute noch: «Die Schwestern haben mich immer geschimpft!» Er hat Angst bekommen, irgendwie was zu sagen. Dann ging es nachts los, daß er ins Bett gemacht hat. Und der Rolf hat zu Hause immer geweint nach seinem Bruder. Ich meine, ich könnte das auf diese Zeit zurückführen, daß die Kinder jetzt so wären, weil sie nämlich so lange getrennt waren. Der Rolf war zu Hause immer todunglücklich, und hatte ich ihn einmal zum Besuch im Krankenhaus mit, da war es ganz verkehrt, da war der Markus im Krankenhaus wieder durcheinander. Da sagte die Schwester zu mir schon: «Das hätten Sie nicht machen dürfen!» Ich weiß es nicht.

THERAPEUT: So, und jetzt wollen wir die beiden mal etwas erzählen lassen.

MUTTER: Ja, meine ich auch.

THERAPEUT: Jetzt habt ihr so zugehört. Es ist nicht so schön, wenn so über einen geredet wird, nicht wahr?

MARKUS: Nein.

THERAPEUT: Da sitzt man so da und muß das alles so anhören, nicht? Was würdet ihr denn so sagen? Wenn ihr einfach mal so erzählt, wie es euch so geht und was ihr gerne macht. Erzählt mir mal, was ihr so gerne macht!

ROLF: Stelzen laufen.

ADOPTIVVATER: Neuerdings ist der ganz stolz drauf.

THERAPEUT: Stelzen laufen?

MARKUS: Zweirad fahren.

THERAPEUT: Und was macht ihr sonst gerne?

MARKUS und ROLF: Fernsehen gucken.

THERAPEUT: Was seht ihr denn im Fernsehen gerne?

ROLF: Paulchen Panther. *Markus nickt dazu.*

THERAPEUT: Aha, Paulchen Panther.

ADOPTIVVATER: Da wird alles verkonsumiert, was kommt.

THERAPEUT: Und mit den anderen Kindern? Wie geht es denn da so? Kommt ihr mit denen aus?

ROLF und MARKUS: Ja.

ADOPTIVVATER: Ja, aber erst neuerdings. Und es geht nur mit denen, die zu ihnen kommen. Selbst weggehen zum Spielen, das machen sie nur im Ausnahmefall, beim Cousin. Der ist in der Nähe, in der Nachbarschaft. Sonst wird nichts akzeptiert. Die Schneiders neuerdings, da ist zufälligerweise noch ein Zwillingspaar in der Klasse, und das ist auch weitere Nachbarschaft.

THERAPEUT: Nun lassen Sie die Jungen ruhig mal reden. Ich habe das Gefühl, der Vater traut denen gar nichts zu . . .

MUTTER: Ich glaub, wir zwei gehen mal raus und . . .

MARKUS: Nein. *Auch Rolf schüttelt den Kopf.*

MUTTER: Unterhaltet euch mal allein, das wäre viel besser.

THERAPEUT: Vielleicht können Sie auch dabeisein und trotzdem mal nichts sagen. Es wird für euch ja immer alles gesagt, und da braucht ihr gar nichts mehr zu sagen. Dann seid ihr in der Schule, dann könnt ihr auch nichts sagen.

THERAPEUT: Also, der Vater hat vorhin gesagt, der Rolf macht mehr Sport als du, Markus. Hast du nicht so viel Lust am Sport?

MARKUS: Nein.

THERAPEUT: Was machst du denn für Sport, Rolf? Fußball?

ROLF *nickt stumm.*

THERAPEUT: Und Markus nicht?

MARKUS: Doch.

THERAPEUT: Was spielt ihr denn, wenn ihr so Fußball spielt? Lieber im Tor oder lieber Stürmer? Rolf, was spielst du denn?

ROLF: Fummeln.

THERAPEUT: Fummeln. Und du, Markus?

MARKUS *zögernd*: Auch.

THERAPEUT: Du wolltest aber erst etwas anderes sagen. Du wolltest, glaube ich, sagen Tor, nicht wahr? Gehst du gern ins Tor?

MARKUS: Ja.

THERAPEUT: Habt ihr denn eine schöne Wiese, wo ihr Fußball spielen könnt?

ROLF: Ja.

THERAPEUT *zu Markus*: Kannst du im Tor ganz gut halten?

MARKUS: Ja.

THERAPEUT: Wirfst du dich auch so hin?

MARKUS: Nein.

THERAPEUT: Kannst du Bälle gut fangen?

MARKUS: Ja.

THERAPEUT: Gut. Und Schießen? Wer kann besser schießen von euch beiden?

MARKUS: Ich.

THERAPEUT: So, du schießt besser. Stimmt das, Rolf? Schießt der besser?

ROLF: Ja.

THERAPEUT: Aha. Aber wenn du im Tor bist, Markus, und auch besser schießen kannst, dann mußt du doch auch gut draußen spielen können, so als Stürmer? Machst du das auch gerne?

MARKUS: Ja.

THERAPEUT: Und Fummeln? Wer ist denn da besser von euch beiden?

MARKUS: Der Rolf.

THERAPEUT: Also im Fummeln bist du besser, Rolf, und im Schießen bist du besser, Markus?

MARKUS und ROLF: Ja.

THERAPEUT: Sind denn nun die anderen Kinder in der Klasse frecher als ihr?

MARKUS: Ja.

THERAPEUT: Und wenn die kloppen, kloppt ihr dann mit?

ROLF: Nein.

THERAPEUT *zu Markus*: Was machst du denn, wenn einer kommt und dich haut?

MARKUS: Ich verteidige.

THERAPEUT: Aber miteinander haut ihr euch?

ROLF: Ja. Jeden Tag ein paarmal.

THERAPEUT: Meist ist es ja so, wenn Kinder sich oft hauen, daß sich die Eltern auch streiten. Streiten die sich auch?

ROLF: Ja.

ADOPTIVVATER: An und für sich nicht. Ich bin zwar manchmal so ein bißchen streng, aber unsere Mutti ist sehr nachgiebig. Ich glaube, daß ich da bestimmt recht habe, daß wir uns nicht viel streiten.

THERAPEUT: Also na, vielleicht sind Sie streng, und sie läßt sich das gefallen?

MUTTER: Ach . . . Das kann ich nicht sagen. Sagt ihr doch mal was, ja? Es ist doch nicht viel Krach bei uns?

MARKUS: Nein.

MUTTER: Um was zankt ihr zwei euch denn immer, sagt doch mal, um was?

ADOPTIVVATER: Um dasselbe Spielzeug usw.

MUTTER: Ja, die sollen doch mal sagen. Hm, um was geht es denn immer? Der hat meinen Ball, der das, das ist mir, der hat meine Pistole, der hat das. Darum geht es dann immer.

THERAPEUT *zum Adoptivvater*: Aber Sie sind streng, sagen Sie?

ADOPTIVVATER: Ja, insoweit schon, wenn ich am Eßtisch zum Beispiel sage: aufessen! Und muß das dreimal wiederholen, dann bin ich zum drittenmal laut.

THERAPEUT: Ach, wenn die nicht aufessen?

ADOPTIVVATER: Ja.

THERAPEUT: Essen die nicht auf?

ADOPTIVVATER: Im Prinzip essen sie sehr gut, aber zum Beispiel kommt es vor, daß sie mit einem Heftchen am Tisch sitzen und lassen irgendein Fleischgericht oder so was kalt werden, nur daß gelesen soll werden.

MUTTER: Dann schimpft der Papa mal, Ordnung muß sein.

THERAPEUT: So ein Groschenheftchen?

ADOPTIVVATER: Ja.

MUTTER: Da sind sie ganz verrückt drauf.

THERAPEUT: Lest ihr gerne?

ROLF: Ja.

ADOPTIVVATER: Auch immer nur diese Schmierdinger, möchte ich sagen. Sie haben jetzt schon zu Weihnachten wieder so schöne Bücher geschenkt bekommen. Reisebeschreibungen usw. usf. Da nimmt sich keiner ein Buch vor. Immer nur diese kleinen Schmierdinger.

MUTTER: Das ist ja das Interessante, Papa.

THERAPEUT *zum Adoptivvater*: Ich habe das Gefühl, Ihnen wäre es lieber, wenn die schon ein bißchen vernünftiger wären und sich gesetzter benehmen würden.

ADOPTIVVATER: Ja, insoweit mag das sein, daß ich gewisse Wünsche habe. Und daß sie vielleicht in ihrer Art noch stark verspielt sind, ja.

THERAPEUT: Und Sie sind ja auch als Persönlichkeit so ein sehr ernsthafter Mann, also jemand, der so ...

ADOPTIVVATER: Ja, ja.

THERAPEUT: Und die sind ja nun eigentlich das Gegenteil von Ihnen, nicht wahr? Die sind noch so kleine Kinder, die ...

ADOPTIVVATER: Ja, ja. Die sind wohl für ihr Alter noch etwas zu verspielt.

THERAPEUT *zweifelnd mit dem Kopf wiegend*: Na ja. Nun ist nur die Frage, was man damit macht. Ob man das nicht vielleicht jetzt noch so hinnehmen muß. Wie alt seid ihr jetzt beide?

ROLF: Zehn.

THERAPEUT: Zehn, und in welcher Klasse seid ihr?

ROLF: Vierte.

THERAPEUT: Und wie steht ihr denn in der Schule so?

ROLF: Gut.

THERAPEUT: Und Markus, du sagst nichts? Wie stehst du denn?

MARKUS: Schlecht.

MUTTER: Ach nein.

ADOPTIVVATER: Schlecht ist falsch, er hat ...

MUTTER: ... feine Zeugnisse.

ADOPTIVVATER: Er hat vier Vierer drin, in Schönschreiben, Zeichnen und solchen Sachen.

MUTTER *zu Markus*: Sag doch zum Beispiel mal, was dir an deinem Zeugnis nicht gefallen hat. Das kannst du ruhig erzählen, über welche Noten du dich beschwert hast. Kannst du doch erzählen, nicht?

MARKUS: Zeichnen.

THERAPEUT: Zeichnest du gerne?

MARKUS: Ja.

THERAPEUT: Und was hast du im Zeichnen bekommen?

MARKUS: Vier.

THERAPEUT: Und das findest du nicht gerecht?

MARKUS: Nein.

THERAPEUT: Hast du das der Lehrerin gesagt?

MARKUS: Nein.

THERAPEUT: Es wäre aber vielleicht besser, es ihr mal zu sagen, daß du eigentlich findest, daß du besser zeichnest.

ADOPTIVVATER: Das haben wir insoweit erledigt. Ich war bei der Lehrerin.

MUTTER: Die Klassenlehrerin hat selbst . . .

ADOPTIVVATER: Die Klassenlehrerin hat selbst angeregt, daß wir mit der Zeichenlehrerin sprechen sollen und hat sich entschuldigt, daß sie beim Babyurlaub und daß sie bei den vielen Kindern, wo sie so viele Noten geben muß, daß sie da mal eine Sache auch nicht klar erkennen kann.

THERAPEUT: Sie finden also auch, daß er schön zeichnet?

ADOPTIVVATER: Sie sind beide regelrecht begabt.

THERAPEUT: Schade, daß ihr hier noch nicht dazu gekommen seid, was zu malen, ich hätte gerne mal etwas gesehen, was ihr zeichnet oder malt.

MUTTER: Zeichnen tun sie beide gern. Das können sie auch beide. Ihr braucht euch doch nicht zu schämen. Was macht ihr denn am liebsten in der Schule, tut es doch einmal erzählen.

ROLF: Turnen.

MARKUS: Zeichnen.

THERAPEUT *zu beiden Eltern*: Wie sind Sie denn eigentlich im Grunde mit den beiden Kindern zufrieden?

MUTTER: Nun, die Mutti ist immer zufrieden mit ihren Kindern. Sie sind brav als Jungens, möchte ich sagen. Nur sie gehen noch nicht, also daß sie mal einkaufen gehen in das Lebensmittelgeschäft, bei uns zwei Häuser weiter. Da kann ich lamentieren. Geht mir doch mal einkaufen. Das ist höchstens einmal, daß sie mir zwei, drei Flaschen Milch holen. Aber wenn das schon mal ein paar Artikel mehr sind, dann haben sie schon Angst. Dann gehen sie schon nicht.

THERAPEUT: Bringen Sie es dann fertig, sie dann trotzdem zu schicken und zu sagen: Jetzt geht mal ruhig hin und macht das?

ADOPTIVVATER: Nicht energisch genug, nicht energisch genug!

MUTTER: Ja, ich bin . . .

ADOPTIVVATER: Wenn die Mutti da mit mehr Schwung die Sache organisieren würde, wäre vieles schon gelöst.

THERAPEUT *zum Adoptivvater*: Sie haben die Vorstellung, daß Ihre Frau da energischer sein sollte?

ADOPTIVVATER: Ja.

THERAPEUT *zur Mutter*: Und das ist nicht so Ihre Art, wenn die sagen, die mögen nicht . . .

MUTTER: Ich bin da manchmal selbst der Meinung, daß ich vielleicht daran schuld bin, daß es so ist, wie es ist. Meine Mutter behauptet, ich wäre als Kind genauso gewesen. Ich weiß nicht, ob man das sagen darf.

THERAPEUT: Natürlich, sprechen Sie ruhig darüber.

MUTTER: Wenn ich ans Telefon sollte gehen, das war beim Nachbarn, da hat es immer Tränen gegeben. Und die beiden gehen heute bei uns auch noch nicht ans Telefon. Es ist nichts zu machen. Ich sag, geht doch mal, es ist bestimmt die Oma oder so. Aber es passiert nichts, oder nur mit Tränen.

THERAPEUT: Sie waren also als Kind auch so ein bißchen zurückhaltend? Und hat sich das geändert?

MUTTER: Ja, eigentlich ja.

ADOPTIVVATER: Ja, sie ist ...

THERAPEUT: Jetzt lassen Sie sie doch mal selber etwas sagen hier.

MUTTER: Wir haben zu Hause Landwirtschaft und eine Gastwirtschaft gehabt. Als kleines Kind wäre ich sehr frei gewesen, und wo ich in die Schule gekommen bin, da wäre das so praktisch losgegangen, behauptet meine Mutter, ich weiß es nicht. Dann später bin ich praktisch in die Haushaltungsschule gegangen, da waren wir so eine Art Internat, und da behauptete der Bekanntenkreis von uns zu Hause, daß ich seit dieser Zeit anders geworden wäre.

THERAPEUT: Und wenn Sie jetzt eine kleine Meinungsverschiedenheit haben, können Sie sich da auch behaupten, oder?

MUTTER: Ach ja, wenn ich weiß, daß ich im Recht bin, ja.

ADOPTIVVATER: Ja, überfahren läßt sie sich nicht. Prinzipiell, obwohl ich energischer bin.

MUTTER: Aber unser Papa hat viel Arbeit, und wenn er manchmal ein bißchen nervös ist, na Gott, da bin ich still. Ich meine da, Streit gibt es bei uns wirklich nicht. Ich denke, ach, er ist ein bißchen überfordert und überarbeitet, und dann bin ich schon eher mal still. Also Krach gibt es wirklich nicht bei uns.

THERAPEUT: Und vielleicht trauen Sie manchmal Ihren Jungens zu wenig zu, weil Sie sich selber, glaube ich, auch immer nicht viel zugetraut haben und sich vielleicht manchmal jetzt auch noch zu wenig zutrauen?

MUTTER: Ja, das ist vielleicht so ...

ADOPTIVVATER: Sie hat sehr viel zu helfen an Hausaufgaben usw. usf.

THERAPEUT: Haben Sie vielleicht die Vorstellung, daß man den Jungen noch nichts Richtiges zutrauen kann, den beiden?

MUTTER: Ach, das möchte ich auch nicht sagen. Ich weiß, daß *ich* ängstlich bin. *(Versprecher; der Verf.)* Und dann meine ich immer, ich wäre verpflichtet, den Kindern zu helfen. Aber vielleicht mache ich dann gerade was verkehrt.

THERAPEUT: Ich glaube, Sie haben sich da eben versprochen. Sie wollten sagen, daß *sie*, nämlich die Kinder, ängstlich sind. Sie haben aber gesagt: Daß *ich* ängstlich bin.

MUTTER: Nein, ich finde, daß *die* ängstlich sind, so irgendwie, das wollte ich sagen. Gerade jetzt beim Einkaufen, da denke ich immer, du läßt es lieber und gehst selbst. Da bin ich wohl nicht streng genug, das gebe ich zu. Ich gehe dann lieber selbst los. Die Schuld würde ich schon auf mich nehmen, das weiß ich.

THERAPEUT: Haben Sie denn auch leicht immer noch die Vorstellung, daß Sie irgendwelche Sachen nicht richtig machen?

ADOPTIVVATER: Ja, ganz geringe, Herr Professor.

THERAPEUT *zur Mutter*: Haben Sie gedacht, Sie können etwas nicht so gut wie manche andere?

ADOPTIVVATER: Das ist bestimmt nicht so ganz der Fall.

MUTTER: Na Gott, in der Schule hatte ich bestimmt keine Schwierigkeiten. Aber wenn ich ein Gedicht aufsagen sollte, dann hatte ich Hemmungen da vorne, und habe gekribbelt und gekrabbelt, wenn ich da vorne stehen mußte. So sind die jetzt auch.

THERAPEUT: Aber wenn man in ein Geschäft gehen muß, muß man ja kein Gedicht aufsagen. Da muß man bloß sprechen, und das Sprechen war früher für Sie auch nicht so leicht?

MUTTER: Nein. Das war für mich auch nicht leicht.

THERAPEUT: Hat man Sie da viel kritisiert? Oder gab es jemanden zu Hause, der so gut gesprochen hat, daß der immer allein gesprochen hat?

MUTTER: Ja, meine ältere Schwester.

ADOPTIVVATER: Die ältere Schwester ist fast genau umgekehrt wie meine Frau. Die hat es ihr von Kind auf abgenommen.

MUTTER: Das war immer so, wenn ich dann nicht ging, weil ich Angst hatte, dann mußte die Große gehen, die war drei Jahre älter als ich ...

ADOPTIVVATER: Und die ging gern.

MUTTER: Und die war das Gegenteil von mir.

THERAPEUT: Und die hat dann alles gesprochen und die hat dann alles gemacht?

ADOPTIVVATER: Ja, hat alles für sie gemacht.

THERAPEUT *zur Mutter*: Ach ja, und jetzt sind Sie so ähnlich mit Ihren Söhnen, wie damals die ältere Schwester mit Ihnen?

ADOPTIVVATER: Da haben Sie ziemlich recht. *Die Mutter nickt dazu.*

THERAPEUT *zur Mutter*: Aha, wenn Sie sich an Ihre Kindheit erinnern, da wäre es gut, wenn Sie sich jetzt einmal fragen würden, ob das für die Jungen so günstig ist, wenn Sie es denen immer so bequem machen. Denn Sie haben sich dadurch ja auch nicht so leicht entwickeln können, weil Ihnen das die ältere Schwester immer weggenommen hat. Jetzt müssen Sie vielleicht auch die Jungen ein bißchen mehr ermutigen.

MUTTER: Ja, das weiß ich, das sehe ich ja ein. Aber es liegt bestimmt auch nicht allein an mir. Ich will ja auch nur ihr Bestes, und deshalb haben wir ja auch mit der Lehrerin gesprochen. Und die hat uns beraten, wir sollten mal hierhergehen, weil wir allein nicht den richtigen Grund wußten.

THERAPEUT: Wir kommen hier häufig darauf, daß solche Schwierigkeiten von Kindern auch mit den Eltern zu tun haben. Daß es tatsächlich manchmal so ist, daß, wenn zum Beispiel Kinder zu schüchtern sind, daß einer von den Eltern denen alles ein bißchen zu sehr aus dem Wege räumt. Nun sehen wir ja hier auch, daß die beiden Jungen das Gefühl haben, die Mutti macht das schon.

MUTTER: Das hat der Papa auch gesagt. Ja, aber ich kann doch nicht für sie in die Schule gehen, das geht doch nicht.

THERAPEUT *lachend*: Aber wenn Sie das könnten, würden Sie das am liebsten auch noch machen. Und nun möchte ich auch noch etwas zu Ihnen – *gemeint ist der Adoptivvater; der Verf.* – sagen: Sie sind ja ein sehr vernünftiger und besonnener Mann. Und Sie haben mir, wenn ich hier etwas von der Familie wissen wollte, immer auch gleich geantwortet. Vielleicht haben die anderen in der Familie das Gefühl, wir haben ja unseren Papa, der weiß alles, und der kann alles, und da haben wir gar nichts zu sagen. Wissen Sie, man redet ja auch immer nur, wenn man das Gefühl hat, man *kann* sich einmischen. Wenn man aber einen Papa hat, der alles weiß, dann sagt man nichts. Und vielleicht sind Sie so einer, der alles weiß.

ADOPTIVVATER: Na ja.

THERAPEUT: Vielleicht habt ihr einen Papa, der alles weiß, ist es so?

ROLF: Ja. *Auch Markus nickt eifrig.*

THERAPEUT: Und dann denkt ihr, es genügt doch, wenn der redet. *Beide Kinder nicken wiederum.*

ADOPTIVVATER: Ja, das ist aber zu Hause insoweit nicht der Fall, also wir haben zum Beispiel am Mittagstisch eine verhältnismäßig laute und starke Unterhaltung.

MUTTER: Wir haben ja auch noch die Kleine von zweieinhalb.

THERAPEUT: Das merkt man manchmal als Vater gar nicht so, und man muß dann lernen, daß man sich mehr zurückhält, damit die anderen sich auch zur Geltung bringen können. Denn sonst sehen die immer nur auf den Papa, und was der sagt.

ADOPTIVVATER: Eine gewisse Berechtigung hat Ihre Anregung schon ... das gebe ich zu.

THERAPEUT: Und die Mama, die muß den Jungens mehr zutrauen, nicht wahr?

MUTTER: Ja, ich habe jetzt Angst, wenn die in die fünfte Klasse kommen, das ist die Förderstufe, dann werden sie eingestuft in Gruppen A, B und C ...

ADOPTIVVATER: Es ist eine neue Schule.

MUTTER: Jetzt sind sie praktisch in ihren Zeugnissen ungefähr gleich, in den Leistungsnoten und so. Die Lehrerin sagte schon, wir müßten sie irgendwie in verschiedene Klassen zu tun versuchen. Aber das kann ich ja nicht sagen, ich stecke den in B und den in C. Dann fühlt sich ja einer zurückgesetzt. Also müssen sie praktisch doch wieder zusammen. Da habe ich jetzt Angst davor.

THERAPEUT *zu den Jungen*: Was meint ihr dazu? Ihr wollt nicht auseinander?

MARKUS: Nein.

THERAPEUT *zur Mutter*: Sie sprachen schon wieder von Ihrer Angst. Ich habe das Gefühl, das ist wichtig, daß Sie mal Ihre Angst ein bißchen mehr anschauen. Wenn die Jungen merken, daß Sie auch immer Angst haben, dann trauen die sich weniger zu.

MUTTER: Ja, das ist vielleicht ein bißchen übertrieben, meine Angst.

THERAPEUT: Ich bin bei den beiden gar nicht bange. Ich glaube, die machen sich schon.

ADOPTIVVATER: Da ist auch gar nicht viel, was fehlt. ◂

Vier Wochen nach dieser Beratung sieht Herr Kollege Neraal die Familie in einem weiteren Gespräch. Dabei äußern sich die Eltern befriedigt über inzwischen eingetretene Fortschritte. Sie halten deshalb weitere Besuche für überflüssig. Über den Verlauf im folgenden Jahr orientieren mehrere telefonische Nachfragen von Herrn Neraal. Es stellt sich heraus, daß die Jungen schon bald nach der im Protokoll zitierten Beratung allein einkaufen gehen. Beide treten später in einen Basketballverein ein und nehmen an verschiedenen Turnieren teil, wobei sie einmal auch zwei Tage außerhalb übernachten. Im folgenden Sommer lernen sie auch Schwimmen. Die Lehrerin teilt bei einem Elternabend mit, die beiden seien jetzt etwas freier. In den schriftlichen Arbeiten seien ihre Leistungen sehr gut. Bei manchen Lehrern seien sie jedoch nach wie vor sehr zurückhaltend. Das Bettnässen von Markus bessert sich, ohne vorläufig ganz zu verschwinden. Die Anwendung einer Klingelmatratze unter hausärztlicher Überwachung wird für den Fall vorgesehen, daß sich die Besserung nicht fortsetzen sollte. Den Adoptivvater freut es besonders, daß Markus mehr aus sich herauszugehen lernt, wenn Leute zu Besuch kommen: «Er macht sogar kleine Witze, und das steht ihm sehr gut.»*

* Ich danke Herrn Neraal für seine Mithilfe bei der Nachbetreuung und der katamnestischen Kontrolle der Familie.

Interpretation: Die katamnestischen Informationen sprechen also dafür, daß die Familie sich nach der Beratung besser imstande fühlt, mit den verbleibenden Schwierigkeiten allein fertig zu werden. Gemeinsam scheinen die Zwillinge etwas mehr Selbstsicherheit zu gewinnen, was sie dazu befähigt, einkaufen zu gehen, auswärts zu übernachten und zusammen ihre sportlichen Aktivitäten zu steigern. Von einer Änderung ihrer Abhängigkeit voneinander ist indessen kaum etwas zu erkennen. Wichtig für die Mutter und den Adoptivvater ist sicherlich auch, daß die Klassenlehrerin ein freieres Benehmen der Kinder registriert. Der Anschein spricht jedenfalls dafür, daß die Eltern tatsächlich ein Stück von ihren Ängsten verlieren. Etwas scheint also bei der Beratung geschehen zu sein. Und es ist zu fragen, wodurch ist dieses «Etwas» zustande gekommen?

Man sollte vielleicht bei dem Umstand beginnen, daß es für diese ländlich-kleinbürgerliche Familie besonders wichtig ist, wie kompetente Autoritäten ihr Problem einschätzen. Erst hatte die Lehrerin sie zu uns geschickt und geäußert: Bei euch ist etwas nicht in Ordnung! Dann aber hat der Professor in der Klinik nach dem langen, gründlichen Gespräch gesagt, daß ihm um die Jungen gar nicht bange sei. Und später hat die Lehrerin bestätigt, daß es mit den Zwillingen besser gehe. Eine derartige Bestätigung aus Expertenmund schlägt bei Klienten dieser sozialen Kategorie leichter durch als bei kritischeren Eltern etwa aus der oberen Mittelschicht. Daß in diesem Fall der Adoptivvater und die Mutter mit den interpretativ begründeten Hinweisen und Empfehlungen recht bereitwillig umgehen, liegt indessen keineswegs nur an ihren sozialen Voraussetzungen, sondern vor allem auch daran, daß es sich bei ihnen um nachdenkliche, für psychologische Zusammenhänge aufgeschlossene Leute handelt. Die Mutter belegt das durch ihre kluge Einschätzung der pathogenen Bedeutung der Trennung der Zwillinge, als Markus krank war. Und der Adoptivvater beweist sein Verständnis unter anderem damit, wie einsichtsvoll er sich bei der abschließenden kritischen Erörterung seiner bevormundenden Verhaltensweise benimmt.

Das Konzept der angewandten Beratungstechnik läßt sich nur auf dem Hintergrund der vorgefundenen Familiendynamik näher erläutern.

Ich möchte mit der Mitteilung eines Eindrucks beginnen, den übrigens andere teilen, die das Videoband von diesem Familieninterview gesehen haben: Im Gegensatz zu dem verbal vermittelten Bild von einer hochgradigen psychischen Schädigung der Kinder fiel mir auf, daß die Zwillinge das Interview in sehr differenzierter Weise mit ihrer Mimik begleiteten, wodurch sie ihre spärlichen sprachlichen Äußerungen reichlich ergänzten. Sie zeigten, daß sie genau verstanden, was vor sich ging. Fortwährend tauschten sie nonverbal Informationen aus und kommentierten auf diese

Weise kritisch manche Voten der Eltern. Auch mir gaben sie gelegentlich verschmitzt blinzelnd ein Signal, ohne darüber ein Wort zu verlieren. Also empfand ich sie durchaus nicht als so schwach und krank, wie ich es zunächst erwartet hatte. Ich fühlte mich ihnen gegenüber also bald gar nicht mehr besonders besorgt. Um so mehr fiel mir auf, wie beunruhigt offenbar der Adoptivvater über die sprachliche Gehemmtheit und die mangelhafte Expansivität der Zwillinge war. Sein rigoroses Rezept der Stelzen-Dressur und seine Ungeduld über die kindliche Verspieltheit der beiden Jungen verrieten, daß bei ihm offensichtlich ein eigenes Problem aktualisiert worden war. Und zwar glaubte ich zu erkennen, daß er die Schwäche der Jungen deshalb nicht ertragen konnte, weil er ursprünglich aus Angst vor der gleichen Schwäche in eine kontraphobische Reaktionsbildung geflüchtet war. Er fühlte sich nunmehr bedroht, weil die Kinder ihn an die Ohnmachtsgefahr erinnerten, die er durch Verdrängung in Schach zu halten gewohnt war.

Hier zeigt sich ein durchgängiges Thema in dieser Familie: *Der eine Teil ist nach außen hin ganz ohnmächtig und gehemmt, in Wirklichkeit aber gar nicht so schwach – und der andere Teil erscheint dominant und sozial aktiv, ist aber im Grunde keineswegs so stark.* Der Adoptivvater setzt sich durch, und die Mutter gibt nach und ist still. Aber es kommt heraus, daß sie therapeutische Nachsicht mit dem «nervösen» und «überforderten» Partner übt, dessen verdeckte Brüchigkeit sie durchschaut. Und sie ist auch in der Darstellung ihrer Probleme mutiger als er. Von den beiden Zwillingen wiederum wird Rolf als der relativ forschere und sportlichere gelobt. Aber er ist es, der immer wieder mit den Fingern nach der Hand des Bruders tastet, der seinerseits weniger auf diese permanente Tuchfühlung angewiesen zu sein scheint.

Konflikthafte Unruhe kommt nun dadurch in das Familiensystem hinein, daß der Adoptivvater und die Mutter entgegengesetzte Rezepte anwenden, um das vorherrschende Problem der Angst in der Familie zu bändigen. Der Adoptivvater möchte, daß alle seine kontraphobische Abwehr übernehmen. Selbstunsicherheit darf nicht demonstriert werden. Er erlaubt seiner Frau an zwei Stellen nicht, daß sie über ihr schwaches Selbstvertrauen redet. Und die verschüchterten Zwillinge möchte er drillen, daß sie so schnell als möglich expansiv, forsch, sportlich, ernst und erwachsen werden, daß sie reden und Reisebeschreibungen lesen. Die Mutter enthüllt nicht nur durch ihr Fehlleistungs-Versprechen, daß sie sich mit der Angst der Jungen identifiziert. Sie assoziiert ausdrücklich ihre eigenen alten Ängste. Am liebsten würde sie – ganz im Gegensatz zu ihrem Mann – die Kinder vor allen furchterregenden Situationen schützen. Während sie ihnen – aus eigener Unsicherheit – *zuwenig* zumutet, fordert der Adoptivvater *zuviel* von ihnen. In dieser Rivalität der Erziehungskonzepte drückt sich natürlich auch ein unausgetragener Ehekonflikt aus. Nichtsdestoweniger treffen sich Adoptivvater und Mutter an einem Punkt. Jeder wirkt auf seine Weise darauf hin, daß die Jungen sich nicht aktiv darstellen. Der Adoptivvater bringt sie indirekt zum Schweigen, indem er – seiner Abwehrstruktur entsprechend – immer omnipotent dominieren muß. Er führt ständig das Wort für die Familie. Neben ihm, der anscheinend alles weiß und immer alles sagen kann, haben die Zwillinge kaum Entfaltungsmöglichkeiten. Aber auch die Mutter ist laufend in Gefahr, die Zurückhaltung der Jungen zu fixieren, indem sie sofort dort für sie einspringt, wo diese sich scheu zeigen. Auch in ihrer *«overindulgent overprotection»* (Levy[4]) steckt ein Moment der Bevormundung. Am liebsten würde sie noch für die Kinder in die Schule gehen. *Beide Eltern laden somit unbewußt die Jungen dazu ein, an sie das Können abzutreten, für dessen Mangel sie auf der anderen Seite die Kinder kritisieren.* Dieser Sachverhalt stellt sich ja auch im Interview konkret dar: Thema ist die Schüchternheit und die Ausdruckshemmung der Kinder, aber beide Eltern verhalten sich praktisch so, daß sie die Jungen zum Schweigen nötigen. Und es ist bezeichnend, daß die Mutter schließlich keinen anderen Ausweg sieht als den, daß sie und der Adoptivvater das Zimmer verlassen sollten, um den Zwillingen zum Sprechen zu verhelfen. Sie weiß: Sobald es um Außenkontakte geht, zwingen sie und ihr Mann indirekt die Kinder zum Verstummen. Die Frage ist also genau die, die sich auch im Interview so stellt: *Wie kann diese Familie es lernen, daß nicht immer ein Teil dem anderen das Können, das Reden, den Mut abnimmt, daß vielmehr alle nebeneinander einigermaßen gleichgewichtig aktiv hervortreten können?*

An vier Stellen des protokollierten Interview-Teils habe ich das aktualisierte Bevormundungsproblem in der Weise aufgegriffen, daß ich direkt zu einer *Verhaltenskorrektur* aufforderte. Beim erstenmal habe ich vom Vater verlangt, nicht an Stelle der von mir befragten Jungen zu antworten. Dann habe ich dem Angebot der Mutter widersprochen, die mit ihrem Mann das Zimmer verlassen wollte, und gesagt: «Vielleicht können Sie auch mal dabeisein und trotzdem nichts sagen!» Beim drittenmal habe ich dem Adoptivvater verwehrt, sich an Stelle der Mutter zu äußern, als ich mit dieser den Verlauf ihrer eigenen Schüchternheitsproblematik zu besprechen im Begriff war. Schließlich habe ich am Ende des Interviews beiden Eltern ausdrücklich empfohlen, sich selbst mehr zurückzuhalten, damit die Jungen mehr Raum bekämen, sich auszudrücken. – Die erste Mahnung an den Vater verband ich mit der Erklärung, daß ich glaubte, dieser traue den Jungen gar nichts zu. Die zweite und die dritte Aufforderung wurden durch eine Erläuterung ergänzt: Wenn die Kinder fortwährend erlebten, daß alles stellvertretend für sie gesagt werde, dann bekämen sie das Gefühl, selbst nichts mehr sagen zu können.

Wesentlich war aber wohl die Chance, diesen Zusammenhang aus dem Kindheitskonflikt der Mutter *interpretativ* herausarbeiten zu können. Das Problem, daß in einer Familie einer einem anderen das «Können» wegnimmt bzw. von diesem zugeteilt bekommt, schien nach meiner Vermutung der Mutter von früher her bekannt zu sein, weil sie durch die Fehlleistung eine so starke emotionelle Identifizierung mit den Zwillingen kundtat. Daher wagte ich, ihr direkt auf den Kopf zu eine entsprechende Frage zu stellen, die sie dann mit der Schilderung ihrer Bevormundung und Paralysierung durch die ältere Schwester beantwortete. Damit ließ sich ihr – und den anderen an ihrem Beispiel – unmittelbar anschaulich der Sachverhalt demonstrieren: Man lernt nicht zu reden und seine Passivität aufzugeben, solange man immer mit jemand zusammen ist, an den man das Reden und das Aktiv-Sein abtreten kann. *Die Deutung, daß sie jetzt unbewußt mit ihren Kindern das tue, was früher die Schwester mit ihr gemacht habe*, hat – wie er bezeugte – auch dem Adoptivvater eingeleuchtet, der vielleicht deshalb anschließend auch eher bereit war, sich eine kritische Beleuchtung seines eigenen bevormundend-dominanten Verhaltens gefallen zu lassen.

Dies ist ja übrigens eine geläufige Erfahrung, daß sich die Väter in Familieninterviews dadurch sekundär auflockern lassen, daß sie zuvor bei ihren offeneren und selbstkritischeren Frauen die interpretative Aufdekkung eines unbewußten Zusammenhangs verfolgen können (vgl. BECKMANN[1], RICHTER[7]).

Neben der direkten Verhaltensempfehlung und der Interpretation benutzte ich noch ein *drittes Instrument*, nämlich *das zu Identifizierung einladende «Vormachen»*. Als ich die steife, gemessene Art des Stiefvaters bemerkte, die von der Erlebniswelt und dem Ausdrucksstil der zehnjährigen Kinder unendlich weit entfernt zu sein schien, verfolgte ich durch das lockere Fußball-Gespräch unter anderem die Absicht, vor allem dem Adoptivvater, aber auch der Mutter zu zeigen: Es ist gut, die Jungen auf dem Niveau ihrer kindlichen Spielwelt anzusprechen. Wenn ihr seht, daß der von euch gewiß respektierte Experte sich so verhält, dann braucht ihr euch wahrhaftig nicht zu schämen, auch unbefangener mit den Kindern auf dieser Ebene umzugehen, anstatt von den Jungen vorzeitig «erwachsenere» Interessen und Verhaltensweisen zu verlangen. «Vormachen» wollte ich der Mutter am Ende auch mit meinem Verhalten, daß ich im Grunde um die Jungen nicht weiter besorgt sei. Etwa so: Wenn ich den Jungen zutraue, daß sie es schaffen, dann braucht Ihnen doch auch nicht mehr so bange zu sein.

Nicht näher aufgegriffen habe ich das von der Mutter angebotene Trauma der Trennung der Zwillinge mit dreieinhalb Jahren. Überhaupt habe ich vermieden, gewisse frühere und tiefergehende Probleme anzusprechen, die sich vor allem auch bei der Mutter im Zusammenhang mit ihrer belastenden Anamnese andeuteten. Wenn man auf eine begrenzte Zusammenarbeit in ein oder zwei Sitzungen hinarbeitet, ist es nicht indiziert, die Probleme möglichst umfassend und möglichst weit in die frühe Vorgeschichte hinein anzusprechen. Es ist, wie gesagt, sinnvoller, sich auf die leicht zugänglichen Quellen eines alle miteinander verbindenden Problems zu beschränken, das sich im augenblicklichen Umgang der Familienmitglieder miteinander eindrücklich darstellt und dessen Hintergrundphantasie bearbeitbar zu sein scheint.

In dem beschriebenen Fall läßt sich zwar einigermaßen erkennen, wie die Klienten unmittelbar auf die therapeutischen Interventionen reagiert haben. Aber es ist nicht mehr zu überprüfen, wie der Prozeß im Detail weiter verlaufen ist. Dies wäre der Vorteil einer Sequenz von Therapie-Sitzungen gegenüber der Beratung, daß man den Reaktionsverlauf in der Familie länger und subtiler verfolgen kann. Andererseits ist die Einmal- oder Zweimal-Beratung in geeigneten Fällen – wie gesagt – ein durchaus zweckmäßiges Verfahren, wie man mitunter aus späteren Äußerungen der Beratenen oder aus deren Umgebung erfährt. Im übrigen ist der Anteil der Klienten, die nur einmal zur Vorstellung kommen, in zahlreichen Beratungsstellen der relativ größte, wie aus statistischen Untersuchungen bekannt ist. Schon daraus ergibt sich die Notwendigkeit, dieses Arrangement genauer als bisher zu studieren und seine Bedeutung ins rechte Licht zu rücken.

Dabei kommt es besonders darauf an, das Arrangement der Beratung nicht nur negativ von Behandlung in dem Sinne abzugrenzen, als sei eine Beratung so etwas wie eine Noch-nicht-Behandlung, wie ein Notbehelf, weil die eigentlich anzustrebende Behandlung aus irgendwelchen Gründen nicht möglich ist. Oft findet man sogar infolge einer Unterschätzung der Chancen von Beratung eine Verfahrensweise, die ganz schlimm ist: Junge Berater oder Therapeuten, die lediglich eine längere oder kürzere analytische Psychotherapie als wissenschaftlich begründete Methode kennengelernt haben, benehmen sich bei jeder Kontaktaufnahme mit Klienten so, daß sie lediglich die Indikation für eine regelrechte analytische Psychotherapie überprüfen. Entweder wird dann eine solche Therapie verabredet, oder aber die Klienten werden als «ungeeignet» wieder nach Hause geschickt. Die Familie wird nach allen Richtungen hin ausgefragt. Die Klienten fühlen sich begreiflicherweise wie in einer Prüfungssituation. Und bleibt es, wie häufig, bei der einmaligen Sitzung, dann sind sie eher noch ratloser als zuvor. Der innere Widerspruch eines solchen unzweckmäßigen Vorgehens verrät sich bereits in einer terminologischen Inkonsequenz: In zahlreichen Beratungs- und Therapieambulanzen spricht man durchweg von «*Erst*interview», obwohl diesem *Erst*interview vielfach kein *Zweit*interview oder gar eine *Behandlungsphase* folgt. Damit verbunden ist dann vielfach die stereotype Handhabung des Gesprächs in der Weise, als ob man in jedem Falle Zeit und Gelegenheit haben werde, die im Erstinterview stimulierten Konfliktthemen in Zukunft weiter zu bearbeiten. Statt dessen ergeben sich oft bereits in der ersten Gesprächsphase hinreichende Anhaltspunkte für den Therapeuten dafür, daß die jeweiligen Klienten mit ein, zwei Beratungskontakten in den Stand gesetzt werden könnten, ein bestimmtes Problem besser zu handhaben und daß eine tiefere und eingreifendere Therapie entweder nicht möglich oder nicht nötig erscheint. Dann wäre es in jedem Fall notwendig, die weitere Gesprächszeit für gezielte beraterische Interventionen zu nutzen, anstatt aus analytischer Neugier ein möglichst komplettes Bild der dynamischen Zusammenhänge herauszufragen.

Es ist verständlich, daß analytisch therapeutisch ausgebildete Kräfte am liebsten in einem Arrangement arbeiten, bei dem sie ihre Fähigkeiten am subtilsten und unter den angenehmsten Umständen anwenden können. Es ist sehr viel angenehmer, wenn man sich bei der Bearbeitung psychischer Probleme Zeit lassen kann und wenn man weiß, daß man das, was man heute noch nicht versteht, vielleicht in den nächsten Sitzungen verstehen wird und daß man Fehler, die man in der vorigen Sitzung gemacht hat, heute oder irgendwann in Zukunft durch bessere Interventionen korrigieren kann. Darüber hinaus verschafft es eine besondere Befriedigung, längerfristige positive Entwicklungsprozesse begleiten und steuern zu können. Es geht ja auch nicht darum – dies sei zur Vorbeugung eines Mißverständnisses gesagt –, längerfristige Therapien, vor allem die klassische Analyse, generell gegen kurzfristige Beratungstechniken zu vertauschen. Aber es ist entschieden zu fordern, daß die auch in analytisch orientierten Beratungs- und Behandlungsinstitutionen statistisch überaus häufigen Einmal-Kontakte mit Klienten in der gebührenden therapeutischen Gründlichkeit gehandhabt werden. Es ist leicht durchschaubar, daß die abwertende Einschätzung, die Beratung sei im Vergleich zur Behandlung eine ziemlich primitive und notwendigerweise oberflächlich pragmatische Abfertigungstätigkeit, eher eine Rationalisierung zur Selbstrechtfertigung von Therapeuten darstellt, die sich zur Beratung zu fein dünken bzw. davon zu wenig verstehen. In Wirklichkeit stellt eine kunstgerechte Beratungstechnik hohe Anforderungen an den Ausübenden, weil er sich rasch diagnostisch orientieren, treffsicher einen beraterisch angehbaren Problemausschnitt herausfinden und umgehend eine Entscheidung für eine sinnvolle Interventionsstrategie fällen muß. Was er sagt, muß gleich «sitzen». Wenn man indessen diese Schwierigkeiten hervorhebt, gelangt man leicht wiederum zu der Gegenthese: Die Beratung sei also eigentlich fachlich eine höchst anspruchsvolle Methode. Daraus folgern manche wiederum: An kurzfristige Beratungen sollten sich nur alterfahrene Experten heranmachen. Jeder sollte erst möglichst viele Langzeit-Therapien hinter sich haben, ehe er sich eine fachgerechte Beratungsarbeit zutrauen könne. Diese Auffassung ist zwar rein theoretisch schlüssig, indessen realitätsfern. Überall werden die psychotherapeutischen Nachwuchskräfte in den Institutionen, in denen sie praktisch arbeiten, reichlich mit «Beratungsfällen» eingedeckt. Sie können sich dagegen gar nicht wehren. Wenn man sie nicht von Anfang an schult, auch im Beratungsarrangement sehr reflektiert und mit begründeten Konzepten zu operieren, werden sie allzuleicht der Gefahr anheimfallen, in der Beratungsarbeit unsorgfältig vor sich hinzuwursteln und nur die längerfristigen Therapiearrangements als das eigentliche, mit Sorgfalt zu bearbeitende professionelle Aufgabenfeld zu betrachten.

Allerdings kann man von dem Nachwuchs keine andere Entwicklung erwarten, sofern er nicht von den älteren Experten erfährt, daß diese in der Beratung nicht nur eine sozial hochwichtige, sondern auch eine fachlich interessante Aufgabe sehen, bei der man für die Klienten mancherlei erreichen und für sich selbst viel lernen kann.

Literatur

1 BECKMANN, D.: Paardynamik und Gesundheitsverhalten – Einige Ergebnisse einer repräsentativen Erhebung. In: diesem Band

2 BOSZORMENYI-NAGY, I., u. G. SPARK: Invisible Loyalties. New York: Harper & Row 1972

3 EHRENWALD, J.: Neurosis in the Family and Patterns of Psychosocial Defense. New York: Hoeber-Harper 1963

4 LEVY, D. M.: Maternal Overprotettion. 5. ed. New York: Columbia University Press 1957

5 LIDZ, T.: The Family and Human Adaption. New York: International University Press 1963

6 RICHTER, H. E.: Eltern, Kind und Neurose. Stuttgart: Klett 1963

7 RICHTER, H. E.: Zwei-Wochen-Paartherapie. In: Psyche 10 (1973), S. 889

8 STIERLIN, H.: Family Dynamics and Separation Patterns of Potential Schizophrenics. In: 4. International symposium on psychotherapy of schizophrenia. 4. Turku 1971 (1972)

9 STIERLIN, H.: Eltern und Kinder im Prozeß der Ablösung. Frankfurt

a. M.: Suhrkamp 1975
10 STIERLIN, H.: Rolle und Auftrag in der Familientheorie und -therapie. In: Familiendynamik 1 (1976)
11 TOMAN, W.: Familienkonstellationen. 2. Aufl. München: Beck'sche Verlagsbuchhandlung 1974 (Beck'sche Schwarze Reihe. 112.)
12 WEAKLAND, J. H.: The «Double-Bind» Hypothesis of Schizophrenia and Three-Party Interaction. In: D. DE A. JACKSON (Ed.): The Etiology of Schizophrenia. New York: Basic Books 1960
13 WILLI, J.: Die Zweierbeziehung. Reinbek bei Hamburg: Rowohlt 1975

2.4. Familientherapie von Adoleszenten

HELM STIERLIN

Die Probleme Jugendlicher, um die es in dieser Arbeit geht, sind nicht neu. Sie klingen bereits in einer Frage an, die der Philosoph GEORG WILHELM FRIEDRICH HEGEL 1813 in seiner Eigenschaft als Rektor des Gymnasiums zu Nürnberg anläßlich einer Rede vor seinen jugendlichen Gymnasiasten aufwarf: «Wenn Gesetze und Einrichtungen, die den festen Grund für das Wandelbare ausmachen sollen, selbst wandelbar gemacht werden, woran soll das an und für sich Wandelbare sich halten?»

Die Gesetze und Einrichtungen, von denen HEGEL damals sprach – und er dachte dabei an jene Institutionen, Traditionen und verpflichtenden Werte, die das gesellschaftliche Leben bestimmen –, wandeln sich jedoch heute noch schneller als zu seiner Zeit. Und dieser Wandel akzentuiert und spiegelt sich vor allem in der Altersgruppe wider, die sich uns gleichsam als Urbegriff des «an und für sich Wandelbaren» darstellt – der *Adoleszenz* – dem Jugendalter.

Veränderungen in der westlichen Familienstruktur

Hier möchte ich einen Aspekt des sozialen Wandels, der sich auf das Jugendalter auswirkt, hervorheben: die Veränderungen in der Struktur der westlichen Familie und den Beziehungen zwischen den Generationen, an denen wir alle, als Handelnde und Erlebende, teilhaben. Und hier wiederum erscheint mir vor allem ein Phänomen wichtig – die Zweideutigkeit, die mehr denn je die wechselseitigen Bedürfnisse, Erwartungen, Rechte und Pflichten der modernen Eltern- und Kindergenerationen kennzeichnet.

In früheren – das heißt sich langsamer wandelnden und weniger komplexen Zeiten – fanden die Generationen hier wenig Ursache zum Fragen, da ihre gegenseitigen Bedürfnisse, Rechte und Verpflichtungen – mehr oder weniger – am Tage zu liegen schienen: Die Eltern gaben ihren Kindern Nahrung, ein Dach über dem Kopf und sorgten für ihr Wohlergehen. Sie bereiteten sie auf das Leben in der gegebenen Sozietät vor, indem sie sie das dafür Notwendige lehrten, ihren Selbstwert stärkten und möglicherweise ihrer beruflichen Karriere durch Geld, einen bekannten Namen, Familienverbindungen usw. eine Starthilfe gaben. Von den Kindern wiederum wurde erwartet, daß sie ihre Eltern respektierten, durch eigene Arbeit (z. B. in der Landwirtschaft) zum Familieneinkommen beisteuerten und den Eltern in deren Alter beistanden. Ein derartiges Gleichgewicht spezifischer Bedürfnisse, Rechte und Pflichten entsprach in vieler Hinsicht dem, was sich im frühen Mittelalter im Band zwischen Lehnsherr und Vasall ausgebildet hatte. Dieses Gleichgewicht der Rechte und Pflichten zwischen den Generationen wurde in dem Maße, als sich unsere westliche Welt veränderte, komplexer und zweideutiger. Beispielsweise fanden sich westliche Eltern, besonders der wohlhabenden bürgerlichen Mittelschicht, weniger und weniger auf die materielle Hilfe ihrer Kinder angewiesen – im Gegensatz zu der noch heute in vielen unterentwickelten und überwiegend ländlichen Gesellschaften bestehenden Situation. Und westliche Kinder fanden sich ihrerseits immer weniger in der Lage, solche Hilfe zu gewähren – selbst wenn sie es gewollt hätten. Besonders in Zeiten eines wirklichen oder drohenden Wirtschaftsrückgangs müssen junge Menschen einen immer schärferen Konkurrenzkampf um weniger und weniger Arbeitsstellen bestehen, denn es fehlen ihnen die spezialisierte Ausbildung und das technische Können, die in mehr und mehr Positionen unserer komplizierten Industriegesellschaft verlangt werden.

Westliche Eltern scheinen immer weniger in der Lage zu sein, ihre Kinder für das Leben in unserer sich immer schneller wandelnden Welt vorzubereiten. Denn oft erscheinen sie zu sehr in überkommenen Anschauungen fixiert, um beispielsweise die Implikationen einer exponentiell ansteigenden Geburtenrate, eines die ganze Erde in Mitleidenschaft ziehenden nuklearen Krieges oder einer globalen und kumulativen Umweltzerstörung erkennen zu können. Daher sind sie unfähig, ihren Kindern die Werkzeuge – das heißt Denkgewohnheiten, Fertigkeiten, Informationen – zu vermitteln, die diese benötigen würden, um eine bedrohte Welt zu meistern, in der sie (die Kinder, nicht die Eltern) zu leben haben. Unvermeidlicherweise werden daher viele dieser Kinder zu frühreifen Fragern bzw. Provokateuren, die sich zugleich einer immer länger werdenden finanziellen (und damit auch emotionalen) Abhängigkeit von ihren Eltern und deren Institutionen (wie Fürsorgeeinrichtungen oder Universitätsverwaltungen) ausgesetzt sehen. Schließlich müssen wir uns das bei der gegenwärtigen Veränderung des zwischen den Generationen herrschenden Gleichgewichts der Bedürfnisse, Rechte und Pflichten das wahrscheinlich wichtigste Faktum vergegenwärtigen – die Tatsache, daß die meisten heutigen Eltern zwar weniger und weniger auf den materiellen Beitrag ihrer Kinder angewiesen sind, jedoch, wie ich meine, mehr und mehr deren psychologischer Hilfe bedürfen. Und meiner Erfahrung nach sind Kinder auch bereit, Eltern diese Hilfe zu gewähren, das heißt, die elterlichen Bedürfnisse zu befriedigen und damit deren psychologisches anstatt materielles Überleben zu ermöglichen. Somit werden die Kinder zu *Delegierten ihrer Eltern.*

Der Begriff des Delegierten

Was sagt uns dieser Begriff? Wie ich andernorts (STIERLIN[10, 11, 13]) ausgeführt habe, hat das lateinische Verbum delegare zwei Hauptbedeutungen. Es bedeutet erstens hinaussenden, und zweitens, mit einer Aufgabe – einer Mission – betrauen. Die letztere Bedeutung schließt ein, daß der Delegierte, obschon ausgesandt, seinem Sender – wie der Vasall dem Herrn – verpflichtet bleibt. Wo daher ein Kind seinen Eltern als Delegierter dient, wird ihm erlaubt – ja, wird von ihm verlangt –, daß es sich bis zu einem gewissen Punkte aus dem elterlichen Felde entfernt. Zugleich wird es jedoch gleichsam an der langen Leine der Loyalität gehalten. Sein Ausgesandtsein bleibt an Bedingungen geknüpft, die eine wiederholte Rückkehr zu den Eltern einschließen. Seine Loyalität darf dabei nicht zu blind, zu starr oder restriktiv sein, sondern muß für Initiative, relative Autonomie, Selektivität und Differenzierung Raum lassen. Wäre dies nicht der Fall, könnte der Delegierte Aufträge, die von ihm Wendigkeit, Geschick und eigenes Urteil verlangen, nicht ausführen.

Als Beispiel können hier etwa die Delegierten des kommunistischen China bei der UNO in New York dienen. Ihre starke Loyalitätsbindung an ihr Land, ihre Ideologie und ihren Führer MAO TSE-TUNG darf nicht in Frage stehen, weil sonst Gefahr bestünde, daß sie den Verlockungen des kapitalistischen Amerika erliegen und daher abspringen könnten. Gleichzeitig darf diese starke Loyalität sie aber nicht daran hindern, sich beweglich und initiativreich unter den Vertretern der kapitalistischen Welt zu tummeln.

Dabei bewegt sich der als Delegierter seiner Eltern fungierende moderne Jugendliche in einem komplexen und zweideutigen zwischenmenschlichen Feld. Einmal sind ihm seine Aufträge oft nur verdeckt und gleichsam chiffriert aufgetragen und entziehen sich daher einer klaren Definition;

zum anderen liegen diese oft mit den eigenen autonomen Bedürfnissen – die wir die eigentlichen Bedürfnisse der Adoleszenz nennen können – in Konflikt, das heißt jenen Bedürfnissen, die ihn dazu bewegen, eine Person in eigenem Recht zu werden, das eigene Leben zu leben und eigene Ziele zu verfolgen. Um diese komplizierte psychologische Szenerie, die sich der einfachen Formel vom Konflikt der Generationen widersetzt, ausloten zu können, müssen wir im folgenden einige der Aufträge, mit denen heutzutage Eltern ihre jugendlichen Kinder betrauen, näher betrachten.

Die psychoanalytischen Konzepte des Es, Ich und Über-Ich stecken hier einen Orientierungsrahmen ab, der uns die Unterscheidung von verschiedenen Kategorien von Aufträgen erlaubt – das heißt von Aufträgen, die in erster Linie dem elterlichen Es, dem elterlichen Ich und dem elterlichen Über-Ich dienen können.

Wo wir es mit Aufträgen auf der Es-Ebene, der Trieb- oder affektiven Ebene – zu tun haben, liefert der Delegierte einem Elternteil «Es-Nahrung», die dieser Elternteil sich aus dem einen oder anderen Grunde nicht selbst verschaffen kann und daher stellvertretend genießen muß. Hier regt das Kind die Einbildungskraft der Eltern an, indem es ihnen versteckte Hinweise oder anschauliche Beschreibungen seiner Abenteuer gibt, welche Erlebnisse aus zweiter Hand verschaffen. Während diese Eltern jedoch gierig am aufregenden Leben der Kinder teilzunehmen versuchen, bemühen sie sich oft, das eigene Interesse, die eigene Verantwortung und die dabei ins Spiel kommenden eigenen Erwartungen zu negieren. In der Regel erreichen sie das dadurch, daß sie das Kind wegen der Missetaten schelten und bestrafen, die sie ihm (mehr oder weniger versteckt) selber aufgetragen haben. Die zur Diskussion stehenden Aufregungen und Abenteuer können in erster Linie sexueller Natur sein. Hier kommt es etwa häufig vor, daß ein Elternteil einen Delegierten verdeckt ermuntert, sich auf sexuelle Eskapaden, einschließlich Perversionen und Orgien, einzulassen, an denen der Elternteil selbst partizipieren möchte. Oder diese Eskapaden können eine mehr orale, prägenitale Färbung haben, beispielsweise wenn ein Elternteil verdeckt den Drogenabusus und das wilde Trinken eines Kindes anregt und stellvertretend genießt. In anderen Fällen leitet sich das Handeln der Jugendlichen von dem negierten elterlichen Wunsch her, etwas Verbotenes zu tun und die Vertreter des Establishment zu provozieren. In derartigen Fällen ermutigt und genießt unter Umständen ein Elternteil verdeckt das delinquente und rebellische Betragen seines Kindes. H. E. Richter[8,9] führte bereits 1960 und 1963 eine ähnliche Betrachtungsweise ein, die psychoanalytische und interaktionelle Begriffe integrierte. Er beschrieb vor allem verschiedene Formen narzißtischer elterlicher Projektionen auf das Kind und entwickelte ein dynamisches Rollenkonzept.

Ein Beispiel für eine Delegation vorwiegend auf der Es-Ebene liefert uns Beate, die nicht ganz sechzehnjährig mit ihren Eltern zur familientherapeutischen Sprechstunde kam.

Je mehr sich Beate zu einem attraktiven, gut gewachsenen und etwas frühreifen Teenager entwickelte, um so mehr warnte ihre Mutter sie beunruhigt und voll düsterer Vorahnungen vor den wilden Jungen, die «alle nur das eine von ihr wollten». Diese Mutter schien von dem Gedanken besessen zu sein, daß Beate möglicherweise ihre Nächte mit übelbeleumundeten, Orgien feiernden jungen Männern verbringen könnte. Es überrascht nicht, daß Beate die Befürchtungen ihrer Mutter schließlich bestätigte. Sie lief mehrmals von zu Hause weg, zunächst zu einem leerstehenden Haus in der Nähe, dann in eine entfernte Großstadt, wo sie tatsächlich wahllos mit fremden jungen Männern schlief. Das fand ein Ende, als die Familie und Beate in Therapie gingen (gemeinsame Therapie für die ganze Familie und Einzeltherapie für Beate). Insbesondere durch Beates Einzeltherapie wurde deutlich, wie sehr das Mädchen unwissentlich als Delegierte für ihre Mutter Aufregungen besorgt hatte.

Wo ein Kind in erster Linie in den Dienst des elterlichen Ichs gestellt wird, hilft es den Eltern bei deren Verankerung und Behauptung in der Realität. Dies kann es auf verschiedene Weise tun. Gleich dem mittelalterlichen Vasallen, der die Macht des Lehnsherrn verteidigen und ausbauen half, kann es als Bundesgenosse eines Elternteils dessen Machtbasis verteidigen und ausbauen, das heißt, kann es dessen Kämpfe ausfechten, oder es kann – ein verhältnismäßig häufiger Auftrag – Erfahrungen und Informationen in der Welt zu sammeln haben, die dieser Elternteil aus dem einen oder anderen Grunde nicht selber gewinnen kann.

Wir können schließlich von Ich-Aufträgen in all jenen Fällen sprechen, wo sich der Delegierte in den Dienst der elterlichen Abwehrorganisation stellen muß, das heißt, wo er das fragile Ich der Eltern schützen und unterstützen muß, beispielsweise indem er diese gegen das Erleben verstärkter Konflikte oder Ambivalenzen abschirmt. Da diese Konflikte auf der Ich-Ebene stets auch das Über-Ich (das nach FREUD ein Teil des Ich darstellt) einschließen, beschreibe ich sie im folgenden unter dieser Rubrik.

FREUD[4] beschrieb 1933 – in der neuen Folge der Vorlesungen zur Einführung in die Psychoanalyse – drei hauptsächliche Funktionen des Über-Ichs: Ich-Ideal, Selbstbeobachtung und Gewissen. Jede dieser drei dem elterlichen Über-Ich dienenden Funktionen kann den jeweils wichtigsten Auftrag eines Delegierten konstituieren.

Wo der Delegierte in erster Linie in den Dienst des elterlichen Ich-Ideals tritt, muß er als Abgesandter seiner Eltern deren unerfüllte Hoffnungen realisieren. Hier erwartet beispielsweise ein Elternteil, daß ein Jugendlicher der berühmte Filmschauspieler, Wissenschaftler, Arzt oder Geschäftsmagnat wird, der er selbst vergeblich zu werden wünschte.

Wo des Jugendlichen Hauptauftrag darin besteht, der Selbstbeobachtung und Selbstbestätigung seiner Eltern zu dienen, kann er unter Umständen dazu delegiert werden, die Eltern sich selbst in einem guten Licht erscheinen zu lassen, indem er einen Kontrast von Gemeinheit oder Mißratenheit verkörpert. Hier wird von ihm etwa erwartet, daß er schlimme Streiche anstellt, dumm erscheint, verrückt oder delinquent wird. Dabei ähnelt seine Funktion der eines «minderwertigen» Negers der amerikanischen Südstaaten, dessen weißer Herr seine innerlich angezweifelte «Überlegenheit» ständig dadurch zu stärken und zu bestätigen sucht, daß er des Negers «Minderwertigkeit» beobachtet, hervorhebt und real in dessen Untergebenenverhältnis verankert.

Schließlich kann ein Delegierter den Auftrag haben, das ungewöhnlich strenge Gewissen eines Elternteils zu erleichtern. Hier ermutigen Eltern den Jugendlichen verdeckt, eigene vergangene Straftaten, deretwegen sie selbst noch (meist unbewußt) Schuld fühlen, zu repetieren und durch Strafe zu büßen. Dabei können wir von «Über-Ich-Lakunen» – das heißt Mängeln in den unser moralisches Verhalten stützenden psychischen Strukturen – sprechen, wie sie die amerikanischen Psychoanalytiker A. JOHNSON und S. SZUREK[7] bei Eltern beobachteten, die in ihren Kindern unbewußt antisoziales Verhalten induzierten. In diesen Fällen reflektiert, kompensiert und verdeckt das delinquente Verhalten des jugendlichen Delegierten die elterlichen Über-Ich-Lakunen, denn es ist nun der Jugendliche, der sich als unwissentlicher Spiegel, Übeltäter und Objekt der Bestrafung darstellt. Andere Delegierte übernehmen nur die Aufgabe der Sühne (für ihre Eltern). Ein Beispiel liefern deutsche Studenten, die sich freiwillig zur Arbeit in Israels Kibbuzim meldeten, um von der Elterngeneration begangene Verbrechen zu sühnen. Diese jungen Menschen nannten ihr Projekt «Aktion Sühnezeichen». Ihren Eltern war es offenbar gelungen, ihre Kinder als Delegierte nach Israel zu schicken und diesen den Schmerz der Schuld und das Verlangen nach Wiedergutmachung aufzubürden, denen sie sich selbst entzogen hatten.

Um einige therapeutische Konsequenzen dieses Modells in den Blick zu bekommen, betrachten wir im folgenden einige Wechselfälle des Delegationsprozesses etwas näher. Wir können dabei von «Entgleisungen der Delegation» sprechen, zu denen einmal *Auftragskonflikte*, zum anderen *Loyalitätskonflikte* zählen.

Psychoanalytische Autoren wie ANNA FREUD[5], ERIC H. ERIKSON[3] und

PETER BLOS [1] haben uns auf die vielen (vor allem intrapsychischen) Konflikte des modernen Jugendlichen aufmerksam gemacht. Diese Konflikte gefährden sein Autonomiestreben und seine Identitätsfindung. Sie akzentuieren sich zu einer Zeit, da sich seine aggressiven und libidinösen Triebe intensivieren, seine Abwehrorganisation sich umstrukturiert und sein menschliches Beziehungsfeld sich kompliziert. Auftrags- und Loyalitätskonflikte lagern sich den aus der psychoanalytischen Literatur bekannten intrapsychischen Konflikten auf oder verschränken sich mit ihnen. Eine derartige zusätzliche Konfliktbürde kann einen Jugendlichen leicht zur Erschöpfung oder gar an den Rand des Zusammenbruchs bringen.

In meinem Buch *‹Eltern und Kinder im Prozeß der Ablösung›* (STIERLIN [11]) beschrieb ich etwa ein junges Mädchen, das von widerstreitenden, ihr von beiden Eltern aufgetragenen Missionen zerrissen wurde. Ihr Vater hatte Akademiker werden wollen, aber nicht einmal das Abitur geschafft. Von dem Mädchen erwartete er jedoch sofortige und unerhörte Schulerfolge und suchte daneben in ihr noch ein Hausmütterchen, eine liebende Gefährtin, eine erotische Katze und eine Lieferantin von Aufregungen und Abenteuern; ihre Mutter, eine fettleibige Frau und – in ihren eigenen Augen – ein häßliches Entlein, verlangte eine gelungene Kombination von Glamourgirl und tugendhafter Stiftstochter. Als loyale Delegierte ihrer Eltern versuchte das Mädchen, diese widersprüchlichen Aufträge zu erfüllen, brach aber schließlich unter den Anstrengungen solcher Versöhnungsarbeit zusammen und mußte hospitalisiert werden.

Ein anderer, häufig in Schizophrenie endender Loyalitätskonflikt besteht darin, daß ein Kind als der Delegierte und Alliierte eines Elternteils den anderen Elternteil bekämpfen muß. Der Auftrag eines solchen Delegierten verlangt dann, daß er den anderen Elternteil entwertet, an den Pranger stellt, verächtlich macht, kurzum ihn zerstört. Die daraus resultierenden Konflikte können ungewöhnlich schwer und schuldbesetzt sein, wie uns in der Literatur die Geschichte Hamlets zeigt.

Die Multi-Generationen-Perspektive

Der Therapeut, der solche Entgleisungen des Delegationsprozesses beobachtet, muß sich nun fragen: Was veranlaßt Eltern, ihre Kinder als Delegierte auszunutzen? Um hier eine Antwort zu finden, muß er sich in die Entwicklung und Familiengeschichte dieser Eltern vertiefen. Dann findet er, wie bereits in dem anfänglichen Beispiel angedeutet, daß beispielsweise eine Mutter, die in der oben skizzierten Weise ihre Tochter als Aufregungslieferantin delegiert und ausbeutet, selber eine Adoleszenz hatte, die leer und freudlos war. Sie rekrutiert daher ihre Tochter, um einen lange angestauten Nachholbedarf zu decken. Oder er findet, daß der Vater, der seinem Sohn Verrücktheit einimpft, indem er ihn in den Dienst seiner (des Vaters) Selbstbeobachtung stellt, von einem Alptraum bedrückt wird – dem Alptraum, die Verrücktheit, die in seiner Familie gehäuft vorgekommen ist und noch vorkommt, könne auch bei ihm ausbrechen. Eine solche Dynamik wurde vor allem bei Familien mit schizophrenen Angehörigen untersucht und beschrieben. Dieser Vater hält seine Familie für gezeichnet und in dem Versuch, die allgegenwärtige Angst vor der Verrücktheit zu kontrollieren, einzugrenzen und zu neutralisieren, delegiert er sein Kind dazu, diese Verrücktheit zu tragen und manifest zu machen, was wiederum eine gleichsam gebundene, entgleiste und abortierte, das heißt ein Hinaussenden nicht zulassende Form der Delegation impliziert. Kurzum, er findet, daß ausbeutende Eltern selber ausgebeutet und oft vernachlässigt wurden und daß sie ihre Kinder sowohl für eine lange fällige Wiedergutmachungsarbeit rekrutieren, als sich auch an den Kindern für das schadlos halten, was die eigenen Eltern ihnen angetan bzw. an ihnen unterlassen haben.

Damit aber stellt sich das Problem der gestörten Jugendlichen in einer Multigenerationen-Perspektive dar. Vor allem I. Boszormenyi-Nagy[2] hat diese Multigenerationen-Perspektive und das sich darin zwischen den Generationen zeigende Gleichgewicht reziproker Bedürfnisse, Rechte und Verpflichtungen untersucht. In diesem Gleichgewicht erscheinen die Kinder oft als die Leidtragenden, denn es werden ihnen häufig noch vor ihrer Geburt Schulden und Obligationen zugeschanzt, die frühere Generationen angesammelt haben.

Angesichts dieser Sachlage wird von dem Therapeuten verlangt, daß er allen Angehörigen Fairness und Empathie zeigt. Und das bedeutet nun vor allem, daß er auch den delegierenden Eltern Verständnis entgegenzubringen und Gerechtigkeit widerfahren zu lassen vermag. Dabei muß er vor allem verstehen können, wie ein Kind, das ausbeuterisch gebunden und delegiert wurde und noch wird, sich oft willig der Rolle des Opferlamms überläßt. Denn dadurch gewinnt es nun die Macht, seinen Eltern vermehrt Schuldgefühle einzuflößen. Es präsentiert sich gleichsam als der lebende Beweis elterlichen Versagens. Während es masochistisch als der gebundene Delegierte der Familie Verrücktheit und Selbstverkrüppelung auf sich nimmt, macht es sich zugleich zum mächtigen sadistischen Folterer seiner Eltern. Hier ist es besonders wichtig, daß der Therapeut sich in die Notlage der Eltern einfühlen und deren Schulddruck lockern kann, indem er interpretiert, wie der leidende Sündenbock am Hebelarm der psychologischen Macht sitzt.

Weiter müssen die Auftrags- und Loyalitätskonflikte des Delegierten analysiert und in der Familie «neu verteilt» werden. Alle Familienangehörigen müssen nun beispielsweise einsehen lernen, daß ein jugendlicher Delegierter nicht gut gleichzeitig – etwa durch eine frühreife Playboy-Existenz – die ungelebten sexuellen Abenteuer seiner Mutter ausleben und zugleich ihr tugendhaftes Ideal-Ich verkörpern kann – etwa durch ein erfolgreiches Theologiestudium. Auf Grund solcher Einsichten können dann die Eltern die Verantwortung für eigene verneinte Charakterzüge, Bedürfnisse und Konflikte übernehmen – eine Verantwortung, die sie so lange von sich abschieben konnten, wie sie den Delegierten in ihrem Dienst hatten. Gleichzeitig kann dieser – durch den Therapeuten zu fördernde – Neuverteilungsprozeß den Delegierten veranlassen, seinerseits Verantwortung für die Trauer, Angst und Einsamkeit zu übernehmen, die ihn unweigerlich erwarten, sobald er jene Ziele und Aufträge reflektiert und ausführt, die wirklich die seinen sind. Dabei müssen wir im Auge behalten, daß die eben angedeuteten Prozesse der «Entledigung» und Aufsichnahme von Schmerz und Konflikt, das Sich-zum-Opferlamm-Machen und Opferlamm-Werden, die psychologische Ausbeutung und Gegenausbeutung alle Familienmitglieder zu Partnern in einem System werden lassen, in dem eine unsichtbare «Buchhaltung» geführt wird.

Massive, obschon unbewußte Schuldgefühle, ein immenses, wenn auch oft ersticktes oder verschobenes Verlangen nach Wiedergutmachung wie auch nach Rache, Dankbarkeit, ein Bewußtsein begangenen Unrechts, bezeugter oder verratener Loyalität sind hier entscheidende dynamische Faktoren. Sie beeinflussen das Verhalten und die Symptomatik aller Familienmitglieder. Wir können von einem ethischen Drama sprechen, in dem es um höchste Einsätze geht. Auf der einen Seite begegnen wir Eltern, die, von ihren eigenen Eltern psychologisch ausgebeutet und traumatisiert, auf Kosten ihrer Kinder zu überleben versuchen und dabei diese Kinder traumatisieren; und auf der anderen Seite Kinder, die als lebenslange willige Opferlämmer die Macht gewinnen, ihre Eltern durch Induzierung tiefster Schuld zu zerstören. Um in dieses Drama helfend eingreifen zu können, muß der Therapeut eine «zwischenmenschliche Gerechtigkeit» anstreben, die stets mehrere Generationen miteinschließt.

Therapeutische Aspekte eines Familienerstinterviews

Dies muß bereits in dem ersten Interview mit der Familie geschehen. Denn hier stellen sich die Weichen für alle weitere Therapie – mit dem designierten Patienten und seiner Familie. Ich will daher die eingangs behandelten Aspekte meines Delegationsmodells abschließend an einem Familienerstinterview illustrieren. Bei der designierten Patientin handelte es sich um Ulla Mertens*, die fünfzehn Jahre alt war, als sie erstmals einen Psychiater aufsuchte. Sie kam auf Veranlassung des Jugendgerichts. Dort stand unter anderem zur Frage, ob sie in ein Heim für schwererziehbare Jugendliche eingeliefert werden sollte.

Von Ulla war bekannt, daß sie vor etwa zwei Jahren zu streunen begonnen hatte: sie hatte vor allem Kontakt zu einer Gruppe von älteren Mädchen und Jungen gesucht, die untereinander – und mit anderen – sexuelle Beziehungen unterhielten, Hasch rauchten und gelegentlich Warenhäuser bestahlen. Um am Leben dieser Gruppe teilnehmen zu können, war Ulla immer häufiger und länger von zu Hause fortgelaufen. Darunter hatten ihre Schulleistungen gelitten, und es war ihr und ihren Eltern mitgeteilt worden, daß sie mit einer Versetzung nicht rechnen könne. Einige Wochen vor dem Versetzungstermin war Ulla wieder von zu Hause fortgelaufen, um erst einige Tage später mit einer Kopfverletzung und gebrochener Nase zurückzukommen. Nun bestanden die Schulbehörde und das Jugendgericht auf einer psychiatrischen Konsultation. Es wurde ausgemacht, daß diese im Beisein der anderen Familienangehörigen stattfand. Bei letzteren handelte es sich um Ullas Mutter Anna, 39 Jahre alt, ihren Stiefvater Jakob, 44 Jahre alt, und Ullas um acht Jahre jüngeren Bruder Bert. In der Familiensitzung erschien Ulla zunächst verschüchtert, ein blasses Häufchen Elend, und schaute immer wieder ängstlich zu ihrer Mutter Anna hinauf. Anna, die ebenfalls gespannt und ängstlich wirkte, saß dicht neben Ulla und mehrere Meter von ihrem Mann getrennt. Letzterer, Inhaber eines kleinen Bauunternehmens, gab sich verdrossen und gelangweilt und schien von Anfang an anzudeuten, daß Ulla Annas und nicht sein Problem sei. Der kleine Bert saß etwas verloren neben Ulla, gleichsam im luftleeren Familienraum hängend.

In der ersten Phase des Interviews suchte der Therapeut vor allem den Ängsten, Scham- und Schuldgefühlen dieser nicht freiwillig erscheinenden Familie entgegenzuwirken, was nach etwa zehn Minuten zu einer ersten Entspannung bei allen Mitgliedern führte. Einhergehend mit dieser Entspannung stellte sich die Familie plötzlich wie in einem neuen Licht dar: vor allem Ulla schien aufzublühen. Das arme Mäuslein verwandelte sich in einen kessen Teenager, der sich seiner sexuellen Attraktivität bewußt war; und Anna, die offenbar realisiert hatte, daß sie nicht vor den Kadi geschleppt worden war, hing – wie zu neuem Leben erwacht – jetzt gierig an Ullas Lippen. Als Ulla in der Folge über ihre Abenteuer in ihrer

* Alle Namen fiktiv.

delinquenten Subkultur berichtete, war im Gesicht der Mutter keinerlei Sorge oder Mißbilligung mehr zu erkennen. Derartige Gefühle wurden erst wieder zum Ausdruck gebracht, als der Therapeut *seine* Befürchtungen über die selbstdestruktiven Aspekte in Ullas Verhalten äußerte. Es war nicht schwer zu erkennen, daß Ulla delegiert worden war, ihre Mutter stellvertretend mit Aufregungen zu beliefern. Später klagte sich die Mutter an, stets zuwenig streng mit Ulla gewesen zu sein, ihr zuviel durchgelassen und zuwenig abverlangt zu haben. Solche Selbstanklagen ließen vermuten, daß sie sich schuldig fühlte, weil sie, in ihrer anscheinenden Permissivität, Ulla verdeckt delegiert und dabei ausgebeutet hatte.

Im weiteren Verlauf des Interviews wurde deutlich, daß Anna Ulla nicht nur als Lieferantin von Aufregungen delegiert hatte: In der Weise, wie sie sich während des Interviews hilfesuchend an Ulla wandte, sich von Ulla gleichsam emotional auftanken und aufrichten ließ, zeigte sich, daß sie Ulla auch delegiert hatte, für sie eine wichtige Eltern- und Partnermission zu erfüllen. Diese Mission wiederum leitete sich von dem her, was Anna einst in ihrer Ursprungsfamilie erlitten hatte. Daraus wurde im weiteren Verlauf des Interviews bekannt, daß Annas Kindheit voller Entbehrungen gewesen war.

Ihr Vater war Alkoholiker gewesen und hatte sich bald nach Annas Geburt von ihrer Mutter getrennt, die von nun an auf sich allein gestellt blieb. So sehr sie sich auch zu bemühen schien, es gelangen der Mutter in der Folge keine stabilen und erfüllenden Männerbeziehungen mehr. Zwangsläufig wurde Anna, ihre älteste Tochter, von ihrer Mutter parentifiziert: Anna mußte der Mutter nun jene Geborgenheit, emotionale Erfülltheit und Sicherheit vermitteln, die die Mutter bei einem Mann (oder Männern) nicht zu finden vermochte. Offenbar um der Ausbeutung und Parentifizierung durch ihre Mutter zu entgehen, heiratete Anna dann früh. Ulla war das Kind aus dieser Ehe. Es stellte sich aber heraus, daß Annas Mann, wie einstmals ihr Vater, Alkoholiker war. Als Ulla etwa vier Jahre alt war, starb ihr Vater bei einem Autounfall, den er durch sein Trinken verschuldet hatte. Nur kurze Zeit später heiratete Anna Jakob. Anna kannte ihn damals kaum und war etwas beunruhigt, weil sie ihn weder liebte noch respektierte. Sie heiratete ihn trotzdem, weil sie, in Gedanken an ihre eigene vaterlose Kindheit, für die kleine Ulla einen Vater und eine stabile Familiensituation suchte. Jakob schien aber weder als Vater noch als Ehemann jemals wirklich in die neue Familie hineinintegriert worden zu sein. Es kam sogleich zu einer emotionalen Scheidung oder vielleicht richtiger: es blieb von Anfang an bei einer emotionalen Distanzierung der Ehegatten voneinander. Daher war es kein Wunder, daß Jakob sich bei dem jetzigen, ihm aufgezwungenen Familieninterview auch räumlich von den anderen Familienmitgliedern distanzierte und unbeteiligt wirkte. Hinter seiner zur Schau gestellten Unbeteiligtheit war jedoch auch eine starke, gestaute Feindseligkeit unschwer zu erkennen.

Das tragische Paradox war, daß Anna, die bewußt geheiratet hatte, um für Ulla eine stabile Familiensituation zu schaffen, unbewußt wieder ihre eigene ursprüngliche instabile Familie kreiert hatte. Ohne Rückhalt an einem von ihr geachteten und geliebten Mann zu finden, fand sie sich gezwungen, die Befriedigung zentraler Bedürfnisse nach Geborgenheit und nach belebenden Stimulationen bei Ulla zu suchen und Ulla zu parentifizieren und zu delegieren.

Für Ulla brachte dies ein weiteres anscheinendes Paradox mit sich: Obwohl sie, in Erfüllung der ihr von Anna aufgetragenen Aufträge, in eine selbstdestruktive Bahn gedrängt und im Begriff war, ihr Leben zu zerstören, erschien sie – zumindest auf der Oberfläche – nicht besonders bedrückt. Damit einhergehend schien der Leidensdruck zu fehlen, der die Voraussetzung für eine erfolgreiche Psychotherapie gewesen wäre. Vielmehr schien sie ihre selbstdestruktive Mission als Delegierte ihrer Mutter willig zu übernehmen, wenn nicht zu genießen. Damit veranschaulichte sie eine Dynamik, die ich in mehreren Arbeiten (STIERLIN 1974[11, 12]) beschrieben habe: Im Zuge dieser Dynamik gewinnt der durch einen Elternteil ausgebeutete Delegierte ein enormes Gefühl der eigenen Wichtigkeit. Gleichzeitig wird er in die Lage versetzt, bei diesem Elternteil den Hebelarm der Schuldauslösung gezielt zur Anwendung zu bringen und damit eine Macht auszuüben, die er aufzugeben nur ungern oder nicht bereit ist. Dieser Tatbestand war in der vorliegenden Beziehung zwischen Mutter und Tochter zu erkennen, und er bestimmte unter anderem im folgenden die therapeutische Intervention des Interviewers.

Hier kann nur die allgemeine Richtung dieser Intervention angedeutet werden.

Sie bestimmte sich vor allem aus der Weise, wie der Therapeut seine Prioritäten bestimmt hatte: er sah es als seine vordringlichste Aufgabe an, ein Arbeitsbündnis mit Anna herzustellen, ihre Mitarbeit zu gewinnen. Anna, sahen wir, war nicht freiwillig gekommen. Sie erschien zunächst auch nicht motiviert zu sein, von ihrer Parentifizierung und Delegation Ullas abzulassen. Und zum Teil auf Grund ihrer ausbeuterischen Delegation Ullas hatten sich bei ihr starke Scham- und Schuldgefühle ausgebildet, die ihre Motivation einer therapeutischen Arbeit ebenfalls verringerten. Vor allem war sie beschämt und fühlte sich schuldig, weil sie – ihren eigenen Worten zufolge – «Ulla hatte zuviel durchgehen lassen» und deshalb als Mutter versagt hatte. Typischerweise setzten sich jedoch ihre Schuldgefühle in einer von mir andernorts (STIERLIN[11, 13]) beschriebenen

Weise nun großenteils in Anklagen und Bestrafungen um, die sie gegen Ulla richtete. Das aber bewirkte bei Ulla, daß sie sich ungerecht verfolgt fühlte, was für Ulla ein Grund mehr war, mit ihrem delinquenten Verhalten (zu dem sie ja von der Mutter delegiert war) fortzufahren und dadurch noch mehr Macht zu gewinnen, Anna unter Schulddruck zu setzen.

Um hier einen Einstieg zu finden und den obigen Teufelskreis aufbrechen zu können, entschloß sich der Therapeut zunächst zu einer aktiven Parteinahme für Anna. Daher beschäftigte er sich lange mit ihr, ging auf ihre eigene Familiensituation ein und versuchte, Verständnis dafür zu zeigen, wie sie durch Ullas Verhalten unter Schulddruck gesetzt und terrorisiert wurde. Diese Terrorisierung der Mutter durch die Tochter ließ sich vor allem in der Weise aufzeigen, in der Ulla der Schulbehörde und dem Jugendgericht den Eindruck zu vermitteln verstanden hatte, bei Anna handle es sich um eine schlechte, ihre Tochter vernachlässigende Mutter. Indem der Therapeut auf die Notlage der Mutter einging, vermochte er auch Ulla deutlich zu machen, wie sie die Macht hatte und benutzte, ihre Mutter zu beunruhigen und zu verletzen, was Ulla jedoch zunächst mit Erstaunen vernahm. Denn bisher war ihr offensichtlich nie der bewußte Gedanke gekommen, daß sie ihrer Mutter gegenüber in einer Machtposition war. Vielmehr hatte sie sich bislang nur als Verfolgte, Beschimpfte, Ungehorsame, Ausreißerin erlebt. Indem aber der Therapeut derart Ullas Macht interpretierte, verringerte er sie bereits. Zugleich stärkte er aber die Machtposition der Mutter und minderte er deren Scham- und Schuldgefühle, was es für Anna wiederum weniger notwendig machte, Ulla (und in geringerem Maße ihren Mann) anzuklagen. Damit waren aber auch erste Voraussetzungen dafür geschaffen, daß Anna sich ihr delegierendes und parentifizierendes Verhalten Ulla gegenüber eingestehen konnte. Solch Eingeständnis schien ihr aber nur in dem Maße zumutbar, als ihr der Therapeut Empathie für ihre eigene deprivierte Kindheits- und Familiensituation entgegenbrachte (aus der heraus ihre Ausbeutung Ullas verständlich wurde) und damit die Weichen in Richtung eines rekonstruktiven Dialogs und Kontenausgleichs mit ihren eigenen Eltern stellte.

Während der Therapeut derart an der vertikalen, das heißt intergenerationellen Beziehungsachse dieser Familie arbeitete, beschäftigte er sich zugleich mit deren horizontalen – das heißt interehelichen – Achse. Denn in dem Maße, in dem sich die ehelichen Beziehungen der Eltern besserten, ließ sich erwarten, daß auch Ulla von ihren Eltern (vor allem von ihrer Mutter) weniger pathogen delegiert und ausgebeutet werden würde. Damit sich aber die eheliche Beziehung bessern konnte, mußte auch der Wall der zwischen Anna und Jakob bestehenden emotionalen Entfremdung und massiven, wenn auch verdeckten Feindseligkeit angegangen werden, der von Anfang an bestanden und sich im Laufe der Jahre noch verstärkt hatte. Auch bei dieser notwendigen Versöhnungsarbeit eröffnete sich dann eine Mehrgenerationenperspektive: Um Anna näherkommen, sich mit ihr wirklich emotional verheiraten zu können, mußte Jakob seinerseits an *seiner* Beziehung zu *seiner* Ursprungsfamilie arbeiten und dabei *seine* übermäßige Bindung an *seine* Eltern lösen. Kurz, es war notwendig, daß der Therapeut bereits in dieser ersten Interviewsituation allen Familienmitgliedern gegenüber Fairness und Empathie bewies, sie alle in ein therapeutisches Arbeitsbündnis einbezog und sich von Anfang an von einer Mehrgenerationen-Perspektive leiten ließ.

Literatur

1 Blos, P.: Adoleszenz. Eine psychoanalytische Interpretation. Stuttgart: Klett 1973

2 Boszormenyi-Nagy, I., und G. Spark: Invisible Loyalties. New York: Harper & Row 1972

3 Erikson, E. H.: Identität und Lebenszyklus. Frankfurt a. M.: Suhrkamp 1966 (Theorie. 2.)

4 Freud, S. (1933): Gesammelte Werke, Bd. 15. London: Imago Publishing & Co. 1940

5 Freud, A.: Das Ich und die Abwehrmechanismen. London: Imago Publ. Co. 1946

6 Hegel, G. W. F.: Studienausgabe in 3 Bänden, Bd 1. Frankfurt a. M., Hamburg: Fischer-Bücherei 1968, S. 64 (Fischer-Bücherei. 876, 877, 878: Bücher des Wissens.)

7 Johnson, A., und S. A. Szurek: The Genesis of Antisocial Acting out in Children and Adults. In: Psychoanalytic Quarterly 21 (1952), S. 332–343

8 Richter, H. E.: Die narzißtischen Projektionen der Eltern auf das Kind. In: Jahrbuch der Psychoanalyse. Bd. 1. 1960

9 Richter, H. E.: Eltern, Kind und Neurose. Stuttgart: Klett 1963

10 Stierlin, H.: Family Dynamics and Separation Patterns of Potential Schizophrenics. In: International symposium on psychotherapy of schizophrenia. 4. Turku 1971 (1972)

11 Stierlin, H.: Eltern und Kinder im Prozeß der Ablösung. Frankfurt: Suhrkamp 1975

12 Stierlin, H.: Rolle und Auftrag in der Familientheorie und -therapie. In: Familiendynamik 1 (1976), S. 36–59

13 Stierlin, H.: Von der Psychoanalyse zur Familientherapie. Stuttgart: Klett 1975

2.5. Die Einbeziehung der Großeltern in die Familientherapie

Eckhard Sperling und Ursula Sperling

1. Einleitung

Jeder Familientherapeut könnte aus seiner Praxis genügend Fallbeispiele zusammentragen, in denen es gelang, mit nur einer oder wenigen gemeinsamen Sitzungen der sogenannten «Kernfamilie» – das heißt in der Regel der in einem Haushalt lebenden Eltern mit ihren Kindern – Klärungen über die Umgangsformen und deren vordergründige Verursachungen zu erzielen, was schon Veränderungen und Besserungen des Zusammenlebens zur Folge haben kann. Es handelt sich dabei meistens um die Auflokkerung festgefahrener Kommunikations- bzw. Pseudokommunikationsweisen und um die Relativierung von absolut genommenen Einstellungen zueinander, was mit Angstentlastung – Voraussetzung jeder Veränderungsbereitschaft – einhergeht. Gerade bei Vorurteilen vermag die «Autorität des Fachmanns» eine etwas andere Sicht der Dinge bereits dadurch einzuführen, daß er das «beschuldigte» Mitglied der Familie betont selbst zu Wort kommen läßt, wodurch deutlich wird, daß vieles auch anders gesehen werden könnte.

Die Familientherapie hat sich, indem sie den echten Dialog der Mitglieder der «Kleingruppe Familie» wiederherzustellen versucht, zu einer bevorzugten Methode der «Krisenintervention» entwickelt, der es gelingen kann, «Kampfpausen» als Voraussetzung weiterer Klärungsprozesse zu ermöglichen. Nach Caplan[4] liegt dann eine Krise vor, wenn sich ein Individuum oder eine Gruppe bei der Verfolgung lebenswichtiger Ziele Problemen gegenübersieht, bei denen die bisherigen Modalitäten der Problemlösung versagen. Weil eine derartige Situation Desorganisation bewirkt, eröffnet sie zugleich aber auch die Chance, neue Wege der Problembewältigung zu suchen, weshalb der Krise als Basis für heilsame Veränderungen besondere therapeutische Bedeutung zukommt.

Auf der anderen Seite kann aber auch ein erstes gemeinsames Familieninterview bei allen Beteiligten den Eindruck hinterlassen, daß hier Menschen zusammen leben, die sich auf Grund ihrer extrem verschiedenen Einstellungen und Stilbildungen andauernd reiben zu müssen scheinen, wenn es «verbissen» darum geht, daß nur *eine* Meinung vorherrschen darf. Abgesehen von der Frage, wie solche Frontenbildungen überhaupt entstehen konnten, wäre die Klärung der Gründe ihrer unversöhnlichen Fortdauer von Wichtigkeit. Es wird nicht mehr das Heraushelfen aus einer unerträglichen Situation erwartet, sondern nur noch die jeweils einseitige Parteinahme. Als Zielvorstellung erscheint lediglich die endgültige Unterwerfung oder gar Ausklammerung des Störenfriedes. In manchen Familien sieht es so aus, als gäbe es keine andere Gemeinsamkeit als die Einigkeit darüber, wer Schuld hat an diesem Unfrieden.

Läßt man sich die Geschichte des gegenwärtigen, oft nur zufällig durch äußere Ereignisse vorgeschobenen Konflikts berichten, so wird erkennbar, daß tiefgreifende Ängste aller Familienmitglieder peinlichst jede auch nur sich anbahnende Lösung der über viele Jahre bestehenden Schwierigkeiten verhindern. Es findet sich eine Pattsituation, die dem Außenstehenden häufig zunächst weitgehend unverständlich erscheint, weil die Einengungen, die sich die Familienmitglieder antun, so überflüssig wirken, wie aus einem anderen Jahrhundert herübergerettet.

Sehr bald zeigt sich jedoch hinter den zur Behandlung angebotenen Störungen, üblicherweise der Kinder, eine tiefgreifende Zerrüttung der Elternbeziehungen. Mit ängstlich verteidigten Gründen (wie «der Kinder wegen») oder aus ökonomischen oder religiösen Erwägungen heraus oder einfach «wegen des guten Rufes» wird verbissen um die Erhaltung des Status quo, das heißt um die Erhaltung dieser Ehe, die die ganze Familie so sehr quält, gekämpft. Tatsächlich liegen dann auch nicht selten schwierige Realsituationen vor wie zum Beispiel ein behindertes Kind, das bisher verschwiegen wurde, eine fehlende oder aus neurotischen Gründen abgebrochene Berufsausbildung der Mutter, ein chronisch, meist psychosomatisch kranker Vater oder ähnliches. Aber bei näherem Hinsehen schimmert auch recht bald durch, daß das Paar trotz aller «internen» Zerwürfnisse oder Streitigkeiten wegen der Kinder, eine häufig gar nicht so erfolglose gemeinsame Geschichte hatte, vor allem in der sozialen Dimension, ja daß die Partner sich entgegen allen grundsätzlichen Einwänden noch immer «eigentlich» mögen. Der «Ehealltag» mit seinem ständigen Ärger hat die positiven Gefühle zugedeckt. Versucht der Familientherapeut etwa durch Änderung des Settings im Sinne eines vorübergehenden Übergangs zur Ehepaartherapie bei der Bearbeitung der alten Übertragungskonflikte zu helfen, so erreicht er früher oder später eine Grenze, an der so manifeste Angst auftritt, daß das Paar innerlich aus der analytischen

Klärungsarbeit ausschert. Nun wird von den Eltern zur Angstentlastung die Wiederteilnahme der Kinder an den Sitzungen dringend gefordert. Diese Entwicklung tritt meistens dann ein, wenn jedem der Partner deutlich geworden ist, daß sie völlig konträre Ziele zu verfolgen scheinen, die sie aber paradoxerweise nur mit diesem einen Menschen, der so sehr abgelehnt wird, erreichen zu können glauben.

Verfolgt man die Geschichte solcher Ehen zurück, so fällt auf, daß sich die Paare zur Gründung einer eigenen Familie entschlossen, weil sie bestimmte Züge ihrer Eltern dermaßen ablehnten, daß sie den vordergründig andersartigen Partner als überzeugenden Helfer im Kampf gegen die als extrem bedrückend erlebten Forderungen ihrer Herkunftsfamilie benötigten. Fragt man nun weiter, so ergibt sich aus den Berichten eine auffällige Fremdheit zwischen beiden «Schwieger-Familien». Gar nicht so selten durften schon nicht beide «Seiten» zur Hochzeit erscheinen oder haben bald danach jeden näheren Kontakt miteinander vermieden. Auch sonstige Verwandte werden von den Eheleuten oft außergewöhnlich heftig abgelehnt. Ursprünglich waren sich beide Partner in diesen Ablehnungen völlig einig und machten gemeinsam Front: gegen die eigenen Verwandten für kürzere Zeit, gegen die des anderen für immer. Solche Kampfhaltungen wurden auch den Kindern vermittelt, die in einem Extremfall ihre Großeltern, die in der gleichen Straße wohnten, nicht einmal kennen durften. Durch solche bisweilen geradezu krampfhafte Verleugnung der Herkunftsfamilien und der Verwandtschaft, fehlen den Kindern die Großeltern, Onkel und Tanten, obwohl es sie noch gibt. Manchmal waren es die Kinder, die überhaupt erst auf diese Fährte führten, weil sie von einem Mangel sprachen, von dem die Eltern glaubten, daß er vergessen sei. Die Familie lebt wie auf einer Insel, aber nicht, weil das zum Beispiel durch Tod schicksalhaft so ist, sondern weil man sich nicht versteht. Betrachten wir solche Partnerkonflikte, in die die Kinder hineingezogen werden, inhaltlich, so ist das, was der eine Ehepartner dem anderen eigentlich am meisten zum Vorwurf macht, dessen Ähnlichkeit mit seinen Eltern: «Darin bist du ja genauso ungehobelt wie dein Vater!» – «Das ist typisch deine Mutter, dieses ewige Sticheln und Spötteln!» Auch Kinder werden halb bewußt abgelehnt, weil sie in irgendwelchen Zügen, äußerlich oder charakterlich, «an Opa» oder «an Oma» erinnern. Andererseits scheinen dieselben Eltern «wie festgehalten» von ihren Herkunftsfamilien, so daß der Eindruck entsteht, daß die derart an die Peripherie verbannten, ja teilweise direkt verleugneten Großeltern, keineswegs von peripherer Bedeutung sind. Diese Abwesenden, die die Enkelkinder kaum kennen dürfen, sind dennoch wie Geister dauernd zugegen.

2. Der Weg in die Mehrgenerationentherapie

Je besser man in der Psychotherapie lernte, mit immer mehr Personen gleichzeitig zu arbeiten, desto mehr Einsichten in die wirklichen Verhältnisse von Beziehungen wurden gewonnen. Der Umgang mit therapeutischen Gruppen nahm den Therapeuten die Angst vor einer Überflutung mit unbewußtem Material. So wurde auch der Versuch unternommen – erstmalig von MENDELL und FISCHER[8] –, die Großelterngeneration vorsichtig in die Familientherapie mit einzubeziehen. Wer von den Ehepartnern am wenigsten Angst davor hatte, durfte seine Mutter oder seinen Vater in die familientherapeutischen Sitzungen mitbringen. Andere Familientherapeuten machten ebenfalls von dieser Mehrgenerationen-Perspektive Gebrauch (vgl. auch SPERLING[11]). Bei solchen Begegnungen kam es nach vorsichtigem «Abtasten» und einer in aller Regel unvermeidlichen Phase gegenseitigen Vorwürfemachens zu einem lebhaften Austausch von Erinnerungen sowie erstmaliger Bekanntgabe von häufig bewußt verschwiegenen Daten. Dieses Lückenauffüllen war für alle Teilnehmer solcher Sitzungen außerordentlich wichtig und bewegend. Es diente der Schuldgefühlsentlastung dadurch, daß die «Geschichte» deutlich wurde. Ein designierter Patient: «Seitdem mir klar ist, daß ich und auch meine Eltern eine Geschichte haben, fühle ich mich nicht mehr schuldig und bin auch nicht mehr allein.» Aus derartigen Erfahrungen entwickelten dann IVAN BOSZORMENYI-NAGY und GERALDINE SPARK[3] 1973 die theoretische Konzeption der *«invisible loyalties»*, was am besten mit «unsichtbaren Treuebindungen» zu übersetzen ist, die das Familienleben über Generationen prägen. Die theoretische Formulierung dieser langzeitigen familiendynamischen Betrachtungsbasis ist durch die abwechselnde Verwendung von Begriffen aus der Finanzwelt (Verdienst- und Schuldenkonten) und Ethik (vorwiegend in Anlehnung an MARTIN BUBER) neuartig, teilweise problematisch und bisweilen schwer verständlich. Sie erscheint einigen Rezensenten «revolutionär», weil sie die theoretische Annäherung an etwas versucht, was von familientherapeutischen Praktikern immer mitgefühlt, aber in herkömmlicher Weise nie ausgedrückt werden konnte. Andere verwerfen eine solche Sicht als «mystisch», wieder andere finden die mitgeteilten und in solcher Weise theoretisch aufeinander bezogenen Beobachtungen «unheimlich». Nach BOSZORMENYI-NAGY und SPARK sei die «Dialektik interpersonaler Gerechtigkeit» das entscheidende Agens intrafamiliärer Beziehungen. Jedes Kind habe «Treueschulden» gegenüber seinen Eltern, die es nur durch die Praxis seiner Lebensführung zurückzahlen könne, am besten durch die «richtige» Wahl des Ehepartners und die «richtige» Erziehung der eigenen Kinder. Das Wissen um das jeweils «Richtige» wirkt wie ein Clan-Geheimnis unter Blutsverwandten. Wer aus dem Verbundsystem der Herkunftsfamilie ausbricht, ja sogar aus der Kirchengemeinde – meistens durch psychische Krankheit, aber auch durch «falsche» Berufs- oder Partnerwahl, durch erstmalige Kriminalität in der Familiengeschichte –, wird zum «Sündenbock». Natürlich stören auch Ausklammerungen jeder Art («Du bist nicht mehr mein Sohn!») die «diffizile Balance der Gerechtigkeit» sehr.

Was sich später als Ehekonflikt darstellt, der auf die Kinder delegiert wird (Stierlin[12]), ist, schlichter ausgedrückt, die ungelöste Abhängigkeit der Partner von ihren Eltern. Zum Konflikt kommt es später oft bei jenen Eheleuten, die sich einmal zusammentaten, um gerade dieses Problem, das sie beide, wenn auch in verschiedener Form (Dicks[5], Willi[15]) hatten, gemeinsam zu bewältigen. Praktisch haben wir es mit Partnern zu tun, die ihr Leben eben wegen der Last der «unsichtbaren Treueverpflichtungen» bewußt anders gestalten wollten, um es nicht so wie die Eltern machen zu *müssen* und diese deshalb möglichst weitgehend ausklammerten. Eltern, die bereit sind, ihren Kindern mehr zu geben, als sie selbst von ihren eigenen Eltern empfangen haben, geraten notwendigerweise in Konflikte, weil sie mehr und mehr neidisch werden. Es ist dann gerade die grundlegende Neuorientierung, das seelische «Mehr», das nicht gelingt, weil auch diese Partnerbeziehungen in der jungen Familie durch unabdingbare, unbewußte Vorprogrammierungen derart stark von der Vergangenheit festgehalten werden, daß die hoffnungsvolle Entwicklung im wahrsten Sinne des Wortes «auf der Strecke» bleibt. Betrachtet man die ständig steigenden Scheidungsziffern, so hat es den Anschein, als ob es leichter ist, sich von seinem Lebensgefährten als von seinem unsichtbaren Programm zu trennen.

Die «Intergenerationentherapie»* will nun den Versuch unternehmen, bewußt die alten, zumeist mit einem Kraftakt abgebrochenen emotionalen Beziehungen zu der Herkunftsfamilie (oder zu den beiden Herkunftsfamilien der Ehepartner) wiederherzustellen, zum einen, um nach Möglichkeit alte Beziehungsmuster gemeinsam zu revidieren, zum anderen, um sie in ihrer sich unbewußt tradierenden Pathogenität zu überwinden. Ein solches Arrangement dient ausdrücklich der Prävention. Mit anderen

* Zur Klärung der Begriffe: In der Mehr- und Intergenerationentherapie geht es in der Regel um drei Generationen:
die erste Generation: Großeltern;
die zweite Generation: Eltern;
die dritte Generation: Kinder.
Gelegentlich werden auch Urgroßeltern der Kinder einbezogen, die dann als Urenkel die vierte Generation bilden.

Worten soll der gegenwärtige Konflikt mit der dritten Generation an den Ausgangspunkt zurückverlegt werden, wobei die inzwischen hinzuerworbenen Erfahrungen der alternden Menschen am besten dazu beitragen könnten, «infantile» Ängste aufzuarbeiten. Die hierfür einbezogene Großelterngeneration hat selbst den Vorteil davon, nicht mehr vom familiären Leben ausgeschlossen zu sein, beispielsweise wegen eines Irrtums, den sie vor dreißig oder mehr Jahren begangen hatte. Die nicht selten verbittert vereinsamten älteren Menschen können unter Umständen erstmalig Zugang zu ihren Enkel- und Urenkelkindern gewinnen, die sehr oft durch ihre jugendliche und kindliche Unbefangenheit viel zur Richtigstellung verurteilender Vorstellungsbilder beitragen. Nach der Wiederaufnahme eines wirklichen Kontakts haben die Großeltern auch Gelegenheit, durch echte Hilfeleistungen, zum Beispiel für die Enkelgeneration, alte Versäumnisse – wie «existentielle Schulden» erlebt – wiedergutzumachen, was im Bewußtsein des nahenden Todes ein dringendes Bedürfnis sein kann. Die Eltern (zweite Generation) haben die Möglichkeit, bisher unbekannte Informationen zu gewinnen, die ihnen die «verhaßte Mutter» oder den «sturen Vater» in einem anderen Licht erscheinen lassen. «Und vor dem habe ich mich mein Leben lang gefürchtet», sagte ein junger Vater kopfschüttelnd, nachdem ihm sein eigener Vater, den er so übermächtig in Erinnerung behalten hatte, die Geschichte seiner mißglückten Ehe erzählt hatte. «Aber du gehst mit unserem Sohn genauso streng um», erwiderte seine Frau während der Therapiesitzung. Darauf er: «Weil ich genauso unglücklich mit dir bin wie Vater mit seiner Frau.» Jetzt revidierte der Großvater: «Das war aber nicht von Anfang an so; nur damals, nach dem Krieg, haben wir einen entscheidenden Fehler gemacht ...»

Das Hauptproblem derartiger Wiederbegegnungen ist das kaum zu kanalisierende Bedürfnis der jungen (zweite) Generation, erst einmal Vorwürfe zu machen, «Rache zu üben», wie eine junge Mutter sagte. Manchmal ist dies der einzige Zweck der endlich stattfindenden Wiederbegegnung und wirkt so übermächtig, daß überhaupt kein Dialog zustande kommt. «Es ist schrecklich, wenn die Eltern anfangen zu erklären, die damalige Situation zu schildern. Ich konnte sie verstehen», sagte ein Mann, als die «Kernfamilie» wieder unter sich war. «Wo bleibt mein Haß?» Der Haß stellte sich als der wichtigste Motor seines eigenen Reifungsbemühens auf dem Wege einer mühsamen Abgrenzung von der Herkunftsfamilie heraus.

Aber auch die persistierende Enttäuschung der alten Eltern über ihre «mißratene» Tochter kann zur starren Wiederholung eingeschliffener Verstoßungsformeln führen, so daß der Eindruck entsteht, als sei das zehn oder zwanzig Jahre zurückliegende, «Schande machende» Ereignis gestern gewesen. «Es ist leichter, von dem Wunsch, eine Mutter zu haben, Abschied zu nehmen, wenn man sie wiedergesehen hat», resümierte eine dreißigjährige Frau die auf unser Betreiben zustande gekommene Wiederbegegnung.

Diese Fälle werfen die Frage auf, warum überhaupt Mehrgenerationentherapie betrieben werden sollte. Ist es nicht gerade der Vorteil des psychoanalytischen Geniestreiches von Freud gewesen, mittels der Übertragung die Probleme der wirklichen Personen in der therapeutischen Situation mit dem Analytiker, gerade unter Ausklammerung der Agenten der Genese «emotional zu korrigieren» (Alexander [2])? – Ist nicht der Widerstand, sich in die eigene Geschichte einzulassen, als Schutz berechtigt, und zwar als Schutz für alle beteiligten lebenden Personen, mit Ausnahme des Kranken, der nicht umhinkann? – Diese und andere Fragen, die die Mehrgenerationentherapie aufwirft, sind sicher zur Zeit von niemandem verbindlich zu beantworten. Aber sie engen sich ein, werden fast zu Forschungsprojekten mit eminent praktischem Nutzen, wenn wir einige der mit diesem Setting gesammelten Erfahrungen näher beleuchten.

3. Eigene Erfahrungen

Wir haben seit Anfang 1974 im Rahmen unserer familientherapeutischen Arbeit in der Abteilung für Psycho- und Soziotherapie der Psychiatrischen Universitätsklinik Göttingen bisher bei 22 Familien mit bewußt therapeutischer Perspektive ein- bis mehrmalige Sitzungen unter Einbeziehung der Großelterngeneration durchgeführt. Älteste Teilnehmerin war eine 78jährige Großmutter, die bei der etwas unsicheren Verabschiedung durch uns spontan erklärte, sie käme das nächste Mal gerne wieder mit, denn es sei interessant.

Nur dreimal bestand bei Therapeut und Co-Therapeutin gleichsinnig der Eindruck, die Begegnung wäre besser nicht erfolgt:

Einmal im Falle eines Pfarrerssohnes, der die schweren Sexualkonflikte in seiner Ehe mit seinem Vater vorsichtig zur Sprache zu bringen versuchte, aber nur eine Fülle alttestamentarischer Verwünschungen als Entgegnung bekam, fast automatisiert und ohne einfühlbaren Bezug, so daß irgendeine Kommunikation überhaupt nicht zustande kam. Dabei hatten wir nicht einmal den Verdacht eines hirnorganischen Abbaues auf seiten des alten Pfarrers. Nur konnte danach der endgültige Abschied des Sohnes von seinem Vater leichter durchgearbeitet werden, und zwar jetzt in Kooperation mit der Ehefrau, die sich zum erstenmal mit ihrem derart verständnislos angegriffenen Mann solidarisch fühlte. Aber das von Ivan

Boszormenyi-Nagy[3] deklarierte Ziel solcher Begegnungen, es mögen Wege gesucht werden, daß alle Beteiligten durch die therapeutische Arbeit besser «überleben» könnten, schien verfehlt.

Ebenso beschimpfte eine offensichtlich zwangsneurotisch fixierte Mutter ihre unter einem Partnerkonflikt erheblich leidende Tochter ausschließlich wegen der mangelnden Sauberkeit und Ordnung in ihrer Wohnung (besonders wegen der herumstehenden leeren Flaschen), ohne daß es nur einmal gelang, therapeutisch «dazwischenzukommen».

Auch in einem anderen Fall, bei einer schweren körperlichen Erkrankung (multiple Sklerose) einer jungen Mutter mit zwei kleinen Kindern, die nur wenige Monate später an den Komplikationen ihres Leidens verstarb, erscheint rückblickend die Hinzuziehung ihrer Eltern als überflüssig. Diese benutzten die zur Entlastung der bedrängten jungen Familie anberaumte gemeinsame Sitzung nur dazu, um den sowieso schon schwer gequälten Ehemann massiv anzugreifen. Sie taten das offensichtlich, um weiter verdrängen zu können, daß ihre Tochter unheilbar krank und die junge Familie dringend ihrer Realhilfe bedürftig gewesen wäre.

Es klingt an, daß die therapeutischen Mehrgenerationen-Arrangements nicht selten auch als praktische Handlungshilfen gedacht sein können. Boszormenyi-Nagy und Spark[3] schreiben dazu: «Es gibt unerledigte Loyalitätsrechnungen, die nur durch interpersonale Initiative und korrigierende Handlung zu bewältigen sind.» Daß in dem letzten Beispiel ein alter, gewissermaßen umgekehrter «Klassenkampf» reaktiviert wurde, wirkt retrospektiv wie eine Parodie auf das bald darauf erfolgende Sterben an unheilbarer Krankheit. Die Eltern der Frau faßten deren Nervenleiden als Strafe für ihre Mesalliance mit einem zwar promovierten, aber aus einer Arbeiterfamilie stammenden Mann auf.

Eine andere Beobachtung möge nachdenklich stimmen, obwohl der psychotherapeutische Nutzen für alle Beteiligten außer Zweifel steht. Es stellt sich nämlich die Frage, ob alten Menschen in derartigen gemeinsamen Sitzungen nicht zuviel zugemutet wird, wenn ihnen ihre «existentiellen Schulden» in voller Tragweite bewußt werden.

▶ Ein 32jähriger Mann hatte aus der Internierung in einem Landeskrankenhaus, wo er sich nach einem Suizidversuch befand, um eine Partnertherapie gebeten, weil er befürchtete, auch seine zweite Ehe würde wegen seiner Probleme (Trunksucht und Depressivität) zerbrechen. Die zwei Kinder aus seiner ersten Ehe lebten bei seiner ersten Frau, aber das Kind aus der ersten Ehe seiner zweiten Frau wohne mit ihnen zusammen, «und das ist so schlimm».

Zu der ersten Familiensitzung erschienen eine recht hübsche, aber schwer gehemmte junge Lehrerin (die nach dem Kriegstod ihres Vaters geboren wurde und auch schon wegen «Depressionen» in Anstalten war), ein netter junger Mann, der unter Antabusmedikation stand, sich an schwarzen Zigaretten «festhielt» und berichtete, daß er mit seinem eigenen Geschäft total gescheitert sei und deswegen jetzt wieder im Geschäft seines Vaters «untergekrochen» sei, was unerträgliche Spannungen mit sich bringe. Außerdem war ihr siebenjähriger, zeitweilig fast erethisch wirkender Junge mitgekommen. Der malte schwere Kampfpanzer, die von seiner Mutter als «Schiffe» verkannt wurden. Im übrigen suchte der Siebenjährige kleinkindhaft wieder und wieder Schutz auf dem mütterlichen Schoß. Dabei wurde besonders auf den Videobändern deutlich, daß seine Mutter ihn jedesmal, wenn er zu ihr kam, mit unübersehbaren Gebärden zurückstieß.

Im Verlauf der Sitzungen mit der Kernfamilie ergaben sich vorwiegend zwei Problemkreise: 1. Die Frigidität der Frau und 2. der Selbstmord der Mutter des Mannes, der sich unbewußt als ihr Rächer aufführte.

Die angebotene Möglichkeit, Eltern in die Sitzungen mitzubringen, wurde zuerst von der Frau aufgegriffen. Es erschien ihre Mutter, eine etwas infantil wirkende Mittfünfzigerin, die zunächst der Tochter immer nur sagte, sie müsse allein fertig werden. Auf deren vorwurfsvolle Frage, warum sie sie so früh ins Internat abgeschoben habe, antwortete die Mutter ausweichend. Die Atmosphäre bei der ersten Begegnung war frostig; es fiel lediglich auf, daß zwischen Großmutter und Enkelkind ein sehr warmherziges Verhältnis bestand. Als die sexuelle Problematik immer dringlicher wurde und die junge Frau in den weiteren Familiensitzungen sehr über ihre puritanische, von einer Großtante beherrschte Jugend in der Verwandtenfamilie ihres verstorbenen Vaters klagte, wurde noch einmal erwogen, ihre Mutter mit in die Therapiesitzungen mitzubringen. Die Mutter kam. Und diesmal fragte die Tochter direkt nach, ob ihre Mutter denn niemals mehr in ihrem Leben sexuelle Beziehungen gehabt hätte, nachdem sie in der vorangegangenen Sitzung so distanziert abfällig von ihrem gefallenen Ehemann gesprochen habe. Die Mutter lächelte und sagte: «Ja, weißt du denn nicht, daß ich die ganze Zeit die Geliebte von Onkel Franz bin?» – Es kam eine Reihe sehr befreiender Gespräche zwischen zwei – wie sich immer klarer erkennen ließ – nunmehr erwachsenen Frauen zustande, die auch die Ehe entspannten.

Darauf bat auch der Ehemann, seinen Vater mitbringen zu dürfen. (Je nach Wunsch führen wir die Intergenerationentherapie in Gegenwart der ganzen Familie durch oder, wie meistens, mit dem erwachsenen «Kind» und seinem Elternteil allein.)

Zunächst fiel auf, daß der Vater angenehm gepflegt wirkte: wir hatten nach der Schilderung des Sohnes einen mehr oder weniger verwahrlosten Alkoholiker erwartet. Der alte Herr erzählte sehr bewegt die Probleme, die zum Selbstmord seiner Frau geführt hatten. Er bestätigte den Vorwurf seines Sohnes, daß er sich wohl nie genügend um andere Menschen, sei es die Frau, seien es die Kinder, gekümmert hätte, was als schwere Schuld auf ihm, einem religiösen Menschen, laste. Aber er habe sich immer lieber zu seinen Büchern (seinem Beruf) oder, wenn schon Menschen, dann zu seinen Freunden zurückgezogen. Es sei ein furchtbarer Morgen gewesen, als er neben der Selbstmordleiche seiner Frau erwacht sei.

In mehreren gemeinsamen Sitzungen mit Vater und Sohn wurde deutlich, daß der Sohn den Tod seiner Mutter unbewußt durch die Tötung des Vaters rächen wollte. Alle Versuche des Vaters, durch Realhilfe am Sohn seine quälende Schuld zu sühnen, wurden von diesem zurückgewiesen. Er neidete dem Vater außerdem dessen neuerliche Bemühungen, wieder eine Gefährtin für den Rest seines Lebens zu finden. Auch die gleichartigen, mißglückten Problembewältigungsversuche von Vater und Sohn durch Alkohol wurden deutlich. Als der Sohn aber intercurrent zu einem Direktangriff auf das Lebenswerk seines Vaters, das Geschäft, überging, obwohl der Vater ihn längst als Erben eingesetzt hatte, erlitt der Vater seinen ersten leichten Schlaganfall. Natürlich hätte das Ereignis bei der gespannten Beziehung zwischen Vater und Sohn am gleichen Arbeitsplatz auch ohne die Behandlung eintreten können, aber wir fragten uns, ob wir den Vater nicht besser hätten schützen können, wenn wir nicht ein Signal übersehen hätten, nämlich daß der Vater unbedingt einmal in einer Abendsitzung mittendrin hinausgehen mußte, um nachzusehen, ob er sein Auto auch beleuchtet hatte.

In allen übrigen Fällen waren die Mehrgenerationen-Sitzungen gefahrlos zumutbar und auch für alle Beteiligten hilfreich. ◂

Therapeutisch-technisch gehen wir so vor: Wenn sich in Familien- oder Partnertherapien, gelegentlich auch in Einzelbehandlungen, eine Problemkonstellation ergibt, von der deutlich erkennbar ist, daß hier ungelöste, gegenseitig immer wieder verstärkte infantile Bindungen mit den Eltern bestehen, fragen wir, ob es unter Umständen nützlich wäre, den als festhaltend erlebten Elternteil mitzubringen. Es gibt auf dieses Angebot zwei übliche Reaktionen: zum einen erleichterte Zustimmung, fast Eifer, die Begegnung möglichst schnell zu arrangieren; zum anderen wird große Angst geäußert, die in der Regel damit rationalisiert wird, daß die Mutter oder der Vater unter keinen Umständen aufgeregt werden dürften. Die Durcharbeitung dieser «Angst im Familienkreis» führt bereits zu wesentlichen Einsichten. Bei dem Elternteil, der dann schließlich von einem

Partner zuerst mitgebracht wird, handelt es sich meistens um den gleichgeschlechtlichen. Der Wunsch, in einer solchen Sitzung ohne den Ehepartner und die Kinder mit dem Vater oder der Mutter und den Therapeuten allein zu sein, wird von uns respektiert. Das häufigste Thema solcher Gespräche mit den «Großeltern» sind dann die als quälend erlebten Sexualbehinderungen der jungen Elterngeneration, fast immer eingeleitet mit erheblichen Vorwürfen an die eigene Erziehung. Hier müssen die Therapeuten sehr wachsam sein, damit ein dialogischer Austausch überhaupt zustande kommt und nicht schon wegen der Massivität der Vorwürfe im Keim erstickt. Die Therapeuten müssen sagen, daß es um Klärung der Umstände, nicht aber um die Suche nach einem Schuldigen gehe. Die schwere affektive Bedrängnis kann ausbalanciert werden durch die Bemerkung, daß *Scham* offenbar mehr ein Problem der Jugend, wogegen *Schuld* eher eines des Alters sei. Als für das gegenseitige Verständnis sehr fruchtbar erweist sich die Frage der jüngeren Generation an die Älteren, wie es mit ihnen gewesen sei, als sie ihrerseits in demselben Alter gewesen seien wie sie, die Fragenden, heute.

Nach unseren Erfahrungen erzählen die älteren Menschen nur zu gern, wobei allerdings auch ihre eigenen extremen Einschränkungen in jener Zeit deutlich hervortreten. Ihre Bereitschaft kann verstärkt werden durch die Betonung der Tatsache, daß sie die einzigen Experten dieses Abschnitts der Familiengeschichte sind. In der Regel lassen sie sich gern befragen, und die Erfahrung von G. SPARK[10], daß die Großeltern sich manchmal als weniger rigide und fixiert erweisen als die jüngeren Familienmitglieder, kann von uns bestätigt werden. Weil sie den Lebenszenit bereits überschritten haben, leiden sie verständlicherweise weniger unter zukunftsbezogenen Ängsten. Am meisten erstaunte uns, wie unkompliziert frühere Mißstände, die bei der jüngeren Generation unter schwersten Tabuängsten stehen, von den Eltern «zugegeben» werden können.

▸ So bestätigte eine Geschäftsfrau und Großmutter ihrer Tochter ohne Zögern, daß sie verstehen könne, wie sehr diese sich vernachlässigt gefühlt habe, weil sie nach Vaters Tod «nur noch mit dem Geschäft» gelebt habe. Unter beiderseitiger erheblicher, wenn auch ganz andersartiger Bewegtheit, stellte die Großmutter fest, daß sie mit den Leitbildern und Lebensstrategien, die sie leider auch ihrer Tochter vermittelt habe, gescheitert sei. Im gemeinsamen Durcharbeiten konnte die «Treue zum Programm» von der «Treue zur Person» unterschieden werden. Die junge Frau merkte, daß sie sich auf etwas verpflichtet fühlte, was in dieser Form gar nicht mehr bestand, daß sie gegen etwas protestierte, was besser gemeinsam überwunden worden wäre.

Für die älteren Menschen können derartige Sitzungen die Aufhebung ihrer Einsamkeit einleiten. Der erwachsenen Tochter wurden ihre eigenen Partnerprobleme klar, als sie von den sechzehn Abtreibungen erfuhr, denen sich ihre Mutter unterzogen hatte, nur um ihrem «Heldenmann» das Gefühl der Unbegrenztheit zu vermitteln. Dieser Mann, der früh verstorbene Gatte der Geschäftsfrau und Vater der Patientin, war der Gegentyp seines Schwiegervaters gewesen, also des Großvaters mütterlicherseits der Patientin. Dieser Großvater verlor seine Frau in den Krisen des beginnenden Klimakteriums, denen er völlig hilflos gegenüberstand, durch Selbstmord. Das Bewußtsein der bisweiligen tragischen Verstrikkungen über Generationen hilft bei der Bearbeitung irrationaler Schuldgefühle mehr als das Bewußtmachen ihrer Unsinnigkeit. Die erwachsene Tochter kann sich von dem unbewußten Zwang befreien, ihrer Mutter andauernd Erfolge ihres Mannes melden zu müssen, damit diese sich nicht auch wie ihre eigene Mutter umbringe, was die gestörte Ehe wesentlich entlastet. Der Mann brauchte nicht mehr permanent «runtergemacht» zu werden, nur weil er durchschnittlich war. Auch die Kinder wurden vom «Glänzen-Müssen» in der Vorschulerziehung dadurch entlastet, daß ihre Mutter ihren zwanghaften Reflex (Mißerfolg → Wutausbruch) zu unterbrechen lernte. Auch die ständige Suche der Ehefrau nach neuen, «besseren» Männern unterblieb allmählich. Der Großmutter wurde ein psychotherapeutisch-orientierter Kuraufenthalt vermittelt. ◂

Auch schwer phobisches Erleben wie die Krebsphobie einer verheirateten jungen Frau wird von der ihrerseits gewitterphobischen Mutter «unmittelbar verstanden». Alle Probleme dörflicher Interaktionen, wie sie Klemann, Kuda und Massing[7] bei Phobikern beschrieben haben, werden ausgetauscht. Als der junge Ehemann im Verlauf der Therapie komplementär eine vorübergehende Krebsphobie entwickelt, kann seine Schwiegermutter vom Lande bereits als Hilfstherapeutin wirksam werden.

Überhaupt bringt nach unseren Erfahrungen mit der Mehrgenerationentherapie die *Land-Stadt-Migration* eine Fülle bisher kaum reflektierter Identitätsschwierigkeiten mit sich.

▸ Wir haben im Falle eines fünfzehnjährigen schulschwierigen Mädchens, welches aus Prestigegründen für das Dorf unbedingt in der benachbarten Stadt auf ein humanistisches Gymnasium gehen «mußte», erlebt, daß nur 17 km Differenz zwischen Stadt und Land fast unlösbare Verständigungsbarrieren für die Familienmitglieder bedeuten können. Das pubertierende Mädchen hatte in der Stadt weder Freundinnen noch Freunde, spielte aber auf dem Dorf die «verwahrloste Emanzipierte». Als sich herausstellte, daß sie oft, wenn sie für ihre Eltern als «Herumtreiberin» einfach «weg» war, heimlich bei ihrem im gleichen Hause wohnenden Großvater väterlicherseits (dem Altbauern) Refugium gefunden hatte, wurde dieser zu den familientherapeutischen Sitzungen hinzugezogen. Ohne Zweifel hatte er es schwer mit seinen Vermittlungsbemühungen, denn auch er teilte Sprache und Meinung wie sein Sohn mit dem Dorf, aber er allein hatte gefühlshaft etwas erfaßt von den Nöten seiner Enkeltochter, so daß er schließlich dafür plädierte, daß das Mädchen, wenn es schon auf ein so schwieriges Gymnasium gehen sollte, auch in der Stadt wohnen müßte. ◀

Der nahezu unverhohlene Neid «ihrer» Mutter vom Lande auf «seine» Mutter in der Stadt entpuppte sich als latente Ursache eines schweren Ehekonflikts mit rezidivierenden Suizidhandlungen bei einer jungen Mutter. Es bedurfte langer psychotherapeutischer Klärungsarbeit unter familientherapeutischen Gesichtspunkten mit ganz verschiedenen Settings (Einzelbehandlung, Mutter-Kind-Therapie, Partnersitzungen, Familiensitzungen, Intergenerationen-Gespräche), bis herausgebracht werden konnte, daß hier nicht Person gegen Person stand, sondern Clan gegen Clan. Im Gegensatz zur Ich-psychologisch orientierten Einzelbehandlung, oft einhergehend mit Stärkung der Durchsetzungsfähigkeit, stehen bei familientherapeutischen Bemühungen «Versöhnungsstrategien» (STIERLIN[14]) im Vordergrund. Das bedeutet, daß Veränderungen im Beziehungsgefüge, und seien sie noch so unkonventionell, überhaupt erst möglich sind, nachdem gewisse unabänderliche Vorgegebenheiten gemeinsam akzeptiert werden können.

Die eingangs erwähnte «Über-Kreuz-Ablehnung» des jeweiligen Schwiegerelternpaares wird auch als latente Trennungsursache bei einem jungen städtischen Paar deutlich. Die zwischen Land und Stadt häufige Verstoßungsformel «Ihr seid wohl etwas Besseres» wird hier in der Ehe der Eltern der jungen Frau als «Klassenkampf» praktiziert. Obwohl der Schlachtermeister-Vater den Wohlstand überhaupt erst ermöglichte, wird er von seiner «besseren» Frau bei allen familiären Kontakten auszuklammern versucht. Ihre Tochter, die junge Mutter, macht nun ihren studierten Ehemann genauso schlecht wie die Großmutter ihren Schlachter. Obwohl sechs Erwachsene das Kind, einen vierjährigen Jungen, wirklich mögen, hat dieser niemanden. Die Ehe seiner Eltern ist an der Frigidität seiner Mutter und der Unbeholfenheit seines Vaters gescheitert. Sein Großvater väterlicherseits leugnet zunächst diese traurige Tatsache nach der Devise: «Bei uns muß alles in Ordnung sein!» Die Großmutter mütterlicherseits verharrt bei ihrem Dünkel und selbstverständlich auch der Geringschätzung der körperlichen Liebe. Aber es finden wichtige Gespräche statt: Der junge Vater erfährt von seiner Mutter, wie glücklich noch heute die erfüllte körperliche Liebe seiner Eltern ist. Er versteht sich auch ausgezeichnet mit seinem Schwiegervater (dem Schlachtermeister), so daß zunächst einmal der Dünkel in Gestalt ihrer Mutter und seines Vaters isoliert werden. Die Trennung des jungen Ehepaars unter gleichzeitiger paargruppentherapeutischer und familientherapeutischer Betreuung führt zu erstaunlichen Entwicklungen in Richtung auf eine echte Liebesfähigkeit und zur Entkrampfung des Kindes.

Welche Bedeutung die verwandtschaftlichen Beziehungen über mehrere Generationen haben können – ein Gesichtspunkt, der unseres Erachtens bisher vernachlässigt wurde –, zeigt das Beispiel einer Eheschließung unter bewußter Ausklammerung der Schwiegerelternbegegnung, indem sogar drei verschiedene Hochzeiten gefeiert wurden, eine für das Paar, eine mit ihren, eine mit seinen Eltern. Als wenig später die Extrembelastung einer schweren chronischen Erkrankung auf das junge Paar zukommt, wird die mangelnde Präsenz der Vorgeneration, die sich mit dem Hochzeitsarrangement einleitet, zur Bedingung der Kinderlosigkeit und schließlich zur Trennungsursache des Paares nach vielen Jahren. Was geschah dann? Die getrennten Partner kehrten mehr oder minder in ihre Herkunftsfamilien zurück und versuchten, die Versöhnungs- und Abgrenzungsarbeit zu leisten, mit der sie ihre Beziehung hätten beginnen sollen. Familienbeziehungen, und sind sie noch so kompliziert, können eben stärker sein als der individuelle Heilungswille und die therapeutischen Beziehungen (L. Kaufmann[6]).

Wie sehr es gerade um die Bearbeitung des Phänomens geht, das in der psychoanalytischen Nomenklatur als *Wiederholungszwang* große Bedeutung hat, mag ein abschließendes Beispiel zeigen:

▸ Eine junge Frau begehrt Scheidung von einem Mann, den sie lediglich aus Versorgungsgründen geheiratet hat. Eine anfängliche Paartherapie ermöglicht die Bearbeitung der gemeinsamen Probleme und die schließliche Scheidung. Danach setzen Mann und Frau die Behandlung als getrennte Einzeltherapie bei verschiedenen Therapeuten fort. Als die Frau sich anläßlich ihrer politisch motivierten Gefängnisbesuche in einen Strafgefangenen verliebt, wird ihr die Problematik der Partnerwahl in ihrer Familie bewußt, und es kommt zu einer therapeutischen Einbeziehung ihrer Mutter. Es wird zunächst deutlich, daß Mutter und Tochter den gleichen, als brutal erlebten Mann als Erzieher hatten, nämlich den Großvater mütterlicherseits. Dazu war es gekommen, weil die Mutter arbeiten ging, nachdem sie sich kurz nach der Geburt dieser Tochter von ihrem ersten Mann wegen dessen Brutalität hatte scheiden lassen. Die durchgängig gestörte Mutter-Tochter-Beziehung wird mit dem Satz erklärt: «Ich konnte dich manchmal nicht ausstehen, wenn du Züge von deinem Vater zeigtest.» Die Mutter heiratete wieder, und zwar einen Mann, wegen dessen Brutalität die Tochter so früh wie möglich das Haus verließ, eben um ihren jetzt geschiedenen Mann, der abwechselnd beides, freundlich versorgend und brutal, war, zu heiraten. Bei der Klärung dieser Tatbestände wird die alte Frau schwerstens beunruhigt durch Schuldgefühle ihrer Tochter gegenüber. Die Tochter hat aber so viel Selbsterfahrung, daß sie ihre bisher gehaßte Mutter echt entlasten kann. In der weiteren Bearbeitung stellt sich heraus, daß der zweite «böse» Mann der Mutter für diese dennoch sehr liebenswert ist, weil er zu ihr «einmalig zärtlich» sein kann. Endlich kommt es zur Einführung eines ganz anderen Wesensbestandteils von Beziehung, der erotischer Art ist, der sexualgestörten Frauen, wie es die Ausgangspatientin war, in aller Regel fehlt. ◂

Wie wichtig das ist, konnten wir in einer gemeinsamen Sitzung einer Mutter mit ihren drei erwachsenen Töchtern, die alle unter Sexualstörungen litten, erleben, als sie ihnen eindringlich schilderte, daß und warum sie ihrem ersten Mann die Scheidung wirklich verzeihen könne, weil sie ihn verstehe, aber auch wie intensiv sie sich später wieder habe verlieben können. Danach hatten auch die Töchter keinen Grund mehr, ihre Männer als Repräsentanten «aller Männer», die eben Frauen nach sexueller Absättigung verlassen, zu verteufeln.

Versuchen wir unsere bisherigen Erfahrungen mit der Einbeziehung der Großeltern in die Familientherapie zu überblicken, so lassen sich bisher in groben Zügen drei Gruppen unterscheiden:

1. Großeltern, die selbst wieder Beziehung suchen und deswegen zur Klärungsarbeit bereit sind.

2. Großmütter, meist aus schicksalhaften Gründen allein lebend, die eine symbiotische Beziehung zu ihren erwachsenen Kindern brauchen und diese deshalb unter keinen Umständen loslassen können. Hier gibt es Varianten im Verhalten, die von ständigem gegenseitigen Mißbrauch bis zu permanenten frustranen Ausstoßungsprozessen reichen. Die Wiederbegegnung kann den Abschluß eines jahrelangen Verdrängungskampfs bedeuten, wobei nur noch die vielen Verschiedenheiten und die wenigen Gemeinsamkeiten festgestellt werden. Es kann aber auch so weit gehen, daß die Symbiose in der Phantasie erhalten bleiben kann, wie in dem Fall eines sehr früh kindergelähmten Krüppels, der von seiner Mutter deswegen als ihr ständiger Begleiter ausersehen war. Daß er sich dennoch selbständig gemacht hatte, verzieh sie ihm nie. Es war deshalb auch nicht

möglich, diese Mutter in den Klärungs- und auch Versorgungsprozeß ihres schwerst behinderten Sohnes mit einzubeziehen. Aber gerade diese Unmöglichkeit hatte eine bisher nie erlebte Solidarisierung der Geschwister mit dem Behinderten zur Folge, die vor unserem Versuch der Einbeziehung seiner Mutter undenkbar gewesen wäre. Wenn Großeltern nicht verfügbar sind, weil sie schon verstorben sind, kann ihre intensive und detaillierte Vergegenwärtigung, teilweise mit Hilfe ihrer noch lebenden Geschwister, ebenfalls hilfreich sein, weil der eigene Standort in der familiären Tradition dann deutlicher wird.

3. Die erleichterte Herausarbeitung und angestrebte Klärung verkrusteter Familienvorurteile, in welche die Ausgangsfamilie fast wie in ein überpersönliches Schicksal verwoben ist, wie zum Beispiel unüberwindliche Land/Stadt- oder «Klassen-Vorurteile».

4. Diskussion

Die Mehrgenerationentherapie dient überwiegend der Einleitung eines präventiven familiären Entfaltungsprozesses. Das grobe Modell erscheint zunächst einfach: Kinder haben Störungen, weil die Beziehungen ihrer Eltern behindert sind. Die Behinderung der Elternehe hängt mit dem unbewußten Festgebundensein der Partner an ihre eigene Vergangenheit zusammen. Deswegen konnte I. Boszormenyi-Nagy sagen, daß effektive Familientherapie stets von der Erforschung der Eltern-Großeltern-Beziehungen auszugehen habe. In der Tat wird durch die Wiederherstellung der Kommunikation mit der Herkunftsfamilie die neue Familie von projektiven Verzerrungen entlastet. Viele der Notlösungs- und Ersatzfunktionen, in die Kinder geraten können – wie sie von H. E. Richter[9] beschrieben wurden –, sind Folgen ungelöster Probleme der Eltern. Sie konnten nie bearbeitet werden, weil die Kommunikation ganz oder weitgehend abgebrochen oder derart formalisiert wurde, daß alles Angstmachende ausgeklammert blieb.

Durch echte emotionale Austauschprozesse mit den Eltern können alte «Bilanzen» wieder in Ordnung gebracht werden. Hierbei wird vor allem die tatsächlich im Laufe ihres Lebens vollzogene Entwicklung der älteren Menschen als therapeutisches Potential nutzbar gemacht. Je gestörter die Familien und Beziehungen sind, desto mehr erscheinen sie *Rollenklischees* verhaftet. Gleichgültig wie alt die «Kinder» sind und wie viele Kinder sie selber haben, sie müssen ein Stück weit die «Kinder» bleiben, für sich selbst oder für das Selbstverständnis der Großeltern. Gelingt es unter therapeutischem Schutz zu erreichen, daß beide erwachsenen Generationen sich als Erwachsene begegnen, indem sie einander von ihren inzwischen erworbenen Erfahrungen berichten, so kann es zu einem Abbau noch immer «aufbewahrter» infantiler Ängste und Vorstellungen kommen. Die Vergangenheit wird neu definiert, wie sie jetzt in der Gegenwart erscheint. Das ergibt die Möglichkeit der Revision lange ambivalent mitgeschleppter irrealer Lebensleitlinien.

Unter Umständen ist dieser Prozeß schmerzlich, weil gemeinsam formuliert werden muß, was man schon lange wußte: «Da ist nichts mehr drin.» Meistens ist jedoch eine Korrektur der Vorurteile möglich. Die Familientherapie könnte differenzieren helfen, was noch geht und was nicht mehr geht. Über längere Behandlungsstrecken, die durchaus mit den älteren Menschen zeitlich auseinandergezogen werden sollten, um überfordernde Prozesse zu vermeiden, haben es die Therapeuten mit dem Abbau von gegenseitigen Fehlerwartungen zu tun. Hierbei sind zeitlich verschobene «man»-Hypothesen, die sich tatsächlich von Generation zu Generation ändern, von individuellen Wunschhypothesen zu unterscheiden. Der Therapeut hat vor allen Dingen dafür zu sorgen, daß die Gesprächspartner einander ausreden lassen und einander zuhören lernen. Diese banale Notwendigkeit ist bei älteren Menschen noch schwerer durchzusetzen als bei jungen, weil sie bisher davon und dafür gelebt haben zu wissen, wie alles ist, vor allem, wie ihre «Kinder» *sind*. Sie verwechseln zunächst leicht den erwarteten Respekt vor dem Alter mit der Richtigkeit ihrer Auffassungen. Es stellt sich heraus, daß Ausredenlassen in den betreffenden Familien schon immer gefährlich war. Außerdem müssen auch die Worte zwischen den Generationen erst neu gefunden werden. In keiner sonstigen Behandlung muß der Therapeut so oft wie in der Intergenerationentherapie dem Satz «das habe ich nicht so gemeint» zu seiner wirklichen Bedeutung verhelfen.

Abschließend möchten wir die Frage: Warum überhaupt Intergenerationentherapie? noch einmal stellen. Die Herkunftsfamilie hat einen entscheidenden Einfluß auf das individuelle Selbstbild und die Lebensgestaltung einschließlich der Essensvorlieben, sexueller Erlebensmöglichkeiten, vor allem aber Lebensstilbildungen. Anders als bei der Partnerfamilie kann man sich von seiner Herkunftsfamilie nicht scheiden lassen. Jeder einzelne hat sie in sich und agiert sie in seiner Lebensform. Je mehr retrograde Symbiose besteht, desto mehr herrscht Hoffnungslosigkeit vor. Die Mehrgenerationen-Perspektive soll bewußt das erworbene Potential von Familie therapeutisch zum Nutzen aller einsetzen. Öfter hat sich eine Verbreiterung der Hilfsmöglichkeiten, aber auch eine Vertiefung der Klärungsarbeit durch den Einschluß der Verwandtschaft erreichen lassen. Daß es sich dabei überwiegend um Rekonstruktionsarbeit in der

Blutsverwandtenlinie handelt, kann emanzipatorisch fixierte Forscher beunruhigen. Eigentlich geschieht aber in der Therapie nichts anderes, als was die Soziologie schon lange weiß: *Verwandtenbesuche sind die häufigsten Freizeitbeschäftigungen der Familien.* Wo eine Ausweitung der familientherapeutischen Aktivitäten in Richtung auf die Mehrgenerationen-Perspektive nicht möglich ist, sei es durch Tod, übergroße Entfernung oder auch «nur» Angst, meist getarnt als Schonungsbedürfnis der anderen, dort stellt gerade das Fehlen von naher Verwandtschaft einen wichtigen Befund dar, der dringend der gemeinsamen Durcharbeitung bedarf. Im Grunde gäbe es für die Mehrgenerationentherapie keine Kontraindikationen, was auch schon BOSZORMENYI-NAGY[3] betonte, wenn das Therapeutenteam in der Lage wäre, mit allen dabei auftretenden Situationen adäquat umgehen zu können. Das setzt breite Lebenserfahrung, aber auch Kenntnis von Subkulturen und Institutionen sowie ärztliches Wissen voraus. Das kann natürlich eine Person nicht alles aufweisen, weshalb anzustreben wäre, daß den praktisch tätigen Familientherapeuten jeweils ein breitgefächertes und entsprechend erfahrenes Mitarbeiterteam zur Verfügung steht.

Wie so oft in der Psychotherapie reduziert sich die Indikationsfrage auf ein Organisationsproblem. Wichtig ist die Bewußtheit des Therapeuten bezüglich dessen, was sich in der Sitzung gerade abspielt. Auch ist ein größtmögliches Maß an Vorurteilsfreiheit, gerade wenn Personen ganz verschiedenen Alters zusammen sind, erforderlich. Beispielsweise hatte unsere bereits erwähnte älteste Großmutter mit 78 Jahren ein phantastisches Altgedächtnis und hielt die Zwänge der Familie wie eh und je fest in der Hand. Sie erteilte eindeutige Verhaltensnoten für lange zurückliegende Zeiträume an die Eltern der designierten Patientin, was diese zum erstenmal erleben ließ, daß das, was der Vater weitergibt, wenn er ihr so angstmachend und böse erscheint, eigentlich von der Großmutter stammt. Vor allem aber wurde ihr bewußt, daß sie ihren Vater selbst in der Phantasie und in Zuständen herabgesetzter Kontrolle genauso behandelt wie die Großmutter. Diese mitgeteilte Erkenntnis allerdings setzte auch hier bei allen Mitgliedern der Familie einen Wandlungsprozeß in Gang, wie wir ihn bisher mit keiner anderen psychotherapeutischen Methode gesehen haben. Wir meinen, daß das daran liegt, weil niemals sonst so deutlich erlebt werden kann, daß Intrapsychisches tatsächlich einmal Interaktion war.

Die Frage nach der *Indikation* zur Mehrgenerationen-Behandlung und deren Notwendigkeit ist eher umgekehrt zu stellen: Warum nicht? – Die einfache Antwort: «Weil wir dazu häufig nicht in der Lage sind», ist nach unseren eingangs erwähnten negativen Erfahrungen zusätzlich in zwei

Problemenkreise zu differenzieren:

1. Wie können die Therapeuten lernen, die bei solchen Begegnungen durch Anschuldigungen bedrohten Personen rechtzeitig zu schützen? – Größere Erfahrungen werden sicher dabei helfen, durch rechtzeitiges Bemerken die Voraussetzungen dafür zu verbessern. Sodann käme es darauf an, den Bewußtwerdungsprozeß der Unterscheidung zwischen Personen und Idealbildern aktiver zu betreiben. Weil mit dem «Bildersturz» zunächst eine Welt zusammenbricht, wäre die intensiv erforderliche Trauerarbeit gemeinsam zu leisten, was praktisch bedeutet, daß den therapeutischen Mehrgenerationen-Begegnungen mehr Zeit (längere gemeinsame Sitzungen) eingeräumt werden müßte. Mehr Erfahrungen würden auch Aufschlüsse darüber ergeben, in welchen Bereichen die älteren Menschen bewußt mit ihren bisherigen Orientierungen belassen werden können, ohne ausgeklammert werden zu müssen. Damit hängt auch der folgende Problemenkreis zusammen:

2. Wie und wann wäre der Prozeß des feindseligen Agierens bei der Intergenerationen-Begegnung optimal zu unterbrechen, wenn gar keine Aussicht auf Verständigung und Versöhnung zu bestehen scheint? Auch hier fehlen noch weitgehend Urteilskriterien. Nur eines hat sich bisher herauskristallisiert: Ist der Umgang zwischen Großeltern und Enkelkindern gegenseitig unbefangen offen, so spricht das dafür, daß die unbewußten Bedürfnisse anders sind als die geäußerten Worte oder gar demonstrativ zu Schau gestellten Haltungen und Handlungen. Das wäre unbedingt vorsichtig zu konstatieren und eine Vertagung der gemeinsamen Sitzung zu empfehlen.

Die Mehrgenerationentherapie wirkt einer besonderen Gefahr unserer Zeit entgegen: der Vereinsamung und Isolierung der alten Menschen. Sie hilft, Abhängigkeiten vor allem dadurch zu überwinden, daß sie die Beteiligten dazu zwingt, andere Wege als soziale Ausklammerung zu suchen.

Wie dieser Bericht zeigt, sind die meisten Aussagen über Intergenerationentherapie noch vorwissenschaftlich und vage. Aber es handelt sich um eine Therapieform, die etwas mehr «vor Ort» (Sperling [12]) geht, das heißt, den Konflikt dort zu bearbeiten sucht, wo er wirklich liegt (Ackerman [1]). Die Intergenerationen-Behandlung ist in der Lage, das psychogenetische Modell der Psychoanalyse zu verifizieren, zu erweitern und zu korrigieren. Die Erfahrungen mit einer flexiblen Handhabung des Settings im Rahmen einer Mehrgenerationen-Perspektive stimmen bezüglich der Verbesserung von Beziehungen und dem Ausprobieren neuer Wege innerhalb vorgegebener Möglichkeiten hoffnungsvoll. Ihre bisherige theoretische Begründung stellt eine Herausforderung dar, weil sie die

Familie in Abgrenzung zur Gesellschaft beinahe als ein geschlossenes System betrachtet (L. KAUFMANN[6]). Indem die Intergenerationentherapie die weitgehende Determiniertheit des Menschen an einer zusätzlichen, bisher nicht in Anspruch genommenen Erfahrungsquelle, den Großeltern, festmacht, beleidigt sie allerdings alle diejenigen, denen der Glaube an den freien Willen des Menschen ein unveräußerliches Anliegen ist. Ein alltägliches Argument gegen die Psychoanalyse, sie schaffe durch die Übertragung die Störungen erst, die sie zu heilen bestrebt sei, entfällt durch die Anwesenheit aller Teilnehmer am Prozeß. Es war oder ist wirklich so in den Familien.

Literatur

1 ACKERMAN, N. W.: The growing edge of family therapy. In: C. J. SAGER und H. S. KAPLAN (Eds.): Progress in group and family therapy. New York, London: Brunner Mazel 1972, S. 440–456

2 ALEXANDER, F., und T. M. FRENCH (Eds.): Psychoanalytic Therapy. New York: Ronald Press Comp. 1946, S. 55–65

3 BOSZORMENYI-NAGY, I., und G. M. SPARK: Invisible Loyalties. Hagerstown/Maryland: Harper & Row 1973

4 CAPLAN, G.: Concepts of mental health and consultation. Washington: US Dep. of Health. Soc. Sec. Adm. 1959 (U. S. Children's Bureau Publication. No. 373.)

5 DICKS, H. V.: Marital tensions. Clinical studies towards a psychological theory of interaction. New York: Basic Books 1967

6 KAUFMANN, L.: Familientherapie. In: K. P. KISKER (Hg.) u. a.: Psychiatrie der Gegenwart. Bd. 3., 2. Aufl. Berlin, Heidelberg, New York: Springer 1975, S. 669–710

7 KLEMANN, H., M. KUDA und A. MASSING: Phobie oder die Angst vor dem Dorfe. In: Zeitschrift für psychosomatische Medizin und Psychoanalyse 21 (1975), S. 362–375

8 MENDELL, D., und S. FISCHER: An approach to neurotic behavior in terms of a three generation family model. In: Journal of Nervous and Mental Diseases 123 (1956), S. 171–180

9 RICHTER, H. E.: Eltern, Kind und Neurose. Stuttgart: Klett 1963

10 SPARK, G. M.: Grandparents and intergenerational family therapy. In: Family Process 13 (1974), S. 225–237

11 SPERLING, E.: Alters- und Bezugsgruppen-spezifische Therapieprobleme; dargestellt am Beispiel der Studenten- und Familienbehandlung. In: Zeitschrift für psychosomatische Medizin und Psychoanalyse 15 (1969), S. 119–126

12 SPERLING, E.: Die familientherapeutischen Psychotherapieansätze – Bedeutungen, Hoffnungen und Probleme. In: Praxis der Psychotherapie 18 (1973), S. 82–89

13 STIERLIN, H., und K. RAVENSCROFT: Trennungskonflikte bei Jugendlichen. In: Psyche 7 (1974), S. 719–746

14 STIERLIN, H.: Von der Psychoanalyse zur Familientherapie. Konzepte der Humanwissenschaften. Stuttgart: Klett: 1975

15 WILLI, J.: Die Zweierbeziehung. Reinbek bei Hamburg: Rowohlt 1975

2.6. Bifokale Familientherapie

RAOUL SCHINDLER

Historische Vorbemerkung: Die *bifokale Methode* der Familientherapie wurde von mir in den Jahren 1947 bis 1949 an der Wiener Psychiatrischen Klinik entwickelt und ab dann routinemäßig in der Behandlung schizophrener Patienten eingesetzt. 1952 erfolgte die erste wissenschaftliche Darstellung[27], wobei Prof. O. H. ARNOLD freundlicherweise die klinische Beurteilung der auf seiner Station behandelten Patienten übernahm. Mit gehörigem Abstand folgten auch Beschreibungen auf englisch[30] und französisch[40]. Nach zehn Jahren (1957) habe ich die bis 1955 behandelten Patienten, insgesamt 142, katamnestisch nachkontrolliert[28] und auch die Ergebnisse mit anderen psychotherapeutischen Methoden, die wir damals an der Wiener Klinik handhabten und die ohne Einbeziehung der Familie operierten, verglichen[29]. Es ergab sich eine deutliche Überlegenheit der bifokalen Methode, sowohl hinsichtlich der Quote anhaltender Remissionen als auch hinsichtlich des Remissionsniveaus, das nach dem weiteren sozialen Erfolg eingestuft wurde. Gegenüber nur somatisch behandelten Patienten gleicher Indikation fand sich sogar eine siebenfach bessere Erfolgserwartung. Eine weitere katamnestische Kontrolle eines großen Teils der bis dahin behandelten Patienten erfolgte 1965 durch H. GASTAGER[9] im Rahmen seiner Arbeit über die Rehabilitation Schizophrener. Er übernahm die Methodik auch in seinen neuen Wirkungskreis nach Salzburg, und ich danke dem Erfahrungsaustausch mit ihm wertvolle Anregungen, ebenso meinen früheren Mitarbeitern bei der psychotherapeutischen Arbeit mit Psychosen E. FRÜHMANN, ST. HIFT und FR. E. BRÜNDELMAYER. Obwohl für die Bekanntmachung der Technik kaum Zeit aufgewendet wurde, kam doch ermutigende Bestätigung auch aus dem deutschsprachigen Ausland, so vor allem 1962 aus der Psychiatrischen Klinik «Burghölzli» in Zürich durch ESTHER BRACK[4], weitere aus Schweden.[23] und aus der Bundesrepublik Deutschland, wo sie vor allem in Gütersloh unter W. WINKLER[58] erfahrene Förderung erfuhr. Die große Landschaft psychiatrischer Anstalten aber blieb unberührt von diesem therapeutischen Angebot und erklärte sich überfordert.

Diese Überforderung besteht tatsächlich. Als Kliniker sah ich sie vorwiegend aus ihrem quantitativen Aspekt: Kann ein Arzt, der allein Stationen mit 70 bis 100 Betten zu betreuen hat, mehr tun, als die psychologische Seite seinen Schwestern zu überlassen und selbst nur gutachtend über Verlegungen, Entlassung und medikamentöse Richtlinien zu entscheiden? Seitdem ich selbst eine solche Krankenhausabteilung leite und tagtäglich das psychologische Engagement meiner Ärzte und Oberärzte bewundere und zu unterstützen bemüht bin, seit ich die rivalisierenden Linien solchen Einsatzes in den Diskussionen der verschiedenen «Hausparlamente» beobachte und über die Einrichtung gruppendynamischer Trainings «horizontale» Kommunikationsfelder und Teamdenken und Ausrichtung im Stil der therapeutischen Gemeinschaft zu fördern bestrebt bin, seither sehe ich in dieser Überforderung auch ein grundsätzliches Problem. Denn, weniger eingeengt von theoretischer Einseitigkeit als der rein wissenschaftlich arbeitende Kliniker, ist dem durchschnittlichen Anstaltsarzt die überragende Bedeutung des Familienhintergrunds für die Krankheitsentwicklung und Prognose seines schizophrenen Patienten durchweg empirisch klar. Wenn er sich dennoch weigert, einen familientherapeutischen Ansatz in sein therapeutisches Repertoire aufzunehmen, so bedeutet das keineswegs, daß er nicht aktiv in dieses Spannungsfeld eingreift. Aber er tut dies aus der Autorität des Schiedsrichters, der Anweisungen gibt, sei es bei der Visite, sei es in der Sprechstunde. Er versteht sich als Bollwerk im Widerstreit der Emotionen und erlebt seinen Ort *zwischen* Patient und seinem sozialen Umfeld, vor allem seiner Familie. Daher erlebt er Anregungen und Wünsche, die ihm von dieser oder jener Seite zukommen, nicht unvoreingenommen bereichernd, sondern prüft sie gewissenhaft und nicht ohne ein gewisses waches Mißtrauen, so als nähme er an, es läge in diesen grenzüberschreitenden Kommunikationen nur allzuoft ein Anteil unbewußter Aggressivität mitverpackt enthalten.

Tatsächlich erhält er den Patienten auch keineswegs im Augenblick seiner Erkrankung zugewiesen. Dieser Beginn ist nicht zuletzt deswegen so schwer zu bestimmen, weil er in ein *soziales Konfliktfeld* eingehüllt ist. Es ist dabei für unsere Problematik gar nicht so wesentlich, ob dieser Konflikt Ursache oder Folge der psychotischen Ich-Störung ist, sicher ist, daß er den weiteren Krankheitsverlauf mitbestimmend begleitet und daß sich die intime Bezugsgruppe dabei angesprochen fühlt. Sie tritt also als erster Kommunikationspartner auf und läßt sich in einem hohen Prozentsatz in den innerseelischen Vorgang des Individuums verstricken, mit sehr unterschiedlichem Effekt. Es ist als sicher anzusehen, daß die akzeptierende Teilnahme vielen Individuen hilft, ihre seelische Belastung auszureagieren, ihr Gleichgewicht wiederzufinden und nie unter die Etikette einer Diagnose zu geraten. Bei anderen aber führt sie zur Verstärkung der Belastung, offenbar dort, wo die individuelle Problematik des Patienten an familiäre Schwingungen gerät, die mit der eigenen Abwehr eben dieser Themen zu tun haben; wobei die sich ergebende Resonanz entweder diese

Abwehr schroff verschärft und damit stark aggressive Kräfte freilegt, oder aber auch die Abwehr unterläuft und Erwartungen belebt, für die im eigenen Leben kein Realitätsraum bestand und die oft wohl auch sonst die realen Möglichkeiten überschreiten oder einfach durch ihre Überbetonung in einen risikoreichen Engpaß führen. H. STIERLIN[51] nennt das zutreffend das *Delegieren* von unbewußten (verdrängten) Erwartungen der Eltern auf das Kind. Wieder andere Familien wehren allerdings die Verstrickung mit den Problemen des anderen einfach total ab und isolieren damit den künftigen Patienten, übersehen sein Sich-Versteigen (im Sinne L. BINSWANGERS[2]) bis zu einem kritischen Punkt, an dem dann die soziale Krise ausbricht. Diese treibt die Hilfesuche erst auf die medizinische Ebene.

Aber auch dann wird zunächst unter dem Angebot körperlicher Beschwerden ein praktischer Arzt oder ein Internist aufgesucht. Der Weg zum Psychiater erfolgt in der Regel erst spät, das heißt zu einem Zeitpunkt, da die soziale Krise bereits einen hohen Erregungsgrad angenommen hat. Die Erwartung der Familie drängt bereits auf eine Entscheidung: entweder Unterwerfung unter ihre Vorstellungen oder Ausstoßung. Zum Zeitpunkt der Einweisung befindet sich die Familie praktisch immer in einer Krise, die sie mit ihren Kräften nicht zu bewältigen vermag. Die affektiven Energien haben sich zu einer vollen Polarisierung aufgeschaukelt, die auf die Formel gebracht werden kann: einer muß weg!

Dieser eine, der weg muß, ist aber durchaus nicht immer der klinisch oder sozial am kränkesten Erscheinende aus der Familiengruppe. Meine Mitarbeiter A. WAITUSCH und E. ADRIAN[53] haben im Rahmen außerstationärer Nachbetreuungsaufgaben Familien zusammengestellt, bei denen mehrere Familienmitglieder psychotisch waren. Zur stationären Einweisung kam jeweils nur das einzige Mitglied, das sich als arbeitsfähig erwies und mit seinem Verdienst auch die gesamte Familie finanziell zu tragen hatte. Und zwar immer dann, wenn es gerade im Arbeitsbereich Erfolge und Anerkennung aufzuweisen hatte. Dadurch entfernte es sich nämlich jeweils so weit vom allgemeinen Familienzusammenhalt, daß die Familie in Erregung geriet und den befürchteten Absprung durch Anzeige beim Amtsarzt in Ausstoßung verwandelte. Freilich wurde dann schon nach wenigen Tagen das, unter Bezug auf seine paranoiden Wahnideen eingewiesene «gefährliche» Familienmitglied in scheinbar völliger Inkonsequenz und Krankheitsuneinsichtigkeit nach Hause zurückreklamiert. In Wahrheit aber liegt die Uneinsichtigkeit beim Psychiater: Die Wahnideen der designierten Patientin bestanden nämlich auch während ihrer sogenannten gesunden Zeit, während ihrer Berufstätigkeit, freilich dann ohne zu stören. Nur im Verlauf der familiären Unruhe traten sie hervor und verwiesen die Patientin ins Spital, statt in emanzipatorische Freiheit. Damit war aber auch die Entscheidung bereits vollzogen, die Familie beruhigte sich, der Wiederentlassung und Familienvereinigung stand nichts mehr im Wege.

Die *Krisenintervention* des Anstaltspsychiaters besteht offenbar darin, daß er das gefährdete Familienmitglied in seinen Schutz übernimmt. Die Neutralität dieses Schutzes ist trotz aller Bemühung fragwürdig, worauf vor allem aus soziologischem Aspekt[5, 6, 7, 8, 12, 13, 14, 18, 20, 52] hingewiesen wurde. Die Entscheidungsfreiheit des Psychiaters ist in Wahrheit sehr gering und mehr ein Akt der Unterwerfung: Er hat nicht die Wahl zu entscheiden, *wen* er aufnehmen und aus dem Spannungsfeld herausnehmen möchte, er erhält vielmehr ein Individuum von der Familie dafür angeboten. Er könnte das Angebot ablehnen, aber er weiß, daß die Eskalierung der Ausstoßungstendenz Tod bedeutet. Auch der Krankenkasse gegenüber müssen freiwillige Aufnahmen in die psychiatrische Station häufig durch Hinweis auf bestehende Selbstmordgefahr gerechtfertigt werden, so als wäre der Psychiater nur unter diesem äußersten Druck bereit gewesen, sein Asyl zur Verfügung zu stellen. Das ist keine scheinheilige Lüge. Denn bei der Gestaltung dieses Drucks arbeiten Patient und Familie eigenartig zusammen, obwohl das Ergebnis ungleichartig ist: eine Art Hinausgehaltensein in Familienlosigkeit auf der einen Seite, der Verlust einer bestimmten Familiengruppenposition auf der anderen, einheitlich freilich der Zusammenbruch des Ganzen, die Identitätskrise.

In diese Krise erwächst die Autorität des Psychiaters als ein Bedürfnis aller. Nicht nur als Kompensation seiner eigenen ohnmächtigen Ausgesetztheit inmitten erregter Kommunikationsunfähigkeit. Viel wichtiger ist, daß seine Autorität die Identitätskrise der Familie verdeckt und in ein Trennungsproblem verwandelt. Er errichtet sein Bollwerk von Besuchsregeln, Auskünften und Anweisungen mitten im Leben einer Familie, gibt der eben noch unverstehbaren Aggressivität Rechtfertigung, ist ein Inhalt in einer eben noch empfundenen Inhaltslosigkeit. Die Irrealität seiner Autoritätshöhe entspricht dem regressiven Bedürfnis der Familie: Seine Entscheidung kann in dieser Sicht die Familienspaltung wieder aufheben und ungeschehen machen, sein positiver Wille könnte die Ich-Krise aufheben. Die Entlassungsentscheidung wird zum mystischen Akt, auf den hin auch die ganze hierarchische Gliederung des Krankenhauses verweist und durch den anscheinend die Krankheit gelöscht wird. Die dankbare Familie trägt den Zauber in Form der weiterzuführenden Anweisungen mit nach Hause, kommt dort allerdings oft nicht weit damit. Der Patient aber kehrt in die Omega-Position seiner Familie zurück und unterwirft sich ihren Erwartungen mit bald erneut wachsender Ambivalenz. Man muß das wissen, ehe man psychotherapeutisch zu intervenieren beginnt.

Zur Technik der bifokalen Gruppentherapie

Therapeut und Familie, mit Einschluß des Patienten, schließen dem Sinne nach einen Arbeitsvertrag:

1. Der Patient wird in eine *Patientengruppe* (erster Focus) von sechs bis sieben Mitgliedern aufgenommen und nur dann aufgenommen, wenn sich auch die Familie (Eltern, Ehepartner, Geschwister und eventuell sonst mitlebende Angehörige) in die entsprechende Angehörigengruppe aufnehmen lassen. Die Patientengruppe tagt zweimal wöchentlich je neunzig Minuten.

2. Die Familie wird in die *Angehörigengruppe* (zweiter Focus) aufgenommen und nur dann aufgenommen, wenn sich auch der Patient in die entsprechende Patientengruppe aufnehmen läßt. Die Angehörigengruppe tagt einmal wöchentlich für neunzig Minuten, am besten abends, damit auch die Berufstätigen kommen können.

3. Der Therapeut, gegebenenfalls unterstützt von einem Cotherapeuten, ist bereit, beiden Gruppen nach bestem Vermögen behilflich zu sein. Er ist aber nicht gewillt und auch gar nicht dazu befähigt, irgendwelche Entscheidungen hinsichtlich des Stationslebens des Patienten zu treffen (Erleichterungen, Entlassungen usw.). Auch auf die medikamentöse Therapie nimmt er keinen Einfluß.

4. Die Gruppen werden aber nicht nur theoretisieren. Abmachungen, die im Vollzug der Gruppenarbeit getroffen werden, sind von der ganzen Gruppe bezeugt und müssen nach bestem Vermögen eingehalten werden. Gelingt dies aus irgendeinem Grunde nicht, so ist dies der Gruppe zu berichten und die Abmachung entsprechend zu korrigieren.

Ich habe diesen Vertragsabschluß nie formalisierend gehandhabt, ihn zum Beispiel nie schriftlich fixieren lassen. Wichtig aber ist, daß für die Entschlußfindung einige Tage Zeit gegeben wird, in der sich auch die Familienmitglieder untereinander mit dem Patienten besprechen können. Im allgemeinen wird dazu eine Woche genügen.

Die *Eröffnungsphase* dient in beiden Brennpunkten (Foci) der Gruppenbildung und dem Abbau falscher Erwartungen. Derer gibt es viele. In beiden Gruppen besteht in der Regel die Annahme, daß der Therapeut nur belehrend handeln werde. Er kann es nicht, er muß vielmehr selbst erst belehrt werden, worum es eigentlich geht, so wie die anderen Gruppenmitglieder auch.

In der Patientengruppe löst das die bekannte Verunsicherung aus, die immer entsteht, wenn ein regressives Abwehrverhalten nicht angenommen wird. Die Patienten ordnen sich: diejenigen, die das bereits mitmachen können, fühlen sich angesprochen und kommen in den Vordergrund; andere, die den Schutz der ärztlichen Omnipotenzvorstellung noch sehr brauchen, werden mißtrauisch und halten sich zurück; manchmal erträgt eines die Verunsicherung nicht und wird wahnhaft unruhig, es schiebt seine Projektionen mit allen Zeichen der Angst und Unduldsamkeit vor die Wirklichkeit. Die anderen empfinden das als peinlich und versuchen zu beschwichtigen oder taktvoll zu übergehen. Aber das läßt der Therapeut nicht zu: Er stellt sich – manchmal auch durchaus in figürlichem Sinne – neben das erregte Gruppenmitglied, unterstreicht die von ihm geschaffene Wirklichkeit und zeigt, wie die anderen es zur Unwirklichkeit abschieben wollen. Ist keines erregt, dann verhält er sich gleich nach Maßgabe des Stillsten, Abgewandtesten. Wir nennen das die *Omega-Eröffnung*, denn der Therapeut wählt das in die Omega-Position der Gruppe sich einordnende Mitglied und macht es zum Gruppenmittelpunkt. Der Effekt ist mehrgestaltig: Die Gruppe lernt sehen, daß es Krankheit in ihrem Raum gibt, daß sie selbst Irrealität erzeugt durch ihr Verleugnen und daß es auch möglich ist, an noch nicht Verstandenem durch eine Bemühung teilzunehmen. Sie nimmt meistens auch wahr, daß ein solcher Umgang dem Omega-Mitglied guttut, daß es sich beruhigt und anfängt, Vertrauen zu versuchen oder daß es nach der Stunde sich deutlich entspannt zeigt.

In der Angehörigengruppe entsteht die größere Verwirrung. Man versucht den Therapeuten durch Fragen in die Gutachterrolle zu drängen. Er akzeptiert die Frage, beantwortet sie aber nicht, sondern gibt sie zurück («Das ist wirklich eine wichtige Frage! Wie denken Sie darüber?»). Allmählich übernehmen Teilnehmer die Klärung der Situation, drücken ihre Unzufriedenheit aus, meist zuerst durch Verschiebung ihrer Kritik auf Zustände im Spital. Der Therapeut hält das Unbehagen an dem hic et nunc der Situation im Hospital zurück. Die erste Sitzung schließt in der Regel ungemütlich, und der Therapeut erinnert daran, daß es jetzt noch möglich wäre, aus der Therapie auszusteigen und den Platz für andere freizugeben. Von der zweiten Sitzung an wird sich die Angehörigengruppe darüber klar, daß sie nicht über die unbegreifliche Unzufriedenheit der Patienten berät, sondern daß die Mitglieder der Angehörigengruppe selbst unzufrieden sind. Zunächst hier, aber dann auch schon zu Haus. Es wird zum Problem, was man für die eigene Zufriedenheit tun kann. Und es erweist sich, daß man schon etwas dafür getan hat: indem man nämlich den Patienten zur Aufnahme gebracht hat. Natürlich wollte man nicht, und es waren Fachleute, die dazu geraten hatten, aber letztlich war man doch erleichtert, und einige empfinden diese Erleichterung noch jetzt, wenn sie nach der Besuchszeit fortgehen. Der Therapeut findet das natürlich, denn was kann man schon helfen oder auch nur reden, wenn die Verständigungsmöglichkeit unterbrochen wurde? Man fühlt sich ständig Mißdeutungen ausgesetzt, auch irrealen Erwartungen, die man doch nicht erfüllen kann, man hat Angst, durch klare Erklärungen zu schaden oder aufzuregen, redet daher defensiv, unklar hinhaltend, vielleicht auch nicht immer ganz ehrlich, denn man will den Patienten ja schonen. Der Therapeut findet, daß diese schonende Unehrlichkeit ein gemeinsames Bauen an einer wahnhaften Irrealität sei und daß es die Glaubwürdigkeit und das Vertrauen schädige. Er schlägt daher als erste *Abmachung* vor, daß die Angehörigen mit den Patienten übereinkommen, für eine Periode von etwa vier Wochen alle Besuche fallenzulassen.

Diese Abmachung kommt einer freiwilligen Besuchssperre für die Intimgruppe gleich. Sie setzt deren bei der Einlieferung bestehende Absicht einer Trennung von dem allzu belastend gewordenen Patienten in unbemäntelte Realität um. In der Einstellung zu dieser Abmachung ordnen sich die Angehörigen: Wenige sind bereit, offen darauf einzugehen, viele aber sehen einen Sinn darin und sind schließlich einverstanden, wenn der Therapeut die Verantwortung übernimmt, das heißt, wenn die Maßnahme als von ihm angeregt und als notwendig dargestellt werden kann. Diese Verantwortung übernimmt der Therapeut. Einige Angehörige aber fühlen sich offensichtlich bedroht, sie haben Angst, den Patienten zu verlieren. Die *paradoxe Verstärkung* des von ihnen vollzogenen Schrittes treibt sie in Schuldgefühle. Entweder weil in dem Schritt eine massive Aggressivität verborgen liegt, eine Ausstoßungsintention, oder umgekehrt, weil sie den Patienten aus ihrer Abhängigkeit nicht freigeben wollen, weil das Spital nur als Drohung verwendet werden sollte, um Emanzipationstendenzen zu ersticken.

Wieder wählt der Therapeut die *Omega-Eröffnung* zur Überleitung in die *analytische Phase* der Therapie, das heißt, er stellt das Leiden eines solchen, widerstrebenden Elternpaars in den Mittelpunkt der Verständnisbemühung der ganzen Angehörigengruppe. Anfänglich ließ ich die Besuchskarenz bei jedem Patienten dann beginnen, wenn seine Eltern dazu bereit waren; die Zögernden wurden also von dem Beispiel der Aktiveren beeinflußt. Das ist der schonendere Weg, der aber auch mit vereinzelten Versagern behaftet war, Familien, die so lange ambivalent zu zögern verstanden, bis der Patient entlassungsreif war. Der stärkere Gruppendruck entsteht, wenn man die Besuchskarenz für die ganze Gruppe erst dann beginnen läßt, wenn sich das letzte Elternpaar dazu entschlossen hat. Die aufgewendete Zeit für diesen Entschluß lohnt sich und kann auf die Dauer der Karenz angerechnet werden. Denn schon in der Durcharbeitung für den Entschluß gerät der Therapeut in das für die bifokale Methodik charakteristische *Übertragungskreuz* zwischen Patient und Angehörigem. Ich meine damit, daß der Patient auf den Therapeuten die latenten Erwartungen überträgt, die er von dem für ihn dominanten Elternteil auf sich gerichtet fühlt und daß in der Angehörigengruppe analog die Eltern im Therapeuten jene Potenz vermuten, die gerade die von ihnen in ihrem Kind bisher unterdrückten dämonischen Regungen repräsentiert, verstärkt und zu Leben erweckt.

► Patientin A. M., 47, ist eigentlich das Produkt eines Fehltritts ihrer Mutter, was in deren pietistisch konturiertem Elternhaus schwer gewogen haben mag. Sie korrigierte das Geschehen aber noch vor der Geburt des Kindes durch überstürzte Heirat eines anderen Bewerbers, dessen Korrektheit ihn in die zweite Linie gebracht hatte. Obwohl dieser von der vorangegangenen Beziehung seiner Frau wußte, wurde nie mehr davon gesprochen, und bald hielten beide es nicht nur für möglich, sondern geradezu für sicher, daß die Patientin ihr gemeinsames Kind sei. Es blieb auch das einzige, jedoch vergrößerte sich die betont harmonische Kleinfamilie nach dem Tode des Vaters der Mutter noch um deren Schwester, also um eine Tante der Patientin. Diese ebenso gütige und fleißige wie sittenstrenge Dame war allein geblieben, und die Familie zog eigentlich zu ihr in die geräumigere großelterliche Wohnung. Die Tante hütete das Kind, wodurch beide Eltern sich erfolgreich dem bürgerlichen Wohlstand der Familie widmen konnten, aber sie entwickelte sich auch zu einem Tugendwächter aller. Sie verhinderte das Sexualleben der Eltern keineswegs, aber es versiegte frühzeitig.

Als die Patientin mit siebzehn Jahren beim Skikurs sich verliebte, kam es zu einer katatonen Krise, die nach E-Schocktherapie scheinbar spurlos abklang. Sie absolvierte ein akademisches Studium, in dessen Verlauf sie einen ziemlich älteren Hochschulassistenten anzuschwärmen begann. Wenige Wochen nach der Promotion entwickelte sich ein erotisch thematisierter Verfolgungswahn, als dessen Drahtzieher sich eine Figur erwies, die in etwa dem Skifreund aus pubertären Zeiten entsprach. Dieser Wahn ließ sich sowohl mit E-Schocks als auch neuroleptisch nur in Einheit mit dem Gesamtleben der Patientin selbst unterdrücken, bei Dosisverringerung und auch frühjährlich kam er wieder hervor, nach einer Insulinkur wurde die früher hübsche Patientin unvorteilhaft dick und stumpf, hing artig, aber tatenlos herum. Die bifokale Therapie wurde nach der fünften Aufnahme, ausgelöst durch Aggressionen gegen die Mutter, eingesetzt, die Patientin war damals 27 Jahre alt. Artig willigte die Patientin in die Therapie, korrekt hielten die Eltern alle Termine ein. Erst die Abmachung der Besuchskarenz versetzte sie in Unruhe. Sie sahen sich als für das Kind unentbehrlich an. Alle längeren Trennungen der Tochter von ihren Eltern, wie schon seinerzeit der Skikurs, hätten in einer Katastrophe geendet. Und tatsächlich, noch hatte das Besuchsverbot gar nicht eingesetzt, sondern befand sich im Stadium der Diskussion, da wurde die Patientin in ihrer Gruppe unruhig und ausfallend gegen den Therapeuten, die Station meldete Erregungen und allgemeine Verschlechterung. Zur siebten Sitzung erschien sie nahe delirant, machte Ansätze, sich zu entkleiden und forderte mich auf, sie zu baden, beklagte sich gleichzeitig, daß ich ihr die Luft wegnähme. Sie nannte mich in apostrophierenden Antworten an die verwirrten Gruppenmitglieder «die Paula», was ich erst als eine Verballhornung mit meinem Vornamen Raoul in Verbindung brachte, der bisweilen in Anschriften zu Paul abgewandelt wird. Die Verweiblichung blieb mir unklar. In der Angehörigengruppe erwartete ich scharfe Angriffe, da meine Therapieführung eine so offenkundige Verschlechterung ausgelöst hatte, aber das Gegenteil trat ein: Die Eltern der Patientin schienen mich gegen eine offenbar unterstellte Verzweiflung beschützen und trösten zu wollen, erklärten sich auf einmal mit der Besuchskarenz einverstanden und überzeugten auch andere Eltern von der Vernunft dieser Regelung. Die Verbindung zum Kind würde in dieser Zeit, eben «die Tante Paula», aufrechterhalten. Damit erfuhr ich zum erstenmal von der Existenz dieser Schattenregentin, die bis dahin nie erwähnt worden war, jetzt aber mit der Unwidersprechbarkeit eines fait accompli vor mich hingestellt wurde. Zum Ärgernis der übrigen Eltern war ich aber mit der vorgeschlagenen Regelung nicht einverstanden und bat vielmehr, auch «die Tante» in die Angehörigengruppe mitzubringen, da wir ja über sie nicht entscheiden könnten. Ich erlebte in dieser Sitzung aber sehr deutlich, wie mir von den Eltern Entgegenkommen und Verständnis entgegengebracht wurde, das jedoch gleichzeitig im Namen der Tante entwertet und aufgehoben wurde, so daß ich selbst, ohne mich recht wehren zu können, doch frustriert zurückzubleiben drohte. Wie sich zeigte: ein Standarderleben unserer Patientin. ◂

Das Beispiel zeigt deutlich, wie mit Einsetzen psychodynamisch relevanter Entscheidungen über der Trennungsthematik die *gekreuzte Übertragung* wirksam wird und den Therapeuten in jedem der beiden Brennpunkte der Therapie dem für die Genese der Krise entscheidenden Erleben aussetzt: Er wird in der Patientengruppe zur wahnhaften Realisierung der «Tante Paula», die der Patientin die Lebensluft wegnimmt und von der sie gebadet werden will – eine lustvolle Beziehungsform, die bis in die Pubertät der Patientin hinein gehandhabt wurde; in der Angehörigengruppe aber wird er behandelt, so wie es der Patientin zukommt, erfährt die tröstliche und scheinbar entgegenkommende Zuwendung der Eltern, die sich aber als mißverständliches Zurücktreten hinter die «Tante Paula» und Auflösung der scheinbar in Aussicht gestellten Zugeständnisse, wenigstens ihrem Sinne nach, herausstellt. Interessant auch, daß die in der Elterngruppe geschaffene Problematik sich zunächst als Erregung der Patientin darstellt, zuerst also in der Patientengruppe Zeichen gibt. Wie viele solcher Probleme der fassadenhaft ruhigen Eltern mögen wohl bereits über die Zeichengebung der Tochter am Schicksal ihrer Erregungen abgehandelt worden sein?!

Die *analytische Phase* der bifokalen Therapie, die zum Teil während einer Kommunikationspause zwischen den Polen der Familie durchgeführt wird, bringt zahlreiche solcher Episoden symbolhafter Wertigkeit ins Bewußtsein. In dieser Zeit verselbständigt sich die Problematisierungsfähigkeit, das heißt, der Patient lernt sein Problem von dem der Eltern abzulösen und unabhängig zu sehen, wie auch umgekehrt. In dem als Beispiel herangezogenen Fall 47 tauchten in dieser Phase erst die ganzen Erinnerungen an die in der Vorgeschichte vorweggenommenen Erlebnisse der Eltern um die Zeit der Zeugung und Geburt der Patientin auf, die gesichert unsichere Vaterschaft des «Vaters», von der das Gewissen der Familie, die «Tante Paula», wie sich herausstellte, sowieso bestens informiert war, obwohl gerade vor ihr das Geheimnis der Eltern streng gewahrt worden war, die Unterwerfung der Mutter unter dieses Gewissen, aber auch in diese Ehe, als ein Akt der Buße, dessen Sinn fragwürdig wird, sobald sexuelles Begehren der Tochter akzeptiert würde ... Sogar eine Schachtel mit Briefen des unsicher wirklichen Vaters der Patientin tauchte auf, die immer schon auf einem Kasten im Vorzimmer der Wohnung ganz offen herumstand und von niemand wahrgenommen worden war.

Diese Briefe wurden eines Tages verbrannt. Diesem Tag war aber eine neuerliche Krise unserer Beziehungen vorausgegangen, die ebenfalls von der Patientin ihren Ausgang nahm. Diese war von der Station entlassen worden, wie das meist nach Ingangkommen der analytischen Phase möglich wird, und suchte die Patientengruppe ambulant auf. Aber nach einigen Wochen erklärte sie plötzlich, daß sie von den Eltern nun wegziehen wolle, und leitete damit die dritte Phase der bifokalen Methodik ein, die der *realisierenden Bewältigung* dient. In vielen Fällen haben diese Bewältigungsansätze sehr symbolhaften Charakter, wie etwa hier das Verbrennen von Briefen bei den Eltern. Häufig sind auch Emanzipationsschritte bei den Patienten oder Schritte zur innerfamiliären Umschichtung ihrer Gruppenposition. Wir nehmen die mehr symbolhaften Akte ebenso wichtig, wie die für die konkrete Lebenssituation bedeutungsvolleren. Und wir sind immer bestrebt, solchen Ansätzen selbständiger Gehversuche das Gewicht des Gruppenverständnisses zu vermitteln und sie dadurch zu verstärken. In der Elterngruppe tauchen sie in der Regel als eine neue «verrückte Idee» des Patienten auf. Die dafür erarbeitete therapeutische Technik nennen wir die *Omega-Rochade* des Therapeuten. Das bedeutet, daß der Therapeut, der während der analytischen Phase zumeist aus der Beta-Position der jeweiligen Gruppe arbeitet, sein Verständnis für die «verrückte Idee» des Patienten bekundet, sich aber dann sofort in die Omega-Position der Elterngruppe zurückfallen läßt. Das gelingt ziemlich leicht, indem er den mehr oder minder empörten Reaktionen der Eltern keine Gegenkraft entgegensetzt. Die emotionale Kraft der Eltern wendet sich dann gegen ihn, da sie ihn mit der Idee des Patienten gleichsetzen und gleichzeitig auf seine Schwäche ansprechen. Im Grunde wiederholt er den Vorgang, durch den früher der Patient mit dem Problem der Familie belastet worden war. Diese Übernahme der Problemfunktion hat für den Patienten entlastende Bedeutung, er hat deutlich mehr Chancen, sich in seinem Milieu durchzusetzen. Im gleichen Maße steigt die Erregung der Eltern und treibt sie in irreale Erwartungsvorstellungen und aggressive Ausbrüche, die sie in der Elterngruppe allmählich isolieren. Erst dann ist es Zeit für den Therapeuten, den Eltern sein Verständnis für ihre Haltung anzubieten und sie damit gegenüber der Gruppe zu schützen. Im Beispiel des Falls 47 war dies sein Verständnis für ihre schwierige Situation, wenn sie es nun tatsächlich daheim allein miteinander aushalten müßten: Eine Frau, deren Träume ihrem Mann enteilen, ein Mann, der sich nur als Zweitbester verstehen kann, eine Tante ohne Funktion. Die Gruppe half mit ihrem teilnehmenden Verständnis, mit Ausdrücken ihrer Sympathie. Dann zog die Patientin aus, und es geschah nichts Dramatisches. Und dann meldete die Mutter plötzlich das Autodafé der alten Briefe – die Gruppe verstand sofort und beglückwünschte sie. Sie geriet mädchenhaft aus der Fassung und errötete, obwohl ihre Schwester, die Tante, dabeisaß. Hat die Geschichte ein Happy-End? Für die Patientin ja, sie ist seit siebzehn Jahren rückfallsfrei, hat geheiratet und zwei Kinder. Die Mutter ist zwei Jahre nach der geschilderten Therapie an einer akuten Darmblutung überraschend gestorben. Psychosomatik? Der Vater hat noch eine Zeitlang mit seiner Schwägerin, der Tante, in gleicher Wohnung weitergelebt, dann ging diese in ein Altersheim, wo sie inzwischen auch gestorben ist. Der Vater hat wiedergeheiratet, wirkt aber nicht sehr zufrieden, obwohl er anscheinend gut versorgt ist. Er besucht seine Tochter genau zweimal im Jahr: am Weihnachtstag und an ihrem Geburtstag, sonst nie.

Der Abschnitt zur Technik kann nicht abgeschlossen werden, ohne die vierte Phase der bifokalen Methode zu erwähnen: die *Übertragungslösung*. Sie erfolgt nicht durch deutende Bearbeitung, sondern durch ein Überwechseln des Therapeuten in die farblose Gamma-Position der Gruppe, das heißt, er tritt nicht mehr hervor, nimmt aber weiter Anteil und beteiligt sich am Gruppengeschick, dessen Treiben von den jeweiligen Alphas bestimmt wird. Es ist sinnvoll, dafür etwa einen Monat Zeit einzuplanen, um die Gruppe nicht in voller Konfliktdynamik abbrechen zu müssen. Die Inhalte der Gruppenvorgänge wandeln sich während dieser Phase in der Regel zu Umweltproblemen ab, zu Solidaritätsleistungen und Phantasien weiteren Zusammenhalts. In Wirklichkeit haben die wenigsten Patienten einen weiteren Kontakt untereinander aufrechterhalten, sie erinnern sich aber aneinander, wissen gelegentlich auch vom weiteren Geschick des einen oder anderen. Auch gegenüber dem Therapeuten zeigten die ehemaligen Patienten kein abhängiges Verhalten, obwohl sie auf sein katamnestisches Nachfragen noch nach Jahren fast durchweg aufgeschlossen reagieren, selbst wenn es indirekt durch eine Erhebungskraft geschieht. Die Laufzeit einer Gruppe wurde mit einem Jahr bemessen, was bei sechs bis sieben Gruppenmitgliedern der Patientengruppe im allgemeinen reicht. Einzelne konnten sich in dieser Zeit nicht darstellen, fixierten sich in der Omega-Position der Patientengruppe. Sie sind allgemein die Versager im Effekt geblieben, auch wenn ihnen ein zweites Jahr in einer neukonstellierten Gruppe angeboten wurde und sie dort regelmäßig mitarbeiten. Es scheint daher eine Wiederholung nicht sehr aussichtsreich und der Einstieg über andere Techniken dann mehr zu empfehlen.

Das technische Verhalten des Therapeuten in den Gruppen folgt im allgemeinen den gruppenanalytischen Regeln (s. z. B. bei KAUFMANN[15, 16, 17]), verleugnet aber gewisse manipulative Eingriffe nicht, deren wichtigste geschildert wurden. Die Orientierung des Therapeuten folgt dabei weniger den Inhalten, deren vielschichtige Mehrdeutigkeit und Überlagerung der Symbolik oft erst hinterher verständlich werden. Sie gelingt besser über die Beachtung der *Rangdynamik*[35, 34, 36, 39, 46, 31], deren Grundlagen hier vorausgesetzt wurden. Diese steht aber nicht im Widerspruch zum analytischen Verständnis, sondern bietet nur zu dessen inhaltsbezogenem Raster einen strukturbezogenen an. Auch spielt verbale Deutung der Vorgänge eine geringe Rolle. Sie dient nur zur Erhellung eigenen oder des Verhaltens anderer Gruppenmitglieder, eine Übersetzung von symbolhaften Ausdrucksweisen, um die eigene Anteilnahme und das Problembewußtsein durchsichtig und möglichst allgemein zu machen. Die Erinnerung hat nicht Selbstwert, sondern ist Selbstdarstellung. Wiederum werden Problemlösungen recht oft auf symbolhafter Ebene gefunden und akzeptiert, wenn es die Gruppe mitempfinden kann. So ist die bifokale Technik sicher keine reine Gesprächsgruppentechnik, und es können nonverbale oder auch psychodramatische Mittel der Verdeutlichung integriert werden, wie es zum Beispiel von M. KIESEWETTER[19] vorgeschlagen wurde. Der Übergang in eine sich fortschleppende, halboffene Gruppe mit rhythmisch nicht einbezogener Angehörigenarbeit entspricht nicht mehr bifokaler Methodik.

Berührungen und Anwendungsbereich

Die bifokale Methodik ist eine analytisch und rangdynamisch sich orientierende Familientherapie. Sie bietet Einsichten, sieht dies allein aber als nicht ausreichend an, sondern provoziert und erleichtert auch Umschichtungen im Familiengefüge. Ihr Einsatz lohnt deshalb vor allem dort, wo es zu pathogenen *Fixierungen der Familienstruktur*[44] gekommen ist, die unter Umständen den befreienden Gebrauch von Einsichten gar nicht zulassen. Das kann aus dem Bedürfnis der Ehepartner folgen, die ihre Partnerschaft als *Kollusion* im Sinne von WILLI[56, 57] aufgebaut haben und deren Kinder gezwungen werden, in einem ganz bestimmten Sinn ihre Rolle «mitzuspielen», oder auch einem ständigen ambivalenten Ausstoßungsdruck ausgesetzt sind. In dieser Richtung gefährdet erscheinen Partnerschaften mit starkem Abstand des Alters, der Intelligenz, der sozialen Schicht und der Interessen insbesondere dann, wenn die Partnerwahl dem Ausgleich von Minderwertigkeitsgefühlen zu dienen hatte. In den Arbeiten von H. E. RICHTER[24, 25] und H. STIERLIN[50] finden sich zahlreiche Beispiele dafür, wie Kinder und Jugendliche in erstarrten Familienformen gezwungen werden, sich teils beengenden Bindungen zu unterwerfen, teils bestimmte Rollen oder die Delegierung unerfüllter Erwartungen zu übernehmen. Andererseits erfolgen familiäre Fixierungen auch aus den Bedürfnissen der Kinder, insbesonders dann, wenn Behinderungen vorliegen. Dabei sind schwere Behinderungen, seien sie nun körperlich, intellektuell oder seelisch, Merkmale, die den Zusammenschluß zu Gruppen Gleichbehinderter nahelegen. Psychologisch schwieriger ist die Situation der Leichtbehinderten, deren Abstand übersehen bzw. verdrängt werden kann: sie sind dadurch prädestiniert für die Omega-Position. Ein besonderes Problem bildet die frühe Aggressionsschwäche sowohl primärer (Ich-Schwäche) wie sekundärer (Aggressionshemmung) Genese. Die Not solcher Kinder, den Anschluß nicht zu verlieren, erscheint frühkindlich in ihrer altklug-unselbständigen Bravheit, später in der paranoiden Überbewertung dessen, was «man» sagt. Sie haben die geringste Chance, aus der Zwangsgruppe «Familie» herauszukommen, laufen ängstlich gebunden hinter ihr her. Dazu kommt, daß eine Dauersituation in Omega-Position die *Aggressionsentwicklung* (und damit auch die Ich-Entwicklung) weiter schwächt. Es entsteht ein Circulus vitiosus, der die Abhängigkeit zum Bedürfnis werden läßt. Solche Wesen sind prädestiniert, Symptomträger einer Familienspannung zu werden, sie übernehmen diese Spannung in ihre Identität. Bloßgelegt erscheint sie dann wieder in den katatonen Identitätskrisen, polarisiert und formalisiert bis zum totalen Kommunikationsabbruch in den Gestaltungen schizophrenen Wahns. Für diese Patienten genügt es nicht, ihnen Einsicht in ihre Gegebenheit zu schaffen, sie tragen sie in überfordernder Klarheit in sich herum – was seit je ihre Faszination ausgemacht hat. Um Einsicht therapeutisch verwertbar zu machen, muß sie sich mit Bewegungen in der Eingeschlossenheit ihres Kosmos verbinden, muß sie kreativ werden.

Dieser Ansatz verbindet eigentlich alle Familientherapie, obwohl die technischen Entwicklungen oft recht differente Wege eingeschlagen haben, bis hin zu reiner Manipulation und Mißachtung der «Einsicht», zum Beispiel bei J. HALEY, MINUCHIN u. a.[1, 26]. Das Bemühen um rasche Effekte drängt die Entwicklung in solche Richtung, allerdings um den Preis sinkender Kontrollierbarkeit des Umwandlungsprozesses in seinem Geschehen selbst. Verläßt man einmal den Bereich aufwendiger Selbstkontrolle im Pionierstadium der Theorienbildung und imaginiert die therapeutische Praxis einer zweiten Therapeutengeneration, so könnte der zur Psychoanalyse conterdependente Faden in manchen Neuentwicklungen zum Überbetonen der manipulativen Störung (bis zur Zerstörung der Familie als grundsätzlichen Eingriff) führen. Vernachlässigt man die Beachtung von Übertragung und Gegenübertragung, so liegt die Gefahr nahe, die eigene Familienideologie zum Modell werden zu lassen. Der Therapeut agiert dann mit bewunderswertem Mut und Engagement im Mittelpunkt einer zusammengerufenen Familie, wobei er die Alpha-Position der neuen Gruppenbildung einnimmt und die Familie zur eigenen Selbstbestätigung verwendet[34, 47, 33].

Die bifokale Methodik sollte keine derartige Vereinseitigung zulassen. Die manipulativen Schritte wurden daher sorgfältig begrenzt. Sie beziehen sich ausschließlich auf Veränderungen der Rangstrukturen während gewisser Passagen mit dem Ziel, die Selbstentscheidungsfähigkeit des Patienten zu erhöhen, bzw. nicht von der Struktur her zu blockieren. Inhaltliche Einmengungen erfolgen nicht. Für die Entwicklung des inneren Prozesses der Einsicht und Neuorientierung steht so viel Zeit zur

Verfügung, wie eben gebraucht wird. Gewiß kann darauf hingewiesen werden, daß das Auseinanderlegen der familiären Entwicklungsprozesse in zwei Brennpunkte, verstärkt durch ein eingeschobenes Besuchsverbot, einen gewaltigen Eingriff bedeutet. Er ist nur zu rechtfertigen durch die absolute Wehrlosigkeit des an die Omega-Position seiner Familie gebundenen Patienten. In klassischer Ausprägung bedarf die bifokale Methodik daher auch einer stationären Phase. Eine ambulatorisch durchzuführende Abwandlung ist jedoch durchaus zulässig. In diesem Fall ist kein Besuchsverbot, sondern eine andere Abmachung vorzusehen, die nun in analoger Weise eine untergründig vorliegende bedeutsame Tendenz ins Paradoxe überverstärkt. Das können Veränderungen in der Schlafordnung, Essensordnung, Zeitgestaltung, Kommunikationsgestaltung usw. sein. Anregungen für solche Eingriffe findet man zahlreich bei WATZLAWICK[54, 55]. Jedoch sollte darauf geachtet werden, eine im Augenblick zum Problem gehörende Tendenz aufzunehmen und möglichst derart, daß dadurch der Bewegungsraum des Patienten familienunabhängig (nicht familiengegensätzlich!) erweitert oder abgeschirmt wird. In abgewandelter Analogie zur Einweisung kann dabei auch durchaus ein dominantes Familienmitglied veranlaßt werden, für eine umschriebene Zeit seinen Wohnplatz außerhalb der Familie zu wählen. (Bisher sieht die Psychiatrie für solche Zwecke keine Einrichtungen vor. Daran wird deutlich, wie Omega-abgestimmt unsere derzeitigen Stationen doch eigentlich sind.) Wir haben einige Erfahrungen von Behandlungen im Rahmen psychohygienischer Beratungsstellen[32], doch sind diese nicht ausreichend, um sie dem großen Material stationär Behandelter statistisch gegenüberzustellen. Immerhin fällt beim Vergleich der Katamnesen auf, daß von den stationär Behandelten viele, und gerade die erfolgreichsten Verläufe, einen Weg der Emanzipation von der Familie eingeschlagen haben, was bei den nur ambulatorisch Behandelten selten geblieben ist. Das mag andeuten, daß der Ausstoßungscharakter der Hospitalisierung auch als Angebot der Loslösung verstanden werden kann.

Die bifokale Methodik wurde bisher hauptsächlich in der Behandlung der Schizophrenie eingesetzt. In dieser Indikation hat sich ausreichend Erfahrung angehäuft, um von Bewährung sprechen zu können. Die Erfolge sind anderen Behandlungsweisen überlegen bei wahnbildenden Psychosen, oneiroiden Bildern und sogenannten *borderline cases* im Grenzgebiet zur narzißtischen Neurose. Sie nehmen ab mit der zeitlichen Entfernung von der akuten Identitätskrise (dem prozeßhaften Schub) und mit der Gestaltungsarmut des Verlaufsbildes hin zum hebephrenen Typ. Vom Familienbild her ist es um so günstiger, je totaler alle Dominanten des Urkosmos (der primären Familiengruppe) in die Therapie einbeziehbar sind, also auch Großeltern, mitlebende Tanten usw. Die Geschwister sind oft von sehr ungleicher Relevanz und auch Bereitwilligkeit. Der sekundäre Kosmos (Ehepartner, Freunde, Kinder) erwies sich – bei einigen wenigen, aber bedeutsamen Ausnahmen – überwiegend trennungsgewillt, was aber durch Hindernisse des Über-Ich, familiäre Interferenzen oder auch Kollusionen blockiert war. Die resultierenden Scheinbemühungen verhinderten eine Klärung zum Schaden des Patienten, dessen ängstliches Anklammern an falsche Zeichen ihn der leichten Ausbeutung preisgibt. Doch sind solche Probleme auch vielfach in einer ausreichenden Sprechstundenberatung voranzutreiben. Echte Indikation zur aufwendigen Therapie besteht bei den ehelichen Kollusionen, zu denen auch die genannten Ausnahmen zählten, bei denen es im Zuge der Therapie zu einer neuen, erfolgreichen Ehegestaltung kam.

Die Indikation liegt kaum vor bei Personen, die ihre familiäre Rangposition von sich aus verändern können, wie bei den meisten Neurosen. Ein Versuch mit endogenen depressiven und manischen Patienten befriedigte nicht. Hingegen sind psychosomatische Erkrankungen zu erwägen, wenn ihre Krankheit ihre Familienposition fixiert. Meist gelingt ihnen jedoch, sich damit durchzusetzen, so daß einer Familientherapie in der Familiengruppe[26, 3] selbst nichts im Wege steht. Schwieriger ist dies dort, wo der Patient sich fixiert in Omega-Position befindet, da in diesem Fall jede Problematisierung des familiären Raumes sich als Verstärkung des ambivalenten Drucks auf den Patienten auswirkt, dem er sich nicht entziehen kann[43]. Das trifft nicht nur für Schizophrene zu, sondern auch für narzißtische Trinker und Drogenabhängige sowie bei den heute typischen Emanzipationskrisen Jugendlicher, die diese in Subkulturen von hoher Konterdependenz abdrängen.

Zusammenfassung

Bifokale Familientherapie eignet sich zur psychotherapeutischen Behandlung von Ich-Störungen bei Patienten, die in ihrer Entwicklungsmöglichkeit durch Fixierung in der Omega-Position der Familiengruppe blockiert sind. Das tritt vor allem bei Schizophrenen ein. Hier liegt auch ein Erfahrungsgut von über zweihundert Fällen vor, die seit 1949 derart behandelt wurden und deren Dauerprognose sich sowohl quantitativ wie auch qualitativ (nach der Wertung des sozialen Erfolgs bei der weiteren Lebensgestaltung) anderen üblichen Therapiemethoden überlegen erwies.

Die Technik folgt analytischen Gesichtspunkten sowohl in der Patienten- wie in der Angehörigengruppe, öffnet aber auch durch streng begrenzte manipulative Eingriffe die Rangdynamik der Familie für Umstrukturierungen. Die kreativen Entwicklungsschritte des Patienten, das heißt die ersten Realisierungsversuche seiner «Einsichten», werden solcherart im Vollzug geschützt und durch analytische Aufarbeitung weiter gefestigt.

Die Methode steht nicht im Widerspruch zu neuroleptischer Parallelbehandlung, die als Vorbehandlung hochdosiert, während der Psychotherapie aber so dosis-reduziert geführt werden muß, daß sie die Bewußtseinsklarheit des Patienten nicht beeinträchtigt (Basiseinstellung). Sie kann daher in die routinemäßige Versorgung eingebaut werden. Nach der diagnostischen Streuung der derzeitigen psychiatrischen Einweisungen und unter Berücksichtigung der Tatsache, daß die chronisch Rückfälligen etwa ein Drittel der Aufnahmen ausmachen, würde es genügen, wenn jedes Vierteljahr der Beginn einer bifokalen Jahresgruppe von den Stationen angeboten würde. Vom Aufwand der Abteilungen her ließe sich das realisieren. Es würde sich ökonomisch günstig auf die Rückfallsfrequenz und auf die Versorgungsabhängigkeit auswirken. Paradoxerweise ist eine derartige therapeutische Organisation gerade im Zeitalter hochpotenter Psychopharmaka dringend erforderlich, weil eben die hohe Effektivität der neuroleptischen Kuren zur raschen Erniedrigung des Appellationswertes der Symptomatik führt und dazu verleitet, auf eine Problemlösung zu verzichten[48, 49]. Die Realisierung solcher therapeutischer Möglichkeit verlangt allerdings mehr als die Entwicklung der Technik. Sie setzt ein Abgehen vom Prinzip der gutachterlichen Scheidung in *Problemträger* und *Problemmeider* voraus. Damit ist ihre Chance einer ausreichenden Motivation bei Familien und Institutionen eingebettet in den Erfolg und die Fortschritte familientherapeutischen Denkens in der gesellschaftlichen Allgemeinheit.

Literatur

1 Bateson, J. u. a.: Schizophrenie und Familie. Frankfurt a. M.: Suhrkamp 1969

2 Binswanger, L.: Drei Formen mißglückten Daseins. Tübingen: Niemeyer 1956

3 Boszormenyi-Nagy, I., und G. M. Spark: Invisible loyalities. New York: Harper & Row 1973

4 Brack, E.: Bifokale Gruppentherapie von Schizophrenen. In: Zeitschrift für psychosomatische Medizin 8 (1962), S. 133–141

5 Caudill, W. A.: The Psychiatric Hospital as a Small Society. Cambridge/Mass.: Harvard Univ. Press 1958

6 CRANACH, M. v., und A. FINZEN (Hg.): Sozialpsychiatrische Texte. Berlin, Heidelberg, New York: Springer 1972

7 DÖRNER, K.: Bürger und Irre. Frankfurt a. M.: Europäische Verlagsanstalt 1969

8 FOUCAULT, M.: Wahnsinn und Gesellschaft. Frankfurt a. M.: Suhrkamp 1969 (suhrkamp taschenbücher wissenschaft. 39.)

9 GASTAGER, H.: Die Rehabilitation des Schizophrenen. Bern, Stuttgart: Huber 1965

10 GASTAGER, H.: Familie als Patient. Linz: Veritas Verl. 1972

11 GASTAGER, H.: Die Fassadenfamilie. München: Kindler 1973

12 GOFFMAN, E.: Asyle. Frankfurt a. M.: Suhrkamp 1972

13 GOFFMAN, E.: Stigma. Frankfurt a. M.: Suhrkamp 1967 (Theorie. 2.)

14 GOFFMAN, E.: Interaktionsrituale. Frankfurt a. M.: Suhrkamp 1971

15 KAUFMANN, L.: Familientherapie. In: K. P. KISKER (Hg.): Psychiatrie der Gegenwart. 2. Aufl. Bd. 3. Berlin, Heidelberg, New York: Springer 1975

16 KAUFMANN, L.: Über Familienforschung und Therapie bei Schizophrenen. In: Der Nervenarzt 40 (1969), S. 302–308

17 KAUFMANN, L.: Familie, Kommunikation, Psychose. Bern, Stuttgart: Huber 1972

18 KEUPP, H. (Hg.): Der Krankheitsmythos in der Psychopathologie. München, Berlin, Wien: Urban & Schwarzenberg 1972 (Fortschritte der klinischen Psychologie. Bd 2.)

19 KIESEWETTER, F.: Bifokale Gruppe. Interner Bericht des Burghölzli v. 29. 11. 1974

20 KUGEL, R., und W. WOLENSBERGER (Hg.): Geistig Behinderte – Eingliederung oder Bewahrung? Stuttgart: Thieme 1974

21 LIDZ, T.: Familie und psychosoziale Entwicklung. Frankfurt a. M.: Fischer 1971

22 PAKESCH, E. (Hg.): Die Familie als Patient. Graz: Akad. Druck- und Verlagsanstalt 1974

23 PUNELL, G.: Frustration und Resozialisierung in der psychiatrischen Anstalt. Referat der Gütersloher Fortbildungswoche. 1962, S. 153 bis 164.

24 RICHTER, H. E.: Eltern, Kind und Neurose. Reinbek bei Hamburg: Rowohlt 1969 (rororo Taschenbuch Ausgabe. 6082.)

25 RICHTER, H. E.: Patient Familie. Reinbek bei Hamburg: Rowohlt 1970

26 SATIR, V.: Conjoint family therapy. Palo Alto: Science and Behavior Books 1967

27 SCHINDLER, R.: Zehn Jahre bifokale Gruppentherapie. In: 2. Internationaler Kongreß für Psychotherapie, Zürich 1957, Bd 3, S. 379–386

29 SCHINDLER, R.: Ergebnisse und Erfolge der Gruppenpsychotherapie mit Schizophrenen nach den Methoden der Wiener Klinik. In: Wiener Zeitschrift für Nervenheilkunde und deren Grenzgebiete 15 (1958), S. 250–261

30 SCHINDLER, R.: Bifocal group therapy. In: J. H. MASSERMAN und J. L. MORENO (Eds.): Progress in Psychotherapy. Vol. 3. New York: Grune & Stratton 1958, S. 176–186

31 SCHINDLER, R.: Der soziodynamische Aspekt in der bifokalen Gruppentherapie. In: Acta psychotherapeutica et psychosomatica et orthopaedagocica 7 (1959), S. 207–220

32 SCHINDLER, R.: Familientherapie in einer offenen Gruppe im Rahmen einer Angehörigenberatungsstelle. In: J. L. MORENO (Ed.) u. a.: The international handbook of group psycho-

therapy. New York: Philosophical library 1966, S. 217–224

33 SCHINDLER, R.: Der Gruppentherapeut und seine Position in der Gruppe. In: Praxis der Psychotherapie 6 (1961), S. 1–8

34 SCHINDLER, R.: Die Soziodynamik in der therapeutischen Gruppe. In: A. HEIGL-EVERS (Hg.): Psychoanalyse und Gruppe. Göttingen: Vandenhoeck & Ruprecht 1972. (Kleine Vandenhoeck-Reihe. 1385.)

35 SCHINDLER, R.: Grundprinzipien der Psychodynamik in der Gruppe. In: Psyche 11 (1956), S. 308–314

36 SCHINDLER, R.: Soziodynamik der Krankenstation. In: Zeitschrift für diagnostische Psychologie und Persönlichkeitsforschung 5 (1957), S. 227–236

37 SCHINDLER, R.: Über gesetzmäßige Beziehungen vom Erlebnisinhalt zur Erlebnisform in der Schizophrenie. In: Wiener Zeitschrift für Nervenheilkunde und deren Grenzgebiete 10 (1954), S. 195–230

38 SCHINDLER, R.: Das psychodynamische Problem beim sog. schizophrenen Defekt. In: International Symposium on Psychotherapy of Schizophrenia. 2 Zürich 1959, Vol. 2, (1960), S. 276–290

39 SCHINDLER, R.: Über den wechselseitigen Einfluß von Gesprächsinhalt, Gruppenposition und Ichgestalt in der analytischen Gruppentherapie. In: Psyche 15 (1960), S. 381–392

40 SCHINDLER, R.: Psychothérapie de group bifocal. In: Annales médico-psychologiques 121 (1963), S. 19–30

41 SCHINDLER, R.: Personalisation der Gruppe. In: M. L. EDELWEISS (Hg.): Personalisation. Freiburg, Basel, Wien: Herder 1964

42 SCHINDLER, R.: Weitere Beobachtungen zur Psychodynamik schizophrener Persönlichkeitsabwandlung. In: International Symposium on Psychotherapy of Schizophrenia. 3 Lausanne 1964 (1965), S. 131–142

43 SCHINDLER, R.: Was lehrt uns die Gruppenerfahrung für das Verständnis der Psychodynamik bei schizophrenen Psychosen? In: Gruppenpsychotherapie und Gruppendynamik 1 (1968), S. 41–50

44 SCHINDLER, R.: Zur Pathologie der fixierten Gruppenposition. In: Internationaler Kongreß für Psychiatrie (Proceedings World Congress of Psychiatry) 4 Madrid 1966, Vol. 1–4 (1967/68) (Excerpta medica. International congress series. 150. 1967/68.)

45 SCHINDLER, R.: Die Dynamik der schizophrenen Persönlichkeitsabwandlung. Referat d. Gütersloher Fortbildungswoche 1964, S. 71–87

46 SCHINDLER, R.: Das Verhältnis von Soziometrie und Rangordnungsdynamik. In: A. HEIGL-EVERS (Hg.): Gruppendynamik. Göttingen: Vandenhoeck & Ruprecht 1973, S. 30–37. (Kleine Vandenhoeck-Reihe. 1385.)

47 SCHINDLER, R.: Bifokale Gruppentherapie und Familientherapie. In: E. PAKESCH (Hg.): Die Familie als Patient. Graz: Akad. Druck- und Verlagsanstalt 1974, S. 143–151

48 SCHINDLER, R.: Das «Endogene» in psychodynamischer Deutung. In: Therapiewoche 25 (1975), S. 143–149

49 SCHINDLER, R.: Rezidivverhütung im Zeitalter von Dauerneuroleptica und soziale Psychiatrie. In: Der Nervenarzt 1976 (im Druck)

50 STIERLIN, H.: Das Tun des Einen ist das Tun des Anderen. Frankfurt a. M.: Suhrkamp 1971

51 STIERLIN, H.: Psychoanalytische Ansätze zum Schizophrenieverständnis im Licht eines Familienmodells. In: Psyche 28 (1974), S. 116–135

52 STROTZKA, H.: Die Umweltreaktion auf den Schizophrenen. In: H. und K.

KRANZ: Schizophrenie und Umwelt. Stuttgart: Thieme 1971

53 WAITUSCH, A., und E. ADRIAN: Zwei psychotische Familiensysteme. In: Gruppenpsychotherapie und Gruppendynamik 5 (1972), S. 273–285

54 WATZLAWICK, P., J. H. BEAVIN und D. D. JACKSON: Menschliche Kommunikation. Formen, Störungen, Paradoxien. Huber: Bern, Stuttgart, Wien 1969

55 WATZLAWICK, P., J. H. WEAKLAND und R. FISCH: Lösungen. Huber: Bern, Stuttgart, Wien 1974

56 WILLI, J.: Die Kollusion als Grundbegriff f. d. Ehepsychologie u. Ehetherapie. Vandenhoeck-Ruprecht: Göttingen 1972

57 WILLI, J.: Die Zweierbeziehung. Rowohlt, Reinbek bei Hamburg 1975

58 WINKLER, W. TH.: Die Schizophrenie als sozialer Prozeß. Gütersloher Fortbildungswoche 1966, S. 119–149

2.7. Spezifische Probleme in der Familientherapie von Schizophrenen

LUC KAUFMANN

Wir fassen Familientherapie nicht als eine Alternative zu den bei schizophrenen Patienten bisher angewandten Behandlungsverfahren auf, sondern als deren Ergänzung. Seit E. BLEULER[1] die «Gruppe der Schizophrenien» beschrieb, ist die Position des Psychiaters zwischen dem «unverstehbaren» Geisteskranken und der Gesellschaft nicht weniger problematisch geworden. Er steht immer noch vor dem Dilemma, schizophrene Kranke zu verstehen, ihnen zu helfen – und sich, seine ärztliche Identität wahrend, von ihnen zu distanzieren. Die revolutionierenden Fortschritte der Psychopharmakologie rechtfertigen die Anwendung des naturwissenschaftlichen Modells, auch wenn sie keine kausale Therapie der Schizophrenien gebracht haben.

Die Versuche, Schizophrene mit modifizierten psychoanalytischen Techniken intensiv psychotherapeutisch zu behandeln, waren und sind aus verschiedenen Gründen nur selten durchführbar und fallen deshalb zahlenmäßig kaum ins Gewicht. Wichtiger ist die positive Rückwirkung der dabei gewonnenen Einsichten und Erfahrungen auf den Umgang mit psychotischen Patienten im allgemeinen innerhalb und außerhalb der Klinik. Allmählich zeichnete sich die komplexe Familiendynamik bei diesen Kranken immer deutlicher ab (LIDZ et. al.[7]).

Die Anwendung neuer, von der Psychoanalyse unabhängiger Denkmodelle in der Psychiatrie, wie zum Beispiel der Kybernetik, brachte die Familie der Schizophrenen ungefähr gleichzeitig ins Blickfeld von Therapeuten. Die völlig neue Hypothese, daß sich die Schizophrenie nicht (nur) *im* Individuum entwickle, sondern Ausdruck eines pathologischen familiären Interaktionsprozesses sei, faßte Fuß. Die von dieser Annahme ausgehende Familientherapie und eine sehr fruchtbare Familienforschung auf diesem Gebiet haben das Vorliegen von Wechselwirkungen zwischen Familienverhalten und dem krankhaften Verhalten des Primärpatienten bestätigt.

Den Beweis eines kausalen Zusammenhangs zwischen Familieninteraktion und *nachfolgendem* Krankheitsausbruch hat die Forschung aber nicht erbracht. Zudem erweist sich das Bestreben, «die» Ursache der Schizophrenie in der Familie, im Sinne eines linearen Kausalzusammenhangs, zu suchen, für die Familientherapie selbst als zweischneidig, denn der Primärpatient erscheint dabei als Opfer, und die Familie wird auf die Anklagebank versetzt. Man läuft Gefahr, damit nur eine weitere Etappe der traditionellen Hexenjagd rund um die Schizophrenie durchzuüben, was weder dem Patienten noch der Familie nützt.

Das Schlagwort der «schizophrenen Familie» ist wissenschaftlich unhaltbar, schon deshalb, weil Angehörige von Schizophrenen oft individuelle psychische Störungen anderer Art (Neurosen, Depressionen, Charakterstörungen, psychosomatische Krankheiten) aufweisen – oder auch mitunter gar keine. Strenggenommen bilden die Familien der Schizophrenen nur in bezug auf das Merkmal, daß eines ihrer Glieder an dieser Krankheit leidet, eine Klasse für sich.

Dennoch ist es gerechtfertigt, von den spezifischen Problemen der Familien von Schizophrenen zu sprechen – einmal weil sich gewisse Besonderheiten der Interaktions- und Beziehungsmuster in ihnen häufen, ferner wegen der charakteristischen Interaktion zwischen diesen Familien und sozialer Umwelt vor, während und nach der akuten Krankheitsphase.

Von «durchschnittlichem» Familienverhalten heben sich die Familien Schizophrener durch das quantitativ gehäufte Vorkommen von Besonderheiten des verbalen und averbalen Kommunikationsablaufs in Untersuchungssituationen und anderen Stress-Situationen ab, die hier nicht beschrieben werden können. Wir nennen hier nur einige Kennzeichen: die verschiedenen Spielarten der gegenseitigen Disqualifikation und Nichtbestätigung nach Empfang der Mitteilung, die paradoxen Kommunikationen wie den *double-bind*, die Dissonanz zwischen dem verbalen Inhalt des Besprochenen und den averbalen Elementen, zu denen auch das affektive Klima gehört; die Unfähigkeit der Familienglieder, ihre Aufmerksamkeit auf ein Problem zu zentrieren und das Thema zu entwickeln usw. (Wynne, Riskin, Singer[18] und Wynne, Kaufmann[5]).

Diese eigenartigen, beinahe spezifischen Verwendungsformen verbaler und nichtverbaler Zeichen sind aber nicht, wie manche Autoren geglaubt haben, die Ursache des schizophrenen Verhaltens, sondern die objektivierbaren Symptome von besonderen Transaktionen zwischen den Familiengliedern und auch zwischen Familie und Therapeut. Sie haben offenbar die Funktion eines chiffrierten Familiencodes, der die darunterliegenden Beziehungen verhüllt.

Die als pathogen geltenden psychodynamischen Vorgänge, welche man in Familien Schizophrener findet, sind an sich nicht spezifisch. Narzißtische Projektionen auf das Kind, seine «Parentifikation» und ihm übertragene traumatische Rollen hat RICHTER[9] auch bei der Untersuchung von Familien neurotischer Kinder gefunden und beschrieben. Charakteristisch scheinen dagegen für Familien von Schizophrenen die Mechanismen, die es den Individuen ermöglichen, persönliche, intrapsychische Probleme und Konflikte außerhalb der eigenen Person im andern oder in der Beziehung zu ihm zu lokalisieren. Die Glieder solcher Familien funktionieren nur zeitweise als Individuen und nehmen sich oft nicht als solche wahr; das heißt, die gegenseitige Wahrnehmung ist mangelhaft und erlaubt eine für den Außenseiter kaum verständliche Vernachlässigung der Realitätskontrolle zugunsten der Angstabwehr. So wird die Projektion bzw. die projektive Identifikation gewissermaßen zur Realität und das Objekt zum Gefäß des Projizierten. Nach D. MASSON (mündliche Mitteilung) haben die Eltern zukünftiger Schizophrener die Fähigkeit, Anteile ihres Selbst primär abzuspalten und am andern wahrzunehmen, statt sie zu verdrängen und dann erst zu projizieren, wobei dann aber Wahrnehmungen, die dem widersprechen, wiederum abgesperrt werden. Um psychisch zu überleben, müßten sich solche Kinder oder andere Familienglieder der verzerrten Wahrnehmung der Eltern anpassen, was auf Kosten der aktiven Assimilation der Wirklichkeit im Dienst der persönlichkeitseigenen Bedürfnisse geht. Wir halten diesen als Externalisation beschriebenen Mechanismus für einen der Gründe der Ich-Schwäche des Schizophrenen.

Wesentlich ist nun, daß solche Beziehungsweisen in Familien Schizophrener zur Aufrechterhaltung von prekären individuellen Gleichgewichten anscheinend lebensnotwendig sind. Individuelle Differenzierung wird als Bedrohung, als Trennung empfunden. Das menschliche Leben bringt aber auf biologischer und sozialer Ebene eine ganze Reihe unvermeidbarer Änderungen, welche Individuation und Aufgabe von überholten, zum Beispiel symbiotischen oder durch andere Abhängigkeit gekennzeichneten Beziehungen einleiten. Das geht normalerweise nicht ohne Konflikt. Geht eine Familie mit der Zeit, so wandelt sie sich in einer dialektischen Bewegung zwischen Familienhomöostase, Änderungen (Krisen) und Aufstellen neuer Gleichgewichte. Die Familie des Schizophrenen hat demgegenüber die Tendenz, solche Änderungen nicht wahrzunehmen oder doch ihre Bedeutung zu negieren. Sie versucht die Zeit anzuhalten und neigt selbst dazu, sich im Bereich der affektiven Beziehungen von der «wahren» Außenwelt zu isolieren. Ihr vorwiegend «morphostatisches» Gleichgewicht (WERTHEIM[16]) dient nicht mehr dem Wachstum der einzelnen und der Gruppe, sondern dem Festhalten an pathologischen interpersonellen Regulationen narzißtischer Bedürfnisse. Wir verweisen in diesem Zusammenhang auf die Arbeiten STIERLINS[14, 15], der die verschiedenen Arten pathologischen Bindens des Kindes an die Eltern dargestellt hat (STIERLIN[14]).

Nun zur konkreten Situation in der Klinik: Der akute schizophrene Schub, vor allem der erste, ist meist gleichzeitig Ausdruck einer persönlichen *und* einer Familienkrise. Im Verhalten des Primärpatienten mischen sich oft emanzipatorische Elemente wie Auflehnung, sexuelle Aktivität, Davonlaufen (aber auch Wahnbildung!) mit regressiven Komponenten, Angst, Denkstörungen und affektiven Störungen. Gerade dadurch, daß der Schizophrene die «Emanzipation» auf inadäquate absurde Weise vorantreibt, zwingt er die Familie, sich seiner anzunehmen und doch fremde Hilfe zu verlangen. Nach der Systemtheorie gehorcht er so gleichzeitig sich selbst und hierarchisch übergeordneten, ungeschriebenen Familiengesetzen. Sein störendes Verhalten – nicht sein subjektives Leiden – löst die Hospitalisierung aus. Mit der Spitaleinweisung wird aber die Familienkrise, die auch das Potential einer Änderung in sich trägt, zurückgeführt in eine bloße Notfallsituation nach dem Modell der somatischen Medizin mit dem wie selbstverständlichen Ziel der Herstellung des Status quo.

Sobald eine Spitalgruppe den Primärpatienten übernimmt, tritt sie in Beziehung mit dem Familiensystem, ob sie das nun will oder nicht. Es ist nicht möglich, die therapeutische Handlung auf die Symptombehandlung zu begrenzen, ohne so oder anders mit dem Kranken und seinen Angehörigen zu kommunizieren. Damit entsteht ein erweitertes System (Spital-Patient-Familie-soziale Umwelt). Je mangelhafter die Kommunikationen zwischen seinen Komponenten, desto negativer die Rückwirkungen. Spitalgruppe und Familie zum Beispiel glauben, oder tun, als ob sie glaubten, man sei sich über die Ziele der Behandlung einig. Diese Illusion entspricht dem Modell der Pseudo-Gegenseitigkeit L. WYNNES; der Konflikt wird negiert. Da beide Subsysteme, die Familie und die Spitalgruppe, in ihren Handlungen vom Verhalten des Schizophrenen abhängen, ist dieser nicht nur Spielball zwischen ihnen, sondern hat gleichzeitig eine ungeheure Macht, die zu nutzen er gelernt hat. Es ist deshalb für den Verlauf der Hospitalisierung und der weiteren Behandlung des Schizophrenen wichtig, manchmal ausschlaggebend, daß eine lebendige Beziehung, und sei es eine konfliktgeladene, zwischen Therapeuten und Primärpatienten zustande kommt.

Indikation und Durchführbarkeit einer Familientherapie im engeren Sinn hängen mehr von dieser Beziehung als von den Eigenarten des Patienten oder der Familie ab. Man stößt hier auf ein spezifisches Problem zwischen der Familie Schizophrener und den Therapeuten, welches unterschiedlich stark ausgeprägt ist. Man muß es kennen, wenn man die Flinte nicht zu früh ins Korn werfen will: Es gibt die charakteristische *Störung der Kommunikation zwischen Familie und «Außenwelt»*. D. Reiss[8] hat nachgewiesen, daß Familien Schizophrener konsensusorientiert sind und deshalb mit Information von «außen» merkwürdig umgehen: Sie verzerren, verändern und vergessen sie in viel stärkerem Maß, als das in «normalen» Familien der Fall ist, und behandeln sie alles in allem, als ob sie relativ bedeutungslos wäre.

So kann die Familie das Märchen der Übereinstimmung der Meinungen erhalten und Konflikte vermeiden. Die Folge: Familie und Therapeut verstehen sich nicht.

Ein einzelner Therapeut steht demnach vor der unmöglichen Wahl, an seiner eigenen Denkweise festzuhalten und damit außerhalb der Familie und in seiner Realität zu bleiben, in der die Individuen sich voneinander unterscheiden – oder aber er muß gleichsam mit der «Familien-Ich-Masse» fusionieren, also auf Primärprozeßdenken umstellen und seine objektivierende Betrachtungsweise aufgeben. Möglicherweise kann er das überhaupt nicht, zum mindesten kann er nicht beides gleichzeitig tun. Er tut deshalb gut daran, nicht allein, sondern mit einem Co-Therapeuten zusammenzuarbeiten.

Die Unzuverlässigkeit der verbalen Sprache stellt in der Familientherapie Schizophrener zusammen mit dem oft befremdlichen affektiven Klima eine Belastung dar, die derjenigen in der individuellen Psychotherapie von Schizophrenen nicht nachsteht. Sie erzeugt Angst und verleitet die Therapeuten in der Initialphase der Therapie leicht zu Haltungen und Handlungen, die in Sackgassen führen: So etwa der Versuch, die «fehlerhaften» Kommunikationen um jeden Preis zu korrigieren – also die Familie zur Anpassung an die Therapeuten zu zwingen. Kommentare zu Kommunikationen zur richtigen Zeit können zwar Positionen klären und heilsame Krisen entfachen. Leicht führt aber stur-moralisierendes Kommunikationslehren zur Verhärtung des Familienwiderstands, und der bestehende Konflikt wird weder ausgesprochen noch sonst genutzt. «Psychoanalytische» Interpretationen gehören zu den Informationen von außen, die bestimmt nicht ankommen. Eine spezifische, manchmal unvermeidliche Komplikation ist aber die folgende: Zwischen der freundlichen Familie und den freundlichen Therapeuten pendelt sich eine auf Pseudo-Gegenseitigkeit basierende neue Homöostase ein und immobilisiert die Beziehung. Es passiert in den regelmäßigen Sitzungen trotz langer Gespräche wochen- und monatelang nichts.

Um so wichtiger ist die Resonanz und die Aktivität der Therapeuten auf den Ebenen der analogen Kommunikation, die es möglich macht, daß sich die Familienmitglieder in der aktuellen Situation der Sitzung trotz der Inflation der verbalen Sprache in ihrer Existenz bestätigt fühlen.

Auch in der Familientherapie mit Schizophrenen gilt die Regel, daß man nicht *für* den Primärpatienten *gegen* das Familiensystem kämpfen soll – es ist meist stärker als die Therapeuten. Theoretisch wäre es wünschenswert, jedes Familiensystem, und zeige es sich noch so «pathogen», in Gegenwart der Familie zu bejahen. SELVINI[12] und ihre Mitarbeiter bezeichnen die positive Konnotation des je vorliegenden Familienverhaltens, die Symptomatik des Primärpatienten miteingeschlossen, als den ersten wichtigen Schritt; die Bestätigung des Systems schafft den Therapeuten Zugang zur Familie als ihre Alliierte und bereitet das Terrain vor für die frühzeitig erfolgende paradoxe Verschreibung. Wenn man aber den Symptomträger im Spital aufnehmen muß, bestätigt man ihm und seiner Familie implizite sein Kranksein und kann nicht mehr im Sinne reiner Systemtheorie handeln. Wir halten das bei der überwiegenden Mehrheit der schizophrenen Patienten auch nicht für möglich und angezeigt, denn das würde voraussetzen, daß das gesamte krankhafte Verhalten des Primärpatienten *ausschließlich* systembedingt und damit grundsätzlich fakultativ wäre. Die Schizophrenie ist aber mehr als ihre Symptome und eine tiefergehende Persönlichkeitsstörung als etwa eine Schulphobie. Wir halten es deshalb für realistischer, diese Krankheit gleichzeitig individuell und am Familiensystem anzugehen. Wo das Schwergewicht der Behandlung liegen soll, ergibt sich aus der Reaktion der Familie auf die ersten Sitzungen und aus dem weiteren Verlauf.

Die Schizophrenie-Familienforschung hat wahrscheinlich die Familientherapie dadurch gebremst, daß sie sich auf das, was nicht funktioniert, konzentrierte und dabei das in den Familienbeziehungen steckende Selbstheilungspotential vernachlässigte. Hie und da gelingt es, in Anlehnung an BOWEN[3] und BOSZORMENYI und SPARK[2] die potentiellen Heilkräfte, die in eingefrorenen Beziehungen in der Kern- und Großfamilie liegen, zu mobilisieren. Wir gehen dabei von der Annahme eines überpersönlichen, über drei und mehr Generationen regierenden Familiengesetzes aus (z. B.: «Töchter haben sich ihrer Mütter um jeden Preis anzunehmen»). Solche Gesetze werden in der Familie der Schizophrenen geschützt durch die oberste Familienregel: die Beziehungen in der Familie dürfen nicht klar definiert werden (SELVINI,[12] HALEY[4]). Indem wir paradoxerweise das Familiengesetz unterstützen, vermeiden wir jede persönliche Anschuldigung und unterlaufen die genannte Familienregel, die das symptomatische Verhalten bedingt. Gelingt die Darstellung des die Beziehungen regelnden Gesetzes, so werden heilsame individuelle Gegenreaktionen in Bewegung gesetzt.

Über das Gewicht der psychodynamischen Beziehung zwischen Familie und Therapeuten gehen die Meinungen noch auseinander. Systemtherapeuten suchen die Familienstruktur rein manipulativ zu verändern. Es kommt tatsächlich vor, daß man dem Primärpatienten und der Familie das symptomatische Verhalten, auch das schizophrene, sozusagen aus der Hand schlagen kann. Aber manche Veränderungen sind, selbst wenn sie die Hospitalisierung verkürzen und den Weg ebnen für individuelle Fortschritte, nur Scheinveränderungen, Anpassungsleistungen der Familie an die Intervention von außen. Auch die skizzierte Aufdeckung von Familiengesetzen – und Loyalitäten – gelingt bei weitem nicht immer. Es genügt beispielsweise, daß Angehörige außerhalb der Kernfamilie sich weigern, an einigen Sitzungen teilzunehmen, um die Mobilisierung zu blockieren.

Die selten durchführbare Langzeitfamilientherapie mit Schizophrenen, die parallel zur individuellen Psychotherapie der Primärpatienten läuft, wächst langsam, auf Grund der Beziehung zwischen Familie, dem Kranken und dem Therapeutenpaar, die Tragfähigkeit dieser Beziehung hängt weniger von der Zahl der Sitzungen als von ihrer Dauer und dem Engagement der Therapeuten ab. Die psychodynamische Hypothese deutet dahin, daß sich die verängstigten Eltern allmählich an die Therapeuten binden und in ihnen eine jahrelang vorhandene Stütze ihres defekten Narzißmus finden. Dadurch wird der Primärpatient seiner Parentifikation (und seiner Machtstellung!) enthoben und zugänglich für individuelle Behandlung, die der Entwicklung seiner Autonomie gilt.

Familientherapie, auch kurzfristige, kann floride Symptomatik von Schizophrenen manchmal zum Verschwinden bringen. Der Patient verliert dabei seine «Krankenidentität» (Scott[11]), hat aber leider oft (noch) keine andere. Wie soll er sich in der Wirklichkeit zurechtfinden, wenn er nicht leben gelernt hat? Er kann schwer darunter leiden; es besteht eine nicht zu unterschätzende Suizidgefahr. Das bedingt nicht selten eine langdauernde individuelle Stütztherapie nach der Familientherapie, mit der entsprechenden Übertragungs- und Abhängigkeitsproblematik. Das ist eine posttherapeutische Komplikation der Familientherapie mit Schizophrenen, die hier neben allen anderen Schwierigkeiten genannt werden muß.

Literatur

1 Bleuler, E.: Dementia präcox oder Gruppe der Schizophrenien. Wien: Deuticke 1911 (Handbuch der Psychiatrie. Abt. 4, Hälfte 1.)

2 Boszormenyi-Nagy, I., und G. M. Spark: Invisible loyalties. Hagerstown/Maryland; Harper & Row 1973

3 Bowen, M.: The use of family therapy in clinical practice. In: Comprehensive. Psychiatry 7 (1966), S. 345–374

4 Haley, J.: The family of the schizophrenic: a model system. In: Journal of nervous and mental Diseases 129 (1959), S. 357–374

5 Kaufmann, L.: Familie, Kommunikation, Psychose. Bern, Stuttgart: Huber 1972 (aktuelle Probleme in der Psychiatrie, Neurologie, Neurochirurgie, 7.)

6 Kaufmann, L.: Considérations sur la thérapie des familles de schizophrènes. In: Evolution psychiatrique 40 (1975), S. 363–378

7 Lidz, Th. et al.: The intrafamilial environment of schizophrenic patients. VI: The transmission of irrationality. In: AMA Archives of Neurology and Psychiatry 79 (1958), S. 305–316

8 Reiss, D.: Varieties of consensual experience. 3.: Contrasts between families of normals, delinquents and schizophrenics. In: Journal of nervous and mental Diseases 152 (1971), S. 73–95

9 Richter, H. E.: Eltern, Kind und Neurose. 2. Aufl. Stuttgart: Klett 1967

10 Riskin, J.: Methodology for studying family interaction. In: Archives of general Psychiatry 8 (1963), S. 343–348

11 Scott, R. D., und A. Montanez: The nature of tenable and untenable patient-parent relationships and their connection with hospital outcome. In: International symposium on psychotherapy of schizophrenia. 4. Turku 1971 (1972), S. 226–242

12 Selvini Palazzoli, M., L. Boscolo, G. Cecchin, G. Prata u. a.: Paradosso e controparadosso. Un nuovo modello nella terapia della famiglia a transazione schizofrenica. Milano: Feltrinelli 1975 (Biblioteca di psichiatria e di psicologia chimica. 33.)

13 Singer, M. T., und L. C. Wynne: Principles for scoring communication defects and deviances in parents of schizophrenics: Rorschach and TAT scoring manuals. In: Psychiatry 29 (1966), S. 260–288

14 Stierlin, H.: Family theory. An introduction. In: Burton, Arthur (Ed.): Operational theories of personality. New York: Brunner/Mazel 1974, S. 278–307

15 Stierlin, H.: Von der Psychoanalyse zur Familientherapie. Stuttgart: Klett 1975, S. 50–64.

16 Wertheim, E. S.: Family unit therapy. The science and typology of family systems. In: Family process 12 (1973), S. 361–376

17 Wynne, L. C., I. M. Rickoff, J. Day und S. I. Hirsch: Pseudo-mutuality in the family relations of schizophrenics. In: Psychiatry 21 (1958), S. 205–220

18 Wynne, L. C., und M. T. Singer: Thought disorder and family relations of schizophrenics. IV.: Results and implications. In: Archives of general Psychiatry 12 (1965), S. 201–212

2.8. Versuch einer familientherapeutisch orientierten stationären Psychiatrie

HEIMO GASTAGER

Familientherapie als therapeutischer Ansatz wurde in der klinischen Psychiatrie sehr spät eingeführt, zumindest bei uns in Mitteleuropa. Das ist deshalb erstaunlich, weil die Bedeutung der Familie in der deutschsprachigen Psychiatrie schon sehr früh erkannt wurde, allerdings, wie KISKER einmal bemerkte, lange Zeit fast ausschließlich aus erbgenetischer Sicht. In diesem Sinne gab es schon längst eine Familienforschung, die sich besonders für die nosologische Trennung von depressiven Krankheitsbildern als sehr fruchtbar erwies. Andererseits aber hielt die Erbgenetik bei uns die familiendynamische Forschung lange Zeit hintan, da die endogenen Psychosen, insbesondere die Cyclothymie, wegen der nachgewiesenen erbgenetischen Determination als besonders umweltunabhängig, also schicksalshaft erschien (K. SCHNEIDER[9]).

Auch der Einfluß der Psychoanalyse änderte an dieser Situation zunächst wenig. Das hing damit zusammen, daß sich die Psychoanalyse vorerst auf die Behandlung der Neurosen beschränkte, da FREUD selber die Schizophrenen wegen Übertragungsunfähigkeit als nicht für die Psychoanalyse geeignet ansah. Erst die Ich-Analytiker, vor allem FEDERN, bezogen die psychoanalytische Technik ausdrücklich auch auf die Psychosen, indem sie allerdings die klassische psychoanalytische Technik abwandeln mußten. Damit wäre der Durchbruch zur Familientherapie schon möglich geworden. Er wurde aber von den «orthodoxen» Analytikern lange Zeit insofern versperrt, als die psychoanalytische Technik die Einbeziehung von Familienangehörigen in die Behandlung aus methodischen Gründen prinzipiell ausschloß, obwohl sie die Bedeutung der Familienbeziehungen für die psychodynamische Entwicklung des Kindes erkannt und auch schon eigene psychoanalytische Psychosentheorien entwickelt hatte. Sie sehen diese Einflüsse aber eben im Vordergrund psychodynamisch, als Abwehr der Person zur Aufrechterhaltung des intrapsychischen Gleichgewichts, nicht schon soziodynamisch als Versuch der Aufrechterhaltung einer Familienhomöostase.

So mutet es geradezu paradox an, daß die Erforschung der Familiendynamik in den USA ihren Schwerpunkt schon immer auf einem Gebiet hatte, das bei uns aus den eben angeführten Gründen lange Zeit solchen ätiologischen Gesichtspunkten nicht zugänglich wurde, nämlich bei der Schizophrenie. Anlaß dazu bot wohl die allerorts festgestellte besondere familiäre Abhängigkeit von schizophrenen Jugendlichen, deren Erforschung schließlich zur Ausarbeitung familiendynamisch orientierter genetischer Schizophrenietheorien führte. Dies ging allerdings auch in den USA nur schrittweise vor sich: zuerst wurden, wie lange noch bei uns, Schwierigkeiten in Familien mit einem schizophrenen Mitglied ursächlich nur diesem zugeschrieben. In diesem Stadium waren daher alle therapeutischen Ansätze noch darauf ausgerichtet, den Schizophrenen an die Familie anzupassen, wenn es ging. Sofern dies jedoch nicht gelang, mußte er eben in einer Anstalt isoliert bleiben, oft ein Leben lang. Rehabilitation des Schizophrenen konnte bei dieser Auffassung nur durch Anpassung an das präexistente System der Familie erreicht werden und stellte somit weniger eine Rehabilitation des Schizophrenen als vielmehr eine solche der Familie dar. Diese setzte sich in jedem Falle durch, blieb in ihrer Struktur erhalten, sei es durch Ausstoßung des Patienten mittels Isolierung in der Anstalt, sei es durch eine Wiederaufnahme als medizinisch «Geheilter», eher aber als eine durch die verschiedenen Schockbehandlungen oder durch die moderne Neuroleptikatherapie in ihrer Persönlichkeit verkürzte Person (als sogenannter schizophrener Defekt).

Der nächste Schritt war die Entdeckung der «schizophrenogenen» Mutter (FROMM-REICHMANN[1]) und des inadäquaten Vaters in den Jahren 1940 bis 1950 und deren Konsequenz in Form der Einbeziehung der Mutter oder des Vaters in die Therapie des Schizophrenen, meist in Form einer gemeinsamen Gruppentherapie. R. SCHINDLER[8] entwickelte in Wien die sogenannte bifokale Gruppentherapie (die in diesem Buch von ihm selber gesondert abgehandelt wird). Damit war zunächst einmal ein wirksamer Durchbruch in der Therapie des Schizophrenen erzielt, der bei R. SCHINDLER infolge seines kommunikativen Ansatzes die Rehabilitationsresultate wesentlich verbessern half, da in vielen Fällen über die Mitarbeit der Angehörigen der häufigste Weg, nämlich der der Anstaltsrehabilitation in Form einer Isolierung in der Anstalt noch vermieden werden konnte.

Erst in den fünfziger Jahren wurde die pathogene Familie als biosoziale Einheit entdeckt und als solche behandelt. MIDELFORT[7] (1950) beschrieb Familientherapie als Sonderfall der Gruppentherapie. Eine Reihe von Techniken wurde entwickelt. Mit der Familientherapie unter Einbeziehung mehrerer Generationen war aber nicht nur ein vollkommen neues Setting für die Psychotherapie des Schizophrenen geschaffen, sondern auch der Ansatzpunkt der Therapie verschoben worden: Behandelt wird jetzt nicht mehr der Patient durch die Familie als Gruppe, sondern die Familie in ihrer Gruppenstruktur selbst. Eine solche Entwicklung kennen wir auch bei der Gruppentherapie, die bei SLAVSON noch *«patient centered»*, bei FOULKES und ANTHONY schon *«group centered»* war. Da also, besonders bei den kommunikationsanalytischen Techniken, sich der Ansatzpunkt von der Behandlung eines Individuums zur Behandlung eines sozialen Subsystems verschob, war Familientherapie nunmehr nicht nur ein Instrument der Psychotherapie wie die Gruppentherapie, sondern auch Soziotherapie geworden im Sinne der primären Veränderung von Beziehungen innerhalb eines sozialen Systems. Diese Verschiebung fand auch ihren Niederschlag in der Schizophrenietheorie: bei LAING[6] ist Schizophrenie nicht mehr die Krankheit eines einzelnen, sondern die Krankheit eines verrückten Beziehungssystems der Familie.

Diese Entwicklung der Theorienbildung und deren therapeutischen Konsequenzen hat im deutschen Sprachraum erst spät ihren Niederschlag gefunden. Jedenfalls aber hat sie schon im Lehrbuch der Psychiatrie von SCHULTE-TÖLLE[10] ihren festen Platz, wenn auch erst in ihren theoretischen Ansätzen der Familienforschung, noch nicht als eigene Therapieform gefunden. Als besonderer Markstein in der Entwicklung einer familientherapeutisch orientierten Psychiatrie ist zweifellos die Tatsache anzusehen, daß man LUC KAUFMANN im Handbuch *‹Psychiatrie der Gegenwart›* ein eigenes Kapitel darüber eingeräumt hat.[5]

Tatsächlich ist unseres Erachtens die erste Voraussetzung für eine familientherapeutisch orientierte Psychiatrie, daß für die einzelnen Krankheitsgruppen entsprechende familiendynamische genetische Theorien entwickelt werden und Berücksichtigung finden. Das ist bei der Gruppe der Schizophrenen am weitesten fortgeschritten, bei der Cyclothymie erst in Ansätzen geschehen. Bei den *körperlich begründbaren Psychosen* stehen naturgemäß somatische ätiologische Theorien und somatische Behandlungsweisen weitaus im Vordergrund. Jedoch werden bei den einzelnen Gruppen von organischen Psychosen im Zuge einer mehrdimensionalen Betrachtungsweise in unterschiedlichem Ausmaß auch familiendynamische Gesichtspunkte schon miteinbezogen. Besonders bei Kindern und jugendlichen Patienten zeigt sich die Bedeutung der pathogenen Mutter-Kind-Symbiose, wie sie KANNER[4] 1949 beim frühkindlichen Autismus beschrieben hatte. So fanden wir bei einer Incidenz-Untersuchung von Oligophrenen mit frühkindlichen Hirnschädigungen, die wegen abnormer Erlebnisreaktionen (meist Primitivreaktionen) in die psychiatrische Krankenhausabteilung in Salzburg eingeliefert worden waren, einige Korrelationen zwischen Mutter-Kind-Beziehung und Persönlichkeitsreaktionen[3]: aggressive Reaktionen fanden wir besonders bei Vorliegen einer pathogenen Paarbildung mit overprotektiven Müttern, wogegen wir bei schwachen, versagenden oder überhaupt fehlenden Müttern vorwiegend passiv ausweichende Reaktionen fanden, wie Angst, Verfolgungsideen und Flucht, depressive Verstimmungszustände und hypochondrische Reaktionen. Das Bedürfnis zur overprotektiven Paarbildung von seiten der Mutter selbst hing wiederum weitgehend mit ihrer eigenen unsicheren Familienposition, oft schon aus ihrer Herkunftsfamilie entwickelt, zusammen. Daraus ergaben sich für uns familientherapeutische Konsequenzen etwa in Form von Stützung der Mutter, aber auch Ansätze zu einer primären und sekundären Prävention durch Arbeit im sozialen Feld, mit dem Ziel, die Entwicklung pathogener overprotektiver Paarbildungen überhaupt zu vermeiden und den oligophrenen Jugendlichen schon frühzeitig außerhalb der Familie in Kindergärten oder anderen Institutionen für Hirngeschädigte sozial miteinzubinden. Eine gelungene stationäre Familientherapie mit Einbeziehung der Familie des Schwachsinnigen haben wir kürzlich beschrieben[2]:

▶ Franz ist ein junger Bauernbursch aus einer kleinen Landgemeinde, das vierte von sechs Kindern eines Großbauern. Er hat als Kleinkind eine hoch fieberhafte Erkrankung durchgemacht und sich im Anschluß daran viel langsamer entwickelt als seine Geschwister. Mangels einer für ihn erreichbaren Sonderschule wiederholte er jede Volksschulklasse und arbeitete dann am Hof des Vaters mit. Dabei konnte er aber bald die Konkurrenz der Geschwister nicht durchstehen, die ihm sowohl körperlich als auch geistig weit überlegen waren (der nächstältere Bruder studiert jetzt Medizin, die anderen sind in ihrer handwerklichen Berufsausbildung sehr tüchtig). Alle jedenfalls waren ihm bei der durchrationalisierten Arbeit in der Musterlandwirtschaft des Vaters überlegen. Obwohl – oder gerade weil – sich alle bemühten, auch für Franz eine passende Arbeit zu finden, resignierte er immer mehr, hörte ganz zu arbeiten, aber auch zu sprechen auf, brach überhaupt den positiven Kontakt mit der Umwelt weitgehend ab, hockte stundenlang – auch nachts – vor dem Fernsehapparat, begann zu grimassieren und ticartige Kopfbewegungen zu machen – eine ungeheure Belastung für die ganze Familie, die sich zudem das alles nicht deuten konnte und annahm, es müsse eine Geisteskrankheit vorliegen. In diesem Zustand kam er zu uns. Wir wollten ihn zunächst an der offenen, verhaltenstherapeutischen Abteilung führen, er benahm sich aber dort in provokatorischer Weise so auffällig, daß wir ihn in die halbgeschlossene Abteilung nehmen mußten, zumal er im Spitalsgewand ziemlich weit weggelaufen war und die Gefährdung durch den Straßenverkehr von uns nicht mißachtet werden durfte. Er wurde einer kreativen Therapie zugeführt, und zwar, sowohl einzeln, vorwiegend in Zeichen- und Maltherapie, als auch – zunächst als Mitläufer – in einer Psychodramagruppe. Durch seine Zeichnungen konnte er allmählich seinen Konflikt zum Ausdruck bringen: sein «krankes Hirn», das allen zum Stein des Anstoßes wurde, und ihn vor allem in den Augen des Vaters abwertete; in der Psychodramagruppe konnte er sowohl Vater- als auch Mutterkonflikte ausagieren. In dieser Atmosphäre, in der man sein Innerstes nach außen zu kehren bestrebt war, wurde sein Verhalten zwar aufgelockert, er wurde aber dadurch für die Station noch unberechenbarer und schwieriger, er vernachlässigte sich körperlich in einer Weise, die für Pflegepersonal und Mitpatienten untragbar waren, und suchte Händel mit anderen Patienten. Er konnte nicht unterscheiden zwischen der therapeutischen Situation, wo er zum «Ausagieren» ermuntert wurde, und der Situation auf der Station. Im übrigen forderte er geradezu eine autoritäre Zurechtweisung heraus, wie daheim, und fügte sich dann sofort auch willig. – Die Eltern allerdings konnten bei ihren Besuchen beim besten Willen keine «Besserung» sehen, und es bedeutete einen großen Vertrauensvorschuß von ihrer Seite, daß sie Franz nicht nach wenigen Wochen wieder heimnahmen.

Wir versuchten nun, diese Krise dadurch zu überwinden, daß wir die Eltern – und fallweise auch die Geschwister – wöchentlich zu einer Familien-Psychodramagruppe einluden, in der Situationen des häuslichen Alltags mitsamt ihrer ganzen Konfliktgeladenheit «gespielt» wurden. So gelang es allmählich, bei den Eltern mehr Verständnis für die Situation des Sohnes zu erreichen und ihre Ratlosigkeit zu überwinden. Besonders der Vater konnte sich mit der schwierigen «Kränkung», die dieser Sohn für ihn darstellte, auseinandersetzen, und ihm gegenüber eine weniger konfliktgeladene Einstellung finden. Franz lernte in den mannigfachen Situationen des Rollenspiels, bei denen der Vater eifrig mittat, er selbst sich meist interessiert beobachtend im Hintergrund hielt, den Vater auch in seinen menschlichen Schwächen kennen und sich allmählich von ihm zu distanzieren. Nach weiteren Eskapaden pubertären Übermuts und eher spielerischer Trotzhaltung beruhigte er sich schließlich und ist jetzt seit einem Jahr wieder daheim auf dem elterlichen Hof. Das störende Verhalten ist verschwunden, er hat positiven Kontakt mit den Eltern und Geschwistern und er bringt eine gewisse Arbeitsleistung.

Die Therapie war in diesem Fall natürlich sehr aufwendig im Hinblick auf Zeit und therapeutischen Einsatz und stellt nicht zuletzt an die Eltern hohe Anforderungen, die nicht in jedem Fall zumutbar erscheinen.

In einem anderen, ganz ähnlich gelagerten Fall – es handelt sich hier um ein zwanzigjähriges Mädchen aus einer Beamtenfamilie – mußten wir schließlich resignieren, weil die Eltern durch die Verhaltensverschlechterung, die zunächst wie bei Franz auftrat, in Panik getrieben wurden und die Therapie abbrachen. ◂

Durch die erstmalige Infragestellung seiner Eltern, die der Schwachsinnige sehr wohl erlebt, wirft er das ganze mühsam anerzogene Verhaltensrepertoir über Bord und zerstört damit unter Umständen die «Lebensarbeit» seiner Eltern. Dies stellt eine erhebliche Schwierigkeit dar, die möglicherweise durch eine Art bifokaler Therapie bei längerdauerndem Besuchsverbot – bis sich eben der Jugendliche wieder halbwegs erfangen hat – gemildert werden könnte. Eine zweite Schwierigkeit dabei ist die Belastung, die ein solcher Jugendlicher auf der Station darstellt. Wahrscheinlich ließe sich auf einer kleinen Spezialabteilung die Phase der Verhaltensstörungen sehr verkürzen, wenn gut informiertes Personal dem behinderten Jugendlichen helfen könnte, die Realitätsgrenzen rascher wieder zu erkennen und zu beachten.

Ein weiteres Beispiel für die Wirksamkeit der Einbeziehung familiendynamischer Ansätze fanden wir bei der stationären Therapie von *Alkoholkranken*, die bekanntlich besonders bei fortgeschrittenen Fällen prognostisch sehr ungünstig liegen. Seit wir, wo die Bereitschaft dazu vorhanden war, die Ehefrauen der Alkoholiker in die psychotherapeutische Behandlung (in unserem Fall besonders mit der Technik des Psychodramas) miteinbezogen, erzielten wir bei früher therapieresistenten Fällen oft doch noch Erfolge, allerdings nur, wenn wir die Behandlung ambulant fortführen konnten.

Eine ähnliche Erfahrung machten wir bei jugendlichen *Drogenbenützern*. Bei diesen ist bekannt, daß sie großenteils aus abnormen Familienstrukturen stammen. Wir selber fanden in einer Untersuchung derartige Befunde bei 61 Prozent der Rauschgiftabhängigen (fast ebensoviel wie bei einer Vergleichsgruppe von Schizophrenen mit 65,1 Prozent), bei nur Gelegenheitsbenützern ohne Drogenabhängigkeit jedoch fanden wir immerhin auch 36 Prozent aus abnormen, also pathogenen Familienstrukturen[10]. Auch hier konnten wir in einigen Fällen, bei denen die Familie zu einer gemeinsamen Familientherapie bereit war, positive Erfolge erzielen, die unter anderem in einer Umgestaltung der Familienbeziehungen ihren Ausdruck fanden.

Diese Beispiele zeigen, daß familiendynamische Konzepte nicht nur dort anwendbar sind, wo familiäre Abhängigkeiten besonders augenfällig sind wie bei Schizophrenie, sondern auch bei anderen Krankheitsgruppen. Die Erfolge der stationären psychiatrischen Therapie konnten dadurch wenigstens zum Teil verbessert werden. Voraussetzung ist dabei eine konzeptuale familientherapeutische Orientierung in der Psychiatrie. Ob derartige Konzepte allerdings auch angewendet werden können, hängt noch von anderen Faktoren ab, vor allem auch davon, ob die Familie des stationär aufgenommenen Patienten dazu bereit und imstande ist.

Dabei ist zu bedenken, daß die Angehörigen von einer medizinischen Fachabteilung erwarten, daß der Patient medizinisch behandelt wird. Sie sind zunächst in keiner Weise darauf vorbereitet, selbst an der Therapie mitzuwirken, ja selbst als behandlungsbedürftig zu gelten und damit ihre Familienhomöostase in Frage gestellt zu sehen. Dazu kommt, daß der Anstaltspsychiatrie von der Gesellschaft immer noch eine isolierende Funktion übertragen wird. Zwangseinweisung und Entlassung gegen Revers der Angehörigen in gesetzlich geregelter Form lasten als Handikap auf ihrer Institution. Durch diese Tatsache wird von seiten der Angehörigen die Einstellung akzentuiert, daß der eingelieferte Patient allein krank ist und auf keinen Fall die Familie, die ihn ja dann gegen Revers in Obhut und damit eine Sicherheitsgarantie gegenüber der Öffentlichkeit auf sich nehmen muß. Zwar ist bekannt, daß bei frischen Fällen die Angehörigen sich noch oft heftig dagegen wehren, daß der Patient geisteskrank sei. Sie versuchen der medizinischen Diagnose anfangs alle möglichen äußeren Verursachungen als Erklärung des abnormen Verhaltens oder Erlebens entgegenzustellen. Später resignieren aber die meisten und belassen den Geisteskranken in der Anstalt auf die Dauer zur Verwahrung. Damit wird die Möglichkeit einer Einsicht, daß *eine* Bedingung der Krankheit in gestörten Familienbeziehungen liegen könnte, eher noch mehr versperrt, zumal da die Angst vor der erblichen Belastung in den psychiatrischen Theorien bisher allzusehr im Vordergrund stand und Schuldgefühle bei den Angehörigen auslöst, die eher zur Abkapselung denn zur Mitarbeit führen.

Durch die Öffnung der Anstalten haben sich diese Verhältnisse zwar schon etwas gebessert, aber die gesetzlichen Bestimmungen sind immer noch die gleichen, und so ist es besonders schwierig, Angehörige zur Umorientierung zu bringen, wodurch sie erst für eine Mitarbeit in Familientherapie bereit würden. Wir halten es deshalb für eine weitere Grundbedingung für die Anwendungsmöglichkeit von Familientherapie in der stationären Psychiatrie, daß die entsprechenden Konzepte in der Anhaltegesetzgebung Ausdruck finden, das heißt, daß der Psychiatrie an Stelle einer isolierenden vor allem eine kommunikative Funktion zugestanden wird. Pointiert ausgedrückt: Wir sind der Meinung, daß einer Rehabilitation des Geisteskranken erst eine Rehabilitation der psychiatrischen Anstalt als Institution vorausgehen muß.

Wir müssen in der stationären Psychiatrie einstweilen also noch mit starken Handikaps rechnen, wenn wir familientherapeutisch tätig sein wollen. Dazu bedarf es allerdings auch jetzt schon einer dritten Voraussetzung. Es hat sich nämlich gezeigt, daß mit der oben geschilderten familientherapeutischen konzeptualen Orientierung zwar familiendynamische Diagnosen neben den somatischen häufiger werden. So finden wir heute in den Krankengeschichten schon Diagnosen wie: Alkoholrezidiv bei Partnerschaftskonflikt, klimakterische Psychose bei «Leerem-Nest»-Syndrom, oder Suizidversuch bei jugendlicher Identitätskrise und pathogener Paarbildung mit Ablösungsschwierigkeiten usw. Doch wird gerade dadurch, daß wir schon familiendynamische Diagnosen stellen, eine gewisse Insuffizienz offenbar, sind wir doch in der Medizin gewohnt, diagnostischen Feststellungen adäquate Therapiemethoden zuzuordnen. Damit kommen wir zu Ausbildungsfragen: Von seinem Universitätsstudium her ist der Mediziner ausgezeichnet auf somatische Behandlungsmethoden vorbereitet. Psychotherapie muß er sich schon in außeruniversitären Instituten aneignen, wie etwa in psychoanalytischen oder gruppendynamischen Vereinigungen. Für die Familientherapie gibt es zwar viele Methoden, aber noch wenig Ausbildungsinstitutionen. In diesem Sinne ist die Feststellung zwar erfreulich, daß sich heute bei uns schon fast alle psychotherapeutischen Lehrseminare und Trainingskurse entschlossen haben, Familien- und Partnertherapie als Methode miteinzubeziehen, doch muß man bedenken, daß all diese Methoden bei uns in ihrer Wirksamkeit noch nicht genügend erprobt sind. Außerdem stammen die Erfahrungen der Ausbilder und Trainer aus der Beschäftigung mit Beziehungsstörungen innerhalb des Normbereichs, meist aus nicht gelungenen Partnerbeziehungen. Diese Erfahrungen sind aber nicht ohne weiteres auf Störungen, die in den Bereich der sogenannten großen Psychiatrie fallen, anwendbar. Gerade hier ist die Verantwortung des Therapeuten also besonders groß, da nicht nur die Entwicklung eines einzelnen, sondern auch die einer ganzen Familie in Frage steht und Fehleinschätzungen der Anwendbarkeit einer bestimmten Methode oder der Indikation zur Familientherapie überhaupt eher zur Diskreditierung als zum Durchbruch dieser Konzeption sowohl bei den zuweisenden Ärzten als auch in der Öffentlichkeit und damit besonders eben bei den Angehörigen führen können.

Immerhin konnten wir aber auch im Bereich der großen Psychiatrie mit familientherapeutischen Methoden vor allem verhaltenstherapeutischer Art einige Erfolge erzielen. Hierzu folgender Fall:

▸ Die jetzt 60jährige Maria M. war seit 1963 wegen unipolarer endogen-depressiver Phasen (mit kurzen hypomanischen Nachschwankungen) immer häufiger und für immer längere Dauer stationär bei uns aufgenommen worden, im letzten Jahr 170 Tage lang. Es zeigte sich also eine zunehmende Tendenz zur Chronifizierung der Melancholie. 1973 versuchten wir auf der damals neu eingerichteten verhaltenstherapeutischen Station einen neuen Ansatz zunächst stationärer Beeinflussung des habituell gewordenen depressiven Verhaltens: Mit Hilfe eines eigens für die Patientin erstellten Programms wurde das gesamte Personal der Station dazu angeleitet, einheitlich das unerwünschte Verhalten wie gestörte Psychomotorik, verbale Äußerungen von Schuld und Minderwertigkeit usw. zu ignorieren, dafür alternatives Verhalten wie Ansätze zu spontaner Tätigkeit oder freundliche Äußerungen sofort lobend anzuerkennen. Da aber zu erwarten war, daß die Patientin gleich nach ihrer Entlassung wieder in die Krankenrolle gleiten würde, die sich im Laufe von zehn Jahren in der Familie herausgebildet hatte, wurden schon während des stationären Aufenthalts Gatte und Sohn in den Behandlungsplan miteinbezogen. Dies gelang um so leichter, als beide eigentlich selbst daran interessiert waren, eine gesunde, funktionsfähige Gattin (Mutter) daheim zu haben. Sie hatten sich nur im Laufe der zehnjährigen immer wiederkehrenden Krankheit Marias daran gewöhnt, selbständig und unabhängig von ihr zu sein. Sie taten sich etwas darauf zugute, genausogut zu kochen wie sie, die eine gelernte böhmische (!) Köchin war. Nur wenn sie klagte, stand sie im Mittelpunkt, wenn es zu arg wurde, wies der Hausarzt sie ein.

Während der Umstellung auf den neuen Behandlungsansatz wurden Vater und Sohn zunächst für die Dauer des stationären Aufenthalts von Maria M. zu einer Verhaltensänderung angehalten. Sie gaben ihr jetzt zu verstehen, daß sie doch mit dem Haushalt überfordert wären, häufiger in der Kantine aßen, die Wäsche in die Wäscherei gaben usw. Gleichzeitig lernten sie mit dem auch auf der Station angewandten Verhaltensprogramm umzugehen, wobei sie ihrerseits wieder bei ihren Besuchen auf der Station von den Therapeuten gezielt positiv verstärkt wurden («richtiges» Verhalten, vom Videorecorder kontrolliert, wurde lobend anerkannt). Schließlich wurde noch versucht, die mittlerweile entstandene Vater-Sohn-Symbiose zu lockern; zum Beispiel rückten die Therapeuten die eheliche Paarbeziehung unauffällig in den Vordergrund, indem sie mit Maria viel über ihren Mann, kaum über den Sohn sprachen und dergleichen. Auch Maria wurde dazu ermutigt, dem Gatten ihrerseits anerkennende, nette Worte zu sagen. Nach der Klinikentlassung sollte diese Routine der gegenseitigen Anerkennung der Ehepartner beibehalten werden. Vor allem aber mußte folgender verhängnisvoller Zirkel durchbrochen werden:

Maria hatte wiederholt angegeben, ihre «Männer» merkten es immer schon vor ihr selbst, wenn sie wieder «krank» würde: Sie fahre sich dann häufig mit der Hand über das Gesicht und werde leicht rot. Bei diesen Anzeichen nahmen die beiden ihr gegenüber eine andere Haltung ein, eine Art Schonhaltung: «Sie sagen dann nichts mehr zu mir», das heißt, sie üben keine negative Kritik und verlangen nichts mehr an Leistung im Haushalt, sie verhalten sich wie gegenüber einer Kranken. Das trat nun regelmäßig auf, bevor Maria subjektive Anzeichen einer depressiven Verstimmung bemerkte. Dieser Teufelskreis mußte durchbrochen werden, was relativ leicht gelang: Vater und Sohn beachteten diese «Vorboten» der Krankheit nicht mehr.

Wie war nun der Erfolg dieser Behandlung? Tatsächlich ergab sich seit 1973 ein steiles Absinken der Aufnahmehäufigkeit und Aufenthaltsdauer auf ca. ein Fünftel der Maximaldauer. Die Patientin ist also zwar nicht phasenfrei, es konnte aber durch den familientherapeutischen Ansatz der Auslöse- und Verstärkungsmechanismus weitgehend abgebaut werden. ◄*

Zuletzt möchten wir noch einen Fall bringen, bei dem ebenfalls durch eine Kombination von Partnerschaftstraining und «erweitertem» familientherapeutischem Ansatz zunächst ein fast spektakulärer Erfolg verzeichnet werden konnte. (Allerdings muß offen bleiben, ob wir uns darüber so recht freuen dürfen.) Es handelte sich um eine junge Patientin mit einer hysterischen Gehstörung, die wir unter Mithilfe der gesamten Familie zwar «geheilt» haben, aber, wie wir fürchten, zunächst auf Kosten des Ehepartners.

► Gerda ist Absolventin der Handelsakademie, 25 Jahre alt, seit drei Jahren mit einem etwas jüngeren Mann mit noch nicht abgeschlossener Berufsausbildung verheiratet, seit zwei Jahren Mutter eines Kindes. Beide Ehegatten stammen aus dem gehobenen Mittelstand. Von Gerda wird eine verlängerte Asphyxie als möglichem Geburtstrauma berichtet, es bestehen leichte uncharakteristische Allgemeinveränderungen im EEG. Als Kleinkind war Gerda wegen einer leichten Einwärtsdrehung des linken Fußes in orthopädischer Behandlung, seit ihrem neunten Lebensjahr traten gelegentlich Schwindel- und Ohnmachtsanfälle auf. Die Verheiratung Gerdas und die Belastung des «kranken Kindes» mit einer

* Dieser Fall wird demnächst von unserem Mitarbeiter G. Crombach ausführlich mit allen theoretischen Implikationen publiziert werden.

eigenen Schwangerschaft führten zum Zerwürfnis mit ihren Eltern. Der Kontakt der jungen Familie mit Gerdas Eltern wurde völlig abgebrochen. Aber nun mischen sich die Eltern des Gatten (die ihren Sohn, ähnlich wie die Eltern Gerdas ihre Tochter, in einer ziemlich overprotektiven Abhängigkeit gehalten haben) dauernd ein. Nach einem mißglückten Versöhnungsversuch mit den eigenen Eltern kommt es im Juni 1973 bei Gerda erstmalig zu einem starken Tremor beim Wickeln des Kindes, eine Woche später zu einer schweren Gangstörung (steifes Bein, Gefühllosigkeit, Gleichgewichtsverlust bis zum Sturz), die nun wiederholt auftritt, zunächst zur neurologischen Untersuchung und schließlich zum stationären psychiatrischen Klinikaufenthalt führt. Nach einer genauen Verhaltensanalyse und Familienanamnese gelingt es, sowohl die Beziehungen zwischen den Herkunftsfamilien und der jungen Familie «vertraglich» zu regeln (wer wen wann besuchen darf und soll), als auch das partnerschaftliche Verhalten der jungen Ehegatten gewissen streng einzuhaltenden Regeln zu unterwerfen. So ist etwa dem Gatten streng untersagt, Gerda bei Tätigkeiten zu helfen, die sie vor dem Klinikaufenthalt nicht mehr allein ausüben konnte (z. B. Frühstück servieren, weil sie dabei mit dem Tablett stürzte). Es gelang den Therapeuten, sämtliche Beteiligten bei ihrem Ehrgeiz zu packen und dadurch zur Mitarbeit zu bewegen. ◄

Die Rivalität zwischen den Herkunftsfamilien konnte auf diese Weise kanalisiert werden, der Vertrag zwischen den jungen Leuten funktionierte bestens: Nur ein einziges Mal fiel das Frühstücksgeschirr zu Boden, der Gatte blieb aber fest und half seiner Frau nicht. Gerdas Gehstörung verschwand graduell vom ersten bis zum fünften Tag nach «Vertragsabschluß» und ist seit dem Herbst 1973 nicht wieder aufgetreten. Die Kehrseite der Medaille ist allerdings, daß der junge Ehemann zwar als «Co-Therapeut» ausgezeichnet mithalf, aber selbst nicht bereit war, seine eigene Problematik sowie die seiner Partnerschaft aufzuarbeiten. Schon immer gehemmt und «schwierig», konnte er nach der «Heilung» seiner Gattin an seinen letzten Prüfungen nicht teilnehmen und somit seine Berufsausbildung nicht abschließen. Es ist zu befürchten, daß er damit nicht nur in noch größere Abhängigkeit von seiner an sich fröhlichen und extravertierten Frau gerät, die jetzt auch noch «gesund» ist, sondern womöglich – wenn er beruflich absinkt oder berufsunfähig wird – neuerlich in eine starke Abhängigkeit von seinen Eltern gerät. Wir haben also mit dieser Symptomheilung das Gesamtsystem der Familie bloß in ein anderes Ungleichgewicht gebracht, dessen Leidensdruck im Augenblick nicht groß genug ist, die Ehegatten zu einer Fortsetzung der Therapie zu bewegen.

Wenn wir die bisher bei uns in der stationären Psychiatrie angewandten familientherapeutischen Behandlungen zu beurteilen versuchen, so müssen wir mit aller Vorsicht feststellen: Die verhaltenstherapeutischen Methoden sind verhältnismäßig einfach zu programmieren und bringen, wenn überhaupt, rasch sichtbare Erfolge, wodurch die Familie leichter zur Mitarbeit motiviert werden kann. Voraussetzung ist, daß die Beziehungsstörung mehr an der Oberfläche liegt und bei den Partnern nicht mit zu weitgehenden Verdrängungen zusammenhängt. Verhaltenstherapeutische Methoden erweisen sich also wegen der kurzen Zeitdauer der stationären Behandlung als gut anwendbar, aber nur in einer begrenzten Zahl der Fälle. Tiefenpsychologisch orientierte Methoden der Familientherapie operieren dort wirksam, wo Einsicht bei Beziehungsstörungen mit starken Verdrängungen erzielt werden muß, sind aber viel langwieriger und für die Familie sehr belastend. Diese Methoden erfordern eine erheblich kompliziertere Ausbildung der Therapeuten und sind dem übrigen Personal auf der Krankenstation wegen ihrer Komplexität nur sehr schwer zu vermitteln. Das gilt besonders für größere Stationen, die in der Anstaltspsychiatrie vorherrschen. Trotzdem halten wir beide Methoden-Gruppen auch in der stationären Psychiatrie für anwendbar, allerdings nur unter bestimmten Voraussetzungen: die Umorientierung auf den familientherapeutischen Ansatz hin halten wir für die wichtigste.

Literatur

1 FROMM-REICHMANN, F.: In: Psychiatry 11 (1948), S. 267–277

2 GASTAGER, H.: Heilen ohne zu entwerten. Stuttgart: Bonz 1976. (Psychologisch gesehen. Nr. 25.)

3 GASTAGER, S.: Schwachsinn und Gesellschaft. Wien, München: Jugend & Volk 1973 (Pädagogik d. Gegenwart. 203.)

4 KANNER, L.: In: American Journal of Orthopsychiatry 19 (1949)

5 KAUFMANN, L.: In: K. P. KISKER (Hg.) u. a.: Psychiatrie der Gegenwart. 2. Aufl. Bd 3. Berlin, Heidelberg, New York: Springer 1975

6 LAING, R. D.: The Self and Others. Further Studies in Sanity and Madness. London: Tavistock Publications 1961

7 MIDELFORT, C. F.: The family in Psychotherapy. New York: Blakiston Division 1957

8 SCHINDLER, R.: In: Wiener Zeitschrift für Nervenheilkunde und deren Grenzgebiete. Nervenklinik 5 (1952), S. 155, Wiener Zeitschrift für Nervenheilkunde und deren Grenzgebiete. Nervenklinik 6 (1953), S. 185

9 SCHNEIDER, K.: Klinische Psychopathologie 6. verb. Aufl. Stuttgart: Thieme 1962. (1. u. 2. Aufl. u. d. T.: Schneider: Beiträge zur Psychiatrie.)

10 SCHULTE, W. und R. TÖLLE: Psychiatrie. Berlin, Heidelberg, New York: Springer 1973

2.9. Familiendynamische Aspekte in der Rehabilitation psychisch Kranker

AMBROS UCHTENHAGEN

1. Die Angehörigen in der Wahrnehmung des Psychiaters

Von seiner professionellen Schulung und Erziehung her hat es der Psychiater, ebenso wie seine nichtpsychiatrischen Kollegen, mit Patienten zu tun, die ihm als Einzelpersonen begegnen und deren Krankheit das Leiden eines individuellen Symptomträgers darstellt. Wohl werden die sozialen Bezüge, in welchen der Patient steht, im Rahmen einer Situationsabklärung erfragt und in die diagnostischen und therapeutischen Überlegungen einbezogen. Je stärker sich der Arzt an einem somatischen Krankheitsverständnis orientiert, desto randständiger pflegen allerdings derartige Überlegungen zu bleiben. Aber auch viele psychotherapeutisch geschulte Kollegen, selbst wenn sie intensiv an den Beziehungsproblemen mit ihren Patienten arbeiten, haben dabei vorwiegend oder ausschließlich die intrapsychische Problemlage im Auge und laufen dabei Gefahr, sich die Sichtweise des Patienten unkritisch zu eigen zu machen. In dieser Perspektive ist es naheliegend, daß die Angehörigen Randfiguren bleiben und ihre eigenen Probleme, ihre Betroffenheit und ihre Anliegen ungenügend wahrgenommen werden. Vielmehr erscheinen sie dem behandelnden Psychiater je nach der Situation als Auftraggeber, als Informationsquelle, als Hilfstherapeuten, als Krankmacher oder Repräsentanten einer krankmachenden Lebensart, als Störenfriede oder Versucher.

Welchen Charakter die Begegnung mit den Angehörigen annimmt, hängt unter anderem von äußeren Bedingungen ab, vor allem aber von der Beziehung, die sich zwischen dem Arzt und seinem Patienten entwickelt. Die Zwangshospitalisierung schafft andere Voraussetzungen für eine Zusammenarbeit mit Angehörigen als eine Behandlungssituation, welcher eine freie Übereinkunft zwischen Arzt und Patient zugrunde liegt. Je weniger sich ein Vertrauensverhältnis zum Patienten herstellt, desto eher ist der Psychiater geneigt, ein Vertrauensverhältnis zu den Angehörigen zu suchen, aus dem Bedürfnis heraus, für seine Behandlung und seine Entscheide feste Anhaltspunkte zu gewinnen. Wird das Bedürfnis nach Unterstützung durch die Angehörigen enttäuscht, kann diese Kränkung zu einem Entlastungsversuch führen, indem nun diesen Angehörigen die Schuld etwa am Versagen der Therapie oder an der Erkrankung des Patienten angelastet wird. Andererseits schafft die Herstellung eines vertrauensvollen Kontakts zum Patienten eher eine Bereitschaft zu einer defensiven Abwehrstellung gegenüber den Angehörigen, die eigene Ansprüche anmelden wollen, und an denen dann rascher schuldhafte, manipulatorische oder sonstwie verdächtige Seiten entdeckt werden.

Mit der Betonung dieser Zusammenhänge soll keineswegs in Abrede gestellt werden, daß der Therapeut unter Umständen seinen Patienten gegen ungerechtfertigte Ansprüche von Angehörigen in Schutz zu nehmen hat oder umgekehrt. Hingegen ist es für die psychiatrische Arbeit unerläßlich zu sehen, daß solche Komplicenschaften um so antitherapeutischer wirken, je unbedachter und unbewußter sie sich herstellen. Dies gilt nicht nur auf der Ebene der individuellen Beziehung; ebenso riskant ist die generelle Tendenz, sich die Ansprüche der Familie und der Umwelt an die Patienten unbefragt zu eigen zu machen oder umgekehrt im Patienten nur das Opfer pathogener Lebensbedingungen in Familie und Umwelt zu sehen.

Wechselwirkungen zwischen den Beziehungen zu Patienten und zu deren Angehörigen werden in besonderem Maße dort sichtbar, wo das Verhalten des Patienten als störend, kränkend, enttäuschend erlebt wird und wo sich sein Leiden chronifiziert oder in neuen Krisen wiederholt. Der Mißerfolg therapeutischer Bemühungen bringt den Arzt in eine ähnlich versagungsreiche Situation wie die ratlosen, von eingestandenen oder abgewehrten Schuldgefühlen geplagten Angehörigen. Je gründlicher der Mißerfolg, desto größer wird die Versuchung, entweder die Familie oder den Patienten oder beide dafür zu bestrafen, indem der Arzt sich mit einer Partei verbündet oder gekränkt zurückzieht. Gerade im Falle chronischer psychischer Leiden ist es unerläßlich, daß sich der Arzt Rechenschaft darüber gibt, in welchem äußeren und inneren Auftragsverhältnis er zum Patienten, zur Familie, zu Drittpersonen oder Institutionen steht. Verbindlichkeiten und Voreingenommenheiten sind auseinanderzuhalten und zu klären. Es ist zu bedenken, daß im Umkreis einer psychischen Erkrankung alle Betroffenen dazu neigen können, durch was für Aktionen auch immer den Therapeuten für sich einzunehmen. Es ist schwer erträglich, den Psychiater gegen sich zu haben; er muß wenn möglich als Partner gewonnen oder unschädlich gemacht werden. Der Psychiater bleibt davon nicht unberührt; ist er nicht darauf vorbereitet, in einer solchen Situation Unsicherheit und Ängste zu haben und zu seiner Orientierung zu benützen, läuft er rasch Gefahr, sich manipulieren zu lassen und damit selber den Verlauf der Behandlung zu gefährden.

2. Die Rehabilitation chronischer Patienten reaktiviert Familienkonflikte

Je mehr das jahrelange psychische Leiden eines Patienten zu sekundären Behinderungen im Sinne der Unselbständigkeit, der Funktionseinbuße, des verkümmerten Selbstwertgefühls und des Absterbens persönlicher Initiativen geführt hat, desto mehr bedarf er einer Behandlung rehabilitativen Charakters. Rehabilitation bedeutet dabei Wiedereinsetzung des Patienten in seine Lebensmöglichkeiten und seine Lebensrechte; sie schließt unter anderem ein: eine Zunahme an Selbständigkeit und Autonomie, einen Zuwachs an Wahlmöglichkeiten, eine Verbesserung der Leistungsfähigkeit, der Arbeitsmöglichkeiten und des beruflichen Selbstvertrauens, einen Abbau der Hemmungen, sich in einer persönlichen Beziehung als Person und Partner zu fühlen, einen Abbau von Abhängigkeiten, insbesondere auch von Einschränkungen, die ein psychiatrisches Milieu mit sich bringt. Alle diese Bestrebungen stellen nun nicht nur Anforderungen an den Patienten selbst dar, zum Beispiel im Sinne eines dosierten Leistungsdrucks und eines Entzugs von selbstverständlich gewordenen Hilfen, sondern sie bedeuten auch eine Störung des Gleichgewichts zwischen dem Patienten und seiner Umwelt, insbesondere seinen Angehörigen. Ein Zustand chronischer Behinderung, auf den man sich als auf etwas unvermeidbar und fast selbstverständlich Gewordenes einstellt, führt zu einem pathologischen Gleichgewicht, das durch Rehabilitation wieder in Frage gestellt werden muß. Der Patient, der wieder in Entscheidungs- und Leistungskompetenz hineinwachsen soll, muß in wohldosiertem und erträglichem Ausmaße Unsicherheiten und Ängste auf sich nehmen, sich neuen Anforderungen aussetzen. Dadurch können regressive, aggressive, depressive Reaktionen ausgelöst werden. Der Patient wird vielleicht kränker im Sinne verstärkter Symptome, er wird schonungsbedürftiger, reizbarer, niedergeschlagener, und das um so mehr, je weniger er seine Beunruhigung verstehen und ausdrücken kann. Derartige Vorgänge teilen sich auch der Umwelt mit und eignen sich dazu, eventuell vorhandene, im pathologischen Gleichgewicht neutralisierte Konflikte innerhalb der Familie zu reaktivieren. Auch Schuldgefühle der Angehörigen können neu angefacht werden dadurch, daß die Behandlung nun etwas in Bewegung bringt und vielleicht sogar «Erfolg» hat. Neu erwachende Lebens- und Liebesansprüche des Patienten sind möglicherweise verwirrend und unbequem oder einfach inadäquat geworden. Erinnerungen an die Dramatik einer akuten Krankheitsphase provozieren Ängste vor einer Wiederholung derartiger Erfahrungen. Genuine Freude und neue Hoffnung von Angehörigen angesichts eines Rehabilitationserfolgs können den Patienten und sein Selbstvertrauen nicht nur stärken – sie vermögen ihn unter Umständen auch zu überfordern.

Derartige negative Reaktionen seitens der Angehörigen bremsen den therapeutischen Fortschritt oftmals ebensosehr wie positive Reaktionen ihn fördern. Sie rechtzeitig wahrzunehmen und ernst zu nehmen, ja sie vorweg zu bedenken und in die therapeutische Planung einzubeziehen, kann für den Verlauf der Behandlung ausschlaggebend werden. Am besten untersucht worden sind solche Zusammenhänge für den Verlauf schizophrener Erkrankungen (Ackerman[1], Bowen[15], Fleck[27], Jackson[40], Marx und Ludwig[56], Paul und Grosser[63], Lidz[52], Wainwright[83] und andere). Sie sind aber auch bedeutsam für die Behandlung anderer psychiatrischer Patienten (zum Beispiel Tauber[78]), insbesondere verwahrloster Jugendlicher (Garber[34], Bottoms und McClintock[14]), für die Prognose jugendlicher Drogenabhängiger (Frykholm[33], Vaillant[81]), für suizidgefährdete Jugendliche (Haffter[37]) sowie für hirntraumatisch geschädigte Kinder (Laux[49]).

Vor fünfzehn Jahren wurde die Bedeutung des Familienmilieus nicht nur für den Krankheitsverlauf, sondern auch für die Entstehung psychischer Leiden hervorgehoben (zum Beispiel Ackerman[1]); heute ist es wichtig zu betonen, daß die Beachtung der Familiendynamik im Zeitpunkt der Behandlung und der Rehabilitation mindestens so bedeutungsvoll ist wie die Erforschung der Familiendynamik unter dem Gesichtspunkt der Genese. Allzu einseitig hat die Verursachungsperspektive auch die Art und Weise geprägt, wie die Familien von therapeutischer Warte her wahrgenommen wurden. Es ist beinahe zur Regel geworden, daß die Angehörigen eines psychisch Kranken dem Psychiater dermaßen mit eingestandenen oder uneingestandenen Schuldgefühlen begegnen, daß zunächst eine Entkrampfung der Situation erforderlich wird, um mit den Angehörigen arbeiten, die Schuldgefühle überhaupt angehen zu können. Unbefragte Skepsis gegenüber «krankmachenden» Eltern und Partnern von Patienten weckt aber nicht nur Widerstände gegen die Behandlung: sie geht nicht selten Hand in Hand damit, daß der Therapeut ungeeignete Verhaltensmuster der Angehörigen wiederholt (überprotektives Verhalten, Tendenz, den Patienten von anderen Einflüssen zu isolieren oder nach den Vorstellungen des Therapeuten zu emanzipieren etc.). – Wiederholungen, die allenfalls in ein offenes Rivalisieren mit den Angehörigen ausmünden können.

Aus derlei Überlegungen und Erfahrungen geht nicht hervor, daß Partner- und Familientherapie in der psychiatrischen Rehabilitation das Mittel der Wahl darstellt, wohl aber, daß eine Mißachtung familiendynamischer Aspekte und daß eine mangelhafte Vorbereitung der Therapeuten auf den Umgang mit derartigen Aspekten bald einmal den Erfolg rehabilitativer Bemühungen in Frage stellen können.

3. Was bedeutet eine Teilzeit-Hospitalisierung für die Angehörigen?

Der Sozialpsychiatrische Dienst in Zürich sieht eine seiner Hauptaufgaben in der Rehabilitation und langfristigen ambulanten Nachbetreuung langjähriger, meist schizophrener Patienten (UCHTENHAGEN 79). Zur Teilzeit-Hospitalisierung stehen ihm dafür zwei Nachtkliniken und eine Tagesklinik zur Verfügung, die sowohl dem Übergang von einer Vollhospitalisierung zur ambulanten Behandlung wie auch der Krisenüberbrükkung dienen. Als therapeutische Gemeinschaften, in offenen Privathäusern untergebracht, mit hohen Ansprüchen an die Selbstverantwortung der Patienten, stellen sie auch für die Angehörigen eine neue und herausfordernde Erfahrung dar. Dank ihrer überschaubaren Größe erlauben es diese Einrichtungen, individuell und gezielt auf die entstehenden Probleme einzugehen.

Der Patient, der in der Nachtklinik lebt und von dort aus einer Arbeit oder Ausbildung nachgeht, verfügt über einen großen Spielraum seiner Familie gegenüber. Er kann ebenso das Wochenende oder Abende mit den Angehörigen verbringen, wie er sich gänzlich von ihnen zurückziehen kann. Wird sein Verhalten als bedrohlich unkontrollierbar oder als kränkend oder als aufdringlich erlebt, müssen sich die Angehörigen zunächst mit dem Patienten selbst auseinandersetzen; sie können weder eine Ausgangssperre noch eine Besuchspflicht erwirken. Die Einzelheiten des Regimes werden mit dem Patienten, nicht mit der Familie vereinbart. Früher oder später schaltet sich rund ein Drittel der betroffenen Familien ein, mit dem offenen Bedürfnis, Therapeuten und Institution kennenzulernen, oder aber mit verschlüsselten Aktionen, die es zu verstehen gilt.

► Ein junger schizophrener Mann, einziger Sohn, zu Hause dauernd überwacht und selbst nach seinen Gedanken ausgefragt, gelegentlich gewalttätig darauf reagierend und dann um so schärfer kontrolliert, stürzt seine Eltern durch das freizügige Nachtklinikregime in erhebliche Ängste, die sie aber nicht zu äußern wagen. Daß ein Arbeitsversuch gelingt, daß der fast mutistische Patient zu sprechen beginnt, daß er eine erste selbständige Reise plant und sogar ausführt, ruft jeweils die Mutter auf den Plan, die – als Abgesandte – dem Team Geschenke bringt, die zunächst als Zeichen der Anerkennung verkannt werden. Erst zunehmender Druck – Patient soll die Stelle wechseln, soll nach Hause kommen, soll keine Medikamente mehr haben – offenbart die Nöte, die sich akut steigern, als die Schwester des Patienten heiratet und die Eltern verläßt. Es folgt ein Seilziehen um den Patienten, der durch das Angebot von Bequemlichkeiten verlockt wird heimzukehren, dort wieder kataton wird und in die Nachtklinik zurückkehrt. Nun gelingt es, in wiederholten Gesprächen die von Schuldgefühlen erdrückte Mutter auf ihre eigene Problematik hin anzusprechen, die sich ihrem übermächtigen Mann völlig ausgeliefert fühlt und ihn nur mit der Krankheit des Sohnes glaubt in Schach halten zu können. Dies bahnt schließlich den entscheidenden Schritt an: Unterstützt durch die Mutter, die das nun als Selbstbestätigung erleben kann, gelingt dem Patienten der Schritt aus der Nachtklinik nach Hause, ohne wieder krank zu werden, und an eine anspruchsvollere, befriedigendere Arbeit. Die Mutter, die an Gruppengesprächen für Angehörige von Patienten unseres Dienstes teilgenommen hatte, setzt sich zudem dem Ehemann gegenüber durch, indem sie eine Art Klub für Eltern führt. ◂

▸ Der heute 25jährige Sohn eines phobischen und schwer mißtrauischen Juristen erkrankte schon als Kind an Asthma, näßte ein und entwickelte allmählich eine zuerst mit Ohrfeigen, später mit Einsperren beantwortete Zwangskrankheit. Komplizierteste Rituale, deren Unterdrückung raptusähnliche Erregungszustände auslöst, führen zu immer längerdauernden Hospitalisierungen, zu Schulabbruch und völliger Invalidisierung. Die Aufnahme in die Nachtklinik sollte unter anderem die Rückkehr nach Hause verhindern. Der ebenfalls zwangskranke Bruder stellt die Verbindung zum Elternhaus her, das zunächst unsichtbar und ungreifbar bleibt. Je größer nun der Bewegungsspielraum des Patienten wird – er macht eine «Schnupper-Lehre» (Volontariat), tritt dann in einem Warenhaus eine Botenstelle an –, desto mehr beginnt der Bruder zu bremsen, desto mehr reagiert der Patient selber unzufrieden, nörglerisch, anklammernd. Schließlich stellt sich heraus, daß ihm die Familie ganze Quartiere in Zürich verbietet aus Angst, die mit den Eltern lebende geisteskranke Mutterschwester könnte etwas über seinen jetzigen Aufenthalt erfahren. Der Patient muß sogar fingierte Briefe von auswärts schreiben, um seine Hospitalisierung zu vertuschen. Langsam gelingt es, ihn innerhalb des zugestandenen «Lebensraumes» angstfreier und zwangsfreier werden zu lassen und für eine langfristige individuelle Psychotherapie zu gewinnen, abgeschirmt gegenüber der Familie dadurch, daß es gelingt, den Bruder als Delegierten der Eltern zum «Sachverständigen», beinahe zum «Co-Therapeuten» zu machen. Schwerst erschüttert wird dieses Arrangement angesichts der nun manifesten Homosexualität des Patienten: von den alarmierten Eltern, die erstmals in Erscheinung treten, zeigt sich der stets als hilflos und schonungsbedürftig geschilderte Vater allein der Situation gewachsen, während die Mutter in Ekel erstarrt und der Bruder sich beim vermeintlichen Zusammenbruch seiner therapeutischen Funktion vor dem Nichts sieht. Der Patient, inzwischen erstarkt, regrediert nicht mehr, fühlt sich befreit, kann sich außerhalb der Nachtklinik in einem Apartment halten und steht lediglich in lockerer Betreuung. Bruder und Tante hingegen fanden, nachdem die groteske Fiktion der intakten Familie zerbrochen war, den Weg in eine psychiatrische Behandlung. ◂

Eine eingehende Bearbeitung der familiendynamischen Aspekte bei Nachtklinikbehandlung steht noch aus. Auch zur Erfahrung mit Patienten von Tageskliniken sind nur verhältnismäßig wenige Arbeiten auffindbar (zum Beispiel DAVIES, ELLENSON und YOUNG[23], ARBOGAST[5], ZWERLING und MENDELSOHN[92]). Bei Patienten der Tagesklinik sind die Angehörigen, besonders wenn der Patient bei ihnen wohnt, viel direkter vom therapeutischen Prozeß betroffen als bei Nachtklinikpatienten. Fortschritte und Rückschläge im Arbeits- und Sozialtraining werden unmittelbar miterlebt. Hingegen wird die Tagesklinik weniger als «Gegenfamilie» und als bedrohlich erlebt, sondern eher als eine hilfreiche Unterstützung empfunden. In der Zürcher Tagesklinik werden alle Angehörigen zu wöchentlichen Gruppenbesprechungen mit dem Arzt eingeladen. Etwa ein Zehntel leistet der Einladung Folge, meist Angehörige mit deutlichen Schuldgefühlen dem Patienten gegenüber und mit dem Bedürfnis, ihre eigenen Probleme zur Sprache bringen zu können. Am häufigsten kommen Mütter, teils weil sie das für ihre Aufgabe halten, teils als Delegierte, teils um der legalen Möglichkeit willen, einen Abend lang dem Haushalt fern zu bleiben – die Nachgruppe, im Café abgehalten, ist hoch besetzt. Ursprünglich in Anlehnung an die bifokale Gruppentherapie nach R. SCHINDLER geführt (SCHINDLER[70]), wechselten wir dann bald über zur voneinander unabhängigen Führung offener Angehörigengruppen und ausgewählter Patientengruppen, da das SCHINDLERsche Konzept (Kontakt von Patienten und Angehörigen nur über den Therapeuten) ohnehin nicht durchzuführen war und die Bifokalität die Auswahl erheblich einschränkte. Die Führung der Angehörigengruppen verfolgt mehrere Ziele: eine Entlastung der Angehörigen, die Verbesserung eines Arbeitsbündnisses mit den Angehörigen, indirekt eine Entlastung der Patienten (Ventilfunktion der Gruppe).

4. Die Angehörigen ambulanter Patienten

Die ambulanten Patienten unseres Dienstes werden hauptsächlich zur kurz- oder eher langfristigen Nachbetreuung nach Aufenthalten im psychiatrischen Spital überwiesen. Sie haben einen Schritt vorwärts gemacht, sind erleichtert und gleichzeitig verunsichert – und dasselbe gilt in der Regel für die Angehörigen. Erwünscht ist in den meisten Fällen eine Stabilisierung des Patienten und seiner Situation, um Rückschläge zu vermeiden und vielleicht weitere kleine Schritte möglich zu machen. Wohl die günstigsten Voraussetzungen bestehen, wenn der Patient in seiner Familie selber stabilisierend wirkt. Ist die Familie ihm gegenüber aber eher ratlos und verunsichert, drängt sich oft eine Kooperation mit Angehörigen auf. Schwierigkeiten bereitet gelegentlich der Wunsch, daß der Patient nichts davon wissen dürfe – was eventuell vorhandene paranoide Bereitschaften des Patienten eher fördert als unterläuft. Man versucht dann, die Ängste solcher Angehöriger behutsam abzubauen und gleichzeitig ihre Anliegen an den Patienten zu bearbeiten. Gleichzeitig gewinnt der Therapeut an Sicherheit, um die Phantasien des Patienten über seine Angehörigen ertragen, verstehen und vielleicht auch bearbeiten zu können. Der Therapeut kann auch versuchen, Anliegen des Patienten an seine Familie in eine verständliche und weniger bedrohliche Form zu übersetzen.

Meist werden die Angehörigen als Stütze erlebt, die den Arzt über Veränderungen informieren, den Patienten an Termine erinnern, Medikamente verwalten, bei schwer abzuschätzenden Risiken (Verlust des Arbeitsplatzes, Suizidalität, Verträge, Reisen) eine Mitverantwortung übernehmen. Die Familie ist, zumal für schwerer gestörte Patienten, oft der einzige Ort, wo außerhalb der Klinik eine soziale Integration erreicht werden kann. Da die Angehörigen diese Aufgabe im Sinne einer Verpflichtung auf sich nehmen, ist das Auftreten von Ambivalenzen und *doublebind*-ähnlichen Situationen fast unausweichlich, denn gerade in städtischen Verhältnissen ist die Integration schwierig, sind die Betreuer bald einmal überfordert. Um so dankbarer und kooperationsbereiter sind die Angehörigen einer Betreuung gegenüber, um so empfindsamer reagieren sie aber auch gelegentlich auf Fehlleistungen des Therapeuten.

Vom Therapeuten aktiv beigezogen werden Angehörige regelmäßig bei oligophrenen Patienten, deren Verhaltensstörungen eng damit zusammenhängen, wie gut die Eltern zum Beispiel den Schwachsinn ihres Kindes wirklich akzeptieren können.

► Ein Schwachsinniger an der Schwelle zum Erwachsenenalter, aber wesentlich jünger aussehend, eifersüchtig auf die intelligenteren Geschwister, entwickelt sich zum Schläger, wird gleichzeitig von sexuellen Phantasien bedrängt, mit denen er seine Umgebung schockiert. Eltern fühlen sich der Sache nicht mehr gewachsen, Auftritte zwischen Vater und Sohn, Circulus vitiosus. Placierung in heilpädagogische Werkstätte, Beruhigung der Triebhaftigkeit durch Antiandrogen, regelmäßige Gespräche mit dem Patienten und der Mutter (wobei er formell als Erwachsener behandelt wird) führen zu einer Beruhigung, die den Eltern ihre Angst nimmt und dem Patienten mehr Vertrauen gibt – besonders seit er bei vermindertem Triebdruck eine Gesprächsfreundschaft mit einem Mädchen beginnt, ohne sogleich Interventionen zu provozieren. ◄

Bei anderen Patienten drängt sich eine Kontaktnahme mit Angehörigen zum Beispiel dann auf, wenn einschneidende Entscheidungen zu treffen sind oder der Patient solche anvisiert. Besondere Entwicklungen können ebenfalls dazu Anlaß geben, so etwa, wenn ein Patient beginnt, paranoide Befürchtungen gegenüber Familienmitgliedern zu äußern. Dies kann geradezu als Signal dafür verstanden werden, daß sich der Therapeut helfend und beratend in die Beziehung einschalte.

Geht es bei der Mehrzahl der Patienten um eine Stabilisierung ihrer Beziehungen und um eine Ökonomisierung ihrer Kräfte, so ist es bei anderen – eher jüngeren – Patienten am Platze, ihre Lebensarrangements vorsichtig in Frage zu stellen, sie zu mehr Selbständigkeit und Eigenverantwortung zu ermutigen. Stellen sich die Eltern aus eigenen Motiven und Bedürfnissen dagegen, kann dies die Indikation zu einer Familientherapie bedeuten, sofern der Patient den Eltern innerlich noch stark verbunden ist und sofern die Beteiligten gewillt sind mitzumachen. Bei Jugendlichen, die ohne eine psychische Erkrankung im eigentlichen Sinne unsere Drogenberatungsstellen aufsuchen, ist diese Situation häufig. Bei allem Bedürfnis nach Wahrung des ärztlichen Geheimnisses und bei aller Verletzlichkeit ihres Status kommt früher oder später der häufige Wunsch durch, mit den Eltern versöhnt zu werden, ihre Anerkennung zu gewinnen, ungeachtet des oppositionellen Verhaltens. Probleme der Familienbehandlung bei Adoleszenten sind wiederholt bearbeitet worden (Shapiro[73], Stierlin[77]). Die dabei im Zentrum stehenden Ablösungsvorgänge und Identitätswechsel finden sich natürlich auch bei jugendlichen psychisch Kranken, wenn auch durch die Krankheit maskiert. Sie schieben sich, oft mit charakteristischer Verspätung, in den Vordergrund, wenn die Krankheitssymptome in den Hintergrund rücken oder führen dann zu einer Symptomverstärkung.

Verhältnismäßig oft ist berichtet worden über familientherapeutische Kriseninterventionen (Bloch[10], Friedman[30, 31], Langsley, Pittman und Swank[48], Morgan[60], Nielson[62], Pittman et. al.[64]). Ihr Ziel liegt darin, daß die Familie ihre Kräfte zur Lösung von Krisen nutzt und damit eine Hospitalisierung des Patienten entbehrlich wird. Im Rahmen unserer Betreuungen und Rehabilitationsprogramme treten ebenfalls derartige Krisen auf, die mit Einsatz und Hilfe einer therapeutischen Equipe allenfalls eine Hospitalisierung verhindern lassen. Emotionelle Ausbrüche, akute Ängste und Wahnstimmungen können aufgefangen werden, allenfalls mit verteilten Rollen, und das Gefühl, vom Team unterstützt und geschützt zu werden, vermag die Eskalation aufzuhalten. Gelegentlich lassen sich die Teilzeit-Kliniken auch für derartige Interventionen verwenden: Aufnahme des Patienten in die Tagesklinik etwa ohne Vollhospitalisierung, Aufnahme des Patienten oder eines Angehörigen (als Gast) in eine Nachtklinik, getrennt oder gemeinsam.

Ausnahmsweise findet eine Betreuung auch in der Form statt, daß zwar die Familie in Kontakt steht mit dem oder den Therapeuten, nicht aber der Patient selber, der die Behandlung verweigert.

▸ Die Eltern schämen sich der zunehmenden Schrulligkeit ihres an einer schleichenden Psychose erkrankten Sohnes und schließen ihn zu Hause im Zimmer ein. Er dreht den Spieß um, bleibt im Bett liegen, tyrannisiert die Familie, weigert sich zu arbeiten, versinkt in Verwahrlosung und Inaktivität. Verzweifelte Mobilisierungsversuche erschüttern ihn nicht, zu einer Hospitalisierung des ungefährlichen Patienten mag sich niemand entschließen. Wir organisieren Therapiesitzungen für die ganze Familie, Eltern und zwei Brüder, nur der Patient bleibt ausgeschlossen. Irritiert rappelt er sich auf, beginnt wieder Auto zu fahren, Fußball zu spielen, macht eine Ferienreise mit den Brüdern. Der Erfolg hält nicht an, er fällt zurück, worauf in Familie und Therapeutenteam Schuldanteile herumgeschoben und die Therapeuten als Ersatzsöhne schließlich in das allgemeine Immobilisierungs- und Lähmungssystem eingebaut werden. Neue Zielsetzung: daß Angehörige eine Hospitalisierung des Patienten zulassen, ohne sich gegenseitig in den Arm zu fallen und den Patienten aus Schuldgefühlen sofort zurückzuholen – dies geschieht, und der Patient erlebt eine intensive klinische Aktivierung. ◂

Die Milieuspezifität der Familienbehandlung ist wiederholt betont worden (VASSILIOU[82]), und besondere Aufmerksamkeit fand die Behandlung von Unterschichtfamilien (BEHRENS[7], MINUCHIN[58, 59], RICHTER[65]).

Zu beachten sind dabei unterschiedliche Auffassungen darüber, was in welchem Milieu als pathologisch oder auffällig gilt; ob Gefühle wahrgenommen und geäußert oder nur in Aktionen agiert werden können, ist ebenso bedeutsam wie etwa die Fähigkeit oder Unfähigkeit, Bedürfnisse und Anliegen anderer überhaupt hören zu können. Außerdem sind aber eine Vielzahl lokaler Eigenheiten zu berücksichtigen, die nicht so sehr mit der Fähigkeit zur Introspektion und Expression zu tun haben als vielmehr mit übernommenen Überzeugungen, Gewohnheiten, Bräuchen.

▸ Die Bauerntochter, nach der Heirat schizophren erkrankt und später geschieden, hält sich mit knapper Not an einer Hilfsarbeiterinnenstelle, leidet daran, arbeiten und sich unter die Leute begeben zu müssen. Den sanften Druck des Therapeuten unterläuft sie, indem sie schließlich die arteriosklerotisch gewordene Mutter zu sich nimmt und die Stelle aufgibt. Der Therapeut muß einsehen, daß die Frau nicht einfach regrediert ist und mit Druck emanzipiert werden sollte, sondern daß sie im gegenwärtigen Arrangement – ihrer Erziehung und Herkunft gemäß – als vorbildliche Tochter Ansehen und Selbstachtung genießt und deshalb die Behandlung der beiden Frauen das Arrangement eher stützen als stören muß. ◂

Frauen und Mütter bieten besondere Probleme der Rehabilitation, auch was das Verhältnis zu den Angehörigen betrifft. Vereinzelt ist darüber auch berichtet worden (BRODSKY[16], UCHTENHAGEN[80]). Dies betrifft nicht nur die bei der Rehabilitation heute manchmal vergessenen Anforderungen der Hausfrauenarbeit, und nicht nur die generell größere Vulnerabilität der Frauen in bezug auf innerfamiliäre Probleme. Noch ist nicht klar, wann bei einer durch ihre Kinder überforderten (und die Entwicklung ihrer Kinder potentiell gefährdenden) psychotischen Mutter eine intensive familientherapeutische Hilfe oder eine Ablösung von den Kindern angestrebt werden soll. Ebenfalls problematisch sind die Emanzipationsbestrebungen von Frauen, die ihre Abhängigkeitsrolle nicht mehr ertragen, deren Männer aber mit zunehmender Verselbständigung der Frau dekompensieren, was in Form von Schuldgefühlen etwa auf die Frau zurückwirkt.

▸ Die temperamentvolle und intelligente Italienerin erkrankt während ihrer Ehe mit einem gemütlichen, beschaulichen Landsmann; auf dem Höhepunkt der Psychose riegelt sie sich – und die Familienschande –

gegen die Außenwelt ab, schließt sich mit dem Kind ein. Während der Hospitalisierung klingt das Paranoid ab, flackert aber zu Hause immer wieder auf. Der Ehemann verzieht sich in die Gastwirtschaft, die Patientin fürchtet den Familienuntergang und will wenigstens den Sohn durch strengen Drill retten, was auch prompt zu Trotz und Leistungsabfall führt, verheerend für die Mutter. Sowie sie, gestützt durch den Therapeuten, Phantasien größerer Selbständigkeit wagt und schließlich eine Teilzeitarbeit gegen den Ehemann durchsetzt, blüht sie auf, das Paranoid verschwindet, der Bub darf Lausbub sein – aber der Mann beginnt zu trinken. Gemeinsame Besprechungen mit den beiden Eheleuten führen schließlich dazu, daß der Mann die Tüchtigkeit der Frau anerkennen kann, ohne sich bedroht zu fühlen. ◂

Zu wenig untersucht ist bisher die Rolle der Psychopharmaka in der Familiendynamik psychiatrischer Patienten. Daß die Überforderung der Angehörigen bei funktionierender Medikation seltener ist, liegt nahe (Grad[36]). Die Wirkung der Medikamente spielt eine bedeutende Rolle in vielen Einzel- und Gruppengesprächen mit Angehörigen, deren innere Stabilität geradezu von der Medikation des Patienten abzuhängen scheint. Um die Medikamentenabgabe bauen sich Rituale auf, die diesem magischen Charakter entsprechen. Wer die Medikamente verwaltet, Patient oder Angehörige, hat unverhältnismäßige Macht, und es bedarf oft einiger Arbeit, eine rationale Beziehung zur Medikation bei allen Beteiligten herzustellen. Trotzdem ist genau zu überlegen, wem die Medikamente in die Hand gegeben werden, wem Informationen über Wirkungen und Nebenwirkungen anvertraut werden.

Patienten in Ersatz- und Pflegefamilien

Die Einrichtung der psychiatrischen Familienpflege – vor bald hundert Jahren allenthalben ins Leben gerufen, um den Patienten zu einer nicht nur möglichst billigen, sondern auch möglichst «normalen» Umgebung zu verhelfen – ist auch der älteste Bestandteil des sozialpsychiatrischen Dienstes in Zürich. Sie ist eine Fundgrube für familiendynamische Beobachtungen, aber eine praktisch unausgeschöpfte. Meist sind die Frauen das treibende Element und der therapeutisch aktive Teil. Der Funktion der Ersatzfamilie entspricht umgekehrt die Funktion des Ersatzkindes. Sowohl praktisch wie theoretisch ist es der Erwähnung wert, daß sich um jugendliche Schizophrene auch in der Fremdfamilie Verhaltensweisen entwickeln, wie sie sonst für die angestammten Familien Schizophrener als charakteristisch beschrieben werden. Gerade bei Jugendlichen kann die Fremdfamilie aber auch als eine Art Gegenfamilie therapeutische Funktionen erfüllen, so wie Nebenväter und Nebenmütter auch sonst bei der Identitätsfindung eine Rolle spielen. Nicht selten wachsen, wie übrigens auch in therapeutischen Wohngemeinschaften, die designierten Patienten in ausgesprochen stabilisierende oder gar therapeutische Rollen hinein, was die Patienten zwar stärken, aber auch in ein unlösbares Arrangement einbinden kann. Andererseits können auch in Ersatzfamilien regressive Entwicklungen eintreten, die sogar eine Rehospitalisierung des Patienten zum Zwecke der erneuten Aktivierung erforderlich machen. Im günstigen Fall stellen sich langfristig tragfähige Beziehungen her oder eine schrittweise Verselbständigung des Patienten. Sind noch eigene Angehörige vorhanden, ist die Vermittlung besonders sorgfältig zu prüfen, um nicht Störaktionen der Angehörigen und Loyalitätskonflikte bei den Patienten zu riskieren.

Literatur

1 ACKERMAN, N. W.: Family-focused therapy of schizophrenics. In: S. C. SCHER und H. R. DAVIS (Eds.): The out-patient treatment of schizophrenia. New York: Grune & Stratton 1960.

2 ACKERMAN, N. W., F. L. BEATMAN und S. N. SHERMAN (Eds.): Expanding Theory and Practice in Family Therapy. New York: Family service Association of America 1967.

3 ACKERMAN, N. W., und M. BEHRENS: The Family Approach in Levels of Intervention. In: Amerian Journal of Psychotherapy, 22 (1968), S. 5–14

4 ANTHONY, E. J.: The contagious subculture of psychosis. In: C. J. SAGER und H. S. KAPLAN (Eds.): Progress in group and family therapy. New York, London: Brunner & Mazel 1972, S. 636–658

5 ARBOGAST, R.: The Effect of Family Involvement on the Day Care Center Treatment of Schizophrenia. In: Journal of Nervous and Mental Diseases 149 (1969), S. 277–280

6 BEHRENS, M.: Brief Home Visits by the Clinic Therapist in the Treatment of Lower-Class Patients. In: American Journal of Psychiatry 124 (1967), S. 371–375

7 BEHRENS, M., A. J. ROSENTHAL und P. CHODOFF: Communication in Lower Class Families of Schizophrenics. In: Archives of General Psychiatry 18 (1968), S. 689–696

8 BENNEY, C., und H. PECK: The Family as a Factor in the Rehabilitation of the Mentally Ill. In: Mental Hygiene 47 (1963), S. 372–379.

9 BENTINCK, C.: Opinions About Mental Illness Held by Patients and Relatives. In: Family Process 6 (1967), S. 193–207.

10 BLOCH, D. A.: The clinical home visit. In: D. A. BLOCH (Ed.): Techniques of family psychotherapy. A primer. New York: Grune & Stratton

1973, S. 39–46

11 Boszormenyi-Nagy, I.: The concept of schizophrenia from the perspective of family treatment. In: Family Process 1 (1962), S. 103–113

12 Boszormenyi-Nagy, I., und G. M. Spark: Invisible Loyalties. Hagerstown, Md.: Harper & Row 1973

13 Bott, E.: The Family and Social Network. London: Tavistock Publications 1957.

14 Bottoms, A. E., und F. H. Mc'Clintock: Criminals coming of age. London: Heineman 1973. (Cambridge studies in criminology. 32.)

15 Bowen, M.: Family Psychotherapy with Schizophrenia in the Hospital and in Private Practice. In: I. Boszormenyi-Nagy und J. L. Framo (Eds.): Intensive Family Therapy. New York: Harper & Row. 1965.

16 Brodsky, C. M.: The Social Recovery of Mental Ill Housewives. In: Family Process 7 (1968), S. 170–183

17 Brooks, W. B., W. N. Deane, R. C. Lagov und B. B. Curtis: Varieties of Family Participation in the Rehabilitation of Released Chronic Schizophrenic Patients. In: Journal of Nervous and Mental Diseases 136 (1963), S. 432–444

18 Bulbulyan, A.: Psychiatric Nurse as Family Therapist. In: Perspectives in Psychiatric Care 7 (1969), S. 58–68

19 Cheek, F.: Family Interaction Patterns and Convalescent Adjustment of the Schizophrenic. In: Archives of General Psychiatry 13 (1965), S. 138–147

20 Clausen, J., und M. R. Yarrow (Eds.): The Impact of Mental Illness on the Family. In: Journal of Social Issues 2 (1955), S. 3–64

21 Clower, C., und L. Brody: Conjoint Family Therapy in Outpatient Practice. In: American Journal of Psychotherapy 18 (1964), S. 670–677

22 Cohan, M., N. Freedman, D. Engelhardt und R. Margolis: Family Interaction Patterns, Drug Treatment, and Change in Social Aggression. In: Archives of General Psychiatry 19 (1968), S. 1950–1956

23 Davies, Q., G. Ellenson und R. Young: Therapy with a Group of Families in a Psychiatric Day Center. In: Amer. J. Orthopsychiat. 36 (1966), S. 134–147

24 Duehrssen, A.: Präventive Maßnahmen in der Familie. In: Psychotherapy and Psychosomatics 16 (1968), S. 319–322.

25 Esterson, A., D. Cooper und R. Laing: Results of Family-Oriented Therapy with Hospitalized Schizophrenics. In: British Medical Journal 2 (1965), S. 1462–1465

26 Evans, A. S., D. M. Bullard Jr. und M. H. Solomon: The Family as a Potential Resource in the Rehabilitation of the Chronic Schizophrenic Patient: A Study of 60 Patients and Their Families. In: American Journal of Psychiatry 117 (1961), S. 1075–1083

27 Fleck, S.: Some General and Specific Indications for Family Therapy. In: Confinia Psychiatrica 8 (1965), S. 27–36

28 Freeman, H. E.: Attitudes Toward Mental Illness Among Relatives of Former Patients. In: American Sociological Review 26 (1961), S. 59–66

29 Freeman, V. J.: Differentiation of ‹Unity› Family Therapy Approaches Prominent in the United States. In: International Journal of Socical Psychiatry, Special Edition 2 (1964), S. 35–46

30 Friedman, T., P. Rolfe und S. Perry: Home Treatment of Psychotic Patients. In: American Journal of Psychiatry 116 (1960), S. 807–809

31 Friedman, A. S.: Family Therapy as

Conducted in the Home. In: Family Process 1 (1962), S. 132–140

32 FRIEDMAN, ALFRED S. [u. a.]: Psychotherapy for the Whole Family: Case Histories, Techniques, and Concepts of Family Therapy of Schizophrenia in the Home and Clinic. New York: Springer 1965.

33 FRYKHOLM, B., L. M. GUNNE, B. HUITFELD und K. SONNANDER: Prognosis studies in the treatment of drug addicts. Läkartidningen 70 (1970), S. 2579–2581

34 GARBER, B.: Follow-up study of hospitalized adolescents. New York: Brunner & Mazel 1972

35 GLASSCOTE, R. M. u. a.: Rehabilitating the Mentally Ill in the Community. The Joint Information Service of the American Psychiatric Association and the National Association for Mental Health, Washington 1971.

36 GRAD, J., und P. SAINSBURG: Mental Illness and the Family, In: Lancet 1 (1963), S. 544–547

37 HAFFTER, C., G. WAAGE und L. ZUMPE: Selbstmordversuche bei Kindern und Jugendlichen. In: Psychologische Praxis 39 (1966)

38 HALEY, J.: Research on Family Patterns: An Instrument Measurement. In: Family Process 3 (1964), S. 41–65

39 JACKSON, D. D., und J. H. WEAKLAND: Conjoint Family Therapy: Some Considerations on Theory, Technique, and results. In: Psychiatry 24 (1961), S. 30–45

40 JACKSON, D. D.: Family Therapy in the Family of the Schizophrenic. In: M. I. STEIN (Ed.): Contemporary Psychotherapies. New York: Free Press 1961.

41 JARVIS, P., J. ESTY und L. STUTZMAN: Evaluation and Treatment of Families at the Fort Logan Mental Health Center. In: Community Mental Health Journal 5 (1969), S. 14–19

42 KAUFMANN, L.: Familientherapie. In: K. P. KISKER (Hg.) u. a.: Psychiatrie der Gegenwart. 2. Aufl. Bd 3, S. 669–710, Heidelberg, New York, Berlin: Springer 1975

43 KAUFMANN, L., und C. MUELLER: Über Familienforschung und Therapie bei Schizophrenen. In: Der Nervenarzt 40 (1969), S. 302–308

44 KAUFMANN, L.: Familie, Kommunikation, Psychose. Bern, Stuttgart: Huber 1972

45 KRITZER, H., und F. S. PITTMAN: Overnight Psychiatric Care in a General Emergency Room. In: Hospital and Community Psychiatry 19 (1968), S. 303–306

46 LANGSLEY, D. G. u. a.: Family Crisis Therapy: Results and Implications. In: Family Process 7 (1968), S. 145–159

47 LANGSLEY, D., K. FLOMENHAFT und P. MACHOTKA: Followup Evaluation of Family Crisis Therapy. In: American Journal of Orthopsychiatry 39 (1969), S. 753–759

48 LANGSLEY, D., F. PITTMAN und G. SWANK: Family Crisis in Schizophrenics and Other Mental Patients. In: Journal of Nervous and Mental Diseases 149 (1969), S. 270–276

49 LAUX, W.: Katamnesen von Kindern mit Hirntraumen. Jahrbuch für Jugendpsychiatrie und ihre Grenzgebiete 5 (1967), S. 161–170

50 LEWIS, V. S., und A. N. ZEICHNER: Impact of Admission to a Mental Hospital on the Patient's Family. In: Mental Hygiene 44 (1960), S. 503–509

51 LEWIS, J., und N. GLASSER: Evolution of a Treatment Approach to Families: Group Family Therapy. In: International Journal of Group Psychotherapy 15 (1965), S. 505–515

52 LIDZ, T.: The influence of family studies on the treatment of schizophrenia. In: C. J. SAGER und H. S. KAPLAN

(Eds.): Progress in group and family therapy. New York: Brunner & Mazel 1972, S. 616–635

53 LINDBERG, D. R., und A. W. WOSMEK: The Use of Family Sessions in Foster Home Care. In: Social Casework 44 (1963), S. 137–141

54 MACGREGOR, R.: Multiple Impact Psychotherapy with Families. In: Family Process 1 (1962), S. 15–29

55 MANDELBROTE, B. M., und K. L. K. TRICK: Social and clinical factors in the outcome of schizophrenia. In: Acta Psychiatrica Scandinavica 46 (1970), S. 24–34

56 MARX, A., und A. LUDWIG: Resurrettion of the Family of the Chronic Schizophrenic. In: American Journal of Psychotherapy 23 (1969), 37–52

57 MINUCHIN, S., und B. MONTALVO: Techniques for Working with Disorganized Low Socioeconomic Families. In: American Journal of Orthopsychiatry 37 (1967), S. 880–887

58 MINUCHIN, S.: Psychoanalytic Therapies and the Low Socioeconomic Population. In: J. MARMOR (Ed.): Modern Psychoanalysis. New York: Basic Books 1968.

59 MISHLER, E. G., und N. E. WAXLER: Family Interaction Processes and Schizophrenia. In: International Journal of Psychiatry 2 (1966), S. 375–430

60 MORGAN, R. W.: The Extended Home Visit in Psychiatric Research and Treatment. In: Psychiatry 26 (1963), S. 168–175

61 MORRIS, G., und L. WYNNE: Schizophrenic Offspring, Parental Styles of Communication. In: Psychiatry 28 (1965), S. 19–44

62 NIELSON, J.: Home Visits by Psychiatrists. In: Comprehensive Psychiatry 4 (1963), S. 442–461

63 PAUL, N. L., und G. H. GROSSER: Family Resistance to Change in Schizophrenic Patients. In: Family Process 3 (1964), S. 377–401

64 PITTMAN, F., C. DEYOUNG, K. FLOMENHAFT, D. KAPLAN und D. LANGSLEY: Crisis Family Therapy. In: J. MASSERMAN (Ed.): Current Psychiatric Therapies. Vol. 6. New York: Grune & Stratton 1966.

65 RICHTER, H. E.: Die Gruppe. Reinbek bei Hamburg: Rowohlt 1972.

66 SAMPSON, H., S. MESSINGER und R. D. TOWNE: The Mental Hospital and Family Adaptations. In: Psychiatric Quarterly 36 (1962), S. 704–719

67 SANUA, V. D.: Sociocultural Factors in Families of Schizophrenics: A Review of the Literature. In: Psychiatry 24 (1961), S. 246–265

68 SATIR, V.: Schizophrenia and Family Therapy. In: Social Work Practice. New York: Columbia University Press 1963.

69 SCHAFFER, L., L. C. WYNNE, J. DAY, I. M. RYCKOFF und A. HALPERIN: On the Nature and Sources of the Psychiatrists Experience with the Family of the Schizophrenic. In: Psychiatry 25 (1962), S. 32–45

70 SCHINDLER, R.: Ergebnisse und Erfolge der Gruppenpsychotherapie mit Schizophrenen nach den Methoden der Wiener Klinik. In: Wiener Zeitschrift für Nervenheilkunde und deren Grenzgebiete 15 (1958), S. 250–261

71 SEARLES, H. F.: The effort to drive the other person crazy – an element in the aetiology and psychotherapy of schizophrenia. In: British Journal of Medical Psychology 32 (1959), S. 1–18.

72 SEARLES, H. F.: The Contributions of Family Treatment to the Psychotherapy of Schizophrenia. In: I. BOSZORMENYI-NAGY und J. L. FRAMO (Eds.): Intensive Family Therapy. New York: Harper & Row 1965.

73 SHAPIRO, L. R.: The origin of adoles-

cents disturbances in the family: some considerations in theory and implications for therapy. In: G. H. Zuk und I. Boszormenyi-Nagy (Eds.): Family therapy and disturbed families. Palo Alto: Science and Behavior Books 1967.

74 Speck, R. V., und C. Attneave: Network Therapy. In: J. Haley (Ed.): Changing Families. New York: Grune & Stratton 1971.

75 Spiegel, J., und N. Bell: The Family of the Psychiatric Patient. In: S. Arieti (Ed.): American Handbook of Psychiatry. Vol. 1. New York: Basic Books 1959.

76 Stierlin, H.: Conflict and Reconciliation. A Study in Human Relations and Schizophrenia. New York: Doubleday-Anchor 1969.

77 Stierlin, H.: Familientherapie mit Adoleszenten im Lichte des Trennungsprozesses. In: Psyche 24 (1970), S. 756–767.

78 Tauber, G.: Prevention of Posthospital Relapse Through Treatment of Relatives. In: Journal of the Hillside Hospital 13 (1964), S. 158–169

79 Uchtenhagen, A.: Probleme der Rehabilitation bei chronischen schizophrenen Psychosen. In: Schweizer Archiv für Neurologie, Neurochirurgie und Psychiatrie 112 (1973), S. 95–102

80 Uchtenhagen, A.: Psychische Störungen bei Frauen. In: Schweizer Archiv für Neurologie, Neurochirurgie und Psychiatrie 117 (1975), S. 55–64

81 Vaillant, G.: A twelve-year follow up of New York narcotic addicts: some characteristics and determinants of abstinence. In: American Journal of Psychiatry 123 (1966), S. 573–585

82 Vassiliou, G.: Milieu Specificity in Family Therapy. In: N. W. Ackerman (Ed.): Family Therapy in Transition. Boston: Little, Brown 1970.

83 Wainwright, W. H.: The Reaction of Mothers to Improvement in Their Schizophrenic Daughters. In: Comprehensive Psychiatry 1 (1960), S. 236–243

84 Waire, M.: Nurse Participation in Family Therapy. In: Perspectives in Psychiatric Care 3 (1965), S. 8–13

85 Waring, M., und D. Ricks: Family Patterns of Children Who Become Adult Schizophrenics. In: Journal of Nervous and Mental Diseases 140 (1965), S. 351–364

86 Whitaker, C., R. E. Feldner und J. Warkentin: Countertransference in the Family Treatment of Schizophrenia. In: I. Boszormenyi-Nagy und J. L. Framo (Eds.): Intensive Family Therapy. New York: Harper & Row 1965.

87 Whitaker, C., und J. Burdy: Family Psychotherapy of a Psychopathic Personality: Must Every Member Change? In: Comprehensive Psychiatry 10 (1969), S. 361–364

88 Wing, J.: Rating of Behavior of Patient and Relative. In: Journal of Psychosomatic Research 8 (1963), S. 223–228

89 Wing, J. K.: Rehabilitation of psychiatric patients. In: British Journal of Psychiatry 109 (1963), S. 635

92 Zwerling, I., und M. Mendelsohn: Initial Family Reactions to Day Hospitalization. In: Family Process 4 (1965), S. 50–63

90 Zuk, G., und D. Rubinstein: A Review of Concepts in the Study and Treatment of Families of Schizophrenics. In: I. Boszormenyi-Nagy und J. L. Framo (Eds.): Intensive Family Therapy. New York: Harper & Row 1965.

91 Zuk, G. H., und I. Boszormenyi-Nagy (Eds.): Family Therapy and Disturbed Families. Palo Alto: Science and Behavior Books 1967.

Dritter Teil

Ergebnisse von Paar- und Familientherapien

Vorbemerkung

Jürg Willi

Wo immer im Bereich der Psychotherapie sich eine neue Perspektive auftut oder eine neuartige Methode entwickelt, spielt sich ein ähnlicher Prozeß ab: Die Pioniere brechen aus einem konsolidierten System von Werten, Normen, verfestigten Attitüden und Leitsätzen aus und setzen sich damit in einen Gegensatz zu den etablierten Schulmeinungen. Sie geraten damit in die Situation, ihre Ansichten und Methoden gegen scharfe Kritiker rechtfertigen, ja womöglich beweisen zu müssen, gleichzeitig stehen sie aber unter dem Druck überhöhter Erwartungen und Hoffnungen, die allem Neuen entgegengebracht werden. Behandlungsmethoden lassen sich aber immer erst dann in ihrer Effizienz überprüfen, wenn sie über längere Zeit, durch verschiedene Therapeuten an verschiedenen Orten in etwa gleicher Weise durchgeführt werden, das heißt, wenn sie sich in ihren Hypothesen konsolidiert und in der Praxis etabliert haben. In der heutigen überstürzten Entwicklung immer wieder neuartiger therapeutischer Methoden besteht aber die Gefahr, daß therapeutische Hypothesen und Methoden bereits überholt sind, wenn sie die Voraussetzungen für eine Überprüfbarkeit erfüllen würden.

Die Beurteilung der Effizienz psychotherapeutischer Methoden gehört zu den schwierigsten psychologischen Forschungsaufgaben. Zwei Gründe seien angeführt:

1. Unsere Kenntnisse über das wirksame Agens in der Psychotherapie sind beschränkt. Manche glauben, das Entscheidende sei die Persönlichkeit des Therapeuten, die Beziehung zwischen Therapeut und Patienten, andere legen mehr Gewicht auf die therapeutische Methode und die damit verbundene Theorie. Unbestritten ist, daß das persönliche Engagement des Therapeuten auf das Therapieergebnis von großer Bedeutung ist. Schwieriger zu beurteilen ist, inwiefern die therapeutische Methode als solche wirksam ist oder inwiefern diese dem Therapeuten hilft sein Interesse wachzuhalten und sich zu engagieren unter Wahrung der Übersicht

und des eigenen Gleichgewichts. Die Bedeutung einer bestimmten Methode ließe sich also nur erfassen, wenn sie geprüft würde im Vergleich mit Kontrollgruppen nicht behandelter oder mit anderer Methode behandelter Patienten. Davon sind wir in der Paar- und Familientherapie noch weit entfernt.

2. Es fehlen uns heute noch die klar umschreibbaren, quantifizierbaren Kriterien, die den Behandlungseffekt überhaupt meßbar machen würden. Hier liegt ein Hauptgrund, weshalb ein Großteil von Psychotherapeuten wenig Interesse an der Erforschung des Therapieeffekts zeigt, weil sie den Eindruck haben, was sich in der Therapie wirklich abgespielt habe, sei nicht auf meßbare Parameter reduzierbar. Da aber die Ausübung von Psychotherapie immer in überbordende Kritiklosigkeit zu entgleiten droht, wird die Kontrolle der Behandlungseffizienz von zunehmender Bedeutung sein, um sowohl missionarisch-schwärmerische Überwertungen wie auch affektgeladene Ablehnungen auf den Boden sachlicher Befunde stellen zu können.

Diese Schwierigkeiten, die ganz allgemein für die Psychotherapieforschung gelten, sind in der Paar- und Familientherapie noch von grundsätzlicherer Natur, weil der Gesundheitszustand des «Patient Familie» (H. E. Richter) sich nicht mit demjenigen des «designierten Patienten» gleichsetzen läßt.

In mancher Hinsicht taugen die bisher üblichen medizinischen Vorstellungen von Krankheit und Gesundheit nicht mehr. Von Familientherapeuten wird oft geäußert, in einer Familie seien die Erkrankten im Grunde die gesündesten, und diejenigen, die ihre Gesundheitsposition am stärksten verteidigen, die kränksten Familienmitglieder. Auch in einer Ehe eignet sich die Vorstellung von Vorhandensein oder Fehlen von Krankheit nicht als Parameter für die «Gesundheit» einer Partnerschaft. Wenn aber die Störung einer Partnerschaft nicht direkt am seelischen oder körperlichen Gesundheitszustand erfaßbar ist, welches sind dann andere umschreibbare Kriterien? Für die Paartherapie könnte man als Kriterium für die Effizienz der therapeutischen Bemühungen die Scheidungsrate nehmen. Aber auch hier gehen die Meinungen oft auseinander, ob es ein Behandlungserfolg sei, wenn ein Paar durch die Therapie vor einer drohenden Scheidung bewahrt oder wenn es gerade durch die Therapie zu einer «kreativen Scheidung» motiviert werden kann. Das Fehlen von Krankheit oder von Scheidung eignet sich nur begrenzt als Kriterium für die Beurteilung eines Behandlungseffektes in Ehe- und Familientherapie.

Die beiden folgenden Kapitel von Willi und von Kaufmann und Pancheri wollen und können noch nicht mit Effizienz-Statistiken aufwarten. Sie beschäftigen sich vielmehr mit dem Suchen nach Methoden und Kriterien, um das Behandlungsergebnis der Paar- und Familientherapie faßbar zu machen. Beide Autoren kommen unabhängig voneinander zum Ergebnis, daß «Heilung von Krankheit», «Verbesserung der Kommunikation» und «Befriedigung im Zusammenleben» in der Paar- und Familientherapie nicht korreliert zu sein brauchen. Der Behandlungseffekt muß somit in seiner mehrdimensionalen Komplexität erfaßt werden.

3.1. Die Beurteilung des Behandlungsergebnisses einer Paartherapie

JÜRG WILLI

In Ankündigungen von Kommunikations- und Partnerschaftstrainings wird oft vorschnell versprochen, Partnerschaft sei lernbar. Auf dem Gebiet der Paar- und Familientherapie werden wir zur Zeit überschwemmt mit Therapie- und Trainingsinnovationen. In den USA, wo die Paar- und Familientherapie bereits etabliert ist, scheint sich eine gewisse Sättigung gegenüber immer wieder neuen Experimenten abzuzeichnen zugunsten des Bedürfnisses nach einer vermehrten Effizienzkontrolle. In verschiedenen Arbeiten wird kritisiert, daß man allzu lange drauflos trainiert und therapiert habe, ohne eingehender zu reflektieren, was die Zielsetzung unserer therapeutischen Bemühungen, was die Auswirkungen und die Ergebnisse seien. In seiner Literaturübersicht über die publizierten Therapieergebnisse von Paarbehandlungen stellt GURMAN[2] fest, daß es bisher noch kaum Darstellungen über Behandlungsergebnisse gebe, die einer Kritik standhalten würden. Es fehle an einer übereinstimmenden Formulierung von Kriterien, die als Rahmen einer therapeutischen Veränderung dienen könnten. Meist diene als Hauptkriterium für die Behandlungseffizienz das psychologische Funktionieren des individuellen Patienten, trotz aller theoretischer Bemühungen das Paar und die Familie als System zu erfassen.

In Anlehnung an HALEY können vier unterschiedliche Aspekte bei der Beurteilung einer Ehe (und Familie) in Betracht gezogen werden:

1. die Persönlichkeitsstrukturen der Partner;
2. die Gruppenstruktur, zum Beispiel Rollenwahrnehmung, Rollenerwartung und Rollenerfüllung;
3. Kommunikationsformen und Ausstauschprozesse zwischen den Mitgliedern;
4. Fähigkeit des Paars oder der Familie, als Arbeitseinheit zu funktionieren, zum Beispiel in der Erfüllung gewisser Aufgaben wie Problemlösung und Entscheidungsfindung.

Cromwell, Olson und Fournier[1] haben eben eine Übersicht über die bis heute entwickelten Testverfahren zur Evaluation der Paar- und Familientherapie veröffentlicht. Dabei wird vor allem unterschieden zwischen Fragebogen-Tests, bei denen die Klienten und der Therapeut ihre subjektiven Einstellungen, Erfahrungen und Gefühle einschätzen, und Testmethoden, die objektive Daten aus der direkten Beobachtung der ehelichen oder familiären Interaktion geben. Die mit den verschiedenen Methoden erzielten Ergebnisse seien oft widersprüchlich und können nicht zur Übereinstimmung gebracht werden. Sie bereichern die klinische Information mit zusätzlichen Perspektiven über den Therapieprozeß.

Die Fragebogen-Tests finden die häufigste Anwendung. Sie sind einfach durchzuführen und auszuwerten. Gurman ist der Meinung, das wichtigste sei jedoch die vermehrte Anwendung von Interaktions-Tests, in denen das Verhalten beider Partner in einer strukturierten Umgebung beobachtet werden kann, vor allem von Tests, die eine Vielzahl von objektiven Verhaltensparametern der ehelichen Interaktion erfassen.

Für die Brauchbarkeit einer Testmethode ist die Frage wichtig, wie repräsentativ und relevant das im Test gemessene Verhalten für das konkrete Eheverhalten ist. Wie Kaufmann im nachfolgenden Artikel ebenfalls betont, kann jedoch eine Ehe oder Familie gar nicht beobachtet und untersucht werden, ohne daß die Beobachtung als solche das System beeinflussen wird. Selbst wenn wir die eheliche oder familiäre Interaktion bei einem gemeinsamen Nachtessen im Heim der Klienten beobachten wollen, wird das keine völlig normale und natürliche Situation sein. Auch im Sprechzimmer wird ein Paar oder eine Familie in eine künstliche Umgebung versetzt. Es ist deshalb wünschbar, unterschiedliche und einander ergänzende Testmethoden anzuwenden.

Mit dieser Arbeit soll vor allem gezeigt werden, wie wichtig die Anwendung einer Testmethode im Rahmen einer Paarbehandlung sein kann, sowohl als Orientierungshilfe für den Therapeuten wie auch für seine eigene Psychohygiene. Bei der angewandten Testmethode handelt es sich um den Gemeinsamen Rorschach-Versuch. Nach den zuvor erwähnten Kriterien handelt es sich um einen projektiven Interaktionstest, der ein Paar oder eine Familie direkt bei einer Problemlösungs- und Entscheidungsaufgabe beobachten läßt, wobei wesentliche Informationen über die Persönlichkeit der Partner, über die Transaktions- und Kommunikationsformen, über die Rollenverteilung der Partner sowie über die Funktionsfähigkeit des Paars als Ganzes gewonnen werden können. Der Gemeinsame Rorschach-Versuch vermag somit ein umfassendes Bild über die verschiedenen, von Haley angeführten Aspekte bei der Beurteilung einer Paardynamik zu geben.

Am Beispiel einer konkreten Paarbehandlung soll die Beurteilung des Therapieergebnisses aus der Sicht des Therapeuten verglichen werden mit der Erfassung des Therapieergebnisses mit dem Gemeinsamen Rorschach-Versuch.

Die Beurteilung des Ergebnisses der Paartherapie aus der Sicht des Therapeuten

Es handelt sich um eine Paartherapie, die sich über dreizehn Monate hingezogen hat mit insgesamt 31 Therapiesitzungen. Die Ehepartner sind beides Akademiker, etwas über dreißig Jahre alt. Sie sind seit sieben Jahren verheiratet und haben zwei Kinder im Vorschulalter. Die Frau ersucht um eine Ehetherapie wegen beidseitiger «Kommunikationsstörungen». Die ganze Behandlung wurde auf Videobänder aufgenommen.

Der Eindruck, den ich vom Paar beim Erstinterview gewann, läßt sich folgendermaßen zusammenfassen: Die Frau beherrschte die Szene in ihrer lebhaften und expansiven Art, die sich auch in ihren weitausfahrenden Bewegungen und in den langen Redezeiten ausdrückte. Sie wirkte sthenisch, hatte eine rauhe Stimme und etwas männliche Gesichtszüge, der Mann dagegen verhielt sich zurückhaltend, fühlte sich unwohl und schien nur unter dem Druck der Frau hierhergekommen zu sein. Er gab nur wenig von sich preis. Nach seinen Ausführungen hatte er ohne innere Überzeugung, mehr aus Anstand der Heirat zugestimmt, weil er nicht recht gewußt habe, wie er sich dem Griff der Frau hätte entziehen können.

Zu Beginn der Bekanntschaft hatte die Frau den Mann stark idealisiert. Sie sah in ihm einen gütigen, verständnisvollen und duldsamen Vater, bei dem sie Geborgenheit und Ruhe finden konnte, etwas was sie von ihrem eigenen Vater nie hatte erfahren können. Der Mann ließ sich von der Frau gerne in dieser Weise idealisieren, da ihn die Zuwendung dieser bei Männern erfolgreichen Frau aufwertete. Doch im längeren Zusammenleben fühlte er sich vom Idealbild der Frau immer mehr gefangen. Die Rolle des verständnisvollen Vaters entsprach nicht dem, als was er sich selbst erlebte. Da die Frau auf jede Enttäuschung ihrer Erwartungen sehr heftig reagierte, wagte er, sich ihr nicht direkt zu stellen, sondern begann, sich ihren Ansprüchen heimlich zu entziehen, unter anderem indem er außereheliche Beziehungen einging. Seit die Frau davon erfahren hatte, fiel sie massiv über ihn her und bezeichnete ihn als feigen Lügner und Betrüger, weil er ihrem Anspruch auf absolute Offenheit auswich. Je mehr sie ihn aber bedrängte und verpflichtete, desto mehr entzog er sich ihr, und je mehr er ihr auswich, desto heftiger bedrängte sie ihn. Ihre Beziehung entsprach einer narzißtischen Kollusion, in der die Frau den Mann auf ihr Ideal-Selbst verpflichtete, der Mann in diesem Ideal-Selbst eine Pseudo-Identität fand, die jedoch nicht in Einklang mit den diffusen Vorstellungen über sein eigenes Selbst stand.

Eng mit dieser narzißtischen Kollusion verbunden waren die individuellen Probleme des Mannes, die ihre Wurzeln in unbewältigten Kindheitserlebnissen hatten. Er war als Einzelkind kranker Eltern aufgewachsen. Als er noch ein Schulkind war, starb seine Mutter nach langjähriger Krankheit. Der Mann war unter dem Eindruck aufgewachsen, daß man Beziehungspersonen, hier die kranken Eltern, nicht belasten dürfe, daß man aggressive Auseinandersetzungen und Unartigkeiten vermeiden müsse, da Beziehungspersonen keinen Belastungen gewachsen, sondern krank und schwach seien und einem jederzeit wegsterben könnten. Im Grunde sehnte er sich nach einer Frau, die absolut und zuverlässig zu ihm stehen würde, gleichzeitig aber fürchtete er eine exklusive Bindung aus Angst, die Frustration eines erneuten Verlustes nicht verkraften zu können. Obwohl ihm die heftigen Gefühlsausbrüche der Frau unangenehm waren, war er gleichzeitig davon fasziniert, da sie ihm ein Beweis heftiger Liebe waren. Wie er in einer späteren Therapiephase sagte, war er sogar auf den heftigen Gefühlsausdruck der Frau neidisch, da er sich selbst Derartiges nicht zutraute. Unfähig, selbst starke Gefühle zuzulassen, konnte er an den Gefühlen der Frau partizipieren und seine Emotionalität substitutiv in ihr ausleben.

Die außerehelichen Beziehungen dienten vor allem der Absicherung in seiner Angst, früher oder später von seiner Frau verlassen zu werden. Er brauchte – wie er sich ausdrückte – andere Frauen als Reserven. Als auch seine Frau eine außereheliche Beziehung einging, fühlte er sich zutiefst gekränkt und mit Eifersucht erfüllt, da er trotz allem seine Frau ungeteilt für sich beanspruchte. Er war in einer narzißtischen Ambivalenz befangen: einerseits ersehnte er sich eine symbiotische Beziehung zu einer Frau, was er andererseits aber nicht ertrug. Er setzte seine Frau widersprüchlichen Erwartungen im Sinne einer Doppelbindung aus: Sie sollte absolut und ungeteilt zu ihm stehen, nur für ihn da sein und ihn mit Liebe bestürmen, sie sollte aber gleichzeitig keinerlei Ansprüche an ihn stellen und nichts von ihm erwarten. Sexuell hatten sie seit über einem Jahr praktisch keine Beziehungen mehr miteinander.

In der Paartherapie stellte sich folgender Fokus heraus, der im Zentrum der Bearbeitung stand: Beide Partner ersehnten sich die Beziehung als Idealsymbiose, als Bildung einer ungetrennten Einheit, beide aber mußten sie die Verwirklichung dieser Sehnsucht dauernd zerstören aus Angst vor Enttäuschung, Frustration und Verschmelzung. Auf beiden Seiten bestand ein tiefes Mißtrauen, vom Partner nicht vorbehaltlos akzeptiert zu werden.

Konkret ergänzten sich die Partner durch folgendes Abwehrverhalten: Die Frau bedrängte den Mann mit ihrem Anspruch auf totale Offenheit so massiv, daß er – um nicht ganz von der Frau «besetzt und durchdrungen zu werden» – sie zurückstoßen und ihre Erwartungen enttäuschen mußte. Der Mann verhielt sich so diffus und unverpflichtet, daß sich seine Frau provozieren ließ, ihn dauernd mit der Forderung zu einer verbindlichen Beziehungsdefinition zu bedrängen.

Im Laufe der Therapie zeigte sich dann aber auch das unbewußte Gegenverhalten: Wenn die Frau einmal vom Mann ablassen wollte, verhielt er sich gleich wieder entgegenkommender und stachelte sie durch vage Versprechungen an, wieder auf eine verläßliche Liebesbeziehung zu hoffen und ihre Trennungsabsichten aufzugeben. Sobald die Frau aber wieder konkret zu hoffen begann, stieß er sie mit irgendeiner verletzenden Bemerkung erneut zurück. Wenn der Mann andererseits einmal etwas entgegenkommender war und andeutete, wie sehr er im Grunde an seiner Frau hänge, zerstörte sie seine zarten Liebesandeutungen gleich wieder im Keime, indem sie sich auf diese stürzte und ihn darauf festzulegen und zu verpflichten suchte.

Nach 31 Sitzungen kamen wir zu folgendem Therapieabschluß: Die Frau war nun zur Scheidung entschlossen. Sie hatte gelernt, ihren Absolutheitsanspruch an den Mann aufzugeben und ihn in seiner Beziehungsscheu zu akzeptieren. Trotz des Verständnisses für seine Schwierigkeiten hatte sie nicht mehr Lust, diese für sie belastende und wenig befriedigende Beziehung weiterzuführen. Sie drängte ihn nicht mehr, sich für sie oder für seine Freundin zu entscheiden, fühlte sich aber persönlich überfordert, die ungeklärte Beziehungssituation auszuhalten. Der Mann sah ein, daß dieser Schwebezustand für die Frau nicht weiterhin zumutbar sei. Er litt selbst unter seiner Unfähigkeit zu intimen Partnerbeziehungen, die sich auch im Verhältnis zu seinen Freundinnen zeigte. Er hatte die Absicht, sich in eine Psychoanalyse zu begeben.

Als Therapeut war ich vom Ergebnis dieser Therapie nicht befriedigt. Zwar hatten beide Partner gelernt, die tieferen Gefühle und Schwierigkeiten ihrer selbst und des Partners besser wahrzunehmen, auch unangenehme Gefühle klarer auszudrücken bzw. diese am Partner zu tolerieren. In dem Maße wie die Frau davon abließ, den Mann zu manipulieren, zu erpressen und zu bedrängen, gewann der Mann an Mut, zu sich selbst zu stehen und sich offener mitzuteilen. Dennoch war die Frau verzweifelt über die Unfähigkeit des Mannes zu einer eindeutigen Liebesbeziehung. Der Mann wirkte durch den Scheidungsentschluß der Frau erschreckt, und ich selbst bedauerte, daß dieses mir sympathische Paar nun auseinandergehen werde. Zwar betonten beide Partner wiederholt, daß sie die Therapie als einen Gewinn erfahren hätten. In der therapeutischen Praxis habe ich persönlich aber immer noch etwas Mühe, eine Ehetherapie als erfolgreich zu erleben, wenn es am Ende zu einer Scheidung kommt. Zudem belastete mich die Frage, ob ich mich eventuell doch einseitig mit dem Mann identifiziert hatte, um ihn – und damit eventuell auch mich – gegen diese energische und expansive Frau zu schützen.

Ausgangssituation und Therapieergebnis im Gemeinsamen Rorschach-Versuch (GRV):

Da manche Leser mit dem Gemeinsamen Rorschach-Versuch nicht vertraut sein dürften, soll das Testergebnis zunächst in gewöhnlicher Umgangssprache zusammengefaßt werden, wobei der speziell Interessierte die Möglichkeit hat, an Hand des im Anhang abgedruckten Ausschnitts der Test-Protokolle sowie aus dem Verrechnungsblatt sich ein Bild über die erhobenen Befunden zu machen.

Beim Gemeinsamen Rorschach-Versuch besteht die Testaufgabe darin, daß die Partner miteinander den Rorschach-Versuch absolvieren mit der Auflage, sich bei jeder der zehn Tafeln auf eine Klecksdeutung zu einigen. Die Methode habe ich 1973 eingehend dargestellt.[6] Die Besonderheit dieses Interaktions-Tests liegt darin, daß er sowohl Kommunikation und Problemlösungsverhalten des Paars direkt erfaßt, als auch die damit einhergehenden tieferen Erlebnisweisen der Partner, ihre oft unbewußten Ängste, Bedürfnisse, Strebungen und Abwehrmechanismen aufzeigt. Test und Retest wurden durch unsere Psychologin, Therese Kohler, zu Therapiebeginn und bei Therapieabschluß, das heißt im Abstand von dreizehn Monaten durchgeführt. Die Psychologin hatte von mir nur spärliche Informationen und wertete die Tests selbständig aus. Die Test-Ergebnisse wurden mit dem Paar nicht eingehend besprochen, waren aber mir als Therapeut bekannt.

Zusammenfassende Testinterpretation zu Therapiebeginn

A) *Zusammenarbeit, Kommunikation und Problemlösungsverhalten*

Das Paar arbeitet äußerlich gut zusammen.

Neun gemeinsame Lösungen (Maximum wäre zehn), recht gute Qualität der gemeinsamen Antworten = *Produkte* (7/9) und der Art der Entscheide hierfür = *Entscheide* (6/9)

Farbtafeln VIII, IX, X

Die Zusammenarbeit wird jedoch in emotional besetzten Situationen stark gestört.

Die Zusammenarbeit gelingt mehrmals nur, wenn die individuelle Differenzierung der Antworten unter dem Einigungsdruck vergewaltigt wird. Die gemeinsamen Lösungen sind wiederholt qualitativ schlechter als die individuellen Deutungsvorschläge.

Zum Beispiel III, wo unter dem Einigungsdruck die Antwort entsteht: «Zwei Menschen in Aktion», statt «Zwei tanzende oder trommelnde Neger». Oder VII: «Einfach zwei Köpfe», statt «Zwei Mädchenköpfe».

Beide Partner sind einander gegenüber auffallend unbeweglich und rigide. Beide zeigen wenig Befähigung, aufeinander einzugehen und in Kooperation mit dem Partner konstruktive, die eigene Phantasie bereichernde Lösungen zu finden.

Nur wenig Neuantworten gegenüber dem individuellen Rorschach (IRV)

In II sagt der Mann auf Deutung der Frau «Sonnenuntergang»: «... ist nichts für mich.»

Die Partner kontrollieren sich gegenseitig genau und sind darauf bedacht, daß keiner mehr Einfluß als der andere gewinnt.

Penetranz (wessen Antwort als gemeinsame Antwort gewählt wird) und *Entscheid* häufig hälftig auf beide Partner verteilt.

B) *Rollenverhalten*

Es besteht eine extrem polarisierte Rollenverteilung vor allem im Umgang mit

Mann: B : Fb = 1 : 0
b : Hd = 2 : 0,5
Frau: B : Fb = 6 : 9
b : Hd = 4 : 0,5

Emotionen. Im Erlebnistyp zeigt sich der Mann gefühlsmäßig eingeengt und formalistisch.
Die Frau ist in ihren Gefühlen und Verhaltensweisen expansiv (dilatiert) mit mangelnder Steuerung und Gefühlskontrolle sowie Neigung zu hysterischem Agieren und Manipulieren. Sie überfährt und überwalzt den Mann häufig.
In emotionalen Situationen verhält sich der Mann als Kritiker gegenüber seiner in ihren Gefühlen ungesteuerten Frau. Es gibt bei diesem Paar also eine ausgeprägte Funktionsteilung: Die Frau drückt die Gefühle aus, der Mann kontrolliert die Gefühle.

G % 63 = zu hohe Ansprüche
4 FFb, 6 FbF, 1 BFb
Verhalten der Frau in II, III, X, u. Inhalte IV: «plattgewalzter Mann», «King-Kong», «Übermensch», «Penis», «riesengroße Füße»

Mann: hohe Anzahl von Beurteilungen mit hohem Anteil negativer und ambivalenter Beurteilungen insbesonders bei den Farbtafeln.

C) *Gemeinsamer Konflikt*

Auffallendes Versagen des Problemlösungsverhalten in emotional betonten Situationen.

siehe Tab. 1) unter «Qualität»: Bei Farbtafeln II, III und bes. VIII, IX, X ist sowohl Produkt als Entscheid meist schlecht.

Trotz seinem eingeengten, kontrollierten und konventionellen Deutungsverhalten, wird der Mann von diesen emotionalen Problemlösungssituationen durch das freiere, zum Teil überbordende gefühlsmäßige Verhalten der Frau wesentlich stimuliert und ambivalent fasziniert.

Erhöhte Vorschlagszahl des Mannes gegenüber dem individuellen Rorschach bei den Farbtafeln IX und X.
Erhöhtes Score von Beurteilungen gegenüber den vorangegangenen Tafeln.

Die Interaktion des Paars wird dabei intensiver, aber die Kooperation ist gestörter als in anderen Tafeln. Die Spannung erhöht sich, entlädt sich teilweise averbal-motorisch, teilweise in ambivalenter gegenseitiger Beurteilung.

Unfähigkeit zu zielgerichtetem Abschließen der Diskussion. Zum Beispiel VIII: Mann: «. . . ziemlich mit Vorbehalt, aber irgendwie müssen wir uns einigen.» Erhöhtes Score im Tafelhalten (averbal-motorisch!)
Beidseitig erhöhte Ambivalenz in den Beurteilungen.

In den Deutungsinhalten zeigen sich bei der Frau phallisch-kastrierende Tendenzen. Der Mann wird davon wohl unangenehm berührt, aber nicht depotenziert, sondern vielmehr herausgefordert und zu besseren Leistungen stimuliert. Es kommt also zu keiner phallischen Kollusion. Das phallische Kollusionsangebot wird vom Mann nicht erwidert.

IV: «plattgewalzter Mann». IV und VI: «Penis» und «Phallussymbol». Qualität von Produkt und Entscheid in IV und VI besonders gut.

Interpretation des Retests bei Therapieabschluß

A) *Zusammenarbeit, Kommunikation, Problemlösungsverhalten*

Die äußere Zusammenarbeit funktioniert jetzt noch besser als im ersten Testversuch (GRV1).

Keine Versager, hohe Qualität der Produkte (7/10) und Entscheide (9/10).

Auch der affektive Beziehungsstil ist jetzt adäquater. Die Partner sind zueinander in normalem Maße kritisch eingestellt, aber deutlich weniger ambivalent als bei Therapiebeginn. Der Mann beurteilt die Frau weniger ablehnend.

Beim Mann deutlich weniger ablehnende Beurteilungen, bei beiden Partnern weniger ambivalente Beurteilungen.

Die gute Zusammenarbeit gelingt jetzt nicht mehr so sehr unter einem vergewaltigenden Druck zur Einigung, sondern durch eine erhöhte Flexibilität der Partner.

Bei beiden hohe Zahl von Neuantworten, das heißt die Partner sind flexibel genug, um neue Deutungen zu finden, die für beide weniger das Drangeben des Individuellen bedeuten, sondern eine befriedigende Neuschöpfung als Drittlösung.

Wie das Protokoll im einzelnen zeigt, ist vor allem die Kommunikation des Paars wesentlich verbessert. Beide Partner, insbesondere der Mann, nehmen viel klarer wahr: Was ist meine Deutung, was ist deine

Zum Beispiel VIII, wo Mann sagt: «Da bin ich auch einverstanden, aber das ist erst sekundär oder tertiär . . . (für mich), primär sehe ich wirklich das Tier.»

Deutung? Wie weit kann ich mich der Deutung von dir anpassen, ohne mich aufzugeben? Welche Deutungen von dir sind für mich zwar nicht die besten, aber immerhin annehmbar?

Die Partner sind besser in der Lage, bei divergierenden Vorschlägen eine für beide akzeptable Drittlösung zu finden.

siehe VII oder VIII: Hier sieht der Mann die Tiere als symmetrische Spiegelung, die Frau kann sie nicht als gespiegelt sehen, sondern als kletternd. Beiden ist dieser unterschiedliche Aspekt sehr wichtig; sie spüren, daß sie etwas Persönlichkeitsspezifisches drangeben müßten, um sich zu einigen. So wählen beide als Drittlösung «tropische Blüte».

Das Paar hat einen besseren Überblick über die Beziehungsform als Ganzes (Metakommunikation). Sie nehmen sich klarer als zwei voneinander abgegrenzte, autonome Individuen wahr. Sie verstehen sich besser in ihren tieferen Gefühlen.

IV, V, VII, VIII, IX
Zum Beispiel V: (Schluß)
Frau: «Das (Möwe) wäre für mich eigentlich am eindrücklichsten. Schmetterling, Fledermaus geht auch. Aber für mich tritt am stärksten das (Möwe) heraus.
Mann: «Ja ganz stark?»
Frau: «Ja, ziemlich stark.»
Mann: Gut . . . ich seh die Möwe schon drin, aber das war nicht das, was ich sofort gesehen habe.»

Hatten sie in emotionalen Situationen (Farbtafeln) im ersten Test eine schlechte Zusammenarbeit bei gleichzeitig angeheizter Dynamik, so ist jetzt die Zusammenarbeit wesentlich besser und die Kommunikation vom Mann her klarer und beteiligter. Er kann seine Ängste besser spüren und der Frau mitteilen.

Zum Beispiel II und X:
Mann: «Spinne oder Krebse, die dieses Grüne – weiß Gott was – auffressen will, grad.»

Gesamthaft gesehen sind beide Partner eher in der Lage, ihre eigenen Ansichten und Gefühle zu formulieren, diejenigen des Partners zu erfassen und in sachlicher Weise nach einer konstruktiven Lösung zu suchen.

Veränderungen im Rollenverhalten («Interaktionspersönlichkeit»)

Wie in früheren Arbeiten ausgeführt (WILLI[2,3]) zeigen die Probanden im Gemeinsamen Rorschach-Versuch ein auf den Partner bezogenes Persönlichkeitsbild («Interaktionspersönlichkeit»), das sich von der auf sich selbst gestellten Persönlichkeit, wie sie der individuelle Rorschach (IRV) zeigt, wesentlich unterscheiden kann. Für den Retest stellt sich in diesem Beispiel die Frage, inwieweit das gefühlsexpansive Verhalten der Frau und die Gefühlseinengung des Mannes interdependent sind, so daß ein verändertes Verhalten des einen zu komplementären Veränderungen des anderen führen müßte.

Im Retest entsteht eine Annäherung zur Mitte bezüglich dem zuvor extrem polarisierten Erlebnistyp. Beim Mann finden sich nun erstmals Farbdeutungen. Er kann seine Gefühle besser spüren und ausdrücken. Er wirkt auch impulsiver.

Erlebnistyp des Mannes:
B : Fb im GRV$_1$ = 1 : 0
B : Fb im GRV$_2$ = 1 : 2,5
b im GRV$_1$ = $_2$
b im GRV$_2$ = $_3$

Der Mann erweist sich als kontaktfähiger. Er nimmt seine Ängste klarer wahr, ohne ihnen auszuweichen. Er setzt sich emotionalen Situationen eher aus und stellt sich unangenehmen, angsterregenden Gefühlen.

IX: 3-Farb-Neuantworten
II: «Ein Hund, der vor dem roten Klecks stockt.»

Die Frau ist jetzt weniger expansiv. Ihr Anspruchsniveau ist deutlich erniedrigt, Exhibitionstendenzen sind nicht mehr faßbar.

Frau:
niedrigeres Score in:

Tafelhalten:	GRV/ = 19
	GRV$_2$ = 15
Antw.zahl:	GRV$_1$ = 32
	GRV$_2$ = 29
G %:	GRV$_1$ = 63
	GRV$_2$ = 48

Inhalt in GRV$_1$: «Krone», fällt weg zugunsten

gewöhnlicher Antworten wie Fledermaus, Schmetterling.

besonders in II, III, IV

Sie verhält sich weniger agierend und manipulierend.
Sie kontrolliert ihr Verhalten stärker selbst, ohne den Mann durch theatralische Gefühlsausbrüche zu provozieren und zu erschrecken. Sie verhält sich nicht mehr «phallisch-kastrierend».

Frau:
$F + \% \; GRV_1 = 67$
$GRV_2 = 79$
$f + \% \; GRV_1 = 80$
$GRV_2 = 87$

Inhalte wie «plattgewalzter Mann» werden von Frau im GRV_2 ausdrücklich zurückgenommen oder nicht mehr erwähnt, z. B. die zweimaligen Penis-Antworten in IV und VI (resp. jetzt subtiler als «Totempfahl»).

Der Mann fühlt sich offenbar nicht mehr so von ihr bedrängt und kann deshalb auf seine rationalisierende-kritisierende Abwehrhaltung verzichten.

Er kann selber etwas triebbetontere Inhalte bringen, wie «Hunde» (II) statt «Bandscheibe». Auf III kann er die «trommelnden schwarzen Frauen» der Frau nun auch sehen und mitempfinden.

Diese Veränderungen der Frau sind aber nicht nur positiv zu werten, denn es entsteht der Eindruck, sie falle jetzt, wo sie weniger «phallisch» agiert und provoziert in ein «depressives Loch». Sie wirkt resignierter, hält sich mehr zurück, will sich nicht mehr mit dem Mann messen, ohne deswegen eine bessere weibliche Identität gefunden zu haben.

III, IV: «verwelktes und kaputtes Herbstblatt» (Wegfallen der Deutungen «plattgewalzter Mann» in IV und «Penis» in VI).

Sie wird tiefer von Ängsten erfaßt und beunruhigt.

II: (Neuantwort) «Blut, das spritzt».

Diese Ängste zeigen sich aber mehr in ihren Phantasien (Deutungsinhalten) als in neurotischen Veränderungen der Persönlichkeit (Rorschach-Verrechnung). Im Gegenteil ergibt sich ein gefestigteres Persönlichkeitsbild mit besserer rationaler Kontrolle.

	GRV_1	GRV_2
F+%	67	79
f+%	80	87
G%	63	48

Gemeinsamer Konflikt

Eine gemeinsame Schwierigkeit hat sich jetzt vor allem in der Mutter- und Geborgenheits-Tafel (VII) herausgebildet, deren Bewältigung im Test zu Beginn der Therapie keine besondere Probleme bot. Es ist die einzige Tafel, wo die Zusammenarbeit schlecht ist. Möglicherweise hängt das mit der diskutierten Scheidungssituation zusammen, die beiden Partnern die gesicherte äußere Geborgenheit in Frage stellt.

Auffallend ist auch, daß beide gegenüber dem Therapiebeginn mehr orale und infantile (Komplex-)Inhalte äußern. Der Mann wendet sich häufig an die Versuchsleiterin, um so etwas Führung zu erhalten.

Frau in II «Cervelat» – Mann in X «Spinne oder Krebse, die dieses Grüne – weiß Gott was – auffressen will».
Frau in IX «Kasperli, die da kasperln».
Mann in IX «Gnom mit kleinem Gnom».

Beide Partner zeigen also bei Therapieabschluß ein gefestigteres und ausgeglicheneres Persönlichkeitsbild und eine deutlich verbesserte Kommunikation. Beide wirken aber in ihrem Erleben kindlicher und stärker durch Ängste beunruhigt.

Der subjektive und der objektive Wert derartiger Test-Untersuchungen

Zur Zeit des Retests ging es dem Paar schlecht. Beide Partner, besonders die Frau, waren verzweifelt und auch ich als Therapeut war eher resigniert, da ich eine in dieser Verfassung erreichte Scheidung als Therapieergebnis bedauerte. Das Ergebnis des Retests war für mich erstaunlich. Ich hätte kaum gedacht, daß sich in diesem Paar etwas Wesentliches verändert haben könnte. Zu sehr war ich in den therapeutischen Prozeß verwickelt, um die Distanz aufzubringen, allfällige Verhaltensänderungen dieses Paars wahrzunehmen. Die Katamnese hat nun ergeben, daß der Retest die therapeutischen Veränderungen differenzierter und offenbar auch objektiver erfaßte, als ich es in der momentanen Therapiesituation vermocht hätte. Für mich persönlich war das von psychohygienischer Bedeutung, besteht doch für jeden Therapeuten die Gefahr, in der Endphase einer über einen größeren Zeitraum dauernden Therapie das Ergebnis ungünstiger zu beurteilen als es tatsächlich ist, im Gegensatz zu kurzfristigen Intensivbehandlungen oder Trainings, deren Ergebnis oft überschätzt wird. Wir beendeten die Therapie mit dem Scheidungsentschluß der Frau. Seither sahen wir uns nur noch zweimal zu Kontrollgesprächen, um die Scheidung womöglich in einer konstruktiven Weise durchzuführen. Sechs Monate nach Therapieabschluß hatte sich die Ehesituation aber in einer für mich unerwarteten Weise verändert. Die Freiheit, die der Scheidungsentschluß mit sich brachte, hatte eine neue Beziehungsform entstehen lassen. Da sich die Partner quasi als Geschiedene betrachteten, mußten sie nicht mehr so gegen die Gefahr allzu großer Nähe und Verpflichtung kämpfen, sondern entwickelten eine zarte, zerbrechliche und zunächst nur in Andeutungen formulierbare Liebe füreinander. Dadurch, daß sie keine direkten Erwartungen mehr aneinander stellten, konnten sie sich näherkommen, besser miteinander sprechen und auch die über lange Zeit ausgebliebenen sexuellen Beziehungen in einer beide Seiten befriedigenden Weise wiederaufnehmen. Zur Zeit ist es noch unklar, ob das Paar ein Zusammenleben in Form einer festen Ehe wiederaufnehmen wird. Für mich als Therapeut ist dies heute aber nicht mehr so relevant, weil es mir durch das Testergebnis möglich geworden ist, einen vom Scheidungsentschluß unabhängigen, positiven Therapieeffekt wahrzunehmen.

Aber auch bezüglich der Diskussion, ob sich für Paarbehandlungen eher ein kommunikationstherapeutischer oder analytischer Ansatz bewähre, ist das Ergebnis interessant:

Meine therapeutische Haltung ist eher analytisch, das heißt, ich führte in dieser Therapie keine direkten Kommunikationsübungen durch, sondern strebte vor allem ein vertieftes Verständnis der Partner füreinander an. Erstaunlicherweise zeigt sich nun aber der Haupteffekt der Therapie im Kommunikationsverhalten der Partner. Dabei wird offenbar – was von manchen Kommunikationstherapeuten zu wenig beachtet wird –, daß die bloße Verbesserung der Kommunikation problematisch ist, wenn nicht auch das tiefere Erleben der sich anders verhaltenden Partner sich ändert. Diese zwei Aspekte lassen sich beide mit dem Gemeinsamen Rorschach-

Verrechnungstabelle und Ausschnitt aus den Testprotokollen

Aus Platzgründen können hier nicht die vollständigen Testprotokolle abgedruckt werden. Ich beschränke mich auf die Darstellung und Interpretation der Verrechnungstabellen und einen Ausschnitt der Testprotokolle (Tafel VIII im GRV_1 und GRV_2).

Tabelle 1: Verrechnung der Paarinteraktion zu Therapiebeginn (GRV_1) und Therapieabschluß (GRV_2)

	Tafelhalten				Vorschlagszahl									
	GRV_1		GRV_2		Mann					Frau				
	M	F	M	F	IRV	GRV_1	neu	GRV_2	neu	IRV	GRV_1	neu	GRV_2	neu
I.	a	b	a		2	2	–	2	–	3	3	–	1	–
II.	a	b	a c	b	2	2	–	2	1	3	3	–	3	3
III.	a d c— e—	—c —e b	a c e f—	—f b d	1	2	1	2	–	3	3	–	2	1
IV.	a c—	—c b	a c—	—c b	2	2	–	3	1	3	3	–	2	–
V.	a	b	a c e d—	—d b	3	3	–	2	–	2	2	–	2	–
VI.	a c	b	a		2	2	–	4	2	4	3	–	2	–
VII.	a	b	a c	b d	2	2	–	3	2	3	2	–	7	5
VIII.	a c e g	b d f h	a	b c	2	2	–	1	–	3	3	–	2	–
IX.	a c e g	b d f h	a c e	b d f	1	3	2	5	1	4	4	–	3	1
X.	a c	b d	a		1	2	1	5	3	3	6	(3)	5	1
Total	22	19	21	15	18	22	4	29	10	31	32	(3)	29	11

Penetranz				Entscheid				Beurteilungen				Qualität			
GRV_1		GRV_2		GRV_1		GRV_2		GRV_1	GRV_1	GRV_2	GRV_2	GRV_1		GRV_2	
M	F	M	F	M	F	M	F	M	F	M	F	P	E	P	E
½	½	½	½	½	½	½	½	TT↑↑			↓↓↓	1	1	1	1
½	½	1		½	½	½	½	TT↑	↓↓↓	↑↑	↓↓↓	0	1	1	1
½	½	½	½	½	½	½	½	TTYT↑	↓⅄⅄	YT↑↑↑↑	↓↓⊥	1	0	1	1
1			1		1	½	½	↑YTY	⊥↓⊥↓	YY↑↑↑	⊥⊥	1	1	1	1
½	½		1	½	½	1			↓⊥	T↑T↑	↓↓⅄	1	0	1	1
½	½	1		1		1			↓		↓↓↓↓↓	1	1	1	1
½	½		1		1	1		↑↑T	↓↓↓	TTYT↑T↑↑	↓↓⊥↓	1	1	0	0
–	–		1	–	–	½	½	↑↑YTYYTY↑↑	⅄↓⅄⅄	↑T↑↑↑	↓⊥⊥↓⊥	–	–	0	1
	1	½	½	½	½		1	TTT↑TY↑↑	↓↓↓⊥⊥	TY↑↑	↓⅄↓⊥↓↓⅄⅄	0	1	0	1
1		1			1		1	T↑↑T	⅄↓↓↓↓↓↓↓	↑TT↑↑↑	↓↓⊥⊥⊥⊥⊥	1	0	1	1
5	4	4½	5½	3½	5½	5½	4½	42 16 → 18 ⊣ 8 ≺	33 ← 22 ⊢ 5 ≻ 6	40 24 → 11 ⊣ 5 ≺	43 ← 26 ⊢ 13 ≻ 4	7/9	6/9	7/10	9/10

Versuch erfassen. Bei diesem Paar geht der Verzicht auf «phallisch-exhibitionistisches Agieren und Manipulieren» der Frau einher mit Verstärkung von phobisch-depressivem Erleben. Verbessertes Kommunikationsverhalten kann also mit einer Verschlechterung des persönlichen Befindens einhergehen.

Verhaltensanalyse

Tafelhalten: «Wer hält die zu diskutierende Rorschach-Tafel in seinen Händen?»

Ausdruck der nichtverbalen Initiative und motorischen Aktivität. Die Kleinbuchstaben in der Tabelle geben die Reihenfolge an, in der die Partner die Tafeln in die Hand nehmen («die Tafel die Hand wechselt»).

In der Tabelle fällt auf: Im GRV_1 wird das Tafelhalten in den Farbtafeln VIII, IX und X wesentlich aktiviert, was im GRV_2 nicht mehr der Fall ist. Die Spannung zwischen den Partnern erhöht sich in den Farbtafeln des GRV_1 und entlädt sich in nichtverbaler, motorischer Aktivität.

Vorschlagszahl: «Wie viele Deutungsvorschläge bringt jeder zu einer bestimmten Tafel?»

Ausdruck der Ideenproduktion. «neu» = Neuantworten, das heißt Deutungen, die im vorausgegangenen Rorschach nicht geäußert worden sind. (Testdurchführung: Rorschach zuerst mit jedem Partner allein = IRV, dann mit dem Paar = GRV_1 zu Beginn der Therapie und GRV_2 = bei Therapieabschluß.)

Hier: Im GRV_1 brachte die Frau wesentlich mehr Vorschläge als der Mann (F 32, M 22), im Gegensatz zum GRV_2, wo die beiden gleich viele Deutungen äußern (je 29). Der Mann wirkt im GRV_2 besonders in den kritischen Tafeln IV und VI deutungsfreudiger und ebenso in den Farbtafeln IX und X (Farbtafeln im GRV_2 = elf Vorschläge), im Gegensatz zur Frau, die sich bei diesen Tafeln im GRV_2 zurücknimmt. Es kommt also zu einer Annäherung zur Mitte.

Penetranz: «Wer setzt seinen Vorschlag durch?», das heißt, wer kann seine Ideen in der Partnerschaft realisieren?

Hier: Auffallend ist die außergewöhnliche Symmetrie: besonders im GRV_1 werden fast immer Kompromißlösungen gefunden, das heißt, die Vorschlagsanteile beider Partner finden sich in der gemeinsamen Lösung hälftig. Im GRV_1 kommt es bei Tafel VIII zum Versager im Gegensatz zu GRV_2.

Entscheiden: «Wer beschließt die Diskussion mit dem Entscheid, was nun als gemeinsame Lösung zu gelten hat?» als Ausdruck der formellen Führung.

Hier: Auch da ein Überwiegen der hälftig geteilten Entscheide. Penetranz und Entscheide sind die sogenannten *Dominanzfaktoren.* Bei diesem Paar stellen wir eine ausgesprochen symmetrische Beziehung fest, was auf Rivalität hinweist. Diese ist bezüglich Penetranz im GRV_1 ausgeprägter als im GRV_2.

Beurteilen: «Wie beurteilt der eine die Deutungsvorschläge des anderen?» als Ausdruck des affektiven Beziehungsstiles, ein Ausdruck, wie die Partner zueinander stehen.

Beurteilungen können positiv unterstützend ($\underset{\vee}{\longrightarrow}$)
negativ ablehnend ($\longrightarrow$)
ambivalent ($\vdash\!\!-$)
oder überhaupt nicht geäußert werden.

Hier: Der Mann übernimmt die Rolle des Kritikers (er äußert mehr Beurteilungen als die Frau), wobei im GRV_1 die ablehnenden und ambivalenten Beurteilungen überwiegen und auch bei der Frau eine hohe Ambivalenz in ihren Stellungnahmen zu den Vorschlägen des Mannes besteht. Dieses Überwiegen der Ablehnungen von seiten des Mannes und die beidseitige Ambivalenz ist im GRV_2 kaum mehr faßbar, das heißt, die Zusammenarbeit ist jetzt auf einer konstruktiveren Gefühlsbeziehung möglich, da sie weniger durch Ablehnung und Ambivalenz behindert wird. (Von den Beurteilungen sind im statistischen Mittel rund zwei Drittel positiv und ein Drittel negativ. Ambivalente Beurteilungen sind selten, im Durchschnitt nur etwas mehr als eine Beurteilung pro Proband.)

Tabelle 2: Rorschach-Verrechnung im Einzeltest (IRV) und den Paartesten zu Therapiebeginn (GRV_1) und Therapieabschluß (GRV_2)

	MANN			FRAU		
	IRV	GRV_1	GRV_2	IRV	GRV_1	GRV_2
F %	89	91	86	41	47	44
F + %	94	> 85	< 94	73	67	< 79
f + %	94	86	92	78	80	87
V %	55	40	41	35	19	7
G %	60	54	> 41	67	63	> 48
T %	67	65	55	35	31	37
M %	17	14	14	29	25	33
B : Fb	1 : 0	1 : 0	< 1 : 2,5	7 : 10	> 6 : 9	> 5 : 9
b : Hd	1 : 0,5	< 2 : 0,5	< 3 : 0	4 : 0,5	4 : 0,5	4 : 0,5

Qualität der Kooperation

Bei den Tafeln, wo es zu einer gemeinsamen Lösung kommt, wird diese eingestuft in solche von guter bzw. schlechter Qualität, bezüglich Produkt (Qualität der gemeinsamen Deutung) und des Entscheides (Qualität der Entscheide).

Hier: In den Farbtafeln des GRV_1: ein Versager in Tafel VIII, gesamthaft deutlich schlechtere Qualität in den Farb-Tafeln. Im GRV_2 dagegen bereiten die Farbtafeln dem Paar zwar auch vermehrte Mühe, aber es kommt nicht mehr zu einem Versager, und die Qualität der Zusammenarbeit ist allgemein besser. Dafür bereitet VII («Mutter-Tafel») dem Paar jetzt deutlich mehr Mühe.

Erlebensanalyse

Im GRV_1 noch extrem koartierter Erlebnistyp beim Mann (keine Farben) und bei der Frau ein extrem dilatierter Erlebnistyp. Im GRV_2 beim Mann nun drei Farbdeutungen und bei der Frau leichter Rückgang der B. Dieselbe Annäherung zur Mitte zeigt sich auch im sekundären Erlebnistyp b: Hd. Bei beiden deutliche Abnahme des G% vom GRV_1 zu GRV_2, das heißt, das Anspruchsniveau nähert sich mehr den realisierbaren Möglichkeiten an. Zusammen mit dem beidseitig erhöhten F+ % und f+ % spricht das für eine bessere Realitätskontrolle.

Protokollausschnitt (Tafel VIII) aus dem Gemeinsamen Rorschach-Versuch bei Therapiebeginn (GRV_1) und Therapieabschluß (GRV_2)

GRV_1

M: (nimmt Tafel auf) Da habe ich zuerst nichts gesagt (lacht etwas verlegen), dann habe ich gesagt ein Tier und das ist das Spiegelbild. Was für ein Tier, das ist zu undefinierbar. (D F+ T/Nat. Spiegelung)

F: (nimmt Tafel) Mmhh. (unbest.) Also das habe ich erstmals gesagt: so eine Stickerei. Vielleicht eine Stickerei als Kunstwerk. (G FbF Obj. Orn.)

M: (nimmt Tafel) Und dann hab

GRV_2

F: Die Bunte!

M: (nimmt Tafel auf) Aha. Ah ja, da seh ich ein Tier . . . (D_bF+ T V)

F: Mmhh. (zustimmend)

M: Irgendwo in Landschaft, klettert herum und spiegelt sich im Wasser. (Natur/Spiegelung)

F: (nimmt Tafel) Mmhh, das war letztes Mal wegen der Symmetrie wieder. Daß ich gar nicht . . . Daß ich das Ganze als ich gesagt, dieser Teil könnte ein Geist sein. Der so die Arme . . . in der Nacht . . . kommt.

F: Lustig, Gespenst! Würde mich nie daran erinnern, weil Gespenst für mich weiß ist und nicht farbig.

Kommentar: Der Mann teilt der Frau den erlittenen Farbschock und seine (emotionale) Ergänzungsbedürftigkeit (Wasserspiegelung) mit. Die Frau geht aber wenig darauf ein, ebensowenig wie auf seine hier angesprochene Gespensterangst, weil Farben bei ihr offenbar nicht Ängste wecken, sondern eher davor schützen.

M: Ja, ich sag nur die Form. (Etwas ängstlich sich rechtfertigend)

F: Ja. Stimmt. (beiläufig, ungeduldig zu sagen, was sie sah) Also, ich eben als Stickerei, so die Form, Kunst, dann hab ich gesagt zwei Tiere, die einen Baum hochklettern. Dann hab ich das umgedreht. (D $_b$FFb + T/Pfl.)
Und dann hab ich gesagt Blüte, tropische Blüte. (G FbF Pfl.)

M: Ja, gut . . . (eher gedrückt, nimmt Tafel)
Und was ist es mit Spiegelbild und Tier?

F: Aha! Daß das irgendwie See wäre und daß das sich im Wasser spiegelt.
Ja . . . (zweifelnd), ja, ja, natürlich. Nur das kann man bei geschlossenes Bild sehe.

M: Und was siehst du?

F: Eher zwei Tiere, die auf Baum klettern. (D $_b$FFb + T/Pfl.)

M: Hinaufklettern.

(Beide reden einträchtiglich zu gleicher Zeit. VL unterbricht und frägt nach.)

M: Bei ihr ist es eher zufällig, daß sie die Bewegung gleichzeitig machen.

F: Ja.

(– – Pause – –)

F: Dann die tropische Blüte. (G FbF Pfl.)

M: Ja, das könnte auch noch sein. Worauf einigen wir uns?

F: Also für mich ist das, kommt drauf an, von welcher Seite man es sieht, das wäre für mich sofort: zwei Tiere, die Baum hochklettern.
Vom Spiegelbildlichen her – ich weiß nicht warum, das stört mich irgendwie, weil für mich ist das Bild ziemlich einheitlich.

M: Mich stört es einfach, denn die machen nie gleichzeitig die gleiche Bewegung. Ist einfach etwas Unwahrscheinliches.

F: Ja, aber das kann trotzdem zusammentreffen.

M: (lacht – es aufgebend) Es kann eher wahrscheinlich sein . . .

F: Ja denn, wenn wir uns gar nicht einigen können – können wir ja tropische Blüte nehmen.

M: Da bin ich auch einverstanden, aber das ist erst sekundär oder tertiär . . . Primär sehe ich wirklich das Tier.

allen sagen. Ja . . . gut.

M: Ich meine, mir ist es erst hier richtig aufgefallen, daß man nur die eine Seite anschauen könnte und die andere als . . .

F: Ja, Frl. Kohler hat mich gefragt, was für ein Tier, und ich hab gesagt Waschbär.

M: Ja, könnte sein . . .

F: Gut! (läßt ihn nicht richtig ausreden)

M: . . . nur die haben zu lange Beine.

F: Ja, aber das kleine spitze Köpfchen und so . . . Gut, was finden wir hier?

Kommentar: Der Mann möchte nun alle Tafeln als sich ergänzende Hälften sehen, die Frau geht aber nicht darauf ein.

M: Für mich sind wir einig, nur finde ich nicht so gut das Auf-den-Baum-klettern, für mich ist es eher ein Entlang-Laufen.

F: Aber weißt, mir gefällt das Bild so gut, weil von der Form her es so geschlossen ist. Und deshalb kann ich das auch . . .

M: Ich finde das schwierig. Höchstens ein Käfer, ein Tier kann gar nicht so hoch klettern.

F: Ah ja? Das kannst du tun; aber das Ganze ist sowieso ein bißchen, ich will nicht sagen abstrakt, aber wenn du sagst, das fällt so runter, dann kannst du auch sagen, es gibt kein Tier mit drei Beinen.

M: Da ist das vierte Bein.

F: (nimmt Tafel) Ja, ich auch. Aber irgendwie stört mich das – für mich ist es eine Einheit einfach. Ich mein, ich kann schon sagen Spiegelbild, aber dann geb ich einfach nach, ohne daß ich davon überzeugt bin.

M: Einer von uns muß nachgeben! (tönt beteiligt und doch zugleich «sachlich»)

F: Ja, wir können uns beide nachgeben und auf die tropische Blüte einigen!

M: Aha, ja, so kann man auch, gut. (zu VL) Das kann man auch?

VL: Sicher.

M: Gut, dann machen wir tropische Blume. Das hätten wir vorher vielleicht schon machen können.

Kommentar: Im Vergleich zum GRV_1 werden im GRV_2 keine neuartigen Deutungen vorgebracht. Somit kann man sehen, inwiefern das Paar mit den gleichen Vorschlägen in veränderter Art umgeht. Im Gegensatz zum GRV_1 sieht der Mann die Tiere jetzt kletternd, allerdings nicht auf Bäumen, sondern in einer Landschaft mit Wasserspiegelung. Es ergibt sich aber erneut die Meinungsverschiedenheit, daß der Mann eher die Ergänzungsbedürftigkeit erlebt und die Frau das In-sich-geschlossen-Sein zur Einheit, interpretierbar als zwei unterschiedliche Formen narzißtischer Partnerbeziehung: «der

F: Ah, das sieht man nicht. (redet ganz schnell) Aber ich glaube, man sollte auch die Assoziation sagen, was einem dabei einfällt . . .
Also, was nehmen wir?
M: Irgendeine abstrakte tropische Blume, dafür bin ich schon . . . das kann schon sein.
F: (nimmt Tafel) Ja, aber!
M: (nimmt Tafel, unterbricht Frau) Ich hab nicht alle tropischen Blumen gesehen. (lacht)
F: Ja ich auch nicht. Ja, aber doch irgendwie: das ist der Stiel.
M: Ja, und das ist die Blüte.
F: Und das ist die Blüte.

Kommentar: «auf Bäume hochklettern» erregt beim Mann Absturzängste. Wie bei vielen Phallisch-Rivalisierenden sieht die Frau das Tier mit nur drei Beinen (kastriert), worauf sie auf die abstraktere und weniger «gefährliche» tropische Blüte (vegetativ) ausweichen.

M: Und davon hältst du nicht viel, das Spiegelbild?
F: (nimmt Tafel) Ja, das schon; es ginge schon. (nur teilweise überzeugt) Aber weißt du, ist aber schon von der Form und der Farbe her, daß es so ganz geschlossen ist.
M: (nimmt Tafel) Wenn schon, dann könnte ich mich eher mit der tropischen Blüte . . . das widerspricht mir (meint Tiere, die klettern), das ist einfach

Partner als Spiegelbild und substitutive Ergänzung» einerseits, «zwei Partner, die miteinander eine Einheit bilden» andererseits. Diese Meinungsverschiedenheit bildet ja auch den zentralen Konflikt in der Therapie: die Frau, die die Beziehung als geschlossene Ehe sehen will, der Mann, der diese Frau als eine persönliche Aufwertung und Ergänzung erlebte. Dieser Konflikt besteht zwar weiterhin im GRV_2: Der Mann kann nicht akzeptieren, daß es sich um zwei Tiere handeln könnte, die «gleichzeitig die gleiche Bewegung» machen, die Frau dagegen stört sich am Spiegelbildlichen.

unnatürlich, das Kle . . .

F: (nimmt Tafel) Ach . . .

M: Auch wenn ich es so – das kann ich mir nicht vorstellen . . .

F: Also gut, die tropische, die tropische Blüte.

M: Ziemlich mit Vorbehalt, aber irgendwie müssen wir uns einigen. (lacht etwas)

F: Wir *müssen* uns nicht einigen.

M: Doch.

F: Ja, aber wenn's überhaupt nicht geht? Dann bitte schön, also! (= Versager)

Kommentar: Die Frau erträgt die Spannung des Nicht-Einigseins besser als der Mann. Die Tafel wird mit einem Versager beendet, das heißt, es wird keine gemeinsame Lösung ausgesprochen.

Das Paar kann jetzt jedoch besser mit divergierenden Ansichten umgehen: Jeder sagt klar, wie er es erlebt und äußert auch den Stellenwert, den gewisse Aussagen für ihn haben. Wenn keiner sich selbst aufgeben soll, müssen sie nach einer beidseits akzeptablen Drittlösung suchen, die allerdings individuell gesehen nicht immer die bevorzugteste (primäre) Lösung sein kann.

Im Gegensatz zum GRV_1 äußert der Mann weniger Angst bei dieser Farbtafel (die Deutung eines nächtlichen Gespenstes entfällt) und die Frau keine phallisch-rivalisierenden Bemerkungen (Diskussion, ob das Tier drei oder vier Beine habe).

Zusammenfassung

Es wird über eine Ehetherapie berichtet, die nach 31 Sitzungen mit dem verzweifelten Entschluß des Paars zur Scheidung endete, was mich als Therapeuten bedrückte und bezüglich der Effizienz meiner Bemühungen verunsicherte. In einem projektiven Interaktionstest, dem Gemeinsamen Rorschach-Versuch, zeigte sich jedoch ein differenzierteres und positiveres Therapieergebnis: In ihrem Kommunikations- und Kooperationsvermögen waren die Partner am Ende der Therapie wesentlich subtiler aufeinander bezogen. Sie wirkten als Persönlichkeiten realitätsangepaßter und im Gefühlsbereich erlebnisfähiger und stabiler. Überraschenderweise ergab die Katamnese sechs Monate nach Therapieabschluß ein wesentlich günstigeres Bild des Therapieeffekts, indem die Partner eine neue und reifere Form des Zusammenlebens miteinander gefunden hatten. Dieser Zustand manifestierte sich im Retest bereits zur Zeit des Therapieabschlusses und hätte die damals deprimierende Sicht dieses Therapieergebnisses korrigieren lassen.

Die an diesem Beispiel erhobenen Befunde sprechen für folgende allgemeine Feststellungen:

1. Das Ergebnis einer Paartherapie muß vielschichtig erfaßt werden. Die bloße Einschätzung durch Therapeut und Patienten kann dabei in Widerspruch stehen zu dem Ergebnis eines projektiven Interaktionstests. Der Test kann das Therapieresultat auf einer anderen, von der momentanen Übertragungssituation unabhängigeren Ebene erfassen als die subjektive Einschätzung und direkte Beobachtung. In diesem Beispiel war das Testresultat für die zukünftige Entwicklung relevanter als die Therapiebeurteilung des Therapeuten.

2. *Eine bloße Verbesserung der Kommunikation ist nicht identisch mit einer befriedigenderen Beziehung.*

In diesem Beispiel war das Paar vielmehr trotz fast «idealer» Test-Kommunikation verzweifelt und entschlossen, sich zu scheiden.

3. Angepaßtere Kommunikation und Verzicht auf destruktives Fehlverhalten kann mit verstärkten phobischen Ängsten und Depression einhergehen. Forcierte Manipulationen des Therapeuten mit dem Ziel, ein Paar auf kommunikatives «Wohlverhalten» zu trainieren, müssen deshalb als bedenklich erachtet werden. In einer Paartherapie sollte nicht nur das Kommunikationsverhalten, sondern ebensosehr das tiefere Erleben der Partner – ihre oft unbewußten Gefühle, Ängste und Strebungen – berücksichtigt werden.

Literatur

1 Cromwell, R. E., D. H. Olson und D. G. Fournier: Tools and Techniques for Diagnosis and Evaluation in Marital and Family Therapy. In: Family Process 15 (1976), S. 1–49

2 Gurman, A. S.: The Effects and Effectiveness of Marital Therapy: A Review of Outcome Research. In: Family Process 12 (1973), S. 145–170

3 Haley, J.: Critical Overview of Present Status of Family Interaction Research. In: J. L. Framo: Family Interaction. A Dialogue Between Family Researchers and Family Therapists. New York: Springer 1972.

4 Olson, D. H.: Marital and Family Therapy: Integrative Review and Critique. In: Journal of Marriage and Family 32 (1970), S. 501–538

5 Willi, J.: Joint Rorschach testing of partner relationships. In: Family Process 8 (1969), S. 64–78

6 Willi, J.: Der Gemeinsame Rorschach-Versuch. Diagnostik von Paar- und Gruppenbeziehungen. Bern, Stuttgart, Wien: Huber 1973

7 Willi, J. (Hg.): Anwendung des Gemeinsamen Rorschach-Versuchs in Ehetherapie und Forschung. Bern, Stuttgart, Wien: Huber 1974

8 Willi, J.: Die Zweierbeziehung. Reinbek bei Hamburg: Rowohlt 1975

3.2. Beurteilung der Familientherapie in der Nachuntersuchung

LUC KAUFMANN und ELVIRA PANCHERI

1. Grundsätzliche methodologische Probleme der Psychotherapieforschung

Im ersten Kapitel dieses Teils berichtet WILLI über die Möglichkeit, Wirkungen der Ehepaartherapie mit Hilfe des Gemeinsamen Rorschach-Versuchs zu *messen*[30]. Eine analoge, bereits erprobte Möglichkeit der Messung von therapiebedingten Veränderungen in der Paar- und Gruppentherapie bietet der Gießen-Test (BECKMANN und RICHTER[1]). Die Paartherapie ist ein Hauptanwendungsgebiet der als Familientherapien bezeichneten Behandlungsverfahren; die theoretischen Grundlagen und Zielsetzungen überschneiden sich; eine Veränderung der Zweierbeziehung wirkt sich nach den Hypothesen der Systemtheoretiker (BOWEN[3]) unweigerlich auf das Beziehungsnetz in der Familie (Kinder, Verwandte) aus. Umgekehrt führt Familientherapie in günstigen Fällen über die Entlastung des kindlichen Primärpatienten hinaus zur Behandlung des Elternpaars.

Es gibt indessen Unterschiede zwischen Paar- und Familientherapie im engeren Sinn, die für die Frage der Therapiebeurteilung bedeutsam sind. Die Paartherapie steht, in bezug auf die Ausgangslage, der individuellen ambulanten Psychotherapie näher, die bekanntlich nach einer Vorbereitungsphase mit einem klaren Vertrag beginnt, in dem sich der Patient als behandlungsbedürftig bezeichnet, über das Vorliegen von Symptomen oder (und) von persönlichen inneren Schwierigkeiten mit dem Therapeuten einig geht und gewillt ist, die gemeinsame Arbeit mit dem Therapeuten aufzunehmen. Die Partner eines «therapiewilligen» Paars bilden unter den Patienten mit psychischen Leiden dadurch eine Sonderklasse, daß sie sich der Existenz der Beziehungsstörung bewußt sind und damit eine (taugliche oder untaugliche) Motivation für eine Veränderung *dieser* Beziehung in die Konsultation mitbringen.

Die Ausgangslage der Familientherapien ist so weit von diesen Voraussetzungen entfernt, daß man sagen kann, ihr eigentlicher Anwendungsbereich beginne dort, wo individuelle Psychotherapie nicht mehr oder noch nicht möglich sei. Der «Patient Familie» (Richter[22]) wird ja gerade zum Behandlungsobjekt, weil die Einsicht in das Vorliegen von Beziehungsstörungen fehlt; die Familie meldet ihre Hilfsbedürftigkeit indirekt und chiffriert, über die Symptomatik und die Verhaltensstörungen des vorgeschobenen Primärpatienten nach außen, und zwar nicht immer dem Arzt und schon gar nicht einem Psychotherapeuten.

Zusätzliche Probleme zu den bekannten methodologischen Schwierigkeiten der Psychotherapieforschung im allgemeinen ergeben sich ferner aus der Vielgestaltigkeit der Behandlungsmethoden und der Verläufe der ihrem Wesen nach problemorientierten Familientherapien. «Die» Familientherapie gibt es gar nicht. Sinnvoll wäre also nur die Frage, welche spezifische Behandlung durch wen bewirkt welche spezifische Veränderung bei welchen umschriebenen Störungen in welchen Familien und bei ihren Angehörigen. Die zu behebende Störung müßte demnach vor der Behandlung klar bezeichnet, ja gemessen werden – das Behandlungsziel müßte vorher festgelegt, der Zustand der Familie nach Behandlungsabschluß und später in Form katamnestischer Nachkontrolle von neutralen Untersuchern beurteilt werden. Eine derartige wissenschaftliche Nachprüfung ist aber am Modell der somatischen Medizin orientiert und wird dem Gegenstand der Untersuchung dann nicht mehr gerecht, wenn die Zielsetzung sich während der Behandlung ändert. Und gerade dies kommt, wenn auch anders als in der individuellen Psychotherapie, in Form etappenweisen Festsetzens neuer Ziele in der Familientherapie eben vor.

Der Familientherapeut denkt nicht in linearen, kausalen Zusammenhängen. Er faßt individuelles symptomatisches Verhalten (auch) als sichtbaren Teil eines durch negative und positive Feedbacks regulierten, durch «dysfunktionelle Beziehungen» gekennzeichneten Familiensystems auf. Er versucht, Beziehungen innerhalb der Familie oder zwischen Familie und sozialer Umwelt zu verändern. Er kann deshalb den Erfolg oder Mißerfolg nicht an der Veränderung des individuellen Verhaltens messen, sondern muß den Zusammenhang zwischen objektivierbaren, therapeutisch induzierten Veränderungen im Beziehungsnetz und dem Wegbleiben des symptomatischen Verhaltens des Primärpatienten nachweisen.

Was und wer ist in der Familientherapie therapeutisch wirksam? Der erfahrene Familientherapeut billigt den intrafamiliären Beziehungen ein ebenso großes oder größeres therapeutisches Potential zu als der Arzt-Patienten-Beziehung. Gerade dieses «Selbstheilungspotential» der Familie selbst gilt es im therapeutischen System, das durch Familienglieder und Therapeut gebildet wird, zu mobilisieren (BOSZORMENY-NAGY und SPARK[2], BOWEN[3], MINUCHIN[17]). Damit hört aber eine klare Unterscheidung zwischen Therapeut und seinem Objekt, der Familie, auf.

Die bisher veröffentlichten Arbeiten über Ergebnisse der Familientherapie sind wenig zahlreich, und ihr wissenschaftlicher Wert steht in umgekehrtem Verhältnis zur Begeisterung ihrer Vertreter (GLICK und KESSLER[7]). WELLS und Mitarbeiter haben gezeigt, daß von fünfzehn Arbeiten nur zwei einer methodologischen Überprüfung einigermaßen standhalten (WELLS, LANGSLEY[12, 13]). Allerdings erwähnt WELLS Veröffentlichungen aus Europa nicht (ESTERSON[5]).

Die zwei erwähnten, akzeptablen Berichte handeln von Kriseninterventionen in Familien von hospitalisierungsbedürftigen Kranken und weisen mit Hilfe einer Kontrollgruppe nach, daß mit Familientherapie Hospitalisierungen vermieden werden können mit ebenso guten oder besseren Resultaten als bei Spitalbehandlung.

Die Frage nach den für die Therapiebeurteilung signifikanten Kriterien ist ungelöst. So sind zum Beispiel meßbare qualitative Verbesserungen der Kommunikationen und anderer Interaktionsvariablen unter der Therapie bei weitem nicht immer korreliert mit gutem Ausgang der Behandlung (SIGAL[24], POSTNER[20], FERREIRA[6]); es scheint, als ob derartige «Fortschritte» mitunter eine vorübergehende Anpassung der Familie an die Therapeuten, also einen Abwehrmechanismus, darstellen und nicht Ausdruck der Verbesserung der darunterliegenden Beziehungen sind (MOSHER[18]). Auch das Kriterium der ausbleibenden oder selteneren Hospitalisierung ist fragwürdig, denn die Familie kann mit dem zu Hause bleibenden Patienten ein neues, möglicherweise noch pathologischeres homöostatisches Gleichgewicht aufbauen als vor der Krise (GRAD und SAINSBURY[8], WILLI[29]); *das therapeutische Potential des Spitals – selbst eine schwer faßbare Variable – bestimmt mit, ob und wann eine Hospitalisierung unnütz oder schädlich ist oder wird* (LIDZ[15]).

2. Einige Beobachtungen und Erfahrungen

Die Einführung und allmähliche Integration der Familiendimension in Diagnose und Therapie am Hôpital de Cery, Lausanne, das gleichzeitig als psychiatrische Universitätsklinik und als Landeskrankenhaus für einen Sektor von 250000 Einwohnern dient, kann hier nicht beschrieben werden; sie führte zu einer vermehrten Berücksichtigung der Familiendynamik und der Beziehungen zu Angehörigen im allgemeinen.

Ungefähr dreihundert Familien wurden in jeweils ein bis zwei *Interviews*, an denen der Primärpatient und die Eltern oder mindestens eines der Elternteile sowie ein oder mehrere Geschwister, nicht sehr oft auch Angehörige der Großelterngeneration teilnehmen, untersucht. Aufzeichnungen darüber liegen in 192 Fällen vor: Protokolle, Tonbandaufnahmen, neuerdings auch Videobänder oder auch nur sehr summarische Zusammenfassungen, die nach dem Interview erstellt werden. In 82 Fällen führte das Erstinterview zu einem Versuch mit Familientherapie, das heißt zu regelmäßigen therapeutischen Sitzungen mit der Familie oder Familien-Untergruppen; nicht selten ermöglichten die beiden ersten Gespräche eine vermehrt «familienorientierte» Behandlung.*

Familien	Primärpatient psychotisch	Primärpatient nichtpsychotisch	Therapieversuch	Familienorientierte Behandlung
192	127		53	20
		65	29	4

Die Dauer und die Zahl der Sitzungen der hier zu den Behandlungen gerechneten Interventionen schwankt sehr stark; in den letzten Jahren haben wir zudem gelernt, das *timing* der Sitzungen besser der jeweiligen Situation anzupassen: Behandlungen mit allwöchentlichen Sitzungen laufen nicht immer besser – ja oft laufen sie schlechter als Therapien, in denen sich die Sitzungen in weit größeren Abständen folgen.

	Sitzungen 3–9	10–15	16–25	26–50	51–100	101–140
Familien von psychotischen Patienten	28	9	5	4	4	3
Familien von nichtpsychotischen Patienten	17	7	4	5		

* Bei «familienorientierter Behandlung» kommt es nach ein bis zwei Gesprächen mit der versammelten Familie während der Hospitalisierung, in der Nachbehandlungsphase und anläßlich einer späteren Wiederhospitalisierung zu einer regeren Interaktion zwischen Spitalgruppe und Familie. Es handelt sich um eine heterogene Gruppe: Der Verzicht auf eine Familientherapie beruht durchaus nicht immer auf Widerständen von

Zehn von 82 Versuchen (Primärpatienten: drei Kinder, vier Jugendliche, drei junge Erwachsene) wurden ambulant durchgeführt, die übrigen 72 begannen während der Hospitalisierung, und gingen in der Mehrzahl nach der Entlassung des Primärpatienten ambulant weiter.

Hinsichtlich der Behandlungschancen für individuelle Psychotherapie stellen die Primärpatienten unseres Familienmaterials eine ausgesprochen negative Auslese dar: bei den 53 psychotischen Patienten handelt es sich um 48 Schizophrene, eine Paranoia, eine Mischpsychose und drei Post-partum-Psychosen; bei 25 von den 29 nichtschizophrenen Primärpatienten waren der Familientherapie (und der Hospitalisierung) Versuche mit individueller Psychotherapie oder Stütztherapie vorausgegangen und gescheitert. Die Diagnosen verteilen sich auf zehn verhaltensgestörte oder depressive, suizidale Adoleszenten, zwei neurotische Depressionen, drei schwerste Zwangsneurosen, fünf Fälle von «Anorexia mentalis» und sechs Fälle mit der Etikette *borderline-case.*

Die hier folgenden Angaben über den Ausgang der durchgeführten Familienbehandlungen beruhen nur zu einem kleinen Teil auf detaillierten Untersuchungen durch neutrale Untersucher und sind deshalb als *klinische Eindrücke* zu verstehen.

a) Bei der *Therapie mit Familien von Schizophrenen*, die hospitalisiert sind, wird Familientherapie selbstverständlich mit den üblichen anderen Behandlungsverfahren kombiniert (Psychopharmaka; Arbeits- und Milieutherapie; Wiedereingliederungsmaßnahmen, individuelle Stütztherapie, ausnahmsweise längerdauernde individuelle Psychotherapie).

Angaben und Beobachtungen über die Weiterentwicklung der Primärpatienten liegen in 39 von 48 Fällen vor. Von diesen 39 psychotischen Patienten, deren Familientherapie ein bis zehn Jahre zurückliegt, sind sechzehn voll arbeitsfähig (davon drei schon vorher, drei nach der Behandlung verheiratet); zehn Patienten sind arbeitsfähig mit Unterbrechungen und stehen unter Medikation und ambulanter Kontrolle; fünf klinisch gebessert, aber (noch) nicht erwerbstätig; acht Fälle praktisch unverändert und nicht erwerbsfähig. Es handelt sich in der überwiegenden Mehrheit um weibliche hebephrene Patienten von fünfzehn bis dreißig Jahren zur Zeit des Behandlungsbeginns.

Zwölf von 48 schizophrenen Patienten mußten bisher nach der Behandlung wieder hospitalisiert werden, davon drei mehr als einmal. Nur drei dieser zwölf wiederhospitalisierten Patienten gehören gleichzeitig zu

seiten der Familie, fehlender Indikation oder gar Gegenindikationen. Häufig ist er auf Widerstände, mangelnde Disponibilität oder ungenügende Ausbildung auf der Seite der Therapeuten zurückzuführen.

der Gruppe der sieben bei Abschluß der Familientherapie ungebesserten Kranken. Eine Patientin hat das Spital noch nicht verlassen.

Besonders erwähnt seien die drei von vier Fällen von subchronischen schizophrenen Patientinnen, die jahrelange Hospitalisationen hinter sich hatten, auf Medikamente nie angesprochen hatten und nie arbeitsfähig gewesen waren, nach Langzeit-Familientherapie (drei bis viereinhalb Jahre) kombiniert mit individueller Psychotherapie zwei bis vier Jahre nach Therapieabschluß symptomfrei sind und voll arbeitsfähig (KAUFMANN[75]). Wegen des enormen Aufwands und der entsprechenden Belastung können solche Behandlungsmethoden indessen nie für die Schizophrenietherapie auf breiter Basis in Frage kommen.

Praktisch viel wichtiger dürften die viel zahlreicheren Fälle sein, in denen Familientherapien von nur sechs bis zehn, eher noch von zwölf bis fünfzehn Sitzungen mit verhältnismäßig günstigen Verläufen zusammenfallen und möglicherweise dabei mitgewirkt haben. «Günstiger Verlauf» heißt hier: der Primärpatient wird für die individuelle psychotherapeutische Führung zugänglich; die Hospitalisierungszeit wird infolge der besseren Vorbereitung der Entlassung zusammen mit der Familie verkürzt, die Nachbehandlung und Wiedereingliederungsmaßnahmen werden erleichtert.

Es mag erstaunen, daß hier Versuche von nur drei bis sechs Sitzungen überhaupt als Behandlungen aufgeführt sind. Natürlich sind viele dieser kurzen Behandlungen Versager – aber nicht immer. Es kommt vor, daß ein am Familiensystem ansetzender (manipulativer) Eingriff zu schlagartiger Besserung des symptomatischen Verhaltens des Primärpatienten und zu einer veränderten Haltung der Angehörigen führt. Umgekehrt führen manchmal länger dauernde Familientherapien nur zu oberflächlichen, vorübergehenden oder auch zu gar keinen Veränderungen – namentlich dann, wenn sich in der Familien-Therapeutengruppe eine neue auf Pseudo-Gegenseitigkeit basierende Homöostase fixiert.

Schließlich gibt es psychotische Patienten, deren Zustand sich in befriedigender Weise, ja bis zur Symptomfreiheit bessert, *ohne* daß in der Therapie eine faßbare Änderung der Familienstruktur erzielt wurde (in unserem Material fünf Fälle); dies spricht dafür, daß die Systemtheorie ihre Grenzen hat, wobei aber zu bedenken ist, daß die Beziehung Familie–Spitalgruppe auch in diesen Fällen «bewegt» wurde. Auf der anderen Seite steht das nicht seltene Phänomen, daß in Familientherapien nicht der Primärpatient, wohl aber andere Familienglieder, vor allem die am wenigsten kranken Geschwister, Fortschritte machen.

Die Bereitschaft der doch oft mit schweren psychischen Störungen und Kontaktschwierigkeiten belasteten Angehörigen von Schizophrenen, mit

Therapeuten zu regelmäßigen Arbeitssitzungen zusammenzukommen, ist infolge der pathologischen gegenseitigen Abhängigkeit und der niedrigen Trennungstoleranz der Familienglieder erstaunlich hoch – besser als in den Familien von nicht schizophrenen hospitalisierten Patienten. Vorzeitiger Abbruch der Therapie durch die Familie, der wie gesagt nicht notwendigerweise mit einer ungünstigen Weiterentwicklung des Primärpatienten korreliert ist, kommt nach zwölf bis fünfzehn Sitzungen nicht mehr vor, wahrscheinlich wegen der starkgewordenen Bindung an die Therapeuten, was aber nicht mit «therapeutisch wirksam» gleichgesetzt werden darf. Zweifellos gibt es therapieresistente Familien. Wir nennen als Gründe zum Beispiel das Nichtanerkennen der Kompetenz der Therapeuten durch die Familie aus kulturellen oder religiösen Gründen, das Veto der unerreichbaren Sippe oder die echte Paranoia mit dem Risiko gefährlichen Agierens.

Sehr viele der Familie in die Schuhe geschobene unbefriedigende Beendigungen von Therapien gehen aber bei näherem Zusehen auf das Konto der Therapeuten: Gründe sind zum Beispiel ungenügende Kenntnis und Erfahrung in *verschiedenen* Behandlungstechniken; halbherziges Engagement oder mangelnde Belastungsfähigkeit; Einfrieren der Konflikte in der Beziehung zwischen Co-Therapeuten.

b) Therapie mit Familien von Nichtschizophrenen

In 20 von 29 Fällen liegen Informationen über den Zustand des Primärpatienten acht Monate bis sechs Jahre nach Beendigung der Familientherapie vor: 13 von 29 Patienten sind praktisch unverändert. Positive Resultate sind bei Familien hospitalisierter Kranker mit der Bereitschaft der Familie, nach Spitalentlassung die Behandlung ambulant weiterzuführen, korreliert. Paradoxerweise schneiden diese Familien also eher schlechter ab als die Familien der Psychotiker, soweit es sich um hospitalisierte Primärpatienten handelt. Eine mögliche Erklärung liefert der Umstand, daß bei dieser Kategorie von Familien *nach* einmal beschlossener Hospitalisierung Leidensdruck und trennungsbedingte Angst geringer sind und damit der den psychotischen Familien inhärente Zwang des Aneinanderhaftens weniger gut ausgenützt werden kann. Zudem arbeitet man bei Adoleszenten und nichtpsychotischen Erwachsenen auch eher auf eine echte Emanzipation des Primärpatienten hin. Immerhin sei unterstrichen, daß die zwölf günstig verlaufenden Fälle (mit anschließender individueller Psychotherapie in acht Fällen) durchwegs zu jenen Familien gehören, die sich der Auseinandersetzung mit den Therapeuten über kürzere oder längere Zeit stellten – mit anderen Worten: diese Patienten wurden erst behandlungsfähig nach dieser «Auseinandersetzung».

3. Die Nachuntersuchungen

In der Einleitung haben wir einige spezifische Probleme der Erfolgsbeurteilung in der Familientherapie skizziert. Wir sind auch aus anderen Gründen nicht in der Lage, jetzt schon Ergebnisse einer Forschungsarbeit vorlegen zu können, die wir bisher zugunsten der klinischen Tätigkeit zurückgestellt haben. Dem wissenschaftlichen Nachweis der Wirksamkeit der Familientherapie mit Hilfe von Nachuntersuchungen stehen hauptsächlich folgende Schwierigkeiten entgegen:

a) die heterogene Zusammensetzung der untersuchten bzw. behandelten, jedoch *nicht nach bestimmten Kriterien ausgewählten* Familien. Sie sind verschieden in bezug auf Kinderzahl, Alter der Glieder, soziale Klasse, Wohnverhältnisse, Beruf der Väter, kulturelle Zugehörigkeit, Intelligenzgrad und Schulungsniveau der einzelnen Angehörigen. Ferner variieren die Diagnosen der Primärpatienten, die Dauer und Schwere ihrer Erkrankung und die psychopathologischen Störungen bei anderen Familiengliedern. Wir können schließlich keine Kontrollgruppe aufstellen, weil die Entscheidung, ob eine Familie behandelt wird oder nicht, von klinischen Erwägungen und anderen Faktoren bestimmt wurde, nicht aber durch Randomisierung innerhalb einer Population von Familien, bei denen die Indikation zur Familientherapie an sich feststand.

b) Die vor der Behandlung durchgeführten Untersuchungen sind für eine objektive Bewertung der therapiebedingten Veränderung ungenügend, denn in der Klinik können die ersten Gespräche mit Familien bei weitem nicht immer als «halbstrukturierte» Interviews gestaltet werden, weil Untersuchung und Behandlungsbeginn nicht zu trennen sind.

Wir verfügen auch nicht über Daten, die mittels Tests erhoben wurden. Die Analyse der formalen Besonderheiten der Kommunikation erwies sich als zu schwierig und zu zeitraubend, um als Routineverfahren in Frage zu kommen (KAUFMANN [10]). Zudem sind Kommunikationsstörungen abhängig vom affektiven Klima und von der je vorliegenden Beziehung zwischen Familie und Interviewer. Den Versuch, die Familien einem Test (Gemeinsamer Rorschach-Versuch, *Object-sorting*-Test) zu unterziehen, gaben wir wegen der sehr häufigen Ablehnung der Untersuchung durch die Familie bald auf. Verweigerung von Tests kann natürlich kein Grund für den Verzicht auf einen Therapieversuch sein, um so weniger als offene Konfliktsituationen zwischen Spitalgruppe und Therapeut nach unserer Erfahrung keine schlechte Ausgangslage für Familientherapie sind.

c) Die Unmeßbarkeit der Therapeuten in bezug auf ihre Persönlichkeitsstruktur, Motivation und Ausbildung, und die der Beziehung zwischen Co-Therapeuten.

d) Die Schwierigkeit, in durchschnittlichen Verhältnissen, das heißt im Rahmen des Spitals und in der komplexen Zusammenarbeit mit anderen Ärzten, ambulant arbeitenden Institutionen, Sozialarbeitern, Schulen und Ämtern usw. die direkte, beabsichtigte Beeinflussung der Familie durch die Therapeuten von anderen Wirkfaktoren zu trennen.

e) Die Überschwemmung mit Information.

Trotzdem erscheinen uns Nachuntersuchungen mit limitierter Zielsetzung gerechtfertigt, weil Katamnesen von untersuchten und behandelten Familien über Zeitabschnitte von Jahren selten sind (Lidz[14]).

Unsere Nachuntersuchungen gelten folgenden Fragen:

1. Was ist aus den Primärpatienten und ihren Familien nach einem Therapieversuch geworden?
2. Wie haben sich Patienten und Familien weiterentwickelt, die untersucht, aber nicht behandelt worden sind? Bestehen Unterschiede zur Gruppe der behandelten Familien? Welche?
3. Was halten die Angehörigen der behandelten Familien im Rückblick von diesen Behandlungsversuchen?
4. Wie wirkt sich die Intervention der Nachuntersuchung selbst aus?

Methode

Zwei Untersucher, ein Arzt und eine Psychologin, welche die Familie vorher weder gekannt noch einen ihrer Angehörigen behandelt haben, untersuchen die Familie gemeinsam. Der zeitliche Aufwand für die Nachuntersuchung einer Familie schwankt zwischen vier und zwölf (!) Stunden ohne die Auswertung. Die Streuung ergibt sich aus den unterschiedlich großen Schwierigkeiten bei der *Vorbereitung* des Interviews und aus den variablen Reaktionen der Familien auf die Intervention. Von den Erfahrungen Ciompis[4] bei der Erhebung von über neunhundert Katamnesen bei ehemaligen Spitalinsassen ausgehend, verzichten die Untersucher darauf, die Familie mit einem erklärenden Brief zu informieren, denn damit werden Mißtrauen und abschlägige Antworten nur gefördert. Vielmehr sucht der eine Untersucher die Familie unangemeldet auf und erklärt sein Vorhaben an der Haustür. Die Abwehrreaktionen sind oft heftig, mitunter larviert, können aber im Gespräch meist überwunden werden. Es erweist sich manchmal als nützlich, die Familienglieder individuell für das Interview, das in der Wohnung der Familie stattfindet, einzuladen.

Die Nachuntersuchung umfaßt

a) die Erhebung der Katamnese seit Beendigung der Familientherapie in Form eines möglichst ungezwungenen Gesprächs und eine impressionistische Beschreibung der Familie;

b) die gezielte Befragung und Beobachtung der Familie im Hinblick auf die Beurteilung an Hand eines Fragebogens, den die Untersucher anschließend getrennt ausfüllen;

c) ausfüllen eines Fragebogens durch die einzelnen Familienglieder selbst; die Fragen berühren dieselben Variablen wie die des ersten Fragebogens.

Der *Fragebogen* für die Beurteilung der Familie und deren gegenwärtigen Situation *durch die Nachuntersucher*, der sich zum Teil an einen Entwurf für die Detailuntersuchung in Glick und Kessler[7] (S. 168–172) anlehnt, enthält eine Reihe von Fragebündeln (total 69 Items), die folgende Dimensionen und Aspekte berühren:

A Zustand der Familie

1. *Gegenwärtiges Funktionieren der Familie als Einheit:* Allgemeiner Eindruck; Haushalt, Arbeit, Schule, Freizeitbeschäftigung, Kontakt mit Außenwelt individuell und im Familienverband, Gesundheitszustand der Familienglieder.

2. *Rollen:* Klarheit der Rollen, Führerrolle, Parentifikationen; stabile oder unstabile offene Allianzen und mutmaßliche, versteckte Koalitionen; verwischte oder rigide Selbstgrenzen.

3. *Generationentrennung:* eingehalten, starr oder elastisch.

4. *Einschätzung ihrer Geschichte durch die Familie selbst:* Veränderungen seit der Therapie, positiv oder negativ, der Behandlung zugeschrieben oder nicht, der individuellen Behandlung des Primärpatienten oder anderen Personen oder Ereignissen zugeschrieben.

5. *Grad der Unabhängigkeit* der Familienglieder: hoch, durchschnittlich, unterdurchschnittlich; Rollenverteilung unverändert oder nicht; Entwicklung der Beziehungen innerhalb der Familie in der Richtung auf vermehrte Autonomie – auf Kosten des Kontakts oder nicht? Autonomie der Kernfamilie in bezug auf weitere Verwandtschaft und soziale Umwelt.

6. *Trennungstoleranz:* In welchen Bereichen funktionieren die Familienglieder getrennt (Ferien, Ausgehen, Wohnen, Bekanntschaften und Heirat, Ehe der Eltern in bezug auf Generationentrennung in Familienorganisation; während Krankheiten, auf dem Gebiet von Ernährung und Wäsche)?

7. *Konflikt- und Spannungszonen:* Ehekonflikt der Eltern, Konflikt Eltern–Großeltern, Eltern–Kinder, Eltern–Adoleszente, Eltern–erwachsene Kinder; Konflikt zwischen Kindern; Konflikt mit Nachbarschaft,

am Arbeitsplatz, andere; in welchen Bereichen (Geld, Sexualität, Religion, Gesundheit, Alkoholmißbrauch; andere)?

8. *Repetitive Interaktionsmuster:* direkt beobachtbar während Interview; rekonstruierbar nach Exploration der Organisation und der Familienregeln mit den entsprechenden Feedbacks, in Kernfamilie; über mehrere Generationen; Familien-Rituale.

9. *Kommunikationen:* Fähigkeit, positive Affekte und «negative» Gefühle (Furcht, Angst, Zorn, Trauer) zu äußern und zu übermitteln – über welche Kanäle: verbal, nichtverbal, über Handlungen? Klarheit der individuellen Kommunikationen; Klarheit im Ablauf der Kommunikationen zwischen zwei oder mehr Personen (interpersonelle Kongruenz); affektives Klima: während der Untersuchung; vermutlich vorherrschend in Familie; welche affektiven und triebhaften Äußerungen sind erlaubt, welche nicht.

B 1. Entwicklung des *Primärpatienten* seit der Entlassung aus dem Spital.

2. Wie hat die Familie die Krankheit und die Hospitalisierung erlebt?

3. Wie *erinnert sich die Familie an die Familientherapie*? An die Therapeuten? Was hält sie von ihnen? Was hat sie von ihnen erwartet? Was wirft sie ihnen vor?

C 1. Rangordnung der Familienglieder nach ihrer für die Familie maßgeblichen Bedeutung.

2. Zukunftspläne der einzelnen Familienglieder.

D *Nachuntersuchung:* Wie verläuft die Interaktion zwischen Familie und Untersuchern; fordern Familienglieder zur Zeit irgendwelche Hilfe? Von wem? Haltung und Erleben der Untersucher (Selbsteinschätzung).

Fragebogen für die Familienglieder (siehe 2. Beispiel, Familie R).

▶ *Beispiel 1: Familie* Z. Die achtzehnjährige Seminaristin Mireille wird im Herbst 1965 wegen akuter psychotischer Reaktion mit Davonlaufen, maniformem und enthemmtem Benehmen, einigen Wahnideen, vereinzelten Halluzinationen und Dissoziertheit in die Klinik eingewiesen. Die Kernfamilie: Der 45jährige Vater, Rechnungsrevisor, stark muttergebunden und schwerer Trinker, dann ab 1963 abstinent, jedoch mit irreversiblem Leberschaden, hat die beginnende Emanzipation Mireilles zu unterdrücken versucht. Die Mutter, eine unreife, ängstliche Frau mit hysterischen und phobischen Zügen und frigid, steht, weil affektiv von der Tochter abhängig, mir ihr in versteckter Koalition. Der dreizehnjährige Bruder Paul und die Jüngste, Anna, scheinen gehemmt, ängstlich, aber nicht offensichtlich in ihrer psychischen Gesundheit gestört.

Ein Therapieversuch mit der Familie Z., das heißt mit den Eltern und Mireille (es war unser erster Versuch), scheint indiziert wegen der massiven Projektionen der Eltern auf die Tochter und auf außerfamiliäre Faktoren («die Schule ist schuld an der Krankheit») und weil die Patientin dem Ehekonflikt der Eltern als Vehikel und Gefäß dient; direkt motiviert ist die Intervention durch die Störmanöver von seiten der Eltern, welche eine sich anbahnende psychotherapeutische Beziehung zwischen Stationsarzt und Mireille ausgelöst hat.

Im ersten und zweiten Interview beeindruckt uns die Familie durch die ausgeprägt starre Familienorganisation, mit Einfrieren der spontanen Kommunikationen zugunsten eines zwanghaft geregelten Ablaufs des Familienlebens.

Über den mit den Ursprungsfamilien und namentlich mit der Großmutter mütterlicherseits ritualisierten Kontakt haben die Z.s kaum affektive Beziehungen mit Außenstehenden. Die Rollen sind zunächst nicht zu fassen, die Kommunikationen spröde, fragmentiert.

Die Behandlung dauert zweieinhalb Monate; die eineinhalb Stunden dauernden Sitzungen finden wöchentlich statt. Behandlungsziel: Verbesserung der Kommunikationen in der Familie, Schutz der beginnenden individuellen Psychotherapie. Die Therapie steht von Anfang bis zum Schluß im Zeichen einer erheblichen aggressiven Spannung zwischen Eltern und Therapeuten, die die Tochter manipulierend zu verstärken sucht. Der Co-Therapeut hält nicht durch und fällt nach vier Sitzungen aus. Die Sitzungen konzentrieren sich auf das aktive Ausschalten Mireilles aus den Angelegenheiten der Eltern und das Aufdecken der Interaktionsmuster zwischen Vater und Mutter. Es wird durch Kommentare zu den stattfindenden Kommunikationen gezeigt, wie sich die beiden gegenseitig disqualifizieren und wie sie sich zu kontrollieren suchen. Die Strategie der Mutter, welche die hinter sturer Rechthaberei versteckte Abhängigkeit ihres Gatten zur Tarnung der eigenen Unsicherheit ausnützt, wird entlarvt.

Nach acht Sitzungen erklärt Mireille, sie habe da nichts mehr zu suchen, und kurz darauf brechen die Eltern die Behandlung unter einem Vorwand ab. Wir halten den Versuch für weitgehend gescheitert. Immerhin hält Mireille in der individuellen Psychotherapie während zwei Jahren durch, und durchläuft in dieser Zeit eine Sekretärinnenschule, die sie mit Diplom abschließt. Sie verbleibt solange in einer offenen «Nachtspital»-Abteilung, wobei einer sehr guten Beziehung mit der Abteilungsschwester großes Gewicht zukommt. ◀

Nachuntersuchung Herbst 1975, zehn Jahre später:

1. Funktionieren der Familie: Die Eltern hausen miteinander in einem von ihnen als befriedigend bezeichneten Gleichgewicht. Der in seiner körperlichen Gesundheit reduzierte Vater arbeitet regelmäßig, die Mutter besorgt den Haushalt. Das Leben läuft mit einer gewissen Monotonie ab. Das Paar hat mehr Kontakte mit Freunden und Bekannten als 1965; die Eltern gehen auch des öfteren miteinander aus. Die größte subjektive Befriedigung erleben sie in ihrer Rolle als Großeltern.

2. Rollen: Die Führerrolle des Vaters scheint eindeutig – er befiehlt, und seine Frau folgt ihm ohne Schwierigkeiten, hat aber den Eindruck, sie führe den Haushalt selbständig.

3. Generationentrennung: nach der Behandlung Mireilles und der Familie verbessert. Inzwischen Großeltern verstorben, die beiden älteren Kinder weggezogen und verheiratet. Die zwanzigjährige Studentin Anna wohnt zu Hause, organisiert sich aber weitgehend unabhängig von den Eltern. Die Generationentrennung scheint eher starr zu sein.

4. Einschätzung ihrer Geschichte durch die Familie selbst: Beide Eltern sprechen mit deutlicher Angst von der Krankheit Mireilles und der Krise, die sie damals durchstehen mußten. Diese Krise, und zwar vor allem die Entdeckung ihrer schwer gestörten Kommunikation, habe damals ihre ganze Existenz in Frage gestellt. Sie hätten daraufhin ein anderes, befriedigenderes Niveau des Zusammenlebens erreicht, was der Familientherapie zugeschrieben werden könne.

5. Grad der Unabhängigkeit: Gut durchschnittlich für die zwei verheirateten älteren Kinder und offenbar auch für die Jüngste. Dagegen sind die Eltern stark voneinander abhängig; einer der Untersucher spricht von fixierter Fusion. Neu ist immerhin, daß die Mutter manchmal ihre Wünsche äußern kann und Initiativen ergreift, wenn es um Ferien, Ausgehen, Einladungen usw. geht. Die Autonomie der Kinder geht auf Kosten des Kontakts: sie halten eine überdurchschnittlich rigide affektive Distanz zu den Eltern ein.

6. Trennungstoleranz: beurteilt nach den verschiedenen Items: durchschnittlich für die Kinder in bezug auf die Eltern, möglicherweise unterdurchschnittlich bei Mireille in bezug auf ihren Mann (?); sehr gering im Elternpaar: die beiden Eltern trennen sich außerhalb der Arbeitszeit des Vaters praktisch nie.

7. Konflikt- und Spannungszonen: Die Konflikttoleranz ist gering. Die Eltern versuchen, in einem «konfliktfreien» Zustand zu leben; flackern dennoch Meinungsverschiedenheiten auf, besteht bald Alarmzustand. Konflikte zwischen Eltern und Kindern werden durch Distanzhalten vermieden, doch bestehen befriedigende Kontakte, vor allem über die

Enkelkinder. Wichtigste Spannungszone ist der prekäre Gesundheitszustand des Vaters. Er ist übrigens alkoholabstinent geblieben.

8. Repetitive Verhaltensmuster: Nach der Familientherapie wurden manche Familienrituale abgebaut und die Familienorganisation gelockert. Die Organisation ist aber immer noch verhältnismäßig rigid, was sich in der Pünktlichkeit der Mahlzeiten, von Verrichtungen im Hause, dem zeitlichen Ansetzen von Lektüre oder Fernsehen kundtut. Hingegen scheint die Organisation weniger zur gegenseitigen Kontrolle mißbraucht zu werden.

9. Kommunikationen: im affektiven Bereich deutlich gehemmt. Die Ausdrucksmöglichkeiten sind namentlich bei den Eltern eingeschränkt, die Kontrolle auf diesem Gebiet ist sehr spürbar. Andererseits sind die individuellen Kommunikationen und auch die interpersonelle Kongruenz der Kommunikationen wenig gestört. Das affektive Klima ist frostig, soweit es vom Vater bestimmt wird. Aggressive Äußerungen werden als bedrohlich empfunden; die sexuellen Beziehungen der Eltern scheinen gehemmt, was der körperlichen Krankheit des Vaters zugeschrieben wird; die Tochter Anna soll sich auf diesem Bereich frei fühlen, doch kann ihre Bindungsfähigkeit nicht beurteilt werden.

Die Entwicklung der Primärpatientin seit Spitalentlassung und Abschluß der Therapie ist denkbar gut. Krankheitszeichen sind keine mehr aufgetreten und keine sichtbar. Sie ist mit einem etwas autoritären Ingenieur verheiratet und hat zwei kleine Töchter. Ihre Hospitalisierung von 1965 bis 1967 vergißt sie mehr und mehr. Die Tendenz, sich vom Elternhaus fernzuhalten, ist deutlich.

Die Familie hat seinerzeit schwer unter der Krankheit und der Hospitalisierung Mireilles gelitten; sie versucht, die Erinnerung daran zu löschen.

Es kommt noch ab und zu vor, daß die beiden jüngeren Kinder diese Spitaleinweisung den Eltern vorwerfen. Mireille selbst spricht nicht darüber. Die Eltern betonen den Zusammenhang der Krankheit Mireilles mit ihrem eigenen damaligen Lebensstil und ihren Erziehungsmethoden. Mireille habe als die Älteste ihre Starrheit zerschlagen müssen. Ihre Angst vor dem Erwachsenwerden Mireilles und die negativen Wirkungen der sturen, auf Kontrolle ausgerichteten Organisation einsehend, hätten sie ihre Haltung gegenüber den jüngeren Geschwistern bewußt gelockert und seien liberaler geworden, somit habe Mireilles Krankheit auch positive Wirkungen gehabt.

Nach Ansicht der Eltern hatten die Familiensitzungen eine sehr positive Wirkung, welche der Vater Z. folgendermaßen zusammenfaßt: Die Therapie half ihnen, sich von der erdrückenden Gegenwart seiner eigenen Mutter zu befreien. Er wurde dazu gebracht, seine väterliche Autorität auszuüben und seine Rolle als Vater besser zu verstehen und damit aktiver zu werden. Von der Behandlung des Ehekonflikts spricht er aber spontan nicht. Frau Z. denkt, daß sie sich dank der Therapie besser von ihrem Mann habe abgrenzen können und in der Folge mehr Initiative und Autonomie gefunden habe.

Von dem einen Familientherapeuten sprechen die Eltern mit Dankbarkeit, den Co-Therapeuten haben sie vergessen. Die Eltern erinnern sich aber, daß die Sitzungen äußerst unangenehm und belastend waren, und zwar bis zum Schluß. Namentlich Frau Z. fühlte sich vom Therapeuten K. dauernd angegriffen, was sie oft schlecht ertragen habe. Zu der Frage, was sie erwartet hätten, erklären die Eltern und die Primärpatientin, sie seien zunächst schockiert gewesen durch die völlig unerwartete Erfahrung, vor und mit Drittpersonen über Familienangelegenheiten zu sprechen und «geschüttelt» zu werden. Die günstige Wirkung hätten sie erst nachträglich erkannt – während der Behandlung seien sie dauernd verängstigt und verärgert gewesen.

Zur Nachuntersuchung: Die Untersucher sind beeindruckt durch die anfänglich sehr mißtrauische und frostige Haltung der Familienglieder, die ihre Bewegungsfreiheit einschränkt. Der Vater bleibt distanziert und versucht vorzuzeigen, was gut geht, und zu vertuschen, was weniger rosig aussieht. Die Mutter entwickelt besseren Kontakt; sie hat das Bedürfnis nach der Bestätigung, sie sei doch eine gute Mutter gewesen. Gegenwärtig wünscht die Familie nichts anderes, als in Ruhe gelassen zu werden und die frühere «Familien-Verrücktheit» zu vergessen.

Das zweite Beispiel gehört zu den Fällen, bei denen die Psychose der hospitalisierten Mutter Anlaß gibt zur Familienuntersuchung und zu ersten Versuchen mit «präventiver» Familientherapie (O. Masson[16]). Es hat sich gezeigt, daß schizophrene Mütter am ehesten während der Hospitalisierung für den Kinderpsychiater zugänglich sind und Hilfe für die Familie anzunehmen bereit sind.

▸ *Beispiel 2 Familie R:* 1972 wird die 37jährige Mutter zum zweitenmal hospitalisiert wegen eines akuten katatonen Schubes. Zu dieser Zeit sind die psychischen Störungen der ältesten der drei Töchter schon bekannt. Die individuelle Untersuchung der Angehörigen der Kernfamilie ergibt außer der Psychose der Mutter (von Beruf Masseuse): schwer neurotische Entwicklung beim Ehemann, einem Handwerker, der es, bisher vergeblich, zur Meisterprüfung bringen will; psychotische Störungen bei der neunjährigen ältesten Tochter Mariann mit Denkstörungen (Primärprozeßdenken, Zerfahrenheit, Unfähigkeit, Aufmerksamkeit zu fokalisieren und zu teilen); neurotische Störungen bei der siebenjährigen Odette mit Enuresis, Phobien, hysterischen Zügen und Schulschwierigkeiten; keine klinischen Störungen bei der sechsjährigen Louise. Wir wissen ferner aus anderen Quellen um die pathologisch narzißtische Struktur des Vaters der Mutter; der Vater des Vaters war ein reizbarer Alkoholiker.

Die Familie wird von O. M. mit großer Vorsicht – über Gespräche mit den beiden Eltern – auf die Familientherapie vorbereitet. Herr R. läßt sich erst nach Monaten zu einem solchen Gespräch herbei. Inzwischen werden die Mutter ambulant von einem Arzt der Poliklinik, Mariann in der Kinderbeobachtungsstation von einer weiteren Ärztin und Odette ambulant von O. M. selbst behandelt.

Unmittelbarer Anlaß zur Familientherapie ist der Rückfall Odettes nach einjähriger individueller Psychotherapie mit scheinbar gutem Resultat im Zeitpunkt der plötzlichen Besserung im Verhalten Mariann; in diese Zeit fallen aber auch die Rückkehr der Mutter aus dem Spital und der zweite Mißerfolg des Vaters in der Meisterprüfung.

Die Familientherapie, an der die individuellen Therapeuten der Mutter und Marianns, O. M. und der Autor, also vier (!) Therapeuten teilnehmen, dauert fünf Monate (Herbst 1974 bis Anfang 1975) und umfaßt zwölf Sitzungen. Die Sitzungen verlaufen zu Beginn – und teilweise auch später – ausgesprochen chaotisch wegen der «Unfähigkeit» der Eltern, bei den Kindern ein Minimum an diszipliniertem Verhalten durchzusetzen. In Wirklichkeit verbergen die beiden Eltern kaum ihre Genugtuung ob dem Einfallsreichtum ihrer fortwährend herumtollenden, lachenden, zankenden, spielenden Töchter; der Tumult stört die Therapeuten – und schützt die Eltern.

Die wesentlichen Kommunikationen in der Familie laufen über Handlungen und nichtverbale Kanäle, wenngleich die Kinder, manchmal verschlüsselt, zwischendurch wesentliche Dinge über die Familie aussprechen. Beide Eltern annullieren persönliche Probleme über längere Zeit. Individuation und Trennung scheinen in der Familie undenkbar zugunsten einer gemeinsamen «Ich-Masse» wie man sie in diesem Ausmaß selten sieht (Bowen[3]). Zwischen Mutter und Mariann sind die Selbstgrenzen verwischt: wie selbstverständlich denkt, fühlt und handelt die eine an Stelle der anderen, aber auch die übrigen Familienglieder verstehen gar nicht, was die Therapeuten wollen, wenn sie versuchen, Gedanken und Probleme der einzelnen Personen zu lokalisieren und auseinanderzuhalten. Zwischen Odette und Vater wird offen die ödipale und gegenödipale Bindung agiert.

Die Mutter reagiert mit Angst und Verständnislosigkeit, wenn von der Wünschbarkeit von Beziehungen der Kinder zu Personen außerhalb der

Familie die Rede ist. Beiden Eltern ist das Prinzip des «Sich-selbst-Genügens» der Familie im affektiven und weithin auch im instrumentellen Bereich selbstverständlich: sie sind sogar stolz darauf. Wir stehen vor dem an sich faszinierenden, psychotischen Versuch einer ganzen Familie, sich von der als bedeutungslos und manchmal gefährlich dargestellten Außenwelt abzuriegeln und in einer zeitlosen Märchenwelt zu leben.

Hauptziel des Therapieversuchs ist die «Öffnung» und «Verdünnung» dieser geschlossenen Familie, das Abbauen des Chaos und der Parentifizierung aller drei Kinder, auch Louisens, zugunsten klarerer Rollenverteilung. Die Therapeuten merken wohl, daß sie nur bescheidene Fortschritte machen, am ehesten noch dann, wenn sie mit den Untergruppen getrennt, das heißt die einen mit den Eltern, die anderen mit den Kindern arbeiten. In demselben Maße wie das Störverhalten der Kinder abnimmt, wächst der Widerstand der Eltern, und namentlich des Vaters, mit der Therapie fortzufahren. Zudem wirkt sich das Engagement von vier Therapeuten immer ungünstiger aus. Deshalb wird den Eltern vorgeschlagen, als Paar mit nur zwei der Therapeuten fortzufahren: sie können sich aber zu dieser Etappe nicht entschließen.

Am Ende der Behandlung sind Besserungen im Verhalten Marianns und namentlich Odettes außerhalb der Sitzungen festzustellen, ferner eine gewisse Bereitschaft der Mutter, sich nach einer Tätigkeit außerhalb des Hauses umzusehen, was der Gatte jedoch nicht akzeptiert. Der Ehekonflikt ist unverändert. ◂

Nachuntersuchung nach einem Jahr durch Untersucher:

Die Familie funktioniert als Einheit eher schlecht, und zwar vor allem auf der Ebene der Elternbeziehung. Die Kinder sind besser angepaßt und entwickeln sich besser als vor der Therapie im Bereich ihrer Beziehungen und Tätigkeiten außerhalb der Familie, in der Familie aber nur teilweise. Die Mutter scheint von einer Entwicklung in Richtung auf einen schizophrenen Residualzustand bedroht, hauptsächlich infolge ungenügender Stimulation zu Hause. Vater unverändert; er ist wieder durch die Meisterprüfung durchgefallen. Marianns Verhalten gebessert; sie besucht nun, mit zwei Jahren Rückstand, die Schule, weist aber noch Denk- und Konzentrationsstörungen auf (vgl. Fragebogen für Angehörige). Louise verhält sich außerhalb des Hauses laut Angaben der Lehrerin normal; zu Hause, im Bereich der Mutter, regrediert sie – demonstrativ! – zum Kleinkindverhalten. Mariann und Louise sind immer noch teilweise parentifiziert; versteckte Koalition zwischen Mutter und Mariann, die die Mutter imitiert. Offene, aber elastische Allianz Odette–Vater mit seither gelockerter Bindung der Tochter an den Vater. Pseudo-Allianz der Eltern mit Unterdrücken des Konflikts. Generationentrennung verbessert, was sich unter anderem in klarer Organisation und der Fähigkeit der Eltern, abends auszugehen und die Kinder allein zu lassen, ausdrückt. Allerdings stellt die psychotische Mariann mitunter die Familie auf die Probe. So kam es vor, daß sie wie selbstverständlich vorschlug, sie könnte doch mal im Bett der Mutter oder in dem des Vaters schlafen.

Die Beurteilung der Entwicklung und der Therapie durch die Familie selbst ist widersprüchlich (vgl. auch Fragebogen). So sagt die Mutter, diese «futuristische» Behandlung habe für die Familie die Dimension der Zukunft aufgetan, und man habe über Dinge gesprochen, die sonst immer verschwiegen würden.

Odette, die am klarsten Stellung nimmt und auch die größten Fortschritte gemacht hat, betont, die Behandlung habe Mariann gutgetan. Trotzdem verneinen alle Familienglieder, allen voran der Vater, daß die Behandlung irgend etwas geändert habe.

Der Grad der Unabhängigkeit und der Autonomie ist allgemein noch sehr niedrig in der Familie – am besten entwickelt bei Odette. Die durch zeitweilige Abwesenheit ertrotzte Unabhängigkeit des Vaters scheint gekoppelt mit Inkompetenz. Bei Mutter und Mariann ist die Autonomie minimal, bei Louise gut außer Haus. Trennungstoleranz zwischen Eltern und Kindern seit Therapie deutlich gebessert. Konfliktzonen dagegen nach wie vor nicht klar auszumachen, und zwar wegen Familienmärchen und geringer Konflikttoleranz.

Die Tendenz der Mutter, die Familie über Rituale (Bibellesen, Basteln etc.) zusammenzuhalten, besteht weiter. Neben solchen Kontrolltendenzen repetitives Verhaltensmuster der Disqualifikation der Mutter durch Vater vor Drittpersonen, ferner der Mutter durch Louise vor Drittpersonen (Kehrseite des regressiven Verhaltens); «Danebenreden» Marianns, wenn Mutter in Schwierigkeiten gerät.

Kommunikationen: (zu) häufige averbale Liebesbezeugungen; «negative» Gefühle werden von Familiengliedern entweder unterdrückt, oder ihre Manifestationen werden von Angehörigen nicht wahrgenommen oder quittiert, sind aber spürbar für Untersucher. Auch im Verbalen ist die Kongruenz der interpersonellen Kommunikation schlecht, manchmal für Beobachter schwer verständlich wegen ständigem Wechsel zwischen «Spiel» und «Ernst».

Die Erinnerungen der Familienglieder an die Familientherapie sind unscharf und verzerrt, am wenigsten bei Odette (vgl. Reiss [21]). Immerhin herrscht Übereinstimmung in bezug auf die Therapeuten: positive Einstellung gegenüber der Ärztin O. M., die zweifellos die Familie am besten verstanden und auch individuelle Beziehungen aufgebaut hatte; ambivalente Einstellung gegenüber dem «tonangebenden», das heißt autoritären männlichen Therapeuten (der mit seiner Haltung den Vater gefährdete); Ablehnung der beiden anderen, mehr neutralen und zu passiven Therapeuten.

Der Fragebogen für die Angehörigen der Familie R. ist auszugsweise wiedergegeben. Kleinere Kinder sind mit solchen Fragen sicher überfordert; sie können die Fragen nicht ohne Dabeisein und die zusätzlichen Erklärungen eines der Untersucher beantworten. Immerhin ergänzen die Antworten der Familienglieder die Beobachtung und Beurteilung durch die Untersucher in recht aufschlußreicher Weise (z. B.: «Aufgabe» von Louise in der Familie; die doppelsinnige Antwort der psychotischen Mariann, die aggressive Regungen ausdrücken kann, wenn sie «gestört ist»; sehr aufschlußreich die Antworten auf die Frage nach der Art der Problemlösung in der Familie). Der Vater sucht so etwas wie eine ideale Fassade aufzurichten, negiert damit aber sämtliche Schwierigkeiten und verwickelt sich in Widersprüche.

Beide Eltern verneinen den Ehekonflikt, wahrscheinlich aus Angst um ihre rollengebundenen «Hilfs-Selbst», wobei aber ihre Antworten (Allianz, Generationentrennung, Kommunikationsschwierigkeiten, Konflikttoleranz) ohne Konflikt inkompatibel sind. Das Familienmärchen zeigt sich zum Beispiel darin, daß alle Angehörigen sagen, die Familie funktioniere gut bis sehr gut, ferner, daß alle die Existenz von psychischen Krankheiten in der Familie negieren, obschon die Mutter und zwei Kinder in psychiatrischer Behandlung standen oder noch stehen.

Fragebogen für Angehörige: Familie R.

Fragen	*Antworten*				
	Vater	*Mutter*	*Mariann*	*Odette*	*Louise*
Wie funktioniert gegenwärtig die Familie?	gut	gut	sehr gut	sehr gut	sehr gut
Welches ist Ihre Aufgabe in der Familie?	die Rolle des Vaters zu spielen	die der Mutter der Familie	die der größsten	ich bin die Langsamste	*ich rede «Bebé»*
Haben Sie in der Familie einen Rivalen?	nein	nein	Florence (Schulkameradin!)	ja, Louise	ja, Odette
Welches sind Ihre Alliierten?	*keine*	*mein Mann*	Odette	Mariann und Eltern	niemand
Welches sind Ihre Gegner?	keine	keine	keine	Louise	Odette
Ist die Allianz klar für alle?	---	ja	ja	ja	ja (!)
Sind in der Familie die Probleme der Eltern die gleichen wie die der Kinder?	ja	nein	nein	nein	nein
Akzeptieren Sie, daß in der Familie zwischen Generationen keine Unterschiede bestehen?	ja	---	ja	ja	---
Sind die Generationen in der Familie gut abgegrenzt?	nein	ja	ja	nein (nur ganz wenig)	---
Hat sich die Familie nach den Familiengesprächen geändert?	nein	ein wenig	nein	nein	ja–nein
Gibt es Unabhängigkeit zwischen Familiengliedern?	ja	ja	wenig	wenig	wenig

Fragen	*Antworten*				
	Vater	*Mutter*	*Mariann*	*Odette*	*Louise*
Sind die Beziehungen in der Familie dieselben wie vorher?	*nein*, Entwicklungen altersentsprechend	ja	ja	manchmal, manchmal nicht	ja, für Mariann
Schränkt die Familie Ihre individuelle Autonomie ein?	ja	ja	nein, *nicht immer*	ja, manchmal	---
Schränken Sie die Autonomie der Familie ein?	nein (Prinzip der Mehrheit)	ja	---	---	---
Sind Sie imstande, Ihre Probleme allein zu regeln?	ja	nein	ja–nein, wenn Mama nicht mehr mit mir ist, werde ich einen Mann haben	ja, aber nicht immer	ja
Teilen Sie gute Neuigkeiten der Familie mit?	ja	ja	*noch nicht*	nicht immer	ja
Teilen Sie schlechte Neuigkeiten der Familie mit?	ja	ja	*nein*	ja	nein
Können Sie aggressive Regungen in der Familie ausdrücken?	ja und nein, je nach Situation	ja	ja, wenn Schwestern etwas Gutes haben und ich nicht und *wenn ich gestört bin*	ja	nein
Verstehen Sie die Gesten der anderen?	ja	ja	nein, nicht immer	ja, aber nicht immer	ja
Kommt es vor, daß das, was Sie sagen, anders verstanden wird als Sie wollen?	nein	ja	ja, manchmal	ja, manchmal	ja

Fragen	*Antworten*				
	Vater	*Mutter*	*Mariann*	*Odette*	*Louise*
Passiert es, daß Sie Familiendinge mißverstehen?	nein	ja	nein, *wieso?*	nein	ja
Ertragen Sie es, wenn jemand in der Familie nicht zufrieden ist?	ja	nein	nein, *warum?*	nein, nicht wenn er (Vater) sich aufregt und schilt	weiß nicht
Wie reagiert die Familie auf Schwierigkeiten und Probleme?	man findet gemeinsam Lösung auf lange Sicht	man spricht miteinander oder explodiert, je nach Stimmung	*man negiert sie, man denkt an etwas anderes*	man denkt an etwas anderes	man findet einseitige Lösungen
Wer hat sich am meisten geändert nach der Familientherapie?	niemand	die gleichen geblieben	die Schwestern haben auch kurze Haare	Mariann kommt besser zurecht, Fortschritt	niemand
Zählen Sie die Glieder Ihrer Familie in der Reihenfolge ihrer Bedeutung auf.	---	Georg [Gatte], Mariann, die Kinder	Großpapa mütterlicherseits, die Großmütter, Papa, Mama, ich, meine Schwestern	Vater, Mutter, meine Schwestern und ich	Vater, Mutter, Großeltern Odette, meine Tante, Corinne
Welches sind Ihre Zukunftspläne?	einfacher leben	halbtägig arbeiten als Krankenschwester	ich werde Bäuerin	ich möchte ans Meer	Säuglingsschwester
Ist jemand in der Familie krank? (geistig) (körperlich)	nein nein	NEIN!	*nicht immer*	Vater hat Bronchitis	---
Wie viele Male war die Familie in Behandlung?	10–15mal	10mal	nichts	12mal	10mal

Fragen	*Antworten*				
	Vater	*Mutter*	*Mariann*	*Odette*	*Louise*
Was hat für Sie dabei an Positivem herausgeschaut?	Wichtigkeit der Rolle der Kinder in der Familie erkannt	eine Öffnung auf die Gespräche zwischen Mann und Frau hin	ich weiß nicht	---	---
Was haben Sie zu den Familiensitzungen zu bemerken?	die (finanzielle) Investition von vier Ärzten ist unver-nünftig	Positiv, denn man sprach von Problemen, die man in der Familie vermeidet. Das öffnete Gemüt und Geist	man diskutierte, aber nicht immer	Mariann hat Fortschritte gemacht	---

Der *Verlauf und die Wirkung der Nachuntersuchung* sei am Beispiel der Familie R. kurz illustriert:

▸ Anläßlich des ersten Besuchs bewirtet die Mutter die Untersucherin mit Kaffee und Brezeln, veranstaltet eine kurze Schau von dem, was sie den Kindern beizubringen weiß (Verrichtungen im Haushalt, Bastelarbeiten), schickt sie dann weg und verwickelt ihren Gast sofort in ein Gespräch über ihre eigenen Probleme, wie zum Beispiel ihr Bedürfnis, wieder eine Erwerbstätigkeit aufzunehmen. Das zweite Interview mit beiden Untersuchern wird von der Familie zu einer Einladung mit gutem Essen umfunktioniert: die Untersucher fühlen sich völlig der Familie einverleibt. Es ist klar, daß die R.s zwischen der früheren Familientherapie und dieser Nachuntersuchung überhaupt keinen Unterschied machen. Die Familie wurde aufgestört. So erfährt man, daß die Eltern zwischen dem ersten und dem zweiten Kontakt sehr viel mehr über die Wiederaufnahme der Familientherapie gesprochen haben als während den vorangehenden elf Monaten und nun willens sind, die vorgeschlagene Paartherapie zu beginnen. ◂

Massive Reaktionen auf die Intervention der Nachuntersuchung sind nicht etwa Ausnahmen. Die dynamische Wirkung auf das Familiengefüge, mit der entsprechenden Wiederbelebung der «aufs Eis gelegten» Beziehung zwischen Familie und früheren Untersuchern oder Therapeuten ist sogar um ein Vielfaches intensiver als das entsprechende Phänomen anläßlich von Nachuntersuchungen nach individuellen Psychotherapien, das wir früher schon beschrieben haben (Kaufmann[9]). Mitunter muten unsere Nachuntersuchungen schon fast wie Brandstiftung an – jedenfalls sind sie krisenauslösend, was die Untersucher, in Analogie zum Familienerstinterview, zwingt, sofort auch als Familientherapeuten zu wirken. Das ist nicht unbedenklich, denn es versteht sich nicht von selbst, daß dem so geweckten Hilfsbedürfnis ein entsprechendes Hilfsangebot gegenübersteht. Die krisenauslösende Wirkung der Nachuntersuchung ist nicht etwa auf die behandelten Familien beschränkt. Im Falle der Familie ZS (zwei erwachsene Kinder, ein Sohn und eine Tochter hebephren, die letztere remittiert; der geschiedene Vater paranoisch, Mutter: psychotischer Charakter; zwei andere erwachsene Kinder symptomfrei und normal lebend) kam es in zwei Sitzungen zu einer äußerst bewegten Revision aller Familienbeziehungen und zum Vorwurf, die Ärzte hätten solche Familiengespräche beizeiten durchführen sollen, dann wäre manches anders herausgekommen. (Die Familie hatte seinerzeit die Familientherapie als eine Zumutung abgelehnt.) Kurze Zeit nach der «Nachuntersuchung» distanziert sich dann der paranoische Vater mit einem Brief voller unflätigster Beschimpfungen und Drohungen erneut. Ähnlich die Familie eines epileptischen und psychotischen jungen Mannes mit schweren Verhaltensstörungen: «Warum, um Gottes willen, habt ihr uns seinerzeit nicht geholfen? Wir wären damals dazu bereit gewesen!»

Die Übersicht zur Frage der Motivation der nachuntersuchten Familien ergibt:

Familie	Therapieversuch durchgeführt	Motivation der Fam. für Therapie nach Erstinterview	Besserung		Motivation für (nochmalige) Familientherapie bei Nachuntersuchung verbalisiert	Forderung nach Behandlund des Primärpatienten durch Angehörige
			Primärpatient	Familie		
Z	ja	gering	++	+	nein	–
R	ja	vorhanden	–	+	++	(in Kontrolle)
NG	ja, abgebrochen	schlecht	–	–	ja, aber nicht überzeugend	ja (nach Rückfall)
WG	ja	vorhanden	+	(+)	++	nein
ZS	nein	keine	++	–	ja, dann nein	(noch in indiv. Behandlung)
GT	ja; 2mal abgebrochen	schlecht	–	–	nein	ja
RZ	nein	?	(+)	(+)	nein, zu spät*	nein
TZ	nein	vorhanden!	–	–	ja, aber zu spät	zu spät
DP	nein	keine	(+)	–	nein	nein

*Familie in Zwischenzeit aufgelöst.

4. Schlußwort

Der Familientherapeut kann sich nach Ansicht mancher Autoren auf die Dauer der Forderung nach überprüfbaren Hypothesen nicht entziehen (Glick und Kessler[7]). Soweit dieses Postulat der Entwicklung rationellerer Behandlungsmethoden für Kranke aller Klassen (und nicht der Seelenruhe von Nervenärzten) dient, ist es gerechtfertigt. Es gilt aber für das gesamte Gebiet der Psychotherapie und ist dort bei weitem nicht überall erfüllt. Man lasse also der noch jungen Familientherapie Zeit. Sie wurde erst über fundamentale Änderungen des medizinischen Denkmodells für psychische Störungen überhaupt möglich und beruft sich auf viele Theorien. Ansätze zur Überwindung der Kluft zwischen individueller Typologie und einer Familiensystem-Typologie, die vielleicht zu einer brauchbaren Klassifikation der Familiensysteme führen könnten, sind neuesten Datums (Wertheim[27,28]).

Bevor man die Wirkungen neuer Behandlungsverfahren «mißt», muß man sie lernen, lehren und üben. Unser Bericht handelt von den Erfahrungen und klinischen Eindrücken dieser ersten Etappe in einem bestimmten Kontext und hat lokale und persönliche Färbung; er ist wegen der ganz bewußten Konzentration auf die Probleme schwer gestörter Familien auch einseitig. Wir versuchen, mit familientherapeutischem Denken und Handeln Krankheitsentwicklungen zu beeinflussen in Situationen, in denen die sonst üblichen Behandlungsverfahren allein ungenügend oder gar nicht wirksam sind. Wir halten die bisherigen Erfahrungen für ermutigend, beweisen aber nichts.

Der jetzt erst anlaufende Versuch, mit Hilfe von Nachuntersuchungen Familienverläufe nach früher durchgeführten Therapieversuchen zu studieren, erlaubt noch keine Beantwortung der gestellten Fragen. Zunächst wirft er nur neue Fragen auf. Unsere «Fragebogen» sind recht willkürlich zusammengestellt und dem lokalen Setting angepaßt. Erwähnt sei aber in diesem Zusammenhang, daß Riskin und Faunce 1972 in einem der Arbeit über Interaktionsforschung angehängten Glossar hundertfünfzig Schlüsselworte und -begriffe aufführen, von denen die Mehrzahl als je signifikante Variable für *ein* Forschungsprojekt in Frage kommt oder schon verwendet wurde. Dieselben Autoren halten Langzeit-Familienstudien übrigens wegen noch ungenügender Information über die möglichen Forschungsstrategien für verfrüht, erwähnen etwas ratlos die Komplikation, daß, während die Studie läuft, die Forscher ihre Ausgangshypothesen revidieren müssen . . .

Am interessantesten sind unsere noch wenig zahlreichen Nachuntersuchungen in bezug auf die dritte und vierte Frage: was halten die Familienangehörigen im Rückblick von diesen Behandlungsversuchen? Was löst die Nachuntersuchung für Reaktionen aus?

Es gibt Hinweise darauf, daß Therapien, die unter dem Druck eines aufgedeckten Konflikts zwischen Familie und Therapeuten zustande kommen und als sehr belastend empfunden werden, positive Spätwirkungen haben können. Problematisch ist aber die brisante Wirkung der Nachuntersuchung selbst. Einmal mehr muß man feststellen, daß eine Methode der Nachprüfung den Gegenstand der Beobachtung selbst verändert, also das zu beobachtende Feld verfälscht. Katamnestische Nachuntersuchungen von Familien sind nicht wissenschaftlich neutrale Beobachtung, sondern, in Übereinstimmung mit der Systemtheorie, massive Eingriffe, aus denen sich das weniger bekannte Postulat der fortdauernden Bereitschaft zur ärztlichen Hilfeleistung ergibt.

Literatur

1 BECKMANN, D., und H. E. RICHTER: Gießen Test (GT) Bern, Stuttgart, Wien: Huber 1975

2 BOSZORMENYI-NAGY, I., und G. M. SPARK: Invisible Loyalities. New York: Harper & Row 1973

3 BOWEN, M.: The use of family therapy in clinical practice. In: Comprehensive Psychiatry 7 (1966), S. 345–374

4 CIOMPI, L., und C. MUELLER: Lebensweg und Alter der Schizophrenen. Berlin, Heidelberg, New York: Springer 1976 (Monographien aus dem Gesamtgebiete der Psychiatrie. 12.)

5 ESTERSON, A., D. G. COOPER und R. D. LAING: Results of family-oriented therapy with hospitalized schizophrenics. In: British Medical Journal No. 5476 (1965), S. 1462–1465

6 FERREIRA, A. J., und W. D. WINTER: Stability of interactional variables in family decision-making. In: Archives of general psychiatry 14 (1966), S. 352–355

7 GLICK, I. D., und D. R. KESSLER: Marital and family therapy. New York: Grune & Stratton 1974

8 GRAD, J., und P. SAINBURY: The effects that patients have on their families in a community care and a control in a psychiatric service – a two year follow up. In: British Journal of Psychiatry 114 (1968), S. 265–278

9 KAUFMANN, L.: Zum Problem der Katamnesen nach psychotherapeutischen Behandlungen. In: Der Nervenarzt 35 (1964), S. 436–443

10 KAUFMANN, L.: Familie, Kommunikation, Psychose. Bern, Stuttgart: Huber 1972

11 KAUFMANN, L.: Considérations sur la thérapie des familles de schizophrènes (Séminare Cery 1973). In: Evolution psychiatrique 40 (1975), S. 363–378

12 LANGSLEY, D. G. u. a.: Family crisis therapy – results and implications. In: Family Process 7 (1968), S. 145–158

13 LANGSLEY, D. G. u. a.: Follow up evaluation of family crisis therapy. In: American Journal of Orthopsychiatry 39 (1969), S. 753–759

14 LIDZ, TH. u. a.: Zur Familienumwelt des Schizophrenen. In: Psyche 13 (1959/60), S. 243–256

15 LIDZ, TH.: The influence of family studies on the treatment of schizophrenia. In: C. J. SAGER u. H. S. KAPLAN (Eds.): Process in Group and Family Therapy. New York, London: Brunner/Mazel 1972, S. 616–635

16 MASSON, O.: Casuistique d'enfants de mères schizophrènes. In: Evolution psychiatrique 40 (1975), S. 379–395

17 MINUCHIN, S.: Families and Family therapy. Cambridge/Mass. Harvard Univ. Pr. 1974

18 MOSHER, L. R.: Schizophrenic communication and family therapy. In: Family Process 8 (1969), S. 43–63

19 PAUL, G.: Strategy of outcome research in psychotherapy. In: Journal of consulting Psychology 31 (1967), S. 109–118

20 POSTNER, R. S. u. a.: Process and outcome in conjoint family therapy. In: Family Process 6 (1967), S. 451–473

21 REISS, D.: Varieties of consensual experience: 3 : contrasts between families of normals, delinquents and schizophrenics. In: Journal of Nervous Mental Diseases 152 (1971), S. 73–95

22 RICHTER, H. E.: Patient Familie. Reinbek bei Hamburg: Rowohlt 1970

23 RISKIN, J., und E. E. FAUNCE: An evaluative review of family interaction research. In: Familiy Process 11 (1972), S. 365–455

24 Sigal, J. J. u. a.: Indicators of therapeutic outcome in conjoint family therapy. In: Family Process 6 (1967), S. 215–226
25 Strupp, H.: Some empirical and conceptual basis for coordinated research in psychotherapy: Critical review. In: International Journal of Psychiatry 7 (1969), S. 18–33
26 Wells, R. A. u. a.: The results of family therapy: a critical review of the literature. In: Family Process 11 (1972), S. 189–207
27 Wertheim, E. S.: Family unit therapy. The science and typology of family systems. In: Family Process 12 (1973), S. 361–376
28 Wertheim, E. S.: The science and typology of family systems II. Further theoretical and practical considerations. In: Family Process 14 (1975), S. 285–309
29 Willi, J.: Die Schizophrenie in ihrer Auswirkung auf die Eltern. In: Schweizer Archiv für Neurologie, Neurochirurgie und Psychiatrie 89 (1962), S. 426–463
30 Willi, J.: Der Gemeinsame Rorschach-Versuch. Bern, Stuttgart: Huber 1974

Vierter Teil

Ausbildung

4.1. Wie lernt man Familientherapie? Ausbildung in Familientherapie

HELM STIERLIN und INGEBORG RÜCKER-EMBDEN

I.

Grundlegende Gesichtspunkte

1. Warum Ausbildung in Familientherapie?

Wie die verschiedenen Beiträge dieses Bandes zeigen, gründet sich die Familientherapie auf ein neues Paradigma. In dem von dem Wissenschaftshistoriker THOMAS KUHN gemeinten Sinn handelt es sich um ein Bezugssystem, das (ähnlich wie das Paradigma der Psychoanalyse) auf signifikante Weise Daten enthüllt und neu ordnet, neue Bedeutungen schafft und wesentliche Perspektiven für die Forschung und die Praxis eröffnet. Daher läßt sich zum Beispiel die Familientherapie nicht einfach eine neue Behandlungsmethode nennen. Vielmehr zeigt sie uns die Ursache und die Behandlung psychologischer Probleme in neuer Sicht, wobei die Familienforscher von einer wesentlichen gemeinsamen Grundannahme ausgehen, die JAY HALEY[3] wie folgt umriß: Soll sich das Individuum ändern, muß sich das Umfeld, in dem es sich bewegt, ändern. Die Behandlungseinheit ist nicht mehr die Einzelperson, auch wenn nur ein Individuum interviewt wird, sondern das Beziehungsnetz, in welches dieses Individuum eingebettet ist. In den Worten von H. E. RICHTER[9] können wir nun von dem «Patient Familie» sprechen.

Das Paradigma der Familientherapie ist aber nicht nur neu, es ist auch noch unfertig, in Entwicklung begriffen. Daher erscheinen seine Sprache, seine Konzepte und die damit gegebenen Behandlungsansätze und -modelle oft ungewohnt, unkonsolidiert, kontrovers, manchmal widersprüchlich.

Beide Momente des neuen Paradigmas haben bisher die familientherapeutische Szene bestimmt: Die in seiner Neuheit liegende Stoßkraft bedingte, daß sich die Familien- und Paartherapie besonders in den USA, in Holland und den skandinavischen Ländern in den letzten Jahrzehnten zum Teil stürmisch entwickelten und breiten Zuspruch fanden. Seine relative Offenheit, Unabgeschlossenheit und sein zum Teil kontroverser Status bewirkten dagegen, daß den verschiedensten Konzepten Raum gegeben und mit verschiedensten therapeutischen Ansätzen experimentiert wurde.

In dieser Situation liegen für alle, die Familientherapie lehren oder lernen wollen, Aufgaben und Herausforderungen beschlossen. Es geht darum, dem neuen Paradigma eine Stätte zu schaffen, das daran Wesentliche zu vermitteln und Familientherapeuten verantwortlich auszubilden. Gleichzeitig geht es darum, das für die Bedürfnisse des deutschsprachigen Raumes wirklich Wesentliche auszuwählen. Nach welchen Kriterien aber soll diese Auswahl erfolgen? Und wie kann bei der Vermittlung von familientherapeutischen Erfahrungen und Konzepten, die wesentlich in anderen Ländern und Kulturkreisen – besonders in den USA – entstanden sind, optimal von den im deutschsprachigen Raum bestehenden Therapeuten und Institutionen Gebrauch gemacht werden?

2. Probleme bei der Ausbildung in Familientherapie

Mit den obigen Fragen vor Augen, stoßen wir auf einige grundsätzliche Probleme, die entweder mit der *Neuheit* oder mit der *Unabgeschlossenheit* des Paradigmas zu tun haben. Betrachten wir daher diese Problematik im einzelnen.

A) Probleme, die sich wesentlich aus der Neuheit des Paradigmas ergeben

Wie jedes wirklich neue Paradigma verlangt die Familientherapie ein Umlernen auf weiter Front. Etablierte Wahrnehmungs- und Denkschemata müssen revidiert, gewohnte therapeutische Praktiken in Frage gestellt, eingeschliffene Identitäten geändert, Institutionen reformiert werden. Unweigerlich kommt es dabei zu Verunsicherung der verschiedensten Beteiligten und nicht selten zu Loyalitäts- und Identitätskonflikten. Der Stärke dieser Verunsicherung und Konflikte entspricht dann der Widerstand, der der Akzeptierung des neuen Paradigmas entgegengebracht wird. Im folgenden zwei Beispiele für Verunsicherungen und Konflikte, die sich einstellten, als eine familientherapeutische Perspektive an Individuen, Gruppen und Institutionen herangetragen wurde, die dafür ungenügend vorbereitet waren.

a) Ein Familientherapeut brachte sich – ein häufiger Fall – im Gegensatz zum einweisenden Hausarzt seiner Patienten. Dieser Hausarzt hatte die psychosomatischen Beschwerden eines Familienmitglieds, des «designierten Patienten», strikt auf einer individuotherapeutischen Basis verstanden und in diesem Sinne seinem Patienten und dessen Familie gedeutet. Damit bestärkte der Hausarzt diesen Patienten in der Rolle des Symptomträgers und gab den anderen Familienmitgliedern Grund zu der Annahme, daß nur dieses Individuum krank sei und die anderen keine Probleme hätten. Hier fand daher der Widerstand, den die Familie einer Änderung ihres homöostatischen Gleichgewichts entgegenbrachte, eine Stütze im Hausarzt, der diese Homöostase mehr oder weniger unwissentlich zementiert und dabei einen Angehörigen *be-* und die anderen *ent*lastet hatte. Da der Hausarzt einem familientherapeutischen – das heißt systemorientierten – Ansatz fremd gegenüberstand, scheiterte hier die Familientherapie im Ansatz.

b) Ein junger Therapeut behandelte in Einzeltherapie eine jugendliche Patientin, die unter der Behandlung nach etwa neun Monaten manifest psychotisch wurde. Die Behandlung erfolgte in einem psychoanalytisch orientierten Spital außerhalb der Bundesrepublik Deutschland, dessen therapeutisches Grundkonzept es verlangte, daß sich ein Therapeut möglichst intensiv und anhaltend mit seinen Patienten beschäftigte. Schließlich wurde in diesem Falle wegen des ungünstigen Verlaufs ein familientherapeutisch orientierter Consiliarius herangezogen. Dieser empfahl, die Patientin weniger zu sehen, dafür die Familie einzubeziehen. Obwohl dem jungen Therapeuten die Begründung für diese Vorschläge einleuchtete, vermochte er sie nicht zu realisieren, da er dadurch in einen Konflikt mit seinem Supervisor und der Philosophie des Spitals gekommen wäre, was voraussichtlich mit seiner Entlassung geendet hätte.

Beide Beispiele zeigen, wie mit Einführung eines familientherapeutischen Ansatzes hierarchische Beziehungsstrukturen – etwa zwischen Supervisor und Ausbildungskandidat oder Arzt und Sozialarbeiter – bedroht bzw. erschüttert werden, was oft zu starken Widerständen Anlaß gibt. (Siehe hierzu den Aufsatz von J. Haley: ‹*Why Mental Health Clinics should avoid family therapy*› zit. Haley[4].) Widerstände etwas anderer Art gegen eine Familientherapie leiten sich von Prinzipien und Strukturen der Krankenversicherungen her, wo familientherapeutische und systemtheoretische Gesichtspunkte bisher kaum noch Eingang gefunden haben.

Dies alles bedeutet, daß vor allem in der Bundesrepublik Deutschland in der gegenwärtigen Situation jeder Versuch einer Ausbildung in Familientherapie mit – offenen oder verdeckten – Widerständen verschiedenster Art rechnen muß. Daher stellt sich von Anfang an die Aufgabe, diese Widerstände zu erkennen und an ihnen zu arbeiten. Vor allem zweierlei scheint hier wichtig:

Erstens eine Aufklärungsarbeit auf breiter Front, die optimal alle Personengruppen erfassen sollte, die den helfenden Berufen zuzurechnen sind, also Ärzte, Psychotherapeuten, Sozialarbeiter, Seelsorger usw., oder die als Patienten für eine Familientherapie in Frage kommen. Von daher stellt sich die Aufgabe, in die Lehrpläne der verschiedenen Universitäten und Ausbildungsinstitute familientheoretische und -therapeutische Prinzipien einzubauen und diese Prinzipien zugleich – unter anderem mittels Benutzung der verschiedenen Medien – an einen breiten Bevölkerungskreis heranzutragen.

Zweitens gilt spezifisch für die Ausbildung in Familientherapie, daß die leitenden Persönlichkeiten der Institutionen, innerhalb derer ein Ausbildungskandidat arbeitet, für diese Ausbildung gewonnen werden müssen. Die Erfahrung hat gezeigt, daß andernfalls die in diesen Institutionen unweigerlich einsetzenden Rivalitäten und Loyalitätskonflikte die Ausbildung sabotieren und eine Familientherapie, die diesen Namen verdient, verunmöglichen.

Aus den obigen Überlegungen ergibt sich weiter, daß Ausbildung in Familientherapie auf unterschiedliche Probleme stößt, je nachdem, ob es sich um Grundausbildung oder Weiterbildung handelt. Bei der Grundausbildung etwa von Medizinstudenten, Psychologiestudenten, angehenden Psychiatern oder Sozialarbeitern läßt sich oft von Anfang an eine systematische Ausbildung in Familientherapie auf allen Stufen des Ausbildungsprogramms konzipieren, während es bei der Weiterbildung viel stärker auf ein Umlernen ankommt. Dabei implizieren herkömmliche Ausbildungsgänge – wie etwa der des Psychoanalytikers, des verhaltenstherapeutisch orientierten klinischen Psychologen und des Sozialarbeiters – jedoch auch Vorerfahrungen und Eignungen, die, wie sogleich zu zeigen sein wird, bei einer Ausbildung in Familientherapie von Nutzen sein können.

B) Probleme in der Ausbildung, die sich von der Unabgeschlossenheit des Paradigmas herleiten

Die Unfertigkeit des Paradigmas zeigt sich in der Tatsache, daß in der Familientherapie noch unterschiedliche Konzepte, Therapieformen und Techniken um Anerkennung und Gefolgschaft ringen. Dabei ist zu beachten, daß die Familientherapie nicht wie die Psychoanalyse auf eine geniale Gründerpersönlichkeit zurückgeht, sondern von Anfang an das Werk einer Gruppe von Pionieren war, die sich in bezug auf Herkunft, theoretische Orientierung, Therapie- und Ausbildungsstil zum Teil stark unterscheiden. Daher vermochte sich bisher auch noch keine Standardmethode der Familientherapie zu etablieren, die der Standardmethode der Psychoanalyse vergleichbar wäre und gestattet hätte, unterschiedliche Therapieformen als Abwandlungen, Parameter oder Weiterentwicklungen dieser Standardmethode zu verstehen und zu lehren. Vielmehr brachte bisher die Familientherapie, bei vielfacher Parallelität und Überschneidung der theoretischen und klinischen Ansätze der einzelnen Therapeuten, die verschiedensten Sprößlinge hervor. Dazu gehören die verschiedenen Formen der Ehe- bzw. Paartherapie, die Familiengruppentherapie, die Multiple-Impact-Therapie, Kriseninterventionstherapie, Streittherapie, Netzwerktherapie usw. Sie alle werden zur Zeit vor allem in den USA in der einen oder anderen Form als Spielarten der Familientherapie verstanden und gelehrt.

Die folgenden Ausführungen und Akzentsetzungen spiegeln daher das wider, was die Verfasser dieses Kapitels auf Grund ihrer eigenen Erfahrungen und Zielsetzungen als wesentlich ansehen. Dabei berücksichtigen sie vor allem zwei theoretische und therapeutische Entwicklungen bzw. Modelle, die für eine Basisausbildung in Familientherapie relevant erscheinen – das strukturalistische und das Konfliktverarbeitungs- bzw. Versöhnungsmodell.

Entsprechend dem neuen Paradigma stehen im Zentrum beider Modelle Systemkräfte, die der angehende Familientherapeut erkennen und zu beeinflussen lernen muß. Jedoch bestehen hinsichtlich der Art und Weise dieser Kräfte und der als notwendig angesehenen Interventionen unterschiedliche Auffassungen. Im strukturalistischen Modell richtet sich die Aufmerksamkeit vor allem auf fest eingeschliffene («homöostatische») Interaktionsmuster bzw. Patterns. Als Folge dieser Interaktionsmuster kommt es diesem Modell zufolge zur Verklammerung der Familienmitglieder miteinander, zu repetitiven emotionalen Reaktionen, zu starren Rollenzuweisungen, aber auch zu Grenzenverlust und Entdifferenzierung. (Siehe hierzu die diesbezügliche Literatur, vor allem STIERLIN[13]: ‹*Von der Psychoanalyse zur Familientherapie*›.) Um diese festgefahrenen Patterns bzw. Strukturen aufzubrechen, bedarf es vergleichsweise massiver Interventionen von seiten des (oder der) Familientherapeuten. Der Therapeut manipuliert etwa die Sitzordnung, den Redestil und die Redezeit der Familienmitglieder, gibt diesen Aufgaben, bricht bestehende Allianzen auf (indem er sich etwa mit dem einen, dann mit dem anderen Familienmitglied verbündet), interveniert im Gefüge der Familienrollen und greift in das Gleichgewicht von Nähe und Distanz der Familienmitglieder ein. Wichtig werden hier vor allem Interventionen, die auf die Veränderung fest eingeschliffener Strukturen und Kommunikationsstile abzielen. Dabei spielt der Gebrauch von paradoxen Injunktionen (z. B. der «Verschreibung des Symptoms») eine besondere Rolle (s. etwa WATZIAWICK et. al.[14], SELVINI-PALAZZOLI[11] ect.). Der Wert von Diagnose oder Einsicht (in bewußte oder unbewußte Prozesse) wird von diesen Therapeuten gering veranschlagt. HALEY[3], WATZIAWICK[14] und SELVINI-PALAZ-

ZOLI[11] lassen sich etwa als Vertreter dieser Gruppe verstehen.

Das zweite Modell der Familientherapie, das Konfliktverarbeitungs- bzw. Versöhnungsmodell genannt wurde, macht im Gegensatz zum ersten Modell Anleihen bei der Psychoanalyse. Hier richtet sich der Fokus auf unbewußte und bewußte Konflikte in der Familie, die oft weit in die gemeinsame Familiengeschichte zurückweisen und in der Regel eine Mehrgenerationen-Perspektive implizieren. Hier sieht der Familientherapeut die wesentlichen Systemkräfte in den unsichtbaren Loyalitäten (I. BOSZORMENYI-NAGY, G. M. SPARK[1]), den narzißtischen Projektionen der Familienmitglieder aufeinander (H. E. RICHTER[8,9]), in Scham- und Schuldverstrickungen (STIERLIN[13]), in den sich meist verdeckt auswirkenden Verdienstkonten (I. BOSZORMENYI-NAGY[1]) (*Ledger of merits*), blokkierten Trauerprozessen (N. PAUL[7]) und in den Delegationsprozessen (STIERLIN[12]) innerhalb der Familienbeziehungen. Um hier systemverändernd zu wirken, werden vom Therapeuten vor allem Empathie, Fairness und eine *multidirectional partiality* bzw. eine innerlich beteiligte Unparteilichkeit verlangt. Diese Eigenschaften erlauben es ihm, Missions- und Auftragskonflikte zu analysieren, Scham und Schuld abzubauen, Trauerarbeit zu ermöglichen und einen rekonstruktiven Dialog zwischen den Angehörigen und den Generationen in Gang zu bringen, der auf klare Selbstverantwortung, Selbstabgrenzung, Zurücknahme der Projektionen, Ausgleich der Konten, zwischenmenschliche Gerechtigkeit und Versöhnung abzielt. Angesichts dieser Therapieziele müssen die zum Teil massiv manipulativen Techniken, die beim ersten Modell eine zentrale Rolle spielen, hier neu überdacht werden. L. C. WYNNE, I. BOSZORMENYI-NAGY, H. E. RICHTER und H. STIERLIN dürfen als Vertreter dieses Therapiekonzepts gelten.

C. Anzeichen für eine Versöhnung der beiden Modelle

Trotz der Unterschiede der beiden theoretischen und therapeutischen Konzepte zeichnen sich Möglichkeiten einer zumindest teilweisen Integration bzw. Versöhnung ab. Hier scheint ein Blick auf die Entwicklung von Psychoanalyse und Verhaltenstherapie in den Vereinigten Staaten angebracht. Trotz der ausgeprägten Unterschiede in der theoretischen Orientierung und der therapeutischen Methode der beiden Modelle begann in den letzten Jahren in den USA eine Annäherung, die unter anderem zum Konzept einer psychoanalytischen bzw. psychodynamisch orientierten Verhaltenstherapie geführt hat (RHOADS und FEATHER[10]). Der Blick auf diese Entwicklung erscheint weiter deshalb angebracht, weil auch in den beiden hier beschriebenen Modellen der Familientherapie einerseits verhaltenstherapeutische Elemente (im strukturalistischen Modell) und andererseits psychoanalytische Momente (im Versöhnungs- bzw. Konfliktverarbeitungsmodell) eine Rolle spielen, wobei sich ebenfalls eine beginnende Integration abzuzeichnen beginnt. Das bedeutet etwa, daß Einfühlung und Konfliktverständnis auch beim strukturalistischen Ansatz wichtig werden, während analytisch orientierte Therapeuten lernen könnten, die von den strukturalistisch vorgehenden Therapeuten beschriebenen systemverändernden Interventionen anzuwenden. Auf Grund dieser sich abzeichnenden Versöhnung läßt sich jetzt auch an ein Ausbildungsmodell in Familientherapie denken, worin Elemente *beider* Ansätze vertreten sind. Dies leitet uns zu der Frage, auf welche Eignungen und Vorausbildungen bei einer Ausbildung in Familientherapie zurückgegriffen werden kann und wieweit gerade Vorausbildungen in Verhaltenstherapie und Psychoanalyse als Basen für eine Weiterausbildung in Familientherapie dienen können.

Vieles spricht dafür, daß beide Ausbildungswege und Behandlungsansätze günstige wie ungünstige Voraussetzungen für eine Weiterbildung in Familientherapie mit sich bringen. Als günstig bei einer Verhaltenstherapie läßt sich etwa die Disposition oder Erziehung zum aktiven Eingreifen auffassen sowie die Bereitschaft, sich mit dem Patienten auf klar definierte Ziele zu einigen, für deren Erreichung sich sowohl Therapeut wie Patient einzusetzen verpflichten. Als ungünstig läßt sich dagegen der hier vergleichsweise geringe Stellenwert der Einfühlung und das relative Außerachtlassen der Dynamik von Übertragung und Gegenübertragung bewerten. Dagegen läßt sich bei einer psychoanalytischen Vorausbildung erwarten, daß die Fähigkeit zur Einfühlung und zum Erkennen und Handhaben von Übertragung und Gegenübertragung stärker entwickelt würden. Jedoch kann sich hier die eher passive und introspektive traditionelle analytische Haltung negativ auswirken, indem sie unter Umständen regressive Entwicklungen in der Familie fördert, die die Eigeninitiative und Eigenverantwortung der Familienmitglieder lähmen. Weiter kann ein psychoanalytisch ausgebildeter Familientherapeut dazu neigen, sich mit dem designierten Patienten zu überidentifizieren, der aus der psychoanalytischen Perspektive leicht als der allein ausgebeutete Sündenbock erscheint, und den Anteil der anderen sowie die Systemaspekte des Feldes zu übersehen.

Über die Eignung zum Familientherapeuten

Zum Teil unabhängig von der jeweiligen Vorausbildung stellt sich aber die Frage: Wer eignet sich zum Familientherapeuten, wer kommt für eine

Ausbildung in Familientherapie in Frage?

Hierzu hat sich vor allem Richter geäußert. Er wies darauf hin, daß das Setting der Familientherapie mehr als das der Einzeltherapie zum Agieren herausfordert. Vom Familientherapeuten wird ein größeres Maß von Aktivität verlangt, und das kann in ihm latente Größenvorstellungen und charismatische Allüren mobilisieren. Besonders Therapeuten mit depressiven Zügen können sich von der «bewegten Szenerie einer Familientherapie eine aktivierende Stimulation versprechen» (Richter[9], S. 157). L. Wynne[15] betonte vor allem drei Fähigkeiten, die ein Familientherapeut besitzen muß: erstens die Fähigkeit, mit komplexen Gegenübertragungsproblemen fertig zu werden. Im Gegensatz etwa zu einem Einzeltherapeuten, der bestimmten ungelösten Gegenübertragungsproblemen ausweichen kann, indem er bestimmte Patienten (z. B. ältere «dominierende» Männer, die bei ihm ungelöste Autoritätsprobleme aktivieren könnten) vermeidet, hat ein Familientherapeut keine derartige Ausweichmöglichkeit; zweitens die Fähigkeit, angesichts der starken, im Familiensystem enthaltenen Widerstände, ein stetes, engagiertes Interesse wahren zu können; und drittens die Fähigkeit, aktiv und Grenzen setzend, anstatt passiv-reflektierend in das Familiengeschehen eingreifen zu können. Alle drei Fähigkeiten erscheinen dabei als Elemente einer Fähigkeit, die I. Boszormenyi-Nagy[1] die Fähigkeit zur *multi-directional partiality* (zur nach allen Seiten gerichteten Parteinahme) und Stierlin[13] die Fähigkeit zur innerlich beteiligten Unparteilichkeit genannt hat. Schließlich erscheint uns besonders wichtig die Fähigkeit zur Arbeit an den eigenen Familienproblemen, die uns sogleich beschäftigen wird.

Ausbildung als Förderung der Einfühlung

Im Lichte des eben Gesagten stellt sich für jede Ausbildung in Familientherapie die Frage, wieweit diese Ausbildung auf die Vermittlung von Techniken und wieweit sie auf die Förderung von Einfühlung (Empathie) abgestellt sein soll. Dazu meinen die Verfasser dieses Kapitels, daß Techniken zwar wichtig sind, daß aber letztlich die Einfühlung in die Probleme, die Beziehungsdynamik und Verdienstkonten der Familienangehörigen darüber entscheiden, wie und welche Techniken anzuwenden sind.

Wie aber läßt sich beim angehenden Familientherapeuten eine derartige Einfühlung fördern?

Drei Aspekte erscheinen hier besonders wichtig: erstens die Tatsache, daß sich diese Einfühlung nicht auf eine Einzelperson, sondern auf alle Familienangehörigen, ja womöglich die Vertreter mehrerer Generationen richten muß. Dies steht im Einklang mit dem Postulat der *multidirectional partiality* oder «innerlich beteiligten Unparteilichkeit». Zweitens geht es darum, daß sich ein Familientherapeut oft in Personen einfühlen muß, die sich hinsichtlich ihres Alters und ihrer Lebenserfahrung stark von ihm selbst unterscheiden. Erfahrungsgemäß können Familientherapeuten sich am besten in Angehörige einfühlen, die ihnen im Hinblick auf Alter und Lebenspraxis am nächsten stehen. Junge Therapeuten kommen aus diesem Grunde leicht in eine verdeckte Abwehrstellung gegen ältere Familienangehörige, während ältere Therapeuten sich oft zu stark mit den Eltern in den mittleren Lebensjahren solidarisieren bzw. überidentifizieren. Von daher stellt sich die Frage: wie kann eine Ausbildung in Familientherapie eine möglichst weitgespannte, alle Altersgruppen und Generationen umfassende Einfühlung fördern? Hier erscheinen uns – der dritte wichtige Tatbestand – das Erlebnis und die Verarbeitung der eigenen Familienbeziehungen besonders wesentlich. Auch dabei zeigt sich eine Parallele zum Ausbildungskonzept der Psychoanalyse. So wie dort das Verständnis und das Durcharbeiten der eigenen Persönlichkeitsentwicklung und Konflikte im Zuge einer Lehranalyse zum wesentlichen Moment der Ausbildung wurde, wird in der Familientherapie das Verstehen und Durcharbeiten der eigenen Familienproblematik zentral.

Im Lichte dieser Überlegungen suchen wir daher Antwort auf die Frage: Wie lernt man Familientherapie?

3. Richtlinien zur Ausbildungspraxis in Familientherapie

Ganz allgemein gilt: jede Ausbildung in Familientherapie muß praxisnah und praxisbezogen sein. Daher meinen wir, daß der Ausbildungskandidat so früh wie möglich Eigenverantwortung übernehmen und damit die Gelegenheit haben sollte, aus seinen Fehlern zu lernen. Die nächste Frage ist dann: Wie läßt sich solch praxisnahe Ausbildung konkret verwirklichen.

Als erster Lern- und Lehrmodus ist hier die Co-Therapie mit einem erfahrenen Therapeuten zu nennen. Der beginnende Therapeut ist hier nicht allein, er trägt nicht alle Verantwortung, kann sich der Intervention des erfahrenen Therapeuten anpassen, aber nach Maßgabe seiner Erfahrung und seines Selbstvertrauens auch eigene Initiative entfalten. (Dabei soll nicht verschwiegen werden, daß ein Co-Therapieteam, das sich aus einem erfahrenen und einem relativ weniger erfahrenen Therapeuten zusammensetzt, auch oft auf Probleme bei der Zusammenarbeit stößt, die durchgearbeitet werden müssen. Aber gerade in dem Durcharbeiten dieser Probleme liegt wiederum eine Lernchance.)

Man lernt aber Familientherapie nicht nur durch eigenes therapeutisches Handeln (im Verein mit anderen), sondern auch unabhängig davon durch die Beobachtung erfahrener Therapeuten, ihrer Stils und ihrer Technik. Darin liegt der Wert auch kurzfristiger Workshops bzw. Seminare, die beginnenden Familientherapeuten die Gelegenheit geben, anerkannte und erfahrene Familientherapeuten im Umgang mit Familien zu beobachten und mit ihnen ihr Vorgehen zu diskutieren. Dabei haben sich Einwegspiegel und Videobänder inzwischen in der westlichen Welt als unentbehrliche Hilfsmittel der Ausbildung durchgesetzt.

Neben der kurzfristigen Beobachtung ist für die Ausbildung besonders die langfristige Beobachtung von Familientherapien, die sich über Monate und Jahre erstrecken, wichtig. Hier macht der beginnende Familientherapeut die Erfahrung, zu einem Team zu gehören, das nicht nur er, sondern das auch ihn braucht. Denn er nimmt hier regelmäßig an den Diskussionen teil, die sich an die familientherapeutische Sitzung anschließen und wird dadurch, wie die Erfahrung zeigt, zu einem geschätzten Mitglied des Teams. (Bei den meisten familientherapeutischen Instituten in den USA dauert die therapeutische Sitzung in der Regel ca. eine Stunde, die darauffolgende, unter Teilnahme der Beobachter stattfindende Diskussion eine halbe Stunde.) Eine derartig langfristig beobachtende Teilnahme an einer Familientherapie läßt den jungen Therapeuten auch erkennen, daß selbst erfahrene Therapeuten immer wieder Fehler machen und immer neu lernen. Wie vielleicht kein anderes Erlebnis ist diese Erfahrung geeignet, die Angst der Ausbildungskandidaten zu mindern, sein Selbstvertrauen zu stärken und zu einer «de-hierarchisierten» Teamatmosphäre beizutragen.

Als nächstes ist das Lernen durch Einzel- oder Gruppensupervision zu nennen. Auch hier sind Einwegspiegel, Audio- und Videobänder wichtige Hilfsmittel, die es den Ausbildungskandidaten erlauben, an der Therapie unmittelbaren Anteil zu nehmen und ein anschauliches Bild der jeweiligen Familiendynamik zu bekommen. Weiter ist das Lernen von Familientherapie durch das Familienrollenspiel bzw. *family sculpting* zu erwähnen. Diese Art von Lernen kann auch der Verarbeitung eigener Familienprobleme dienen, und wir betrachten es daher innerhalb dieser im folgenden zu besprechenden Thematik.

Sprechen wir von der Verarbeitung der eigenen Familienproblematik, werden zwei und vielleicht sogar drei Familiengruppen wichtig, mit denen der Ausbildungskandidat jeweils verbunden ist: erstens seine Ursprungsfamilie, das heißt die Familie, der er entstammt, in der er die Position des Kindes einnimmt, zweitens seine neu geschaffene Familie, in der er als Ehepartner und/oder Elternteil fungiert; und drittens möglicherweise seine «Institutsfamilie», das heißt die Gruppe, in der er arbeitet und innerhalb derer er möglicherweise Verpflichtungen, Bindungen und Konflikte erlebt, die denen analog sind, denen wir in Familien begegnen.

Folgende Möglichkeiten einer Arbeit an der eigenen Familienproblematik sind bisher in Ausbildungsgängen zum Familientherapeuten verwirklicht worden: erstens das bereits erwähnte Familien-Rollenspiel bzw. *family sculpting*. Hier werden die Mitglieder einer Gruppe dazu angeleitet, unter der Regie eines erfahrenen Familientherapeuten Rollen bzw. Szenen aus ihrer eigenen Familiengeschichte zu spielen (siehe hierzu PAPP et al[6]).

Zweitens Seminare, in denen die Ausbildungskandidaten reihum die Dynamik bzw. Problematik ihrer eigenen Familien in der Regel innerhalb einer Mehrgenerationen-Perspektive analysieren und diskutieren. Vor allem der amerikanische Familientherapeut M. BOWEN (in: FRAMO[2]) hat diese Form des Familienseminars initiiert und bekannt gemacht. BOWEN hat auch ein Beispiel dafür gegeben, wie man sich zum Therapeuten seiner eigenen Familie machen kann.

Drittens die «Familien-Lehranalyse», die als ein Äquivalent der in die psychoanalytischen Ausbildungsgänge eingebauten Lehranalyse zu verstehen wäre. Wie die Lehranalyse der Psychoanalyse hätte die Familien-Lehranalyse des angehenden Familientherapeuten den Zweck, seine Einfühlkapazität zu fördern, ihn mit der Dynamik von Übertragung und Gegenübertragung vertraut zu machen und von sogenannten blinden Flecken zu befreien. Weiter soll sie ihm eine Chance geben, in seiner eigenen Familie erstarrte Beziehungsmuster in Fluß zu bringen und sowohl konfrontierend wie versöhnend in dieser Familie einzugreifen. Denn immer mehr Familientherapeuten vertreten die These, daß ein Familientherapeut nur in dem Maße seinen Patienten helfen kann, in dem er seiner eigenen Familie zu helfen imstande war oder ist. Obwohl die Forderung nach einer solchen Familien-Lehranalyse besonders in Amerika in den letzten Jahren lauter geworden ist, stellten sich ihr bisher verständliche praktische und psychologische Hindernisse in den Weg. Immerhin gibt es bereits Ausbildungsinstitute in den USA, wo Ansätze einer Familien-Lehranalyse bzw. Lerntherapie realisiert werden – beispielsweise in Form von länger dauernden – etwa über das Wochenende laufenden – Sitzungen, zu denen die Angehörigen der Ausbildungskandidaten eingeladen werden.

Viertens läßt sich auch die traditionelle Lehranalyse als ein möglicher Weg verstehen, um die eigene Familiendynamik verstehen und bestehende Familienprobleme bearbeiten zu lernen. Dabei bleibt jedoch zu beachten, daß diese Verarbeitung hier unter Ausschluß der wichtigen Familienbeziehungspersonen allein im Spannungsfeld der zwischen Analytiker und Analysand bestehenden Übertragungssituation erfolgen muß, was wesentliche Unterschiede zur üblichen familientherapeutischen Situation impliziert.

Fünftens bleibt die Analyse und Diskussion der «Institutsfamilie» in gruppentherapieähnlichen Sitzungen zu erwähnen. Auch sie kann ein Weg sein, das Verständnis für Familiendynamik zu erhöhen.

4. Weiterbildung einzelner Berufsgruppen

Der folgende Abschnitt stützt sich unter anderem auf Formulierungen und Gesichtspunkte, die U. WEGENER in Zusammenarbeit mit der Arbeitsgruppe für Familientherapie im Zentrum für psychosomatische Medizin der Universität Gießen erarbeitet hat (s. Anhang in diesem Buch 1972). Wie bereits ausgeführt wurde, bedeutet Weiterlernen ein Umlernen wie auch Neulernen. Beides – Umlernen und Neulernen im Rahmen einer familientherapeutischen Ausbildung – bringt entsprechend den jeweils vorhandenen Ausbildungsprogrammen und Berufsgruppen unterschiedliche Probleme mit sich. Wir fragen daher, welche Gesichtspunkte für die Aus- bzw. Weiterbildung von Ärzten, Psychiatern, Psychotherapeuten, Psychoanalytikern, Psychagogen und Sozialarbeitern – den hier wichtigsten Berufsgruppen – wesentlich werden.

A Ärzte

In den USA und anderen westlichen Ländern setzt sich mehr und mehr die Tendenz durch, dem Allgemeinpraktiker einen Spezialistenstatus zu geben, und zwar den Status eines Familienarztes (*family physician*). (An der Universität Rochester im Staate New York, USA, besteht beispielsweise zur Zeit ein Ausbildungsprogramm für medizinische Familienpraxis, das im Hinblick auf Zeitaufwand und Kenntnisvermittlung etwa einer Facharztausbildung für innere Medizin oder Chirurgie entspricht.) Wie sich bereits in der Bezeichnung Familienarzt mitteilt, ist es die primäre Aufgabe dieses Arztes, die ganze Familie zu behandeln und mit ihr dauernden Kontakt zu halten. Dies verlangt unter anderem eine Ausbildung in «Familiensomatik», einer Betrachtungsweise, bei der die manifesten körperlichen Symptome eines Familienmitglieds nicht nur unter bekannten individuotherapeutischen, sondern auch familientherapeutischen Gesichtspunkten gesehen werden. Wichtige Aspekte der hier wesentlichen Dynamik hat unter anderem H. E. RICHTER[9] in seinem Buch ‹*Patient Familie*› beschrieben. Ein Verständnis dieser Dynamik sollte dem Medizinstudenten im Rahmen des Lernzielkatalogs der medizinischen

Psychologie vermittelt und in den klinischen Semestern durch Praxisbezug vertieft werden. Dieser Praxisbezug ließe sich in nahezu allen klinischen Fächern verwirklichen. Um hier einen Anfang zu machen, wäre es wünschenswert, daß sich besonders die großen medizinischen Fächer wie innere Medizin, Chirurgie und Kinderheilkunde familientherapeutisch geschulter Consiliarien bedienten, die am Einzelfall oder in Seminaren familientherapeutische bzw. -dynamische Gesichtspunkte explizieren könnten, wie dies bereits in verschiedenen medizinischen Ausbildungszentren der USA üblich ist.

B Psychiater

Die Facharztausbildung der Psychiater sollte vor allem – was bisher in der Bundesrepublik Deutschland noch kaum geschieht – der bedeutenden Entwicklung der familienbezogenen Psychosen- und Neurosentherapie Rechnung tragen, die besonders in den USA, Skandinavien, Holland im letzten Jahrzehnt rasch fortgeschritten ist und sich als sehr erfolgreich erwiesen hat. Hier ließen sich etwa führende amerikanische Universitäten wie Harvard, Yale und Rochester als Modelle benutzen, bei denen inzwischen eine Ausbildung in Familientherapie – neben einer Ausbildung in Psychoanalyse, Gruppentheorie und Psychopharmakologie – zum zentralen Bestandteil einer psychiatrischen Facharztausbildung geworden ist. Weiter wäre hier die Entwicklung der Community Mental Health Centers zu berücksichtigen, in denen sich das Schwergewicht psychiatrischer Tätigkeiten immer mehr in Richtung einer sozialpsychiatrischen Prävention und Nachsorge verlagert. Daß hier in erster Linie familienbezogen gearbeitet werden muß, ist zwar weithin theoretisch anerkannt, aber in der Bundesrepublik Deutschland bisher nur ausnahmsweise realisiert. Dies ist vor allem eine Folge der mangelhaften Schulung der psychiatrischen Fachärzte in familientherapeutischer Hinsicht.

C Kinderpsychiater

Dem Kinderpsychiater kommt innerhalb der Psychiatrie in familientherapeutischer Hinsicht besondere Bedeutung zu. Es läßt sich mehr denn je die These vertreten, daß Kinderpsychiatrie (und auch Kinderpsychoanalyse) in erster Linie Familienpsychiatrie sein muß. Daher scheint es kaum mehr gerechtfertigt, Kinder mit psychischen Problemen ohne Einschließung ihrer Familien zu behandeln. (Wobei aber anzumerken ist, daß nicht selten der beste und manchmal einzige Weg zur Behandlung der Eltern die Einzeltherapie eines als Patient designierten Kindes darstellt, wie unter anderem B. MONTALVO und J. HALEY[5] gezeigt haben, 1973.)

D Psychotherapeuten, Psychagogen

Bei diesen Berufsgruppen akzentuiert sich die Problematik des Um- und Neulernens besonders. Denn bisher enthalten die von den etablierten Instituten und Akademien festgelegten Weiterbildungsgänge für den Erwerb der Qualifikationen zum analytischen Psychotherapeuten, zum Arzt mit Zusatzbezeichnung Psychotherapie und zum Psychagogen in der Regel keine oder zumindestens keine angemessenen Angebote im Stoffgebiet Familiendynamik und Familientherapie. Dabei war bisher die individualistische Denktradition der Psychoanalyse bzw. der Medizin das größte Hindernis. Das hier vorliegende echte Konfliktpotential ist zweifellos in vielen Instituten noch nicht hinreichend bewältigt. Die Folge davon ist, daß sich nicht selten die Einzeltherapie gegen die Familien- und Gruppentherapie (ausnahmsweise auch umgekehrt) wie gegen einen feindlichen, gefährlichen Eindringling verteidigt. Daher stellt sich die Forderung, die Modelle der Familiendynamik, der Familienpathologie und die wichtigen Prinzipien und Techniken der Paar- und Familientherapie zentral und nicht nur randständig in die psychotherapeutischen bzw. psychagogischen Weiterbildungsgänge zu integrieren. Diese Forderung wird so lange unerfüllt bleiben, als die Integration psychoanalytischer, psychotherapeutischer und familiendynamischer Konzepte nicht fortgeschritten ist und die Psychoanalyse und Familientherapie noch nicht in einer umfassenden psychoanalytischen Familientheorie und -therapie ihren Platz gefunden haben. Sobald hier Fortschritte gemacht sind, läßt sich erwarten, daß psychoanalytische und interaktionelle Denkweisen sich nicht als fremdartige polare, sondern als sich ergänzende und versöhnbare Perspektiven gegenüberstehen.

E Sozialarbeiter, Sozialpädagogen

Soweit uns bekannt, existieren noch keine einschlägigen institutionalisierten systematischen Weiterbildungsangebote für Sozialarbeiter außerhalb der von den Kirchen betriebenen Kurse für Ehe- und Familienberatung. Diese zuletzt genannten Lehrgänge sind zwar als eine wichtige Initiative zu begrüßen, um die Qualität dieser Beratungsdienste zu verbessern. Andererseits reichen diese Weiterbildungsaktivitäten weder quantitativ noch qualitativ aus, die in sie gesetzten Erwartungen zu erfüllen. Denn auch hier stört oft das Übergewicht individual-psychologischer und individualtherapeutischer Lehrangebote und Denkweisen die Einübung ganzheitlicher familiendynamischer Konzepte und Techniken, die gerade als das spezifische Instrumentarium dieser Beratungsdienste angesehen werden müssen. Daher erscheint es dringend notwendig, Ausbildungsmöglichkeiten für eine familienbezogene Sozialtherapie zu schaffen.

F Weitere Berufsgruppen wie Juristen, Theologen, Pädagogen
Auch diese Gruppen sollten sich, ihren jeweiligen Bedürfnissen und Problemlagen entsprechend, familiendynamische und therapeutische Gesichtspunkte zu eigen machen können. Dabei stellen sich zwei Fragen. Erstens soll hier jeweils eine zusätzliche formalisierte Ausbildung in Ausbildungsinstituten für Familientherapie angestrebt werden, oder sollte die Weiterbildung in Familientherapie innerhalb bereits bestehender Ausbildungsgänge in Form von Workshops, besonderen Seminaren, Vorlesungen, consiliarischen Diensten usw. erfolgen? Und zweitens, welche Ausbildungsmöglichkeiten der einen oder anderen Art bestehen bereits im deutschen Sprachgebiet? Betrachten wir diese Fragen im folgenden.

5. Ausbildung in familientherapeutischen Instituten

Bisher gibt es in der Bundesrepublik Deutschland unseres Wissens nur einige wenige Ausbildungsinstitute für Familientherapie mit formalisierten Ausbildungslehrgängen. Über Zulassungsbedingungen und Ausbildungsprogramme der uns bekannten deutschen, schweizerischen, österreichischen, holländischen und einiger amerikanischen Institute für Ehe und Familientherapie unterrichtet der Teil II. Wie aus den dort mitgeteilten Daten hervorgeht, dauern die hier angebotenen Kurse in der Regel im Minimum zwei Jahre (vier Semester) und stehen Angehörigen verschiedener, familienbezogen arbeitender helfender Berufe offen. In der Regel wird der erfolgreiche Abschluß eines Kurses mit einem Zertifikat bescheinigt. Im allgemeinen berechtigt das Zertifikat nicht zur Ausübung einer therapeutischen Tätigkeit, hat jedoch Wert bei Bewerbungen um Institutspositionen und wird zum Teil auch bei akademischen Ausbildungsgängen zum klinischen Psychologen, zum Sozialarbeiter usw. als Leistungsnachweis anerkannt. Nahezu alle bekannten Ausbildungsinstitute betonen bei häufiger Verschiedenheit der theoretischen Positionen von Anfang an den Praxisbezug durch Einbezug des Kandidaten in Co-Therapie, Rollenspiel, Beobachtung, Gruppensupervision, Hausbesuche und Durcharbeitung der eigenen Familienproblematik. Dagegen wird dem Literaturstudium jeweils unterschiedliche Bedeutung beigemessen. Die Auswahl der Texte erscheint dabei weitgehend von den theoretischen Positionen der Institutsleiter bzw. -gründer bestimmt.

Da die meisten dieser Institute nur mit ambulanten Patienten arbeiten, fehlt hier oft die klinische Erfahrung mit jenen schwer gestörten Patienten und Familien, die in psychiatrischen Kliniken anzutreffen sind. (Dies trifft auch für viele psychoanalytische und verhaltenstherapeutische Ausbildungsinstitute zu.)

A Kurzfristige Workshops in Familientherapie

In den USA, Holland und den skandinavischen Ländern haben mehrtägige bis mehrwöchige Workshops in Familientherapie, die von erfahrenen, meist amerikanischen Gasttherapeuten geleitet werden, weiten Anklang gefunden. Vielerorts haben sie sich als das wichtigste Vehikel einer Ausbildung in Familientherapie etabliert. Diese Workshops haben den Vorteil, daß die den an Familientherapie Interessierten konzentriert mit der Arbeitsweise und den Theorien der Meister und Pioniere dieses Gebietes vertraut machen und damit oft eine starke Anregung, ja Inspiration vermitteln. Sie haben aber den Nachteil der Diskontinuität und erlauben vor allem nicht die Beobachtung bzw. Teilnahme an Familientherapien, die sich über längere Zeiträume erstrecken.

B Weiterbildung in Familientherapie im Rahmen bestehender Ausbildungsgänge und Institutionen

Auch hier muß im deutschsprachigen Raum in erster Linie auf amerikanische Modelle und Erfahrungen zurückgegriffen werden. Wie im folgenden Teil ersichtlich, sind Ausbildungsgänge in Familientherapie und Familiendynamik inzwischen in den Programmen einer erheblichen Zahl amerikanischer Universitäten vertreten. Eine ähnliche Entwicklung zeichnet sich in Amerika an den Schulen für Sozialarbeiter ab. Auch bei Theologen, Elternberatern usw. finden wir in Amerika, Holland und den skandinavischen Ländern immer mehr Kurse und Weiterbildungsmöglichkeiten in Familientherapie. Die analytischen Ausbildungsinstitute haben sich dagegen auch in Amerika bis vor kurzem einer Integrierung von familiendynamischen bzw. -therapeutischen Gesichtspunkten weitgehend widersetzt. (Am Washington Psychoanalytic Institute zum Beispiel, dem ein Autor dieses Kapitels [St.] als Fakultätsmitglied angehört, ist die Familientherapie erst seit wenigen Jahren mit einem Seminar über psychoanalytische Familientherapie und -dynamik vertreten.)

C Interdisziplinäre Ausbildungsprojekte

Die Ausbildung in Familientherapie vollzog sich bisher in den USA und den genannten westlichen Ländern oft im Rahmen interdisziplinärer Projekte. Diese Projekte begünstigten unter anderem ein relativ demokratisches, de-hierarchisierendes Klima, wie es bisher für die meisten Ausbildungsgänge in Familientherapie kennzeichnend war. Besonders eine familienbezogene Sozialtherapie kann in der Regel nur in der Zusammenarbeit mit Vertretern anderer Disziplinen gedeihen. In den USA hat es sich auch bewährt, unterprivilegierte und unterausgebildete Bevölkerungsgruppen aktiv in die Ausbildungsprogramme für Familientherapie einzubeziehen. Beispielhaft ist hier etwa das von SALVADOR MINUCHIN in Philadelphia initiierte Projekt zu nennen, das darauf abzielt, Schwarze, die bisher kaum eine psychologische Ausbildung hatten, aber bereits auf eine erhebliche Erfahrung mit schwierigen Lebens- und Familiensituationen zurückblicken konnten, zu Familientherapeuten auszubilden. Auch hierüber unterrichtet der folgende Teil.

6. Möglichkeiten und Grenzen familientherapeutischer Ausbildung im deutschsprachigen Raum

A Bundesrepublik Deutschland

Über Institute und Zentren, in denen in der Bundesrepublik Deutschland mit einer familientherapeutischen Ausbildung begonnen wurde, unterrichtet Kapitel II in diesem Teil. Die darin gegebene Aufstellung macht deutlich, daß die Bundesrepublik Deutschland im Vergleich mit den USA, Holland, England und den skandinavischen Ländern, was Ausbildungsmöglichkeiten in Familientherapie anbelangt, besonders schlecht abschneidet. Um die Bundesrepublik Deutschland auf den Stand der Entwicklung in diesen Ländern zu bringen, geschweige denn in der Familienausbildung eine führende Rolle zu übernehmen, erscheinen die folgenden ersten Schritte dringend notwendig:

a) Die in Kapitel II angeführten bestehenden Zentren und Institute wären schnellstens auszubauen. Soweit irgend möglich, sollte dabei der Schwerpunkt auf die möglichst rasche Ausbildung von Familientherapeuten gelegt werden, die ihrerseits wieder Therapeuten ausbilden könnten. Dazu wären die Lehrpläne der verschiedenen Universitäten, Institute und Akademien so abzuändern, daß sie der Ausbildung in Familientherapie vermehrt Raum geben.

Damit einhergehend wäre die Identitätsfindung und Kommunikation all derer, die auf dem Gebiet der Familien- und Paartherapie arbeiten, zu fördern. Es ist zu hoffen, daß die neu gegründete Zeitschrift *Familiendynamik* diesem Ziel zu dienen vermag. Auch der Zusammenschluß der Familientherapeuten in einer Vereinigung, in der insbesondere Ausbildungsprobleme diskutiert und Ausbildungsgänge koordiniert werden könnten, wäre zu erwägen.

Es wären weiter Reformen des Berufrechts und insbesondere der geltenden versicherungsrechtlichen Bestimmungen anzustreben, die der Familientherapie neben anderen Behandlungsmethoden einen anerkannten Platz verschaffen würden. (Hierzu sei besonders auf das Gutachten über Familientherapie verwiesen Fünfter Teil.)

Es sollte ferner an die Einrichtung einzelner modellhafter Weiterbildungsstätten gedacht werden, in denen Angehörige verschiedener Berufsgruppen gemeinsam in der Familientherapie geschult werden. Dies ließe sich unter anderem im Rahmen von Initiativprojekten in Unterschicht- oder Randschichtsiedlungen ermöglichen, wie diese von der Gießener Gruppe initiiert wurden. Derartige Projekte haben den zusätzlichen Vorteil, daß die Mitarbeiter einen gründlichen Einblick in die sozio-ökonomischen Verhältnisse, in die Normen, in den Kommunikationsstil, in die Erziehungsweise und das Krankheitsverhalten von Unterschichtfamilien erhalten und sich zugleich darin üben können, die schichtabhängigen affektiven Schwierigkeiten zwischen sich selbst und diesen Familien wahrzunehmen und nach Möglichkeit zu bewältigen. Bei dem Gießener Projekt zeigte es sich, daß in solche Gruppenprojekte auch aufgeschlossene Laien erfolgreich integriert werden können, die vielfach davon profitieren, daß sie noch nicht auf ein rein mittelschichtbezogenes Rollenverhalten hin professionalisiert worden sind und sich deshalb mit besonderer Unbefangenheit und Plastizität den Bedürfnissen und Angeboten der Unterschichtfamilien öffnen können. Solche komplizierten Projekte benötigen in der Regel jedoch eine besonders gründliche Supervision, um echte Lernprozesse zu ermöglichen und die Gefahr des Erstickens in einem pragmatischen Agieren in Schach zu halten.

Weiter wären dem Beispiel der USA, Hollands, Englands und den skandinavischen Ländern folgend auch in der Bundesrepublik Deutschland kurzfristige Workshops zu organisieren und zu fördern, zu denen international anerkannte Familientherapeuten einzuladen wären. Trotz der bereits erwähnten Nachteile solcher Workshops hätten sie doch gerade im Hinblick auf die bundesdeutsche Situation besondere Vorteile: sie ließen sich kurzfristig organisieren und könnten relativ bald eine erhebliche Zahl von angehenden Familientherapeuten und Ausbildungskandidaten in Deutschland mit der Arbeitsweise der avanciertesten Familientherapeuten bekannt machen.

Schließlich wäre zu wünschen, daß Institutionen wie die DFG, das Volkswagenwerk, die Boschstiftung vermehrt Stipendien für Auslandsaufenthalte angehender Familientherapeuten vergeben – zumindest noch so lange, als die Bundesrepublik in betreff Familientherapie noch ein Entwicklungsland darstellt.

II. Zusammenfassende Darstellung der Ausbildungsmöglichkeiten in Europa und den USA

Um einen Überblick über die bestehenden Ausbildungsmöglichkeiten für Familientherapie in der Bundesrepublik Deutschland, der Schweiz, Österreich, Holland und den USA zu erhalten, schrieben wir eine Reihe uns bekannter Institute in diesen Ländern an. Wir baten um detaillierte Informationen ihrer Lehrveranstaltungen. Aus der Zahl der erhaltenen Antworten wird ersichtlich, wie sehr alle europäischen Länder hinter den USA zurückstehen. (BRD: 7; Österreich: 1; Schweiz: 1; Holland: 2; USA: 20)

Aber nicht nur die Zahlen, sondern vielmehr die unterschiedliche Gestaltung der mehr oder weniger umfangreichen Lehrangebote beeindruckte uns bei Durchsicht der Antworten. Wir wollen im folgenden versuchen, zusammenfassend einige Schwerpunkte der befragten Institute zu beschreiben. Einige der Schwerpunkte sind den Instituten gemeinsam, in anderen unterscheiden sie sich.

Es ist ein Zeichen des sprunghaften Anwachsens in der Familientherapie, daß auch die Zahl der Ausbildungsinstitute ständig zunimmt. Daher stellt unsere Aufstellung nur eine möglicherweise repräsentative, aber unvollständige Auswahl dar. Dies gilt sowohl für die europäischen Länder als auch für die USA.

Wie bereits mehrfach beschrieben, entstand die Familientherapie weitgehend in den USA. Daher ist es nicht verwunderlich, daß die meisten europäischen Einrichtungen enge Verbindung mit ähnlichen Instituten in den USA halten, amerikanische Gastprofessoren zu Lehrgängen nach Europa einladen und eigene Lehrkandidaten zur Ausbildung oder zu kürzeren Informationsreisen in die USA schicken. Für Leser, die an den Ausbildungsmöglichkeiten in den USA interessiert sind, fügen wir daher im letzten Teil eine Reihe amerikanischer Institutionen auf. Zunächst stellen wir Ausbildungsstätten im deutschsprachigen Raum dar:

Bundesrepublik Deutschland

In den uns bekannten deutschen Institutionen, die bereits eine Ausbildung bzw. Fortbildung in Familientherapie anbieten, finden wir beide oben beschriebene theoretische und therapeutische Richtungen – die strukturalistische und die konfliktverarbeitende – vertreten.

1. Institute mit dem Schwerpunkt auf dem strukturalistischen Modell: Diese Institute sind von Universitäten oder Kliniken unabhängig, oft jedoch mit einem amerikanischen Institut affiliiert. Schwerpunkte liegen auf system- und kommunikationstheoretischen Konzepten. Aspekte und Techniken der Gestalttherapie, der Transaktionsanalyse, der bioenergetischen Therapie, des Psychodramas sowie der Ausdruckstherapie werden bevorzugt angewendet.

Die Ausbildung findet in der Regel in Kompaktseminaren in mehrmonatigen Abständen über zwei bis drei Jahre statt.

Besonderen Wert wird auf die Supervision von behandelten Familien sowie die in Gruppen stattfindende Selbsterfahrung der Ausbildungskandidaten gelegt. Zugelassen werden Ärzte, Psychologen, Sozialarbeiter, Sozialpädagogen, Eheberater, Theologen und zum Teil interessierte Laien.

Zu diesen Instituten gehören:

a Institut für Familientherapie e.V.
Maria Bosch
Hübschstraße 4
6940 Weinheim

b Familientherapie-Institut von Kalifornien
Dr. Kirschenbaum
Gautingerstraße 9
8031 Weßling/München

c Institut für Kommunikationstherapie
Dr. Gisela Kottwitz
Kundrystraße 1
1000 Berlin

2. Institutionen mit dem Schwerpunkt auf dem konfliktverarbeitenden oder Versöhnungsmodell:
Diese Institutionen gehören entweder zu einer psychosomatischen Klinik, einer städtischen Erziehungsberatungsstelle oder zu einem privaten psychoanalytischen Ausbildungsinstitut. Soweit sie Universitätseinrichtungen bzw. mit diesen verbunden sind, besteht ihre Aufgabe vorwiegend in der Ausbildung von Studenten der Medizin und Psychologie sowie der Weiterbildung von Sozialarbeitern. In Vorlesungen, Seminaren, Praktika und Gruppensupervisionen wird Familientherapie als Teil der jeweiligen Fachausbildung gelehrt.

Schwerpunkte sind psychoanalytische sowie system- und kommunikationstheoretische Konzepte. Der Praxisbezug wird durch Beobachtung von Familieninterviews durch die Einwegscheibe, durch Video- und Audiobandaufzeichnungen, durch Rollenspiel von simulierten Familien hergestellt.

Zu diesen Institutionen gehören:

a Abteilung für psychoanalytische Grundlagenforschung und Familientherapie der Psychosomatischen Klinik der Universität Heidelberg
Mönchhofstraße 15 a
6900 Heidelberg

b Städtische Jugend- und Familienberatung Erlangen
Langenmarkpl. 3
8520 Erlangen

In Gießen wurde ein 2jähriger Kurs in Familien- und Sozialtherapie erstmalig 1976 eingerichtet, der uns geeignet erscheint, als Modell für die Erarbeitung von Ausbildungsrichtlinien zu dienen. Ihn wollen wir daher detaillierter beschreiben:

Träger dieser Ausbildung ist im Gegensatz zu den übrigen Institutionen das «Gießener Psychoanalytische Institut, Sektion für analytische Familien- und Sozialtherapie». Die Ausbildung findet in 4 Semestern (pro Semester 4–6 Wochenstunden) statt.

Zugelassen werden: Ärzte, Psychologen, Sozialarbeiter und Angehörige angrenzender sozialer Berufe.

Voraussetzung sind Vorerfahrungen in therapeutischen oder beraterisch-betreuenden sozialen Tätigkeiten. Vorkenntnisse in Psychoanalyse sind erwünscht. Eine persönliche Analyse ist eine erwünschte, eine Gruppenselbsterfahrung eine notwendige Bedingung.

Das Besondere dieses Ausbildungskonzeptes besteht einmal in der Verbindung von Familien- und Sozialtherapie. Es soll nicht nur Wissen über analytisch orientierte Modelle und Methoden der Familiendynamik bzw. der Familientherapie vermittelt werden, sondern es wird zusätzlich – besonders im Hinblick auf die Arbeit im Unterschichtsbereich – großer Wert auf Kenntnisse in Familiensoziologie, Interaktion zwischen Familie und Institution sowie über komplexe Strategien von Familientherapie im Zusammenhang mit Gemeinwesenarbeit bzw. Sozialtherapie gelegt.

Ein weiterer wichtiger Betandteil dieses Ausbildungskonzeptes liegt in der Verbindung von Ausbildung und dem Ziel einer verbesserten regionalen Koordination aller in einem abgrenzbaren Versorgungsgebiet in der psychosozialen Prävention tätigen Dienste. Daher werden solche Bewerber bevorzugt, die ihre Tätigkeit in bzw. im weiteren Umfeld von Gießen ausüben oder ausüben wollen.

Anschrift:
Abteilung für Kinder und Familienambulanz der
Psychosomatischen Klinik der Universität Gießen
Friedrichstraße 35
6300 Gießen

Zusätzlich zu den unter 1. und 2. genannten Institutionen finden jährlich Fortbildungskurse und Vorlesungen in Familientherapie im Rahmen der Lindauer Psychotherapiewochen statt.

Für einen Erfahrungsaustausch unter Mitarbeitern an Erziehungsberatungsstellen bietet auch die Wissenschaftliche Jahrestagung der Bundeskonferenz für Erziehungsberatung Gelegenheit. Weiter werden im Rahmen dieser Bundeskonferenz mehrtägige Symposien veranstaltet. Im Rahmen der Landesarbeitsgemeinschaft hessischer Erziehungsberatungsstellen werden seit 1973 in Frankfurt zwei Fortbildungskurse für Sozialarbeiter, Psychagogen und Psychologen durchgeführt. Die Kurse finden kontinuierlich über zwei Jahre, 14tägig, in Form von Supervision eigener Fälle statt. Die Teilnehmer müssen Angestellte einer hessischen EB sein.

Österreich

In Österreich bietet der österreichische Arbeitskreis für Gruppentherapie und Gruppendynamik (ÖAGG) einmal jährlich ein «Seminar für Familienarbeit» an, das an vier Intensivwochenenden stattfindet. Hier werden maximal sechzehn Teilnehmer, vorwiegend Therapeutenpaare, in psychoanalytisch orientierten Familienkonzepten und Techniken unterwiesen.

Zusätzlich wird einmal jährlich ein *family work-shop* für die Absolventen der Kurse zur Information und Weiterbildung durchgeführt. Auch Gastprofessoren aus anderen Ländern werden zu Vorlesungen und praktischen Demonstrationen von Familientherapie vom ÖAGG eingeladen.

Anschrift des Leiters des Seminars:
Dr. H. Merl
A-4050 Traum
Caritasstraße 16

Anschrift des ÖAGG:
ÖAGG
A-1081 Wien
Postfach 198

Schweiz

In der Schweiz wurde seit 1971 ein Ausbildungsprogramm entwickelt, das eine intensive, praxisbezogene, berufsbegleitende Ausbildung für haupt- oder nebenberuflich in Ehe- und Familientherapie Tätige darstellt.

Als wichtige Voraussetzung hierfür gelten die Ausbildung in Einzel- und Gruppentherapie und die Kenntnis psychoanalytischer, kommunikations- und systemtheoretischer Konzepte.

Im Laufe des zweijährigen Ausbildungsprogramms sollen theoretische, diagnostische und therapeutische Kenntnisse und Fertigkeiten vermittelt sowie Gelegenheit zur weiteren persönlichen Ausbildung gegeben werden.

Die Ausbildung gliedert sich in:
1. Ein «Vorsemester nach Maß»
   (ein Wochenende);
2. Abendkurs für vier Semester
   (zweimal wöchentlich);
3. Zwei Konzentrationswochen
   (nach dem ersten und dritten Semester);
4. Einzel- und Gruppensupervisionen eigener Fälle;
5. Literaturstudium;
6. Ein Jahr Selbsterfahrung in der Gruppe.

Zugelassen werden
- Spezialärzte in Psychiatrie, Psychotherapie, Kinderpsychiatrie während oder nach Abschluß der Fachausbildung,
- Psychologen mit Abschluß und praktischer Tätigkeit,
- Sozialarbeiter mit Diplom und Zusatzausbildung.

Anschrift
Institut für Ehe- und Familienwissenschaft
Wiesenstraße 9
8032 Zürich

Außerhalb der gründlichen zweijährigen Ausbildung veranstaltet das obige Institut regelmäßig in zweijährigen Intervallen internationale Kongresse für Ehe- und Familientherapie, an denen 1975 zahlreiche bekannte Vertreter der verschiedenen familientherapeutischen Richtungen teilnahmen.

Holland

In Holland bieten verschiedene Organisationen eine berufsbegleitende Fortbildung in Familientherapie an. Die familientherapeutische Arbeit nimmt hier schon seit einigen Jahren einen breiteren Raum innerhalb der medizinischen und sozialtherapeutischen Versorgung ein. Auch hier stand bisher die Einführung amerikanischer «Schulen» im Vordergrund. Es werden noch jährlich Gastprofessoren zu Seminaren, Vorträgen und Demonstrationen eingeladen, so daß ein recht großes Angebot an verschiedenen theoretischen Konzepten und therapeutischen Interventionsmöglichkeiten besteht. Die Kontinuität soll von holländischen Lehrtherapeuten, die ebenfalls meist in den USA ausgebildet sind, in Form von Supervision hergestellt werden.

Anschrift

a Nederlandse Vereniging voor Groeps-Psychotherapie
  Kommissie Gerinstherapie
  E. de Klertz
  Keizersgracht 639
  Amsterdam

b Instituut voor voortgezette social-paedagogische Opleidingen
  M. Crolla-Baggen
  Adelbertuslaan 5
  Nijmegen

USA

In den USA ist die Ausbildung in Familientherapie recht unterschiedlich und wenig koordiniert, worin sich die Vielgestaltigkeit und unterschiedliche Entwicklung der maßgebenden familientherapeutischen Konzepte widerspiegelt. Jede Institution bietet ihre eigenen Lehrgänge und Ausbildungsprogramme an, die meist nach den Bedürfnissen der Mitarbeiter, den Möglichkeiten und Aufgaben der Einrichtungen und den Interessenrichtungen der Institutsleiter entwickelt wurden.

Allen gemeinsam scheint die hohe Bewertung der praxisbezogenen Eigenverantwortlichkeit jedes Ausbildungskandidaten zu sein. Meist wird auf theoretische Einführungsseminare verzichtet und der lernende Familientherapeut sogleich in die Praxis eingeführt. Die Beobachtung durch die Einwegscheibe mit anschließenden Diskussionen, die Teilnahme an der Behandlung als Co-Therapeut und oft auch gleich die alleinverantwortliche therapeutische Tätigkeit bei gleichzeitiger intensiver Supervision sind hier die üblichen Modalitäten. Die Erarbeitung theoretischer Konzepte, der Vergleich verschiedener therapeutischer Interventionsstile und die Vertiefung der theoretischen Kenntnisse in wissenschaftlicher Arbeit bleiben meist dem zweiten und dritten Ausbildungsjahr vorbehalten.

Ähnlich wie in Deutschland gibt es in den USA

1. unabhängige Institute für Familientherapie;
2. Abteilungen für Familientherapie innerhalb psychiatrischer Krankenhäuser (oft in Verbindung mit Universitäten);
3. Lehrveranstaltungen in Familientherapie an psychologischen Universitätsinstituten. Diese sind für Doktoranden in klinischer Psychologie obligatorisch.

ad 1) *Unabhängige Institute:*

Hier wird die Ausbildung meistens als berufsbegleitende Weiterbildung angeboten. Sie dauert zwei bis drei Jahre, findet ein- oder mehrmal wöchentlich zu bestimmten Zeiten statt und schließt mit einer Teilnahmebescheinigung ab.

Zugelassen werden Psychiater, Psychologen, Sozialarbeiter mit abgeschlossenem Studium, Allgemeinmediziner, Theologen mit Zusatzausbildung, psychiatrische Krankenschwestern, Beratungslehrer, Psychagogen, Juristen, Bewährungshelfer, eventuell auch Soziologen, Anthropologen und interessierte Laien.

Zu diesen Instituten gehören:

a The Nathan W. Ackerman Institute
A Center for Familiy Treatment, Training, Research
149 East 78th Street
New York, N. Y. 10021

b The Family Institute of Philadelphia
c/o. Philadelphia Psychiatric Center
Ford Road and Monument Ave.
Philadelphia, Pennsylvania 19131

c Groome Center for Children and Families
5225 Longhboro Road, N.W.
Washington, D.C. 20016

d Marriage and Family Consultation Center
Suite 1400, Farmin Bank Building
1020 Holcombe Blvd.
Houston, Tex. 77025

e The Family and Group Educational Institute
P.O.Box 3179
University Station
Columbus, Ohio 43210
f Trinity Counseling Service
22 Stockton Street
Princeton, New Jersey 08540
g Family and Group Center for Therapy and Training
315 West 70th Street
New York, N. Y. 10023
h Mental Research Institute
555 Middlefield Rd.
Palo Alto, Cal. 94301
i The Center for Family Learning
10 Hanford Ave.
New Rochelle, N. Y. 10805
j Beech Brook
3737 Lander Road
P.O.Box 2410
Cleveland, Ohio 44124

ad 2) *Abteilungen für Familientherapie innerhalb psychiatrischer Kliniken:*

In diesen Abteilungen wird Familientherapie als Teil der Spezialausbildung zum Psychiater, klinischen Psychologen oder Sozialarbeiter angeboten. Diese Form der Ausbildung bedingt die ganztägige Arbeit in der Abteilung für ein bis drei Jahre.

Meistens bieten diese Abteilungen zusätzlich auch berufsbegleitende Fortbildungsseminare und Supervisionsgruppen für Angehörige anderer Institutionen an. Hier wird Familientherapie sowohl auf ambulanter Basis als auch bei hospitalisierten Patienten angewandt. Jedoch nur in seltenen Fällen reichen die Einrichtungen aus, um ganze Familien stationär aufzunehmen und zu behandeln.

Zu den bekanntesten Abteilungen zählen:
a Family and Marriage Clinic
Department of Psychiatry
University of Rochester Medical Center
300 Crittenden Blvd.
Rochester, N.Y. 14642

b Family Psychiatry Devision
Eastern Pennsylvania Psychiatric Institute
Henry Ave & Abbottsford Rd.
Dr. I. Boszormenyi-Nagy
Philadelphia, Pennsylvania 19129

c Devision of Psychiatric Family Practice
Dr. D. Rubinstein
Temple University School of Medicine
Eastern Pennsylvania Psychiatric Institute
Henry Ave and Abbottsford Rd.
Philadelphia, Pennsylvania 19129

d Bristol Hospital Family Treatment Unit.
Bristol Hospital, Inc.
Bristol, Connecticut 06010

e Harlem Valley Psychiatric Center
Harlem Valley State Hospital
Wingdale, N.Y. 12594

f The University of Texas
Health Science Center at San Antonio
7703 Floyd Curl Drive
San Antonia, Texas 78284

g Child and Family Center
Mc Master University
Department of Psychiatry and Family Medicine
Hamilton, Ontario
Kanada

h Child Guidance Clinic
34 Str. and Civic Center Blvd.
Philadelphia, Pennsylvania 19104

i Family Therapy Department
Menninger Foundation
Box 829
Topeka, Kansas 66604

j Neuro-Psychiatric Institute
UCLA
760 Westwood Plaza
Los Angeles, Cal. 90024

ad 3) *Ausbildung an psychologischen Universitätsinstituten:*

Während die Ausbildung in Familientherapie für Psychiater bzw. Psychotherapeuten und Sozialarbeiter an den Kliniken schon früh zugänglich war, nahmen die klinischen Psychologen erst in den letzten Jahren Familientherapie als Teil der psychotherapeutischen Ausbildung in ihre Programme auf.

Über die Möglichkeiten für Psychologen, an psychologischen Instituten der Universitäten Seminare zu belegen und Praktika zu absolvieren, informiert der Artikel von M. Duncan Stanton: *‹Family Therapy Training: Academic and Intership Opportunities for Psychologists›* in: Family Process 3,14, 1975.

Der an weiteren Informationen interessierte Leser wird gebeten, sich direkt an die jeweiligen Institutionen zu wenden und von dort Material anzufordern.

Literatur zu I.

1 BOSZORMENYI-NAGY, I., und G. M. SPARK: Invisible Loyalities. New York: Harper & Row 1973

2 FRAMO, J. L. (Ed.): Family Interattion. A Dialogue between Family Researchers and Family Therapists. New York: Springer 1972

3 HALEY, J.: Changing Families. New York: Grune & Stratton 1971

4 HALEY, J.: Familientherapie mit gestörten Jugendlichen. In: Ehe 1975, 12, S. 155

5 MONTALVO, B., und J. HALEY: In Defense of Child Therapy. In: Family Process 12 (1973), Nr. 3

6 PAPP, P., O. SILVERSTEIN und E. CARTER: Family Sculpting in Preventive Work with «Well Families». In: Family Process 12 (1973), Nr. 2

7 PAUL, N. L.: The Marital Puzzle. New York: Northon 1975

8 RICHTER, H. E.: Eltern, Kind und Neurose. Reinbek bei Hamburg: Rowohlt 1969 (rororo Taschenbuch Ausgabe. 6082.)

9 RICHTER, H. E.: Patient Familie. Reinbek bei Hamburg: Rowohlt 1970

10 RHOADS, J. M. und B. W. FEATHER: The Applications of Psychodynamics to Behavior Therapy. In: American Journal of Psychiatry 131 (1974), S. 17–20

11 SELVINI-PALAZZOLI, M.: Self-Starvation. London: Human Context Books 1974

12 STIERLIN, H.: Separating Parents and Adolescents. New York: Quadrangle 1974. Deutsche Übersetzung und Titel: Eltern und Kinder im Prozeß der Ablösung. Frankfurt: Suhrkamp 1975

13 STIERLIN, H.: Von der Psychoanalyse zur Familientherapie. Stuttgart: Klett 1975

14 WATZLAWICK, P., J. H. WEAKLAND und R. FISCH: Lösungen. Bern, Stuttgart: Huber 1974

15 WYNNE, L. C.: Some Indications and Contraindications for Exploratory Family Therapy. In: I. BOSZORMENYI-NAGY und J. L. FRAMO (Eds.): In-

tensive Family Therapy. New York: Hoeber & Harper 1965

Weitere Literatur zum Thema: Ausbildung in Familientherapie

BODIN, A. M.: Family Therapy Training Literature: A Brief Guide. In: Family Process 8 (1969), S. 272–279

CLEGHORN, J. M., und S. LEVIN: Training Family Therapists By Setting Learning Objectives. In: American Journal of Orthopsychiatry 43 (1973), Nr. 3

EHRLICH, F. M.: Family Therapy and Training in Child Psychiatry. In: Archives of General Psychiatry 12 (1973, S. 461–472. Rev. in: Family Process 13 (1974), Nr. 1

EPSTEIN, N. B., und S. LEVIN: Traning for Family Therapy within a Faculty of Medicine. In: Canadian Psychiatry Association Journal 18 (1973)

FERBER, A., und M. MENDELSOHN: Training for Family Therapy. In: Family Process 8 (1969), S. 25–32

FLEMING, J.: The Role of Supervision in Psychiatric Training. In: Bulletin of the Menninger Clinic 17 (1953), Nr. 5, S. 157–169

HALL, R.: A paraprofessional's view of Supervision. In: Family Process 11 (1972)

LEVIN, W., und J. CLEGHORN: Training Family Therapists by setting instructional objectives. Presentation, 29. 1. 1972 (unveröffentl. Manuskript)

MONTALVIO, B.: Aspects of Life Supervision. In: Family Process 12 (1973), Nr. 4

RANSOM, D. C., und H. E. VANDERVOORT: The Development of Family Medicine. In: Journal of the American Medical Association 225 (1973), S. 1098–1102. Rev. in: Family Process 14 (1975), Nr. 1

SANDER, F. M., und C. C. BEELS: A Didactic Course of Family Therapy Trainees. In: Family Process 9 (1970), Nr. 4

UMBARGER, C.: The Paraprofessional and Family Therapy. In: Family Process 11 (1972)

VANDERVOORT, H. E., und D. RANSOM: Undergraduate Education in Family Medicine. In: Journal of Medical Education 48 (1973), S. 158–165. Rev. in: Family Process 14 (1975), Nr. 1

WILLAIMSON, D. S.: Training Opportunities in Marriage and Family Counseling. In: The Family Coordinator (1973)

Literatur zu II.

ACKERMAN, N. W.: The Psychodynamics of Family Life. New York: Basic Books 1958

ACKERMAN, N. W.: Treating the Troubled Family. New York: Basic Books 1966

ACKERMAN: N. W.: The Growing Edge of Family Therapy. In: C. J. SAGER und H. S. KAPLAN (Eds.): Progress in Group and Family Therapy. New York: Brunner/Mazel 1972

ACKERMAN, N. W.: Child Participation in Family Therapy. In: Family Process 9 (1970), Nr. 1

ACKERMAN, N. W., J. LIEB und J. K. PEARCE (Eds.): Family Therapy in Transition. Boston: Little Brown 1970

ALDOUS, J., und R. HILL: International Bibliography of Research in Marriage and the Family, 1900–1964. Minneapolis: Univ. of Minn. Press 1967

APONTE, H., und L. HOFFMAN: The Open Door: A Structural Approach to a Family with an Anorectic Child. In: Family Process 12 (1973), Nr. 1

BATESON, J. u. a. (Eds.): Schizophrenie

und Familie. Frankfurt: Suhrkamp 1972

BELL, N. W., und E. F. VOGEL (Eds.): A Modern Introduction to the Family. New York: Free Press 1968

BLOCH, D. (Ed.): Techniques of Family Psychotherapy: a Primer. New York: Grune & Stratton 1973

BEELS, C. C., und A. FERBER: Family Therapy: A View. In: Family Process 8 (1969), Nr. 2

BOSZORMENYI-NAGY, I., und J. L. FRAMO (Hg.): Familientherapie Bd. 1.2. Reinbek bei Hamburg: Rowohlt 1975 (rororo-studium. 80/81: Psychoanalyse.)

BOSZORMENYI-NAGY, I.: Loyality implications of the transference model in psychotherapy. In: Archives of General Psychiatry 27 (1972)

BOSZORMENYI-NAGY, I., und G. M. SPARK: Invisible Loyalities. New York: Harper & Row 1973

BOWEN, M.: The Use of Family Therapy in Clinical Practice. In: Comprehensive Psychiatry 7 (1966), Nr. 5

COLON, F.: In Search of One's Past: An Identity Trip. In: Family Process 12 (1973), Nr. 4

DICKS, H. V.: Marital Tensions. Clinical Studies toward a Psychological. Theory of Interaction. New York: Basic Books 1967

FERBER, A., und J. RANZ: How to succeed in Family Therapy: Set reachable goalgive workable tasks. In: C. J. SAGER und H. S. KAPLAN (Eds.): Progress in Group and Family Therapy. New York: Brunner/Mazel 1972

FERBER, A. S. u. a.: The Book of Family Therapy. New York: Science House 1972

FRAMO, J. L. (Eds.): Family Interaction: A Dialogue between Family Researchers and Family Therapists. New York: Springer Publ. Co. 1972

FRAMO, J. L.: Das Wesen der Symptome aus familientransaktioneller Perspektive. In: C. J. SAGER und H. S. KAPLAN: Handbuch der Ehe-, Familien- und Gruppentherapie. Bd 1–3. München: Kindler 1973

FRIEDMAN, A. S.: Psychotherapy for the whole family. New York: Springer 1965

GAP-REPORT: The Field of Family Therapy. New York: GAP 1970 (Group for the Advancement of Psychiatry. Report. No. 78)

GASTAGER, H. u. S.: Die Fassadenfamilie. München: Kindler 1973

GLASSER, P. H., und L. N. GLASSER (Eds.): Families in Crisis. New York: Harper & Row 1970

GLICK, I. D., und D. R. KESSLER: Marital and Family Therapy. New York: Grune & Stratton 1974

GORDON, T.: Familienkonferenz. Hamburg: Hoffmann & Campe 1972

GRAY, W. (Ed.) u. a.: General Systems Theory and Psychiatry. Boston: Little Brown 1969

HALEY, J.: Strategies of Psychotherapy. New York: Grune & Stratton 1963

HALEY, J., und L. HOFFMAN: Techniques of Family Therapy. New York: Basic Books 1967

HALEY, J.: Changing Families. New York: Grune & Stratton 1971

HALEY, J.: The power tactics of Jesus Christ and other essays. New York: Avon 1971

HOWELLS, J. G. (Ed.): Theory and practice of family psychiatry. New York: Brunner/Mazel 1972

JACKSON, D. D. (Ed.): Communication, Family and Marriage. Palo Alto: Science & Behavior Books 1968

JACKSON, D. D.: Therapy, communication and change. Palo Alto: Science & Behavior Books 1968

KAPUSTE, H., und F. GIESEN: Therapie in der Familie. In: Psychologie heute (1974)

KAUFMANN, L.: Familie, Kommunikation und Psychose. Bern, Stuttgart: Huber 1972

KAUFMANN, L.: Familientherapie. In: K. P. KISKER (Hg.): Psychiatrie der Gegenwart. Bd 3. 2. Aufl. Berlin, Heidelberg, New York: Springer 1975

LAING, R. D.: Das geteilte Selbst. Frankfurt: Suhrkamp 1972

LAING, R. D., und A. ESTERSON: Sanity, Madness and the Family. New York: Basic Books 1964

LAING, R. D.: Die Politik der Familie. Köln: Kiepenheuer & Witsch 1974

LANGSLEY, D. G. u. a.: The Treatment of Families in Crisis. New York: Brune & Stratton 1968

LIDZ, TH.: The Origin & Treatment of Schizophrenic Disorders. New York: Basic Books 1973

LIDZ, TH.: Familie und psychosoziale Entwicklung. Frankfurt: Fischer 1971

LIDZ, TH.: Das menschliche Leben. (Bd. 1.2) Frankfurt: Suhrkamp 1970

LIEGLE, L.: Familie und Kollektiv im Kibbuz. 2. Aufl. Weinheim, Berlin, Basel, Wien: Beltz 1972. (Beltz-Studienbuch. 24.)

MANDEL, A. u. a.: Einübung in Partnerschaft durch Kommunikationstherapie und Verhaltenstherapie. München: Pfeiffer 1971. (Leben lernen. Nr. 1.)

MERL, H.: Strukturerfassung und therapeutische Intervention (Ein Beitrag zur Praxis der Familientherapie). In: Gruppenpsychotherapie und Gruppendynamik 7 (1973), H. 1

MINUCHIN, S. u. a.: Families of the Slums: An Exploration of their Structure and Treatment. New York: Basic Books 1967

MINUCHIN, S.: Families & Family Therapy. Cambridge, Mass.: Harvard University Press 1974

MISHLER, E. G., und N. E. WAXLER (Eds.): Interaction in Families. New York: Wiley & Sons 1968

OLSON, D. H.: Marital and Family Therapy: Integrative Review and Critique. In: Journal of Marriage and Family (1970)

PAPAJOHN, J., und J. SPIEGEL: Transactions in Families. San Francisco: Jossey-Bass Publ. 1975

PECK, B.: A Family Therapy Notebook: Experiential Techniques of Family and Couples Therapy. N. Y.: Libra Roslyn Heights 1974

PREUSS, H. G.: Ehepaartherapie. München: Kindler 1973

REITER, L.: Ehe- und Familientherapie. In: H. STROTZKA (Hg.): Psychotherapie: Grundlagen, Verfahren, Indikation. München, Berlin, Wien: Urban & Schwarzenberg 1975

RICHTER, H. E.: Eltern, Kind und Neurose. Reinbek bei Hamburg: Rowohlt 1969 (rororo Taschenbuch Ausgabe. 6082.)

RICHTER, H. E.: Patient Familie. Reinbek bei Hamburg: Rowohlt 1970

RICHTER, H. E.: Die Gruppe. Reinbek bei Hamburg: Rowohlt 1972

RICHTER, H. E. Lernziel Solidarität. Reinbek bei Hamburg: Rowohlt 1974

RISKIN, J., und E. E. FAUNCE: An Evaluative Review of Family, Interaction Research. In: Family Process 11 (1972), Nr. 4

SAGER, C. J., und H. S. KAPLAN (Hg.): Handbuch der Ehe-, Familien- und Gruppentherapie. Bd 1–3. München: Kindler 1973

SATIR, V.: Familienbehandlung. Kommunikation und Beziehung in Theorie, Erleben und Therapie. Freiburg: Lambertus-Verlag 1973

SATIR, V.: Peoplemaking. Palo Alto: Science & Behavior Books 1972

SCHINDLER, R., und O. H. ARNOLD: Bifokale Gruppentherapie bei Schizophrenen. In: Wiener Zeitschrift für Nervenheilkunde und deren Grenzgebiete 5 (1952)

SELVINI-PALAZZOLI, N.: Self-Starvation. London: Human Context Books 1974

SPECK, R. V., und C. L. ATTNEAVE: Family Networks. New York: Pantheon Books 1973

SPERLING, E.: Ehe- und Familienbehandlung als Über-Ichtherapie. In: Praxis der Psychotherapie Bd 20, 1975, Nr. 1

STIERLIN, H.: Conflict and Reconciliation. New York: Science House 1969

STIERLIN, H.: Eltern und Kinder im Prozeß der Ablösung. Frankfurt: Suhrkamp 1975

STIERLIN, H.: Von der Psychoanalyse zur Familientherapie. Stuttgart: Klett 1975

STIERLIN, H.: Adolf Hitler – Familienperspektiven. Frankfurt: Suhrkamp 1975

SONNE, J. C.: A Primer for Family Therapists. New York: Thursday Press 1973

SUGAR, M. (Ed.): The Adolescent in Group and Family Therapy. New York: Brunner/Mazel 1975

THORMAN, G.: Family Therapy: a Handbook. Los Angeles: Western Psychol. Serv. 1971

TOMAN, W.: Familienkonstellationen. 2. Aufl. München: Beck (Beck'sche Schwarze Reihe. 112.)

WATZLAWICK, P., J. H. BEAUVIN und D. D. JACKSON: Menschliche Kommunikation. 3. Aufl. Bern, Stuttgart: Huber 1972

WATZLAWICK, P., J. H. WEAKLAND und R. FISCH: Lösungen. Bern, Stuttgart: Huber 1974

WILLI, J.: Der gemeinsame Rorschach-Versuch. Diagnostik von Paar- und Gruppenbeziehungen. Bern, Stuttgart: Huber 1973

WILLI, J.: Zweierbeziehung. Reinbek bei Hamburg: Rowohlt 1975

WINTER, W. D., und A. J. FERREIRA (Eds.): Research in family interaction. Palo Alto: Science & Behavior Books 1969

WYNNE, L. C., und M. T. SINTER: Denkstörung und Familienbeziehung bei Schizophrenen. In: Psyche 19 (1965)

ZUK, G. H., und I. BOSZORMENYI-NAGY (Eds.): Family Therapy and Disturbed Families. Palo Alto: Science & Behavior Books 1967

ZUK, G. H.: Process and Practice in Family Therapy. Haverford/Pa: Psychiatr. & Behavioral Science Books 1975

Fünfter Teil

Gutachten über die Lage der Familientherapie in der Bundesrepublik Deutschland

5.1. Die Familientherapie in der Bundesrepublik Deutschland

Horst E. Richter, Ingeborg Rücker-Embden und Ulrike Wegener

1. Einleitung: Problemübersicht

In der Psychologischen Medizin setzt sich zunehmend die Erkenntnis durch, daß seelisch bedingte Erkrankungen sich oft nicht als Merkmale eines individuellen Trägers abgrenzen lassen, daß sie vielmehr sehr häufig als Interaktionsstörungen zu begreifen sind, an denen mehrere eng aufeinander bezogene Individuen in unterschiedlichen Funktionen gleichzeitig beteiligt sind: «Neurotic circular reactions are never absent in any well established neurosis» (Mittelmann).

Diese Erkenntnis hat eine Diskussion des Krankheitsbegriffs in der Psychologischen Medizin in Gang gebracht, die eine Revision des traditionellen rein individualistischen Krankheitskonzepts notwendig erscheinen läßt. Diese Revision muß der Tatsache Rechnung tragen, daß zum Beispiel in Familien oft ein oder mehrere Mitglieder trotz schwerer unbewältigter innerer Spannungen so lange nicht selbst an manifesten Symptomen erkranken, so lange sie ein oder mehrere andere Familienmitglieder als Objekte zur Abreaktion ihres inneren Drucks benutzen können, die gewissermaßen stellvertretend für sie selbst klinische Symptome produzieren. In solchen und anderen Fällen, in denen die Symptome eines Individuums lediglich die greifbare Manifestation eines krankhaften Gruppenkonflikts in der Familie darstellen, erweist sich die isolierte Behandlung des sichtbar dekompensierten Familienteils entweder als vergeblich, weil der latent beteiligte andere Familienteil dagegen arbeitet, um den «Patienten» in der Rolle eines Kanalisationsinstruments festzuhalten. Oder es kommt dazu, daß die unbewältigte krankheitserzeugende Spannung in der Familie in symptomerzeugender Weise kreisförmig von einem Teil auf andere verschoben wird. Dies führt zu den geläufigen pathogenen Kettenreaktionen nach Einzelbehandlung vorgeschobener Symptomträger innerhalb einer familiären Gruppenneurose.

Die fortgeschrittene Einsicht in diese Zusammenhänge läßt die Notwendigkeit erkennen, in einschlägigen Fällen von krankheitserzeugenden Gruppenkonflikten in der Familie («Familienneurosen») die an dem Interaktionskonflikt unmittelbar beteiligten Mitglieder therapeutisch gemeinsam zu erfassen. Dabei haben auch solche latent gestörten Individuen, die gewissermaßen an Stelle eigener Symptome eine krankhafte Dekompensation bei ihren familiären Partnern produzieren oder in Gang halten, als Patienten zu gelten und nicht etwa nur als ratbedürftige Angehörige. Würde man ihnen bei der Durchführung der Therapie irgendeine co-therapeutische Sonderstellung einräumen, würde man sie eher daran hindern, ihr Dominanzverhältnis gegenüber ihrem abhängigen manifest dekompensierten Partner aufzugeben.

Der Ausbau der Ehepaar- und Familientherapie erfordert eine Intensivierung der Weiterbildung und Fortbildung in diesem speziellen Bereich, die an einzelnen Stellen schon betrieben wird. Dabei erscheint es notwendig, daß die Vermittlung familiendynamischer und familientherapeutischer Kenntnisse und Fertigkeiten nicht auf einen einschlägigen Spezialistennachwuchs beschränkt wird, sondern in alle Systeme psychotherapeutischer und sozialtherapeutischer Weiter- und Fortbildung Eingang findet. Familiendynamische und familientherapeutische Aspekte müssen zu einem selbstverständlichen integrierten Element in den Grundkonzepten der allgemeinärztlichen Praxis, in der angewandten Psychoanalyse und pragmatischen Psychotherapieformen sowie in den diversen Bereichen der Sozialtherapie und Partnerberatung werden. Außer als Bestandteil einer neuen Grundorientierung in der Psychologischen Medizin ist Familientherapie in Form spezifischer differenzierter Methoden für einschlägige soziale und psychologische Indikationsbereiche zu entwickeln und wissenschaftlich systematisch zu erforschen.

Die Kostenträger sollten die bereits erprobten Verfahren der Familientherapie umgehend in ihren Katalog der Pflichtleistungen aufnehmen, wobei für aufwendige Spezialmethoden die Indikation und die Ausbildungsqualifikation der Therapeuten ebenso wie bei anderen psychotherapeutischen Spezialverfahren festgelegt bzw. gutachtlich kontrolliert werden mögen.

2. Indikationsstellung und Settings der Familientherapie

Der Indikationsbereich für Familientherapie kann folgendermaßen definiert werden:

Familientherapeutische Verfahren sind immer dann indiziert, wenn sich nachweisen läßt, daß die manifeste psychische Krankheit der als Patient angebotenen Person ursächlich bedingt ist durch eine gestörte Interaktion der gesamten familiären Gruppe bzw. deutlich in Zusammenhang steht mit einem die ganze Familie belastenden Konflikt.

Erfahrungsgemäß sind bei einer solchen Konstellation die Chancen einer Einzeltherapie mit dem Symptomträger sehr gering, da der übrige Teil der Familie in der Regel, um das innerfamiliäre pathologische Gleichgewicht zu erhalten, einer solchen Einzelbehandlung entgegenarbeitet. Es wäre für die Kassen also ein Gewinn, in solchen Fällen nicht erfolglose Einzeltherapien zu finanzieren, sondern erfolgversprechende Familientherapien. Die zentralen Symptomträger müssen nicht, wie man heute häufig annimmt, bevorzugterweise Kinder sein, es kann sich ebenso um Erwachsene handeln.

Die bereits praktizierten und erprobten Verfahren der Familientherapie sind in der folgenden Aufstellung zusammengefaßt:

1. Familienberatung
   Teilgruppe der Familie oder Gesamtfamilie, ein bis fünf Sitzungen.
2. Mittelfristige Familientherapie
   Gesamtfamilie, einmal wöchentlich, drei bis sechs Monate.
3. Längerfristige Familientherapie
   Teilgruppe der Familie oder Gesamtfamilie, einmal wöchentlich, bis zu zwei Jahren.
4. Familientherapie in der Wohnung der Betroffenen (in der Regel Unterschichtfamilien, zum Teil eingebettet in Gemeinwesenarbeit)
   Teilgruppe der Familie oder Gesamtfamilie, einmal wöchentlich, bis zu zwei Jahren.
5. Familienkriseninterventionstherapie in der Wohnung der Betroffenen oder in der Praxis des Therapeuten (Suizidversuche, akute Fehlhandlungen usw.)
   zwei bis zehn Sitzungen innerhalb weniger Wochen.
6. Kindergruppentherapie
   Einmal wöchentlich mit begleitender 14tägiger Beratung der Eltern, bis zu zwei Jahren
   ein oder zwei Therapeuten.
7. Elterngruppentherapie
   Einmal wöchentlich bis zu zwei Jahren
   ein oder zwei Therapeuten.
8. Paartherapie
   a) Intensive Paarkurztherapie
      Im Durchschnitt zehn bis zwölf Doppelstunden innerhalb von zwei Wochen.

b) Längerfristige niedrig frequente Paartherapie
ein- bis zweimal wöchentlich, bis zu einem Jahr.

c) Ehepaargruppentherapie
ein- bis zweimal wöchentlich, bis zu zwei Jahren. Ein oder zwei Therapeuten.

9. Paar- und Familientherapie in stationärem Rahmen (z. B. Familientherapie mit der Zentralfigur eines psychotischen Jugendlichen).

Ein für die Zukunft aussichtsreich erscheinendes, aber im Augenblick aus praktischen Gründen nur selten geübtes Verfahren, wäre eine familienbezogene allgemeinärztliche Tätigkeit, die in einer Kooperation von praktischem Arzt und zugeordnetem Sozialarbeiter bestehen könnte. Gerade in ländlichen Gegenden erscheint ein solches Arbeitsmodell für die Zukunft vielversprechend.

In einem weiteren Sinne gehören in die Definition von Familientherapie auch Aktivitäten hinein, die sich auf Institutionen beziehen, die an dem familiären Konflikt beteiligt sind (z. B. Zusammenarbeit mit Schule, Arbeitsamt, Heim, Kindergarten, Betrieb usw.). Solche Kooperation mit Institutionen im Rahmen von Familientherapie werden heute ja bereits in großem Umfang besonders von Sozialarbeitern geleistet.

Es wäre sicher wichtig, dies in das Bewußtsein der Kassen zu bringen und in Zukunft Regelungen kassentechnischer Art auch hierfür zu finden, wobei diese Aktivitäten allerdings vielfach nicht mit familientherapeutischen Maßnahmen von Ärzten oder Psychologen koordiniert sind.

3. Kassenregelung

Nach den bisher gemachten Ausführungen über die Bedeutsamkeit familientherapeutischer Konzepte für die ambulante sowie stationäre Versorgung psychisch Kranker erscheint es selbstverständlich, daß, wie schon erwähnt, die Kostenträger die familientherapeutischen Verfahren in den Katalog ihrer Pflichtleistungen aufnehmen sollten. In diesem Zusammenhang möchten wir noch einmal darauf hinweisen, daß wir der Ansicht sind, daß zu den «zur Ausübung Berechtigten» alle Berufsgruppen zu zählen sind, die eine familientherapeutische Weiter- bzw. Fortbildung unter den später dargelegten Bedingungen nachweisen können. Aus praktischen Erwägungen heraus halten wir es für sinnvoll, daß die Vergütung der Familientherapie durch die Kassen nach den gleichen Richtlinien erfolgt, die im Arztersatzkassenvertrag für die Anwendung tiefenpsychologisch fundierter und analytischer Psychotherapie gültig sind.

Wenn man von der oben formulierten Indikationsstellung ausgeht, kann man nach unserem Eindruck die Aufschlüsselung des Arztersatzkassenvertrags unter § 1 übernehmen, unter der Voraussetzung, daß die unter a, b, c zitierten Krankheitsbilder nachweislich durch eine konflikthafte familiäre Situation bedingt sind. Wir gehen dabei davon aus, daß die unter § 1 a angegebenen Störungen beliebig zu ergänzen sind.

Ein Teil der familientherapeutischen Aktivitäten ist durch die «Regelung einer begleitenden Psychotherapie der Beziehungspersonen im Rahmen einer Kinderpsychotherapie» erfaßt. Wir haben allerdings den Eindruck, daß das unter § 14,2 angegebene Verhältnis von 1 zu 8 (Einzelbehandlung der Beziehungspersonen zur Behandlung des Kindes bzw. Jugendlichen) nicht angemessen ist. Eine Behandlung der Beziehungspersonen müßte häufiger erfolgen, etwa im Verhältnis 4 zu 8.

Abschließend sei noch bemerkt, daß die Haltung der Kostenträger, Familientherapie als Kassenleistung erst dann anzuerkennen, wenn diese in großem Umfang betrieben wird, deshalb wenig überzeugend erscheint und revisionsbedürftig ist, weil die Ausbreitung des Verfahrens ja bislang gerade durch die fehlende Kostenübernahme verhindert worden ist.

4. Möglichkeiten der Institutionalisierung und Organisation familientherapeutischer Aktivitäten

Nach den bisher gemachten Ausführungen erscheint es offensichtlich unökonomisch und nicht am Problem orientiert, wenn man weiterhin multidisziplinäre Beratungsteams für schmalspurige Teilaufgaben einsetzt, zum Beispiel für die Belange bestimmter Altersgruppen oder für bestimmte Problembereiche wie Eheberatung, Sexualberatung, Familienplanung usw. Für die Zukunft sind zusammengefaßte Beratungszentren, die jeweils eine bestimmte Region zu versorgen haben, die zweckmäßigste Arbeitsform für familientherapeutische und familienberatende Tätigkeiten. Die Gründe für die Einrichtung solcher integrierter Beratungszentren liegen, wie bereits mehrfach ausgeführt wurde, in erster Linie in der psychosozialen Entstehung und Verflechtung der an eine Beratungsstelle herangetragenen Probleme.

Angesichts der derzeit herrschenden Zersplitterung der Beratungsdienste scheint jedoch diese Zukunftsperspektive nicht in absehbarer Zeit realisierbar zu sein. Es muß aber mit Nachdruck gefordert werden, daß die schon existierenden Beratungsstellen ihre bisher eingeengten Arbeitsfelder ausweiten im Sinne einer Anpassung an das jeweilige psychosoziale Problem, das sich ihnen stellt. Außerdem muß die Kooperation zwischen den verschiedenen Beratungsstellen in stärkerem Maße als bisher gefördert werden, so daß ein regionaler Verbund von Beratungsstellen zustande kommt, der eine Koordination der bis jetzt zuweilen noch parallel oder gegeneinander laufenden Aktivitäten ermöglicht.

Die Effizienz der familientherapeutischen Arbeit könnte weiterhin dadurch erhöht werden, daß man in verstärktem Maße die jeweils beteiligten Institutionen oder Behörden (Schulen, Kindergärten, Heime, Jugendämter und Gerichte) koordiniert und in die familientherapeutische Arbeit einbezieht. Besonders dringlich erscheint uns ein kontinuierlicher Kontakt mit den Sozialarbeitern der kommunalen Sozialbehörden. Das setzt voraus, daß die Sozialarbeiter in geringerem Maße, als es bis jetzt noch der Fall ist, gegenüber ihren Behörden weisungsgebunden sind und eine für sie überschaubare Klientel zu betreuen haben. Nur unter diesen Voraussetzungen ist ein Sozialarbeiter in der Lage, eine intensive, auf das psychologische Problem abgestellte Einzelarbeit in Kooperation mit einer familientherapeutischen Beratungsstelle zu leisten.

Erfahrungen aus den USA und einigen europäischen Ländern zeigen, daß es zweckmäßig ist, die Aufmerksamkeit auf die für familientherapeutische Arbeit noch nicht nutzbar gemachten Potentiale innerhalb der Bevölkerung zu lenken. Damit ist zum Beispiel gemeint die Hinzuziehung interessierter Laien sowie die Auswahl und begleitende Betreuung von Familien, die geeignet erscheinen, verhaltensauffällige oder psychisch gestörte Kinder über einen bestimmten Zeitraum hinweg in Pflege zu nehmen.

Von besonderer Wichtigkeit erscheinen uns einige Überlegungen zur ambulanten familientherapeutischen Versorgung von Unter- und Randschichtgruppen. Man muß dabei von der allgemeinen Erfahrung ausgehen, daß mit absinkendem Sozialstatus die Bereitschaft der Klienten nachläßt, sich aktiv an Beratungsstellen zu wenden. Das bedeutet, daß die Beratungszentren direkt in den Siedlungen, in denen diese Bevölkerungsgruppen wohnen, lokalisiert sein müssen.

Um diese Beratungs-Institutionen attraktiver zu machen, wäre es günstig, sie zu Kommunikationszentren auszubauen, die informelle Kontakte sowohl unter den Bewohnern als auch mit den Angehörigen des Beratungsteams ermöglichen. Solche Beratungsstellen müssen wesentlich aktiver die vielfältigen sozialen, seelischen und ökonomischen Schwierigkeiten aufgreifen, als man es von Beratungsstellen mit vorwiegend Mittelschicht und Oberschicht-Klientel gewohnt ist.

Die Einführung familientherapeutischer Konzepte kann sich selbstverständlich nicht nur auf die ambulante Krankenversorgung beschränken. Sie müßten in gleichem Umfang und gleicher Intensität auch bei der stationären Krankenversorgung seelisch gestörter Menschen Anwendung finden. Hierzu ist es notwendig, daß familientherapeutisch qualifizierte Ärzte mit Schwestern und Pflegepersonal therapeutische Teams bilden, die sowohl die stationäre Behandlung als auch die ambulante Nachbehandlung der Patienten familienzentriert durchführen. Die Anwendung familientherapeutischer Konzepte im Bereich der stationären Krankenversorgung bewirkt erfahrungsgemäß einen Rückgang der Primärhospitalisierungen, eine Verkürzung der Dauer des Krankenhausaufenthalts sowie eine Verringerung der Rückfallquoten und der sekundären Hospitalisierungsschäden. Außerdem hat sich gezeigt, daß die Reintegration des Patienten in seine Familie komplikationsloser verläuft.

5. Familientherapeutische Grund-, Weiter- und Fortbildung

I. Grundausbildung

Konzepte der Familiendynamik und Grundbegriffe der Familientherapie müssen zunächst in den Lernzielkatalogen der Grundausbildung für Mediziner, Psychologen, Psychagogen, Sozialarbeiter, Sozialpädagogen, Heil- und Sonderpädagogen stärker als bisher berücksichtigt werden. Die traditionelle Grundausbildung in diesen Berufen ist immer noch zu einseitig auf den individuellen Patienten, Klienten, Schüler zugeschnitten. Die stärkere Gewichtung der familiären Interaktionen muß im Verlauf einer allgemeinen Umstellung auf eine neue Sichtweise erfolgen, die den psychosozialen Interaktionen des Menschen als Gruppenwesen grundsätzlich mehr Bedeutung einräumt.

II. Weiterbildung

Hinsichtlich der Weiterbildung muß unterschieden werden zwischen der Integration familiendynamischer und familientherapeutischer Elemente in die Lernzielkataloge allgemeiner Weiterbildungsgänge – etwa zum Facharzt für Psychiatrie, zum Arzt mit Zusatzbezeichnung Psychotherapie (vielleicht demnächst zum Facharzt für Psychotherapie/Psychosomatik), zum Psychoanalytiker, zum Psychagogen oder dergleichen einerseits und der zusätzlichen besonderen Schulung von Therapeuten, die über die genannten üblichen Weiterbildungsgänge hinaus eine Spezialqualifikation für Familientherapie erwerben wollen.

a) Psychiater

Die Facharztausbildung der Psychiater sollte vor allem – was bisher in der Bundesrepublik Deutschland noch kaum geschieht – endlich der bedeutenden Entwicklung der familienbezogenen Psychosentherapie Rechnung tragen, die zum Beispiel in den USA, Skandinavien, Holland sehr rasch vorangeschritten ist und sich als sehr erfolgreich erwiesen hat. Daß in der sozialpsychiatrischen Prävention und Nachsorge viel stärker als bisher familienbezogen gearbeitet werden muß, ist zwar weithin theoretisch anerkannt, aber hierzulande nur ausnahmsweise realisiert. Auch dies ist eine Folge der mangelhaften Schulung der psychiatrischen Fachärzte in familientherapeutischer Hinsicht.

b) Psychotherapeuten, Psychagogen

Bisher enthalten die von den Instituten und Akademien festgelegten Weiterbildungsgänge für den Erwerb der Qualifikation zum analytischen Psychotherapeuten, zum Arzt mit Zusatzbezeichnung Psychotherapie und zum Psychagogen in der Regel keine oder zumindest keine auch nur halbwegs angemessenen Angebote im Stoffgebiet Familiendynamik und Familientherapie. Das erklärt sich aus der individualistischen Denktradition der Psychoanalyse bzw. der Medizin, welche die neue auf Interaktionsprozesse bezogene Denkweise der Familien- und Gruppentherapie als eine fremdartig polare und nicht einfach als eine nur ergänzende und deshalb leicht integrierbare Perspektive erscheinen läßt. Hier steckt ein echtes Konfliktpotential, das in vielen Instituten noch nicht hinreichend bewältigt ist, so daß sich die Einzeltherapie gegen die Familien- und Gruppentherapie (ausnahmsweise auch umgekehrt) wie gegen etwas Feindliches, Gefährliches verteidigt. Die Forderung, endlich die Modelle der Familiendynamik, der Familienpathologie und wichtige Techniken der Paar- und Familientherapie gründlich und nicht nur randständig in den psychotherapeutischen bzw. psychagogischen Weiterbildungsgängen zu behandeln, wird also nur erfüllt werden, wenn die zuständigen Ausbildungsausschüsse mit diesem Konflikt in Zukunft besser als bisher fertig werden.

Praktisch ist zu fordern, daß innerhalb der angesprochenen Weiterbildungsgänge angeboten werden: Seminare über die Austauschformen psychosozialer Abwehrmechanismen, über typische pathogene Familienstrukturen, über die Kriterien der objektiven und subjektiven Indikation zu Paar- und Familientherapie, über familientherapeutische Techniken unter besonderer Berücksichtigung der hierbei relevanten Übertragungs- und Gegenübertragungsprobleme. Eine praxisnahe Vermittlung der theoretischen Aspekte läßt sich durch den Einbau von Rollenspielen wesentlich fördern. Einige einschlägige praktische Grunderfahrungen sollten von jedem angehenden Psychotherapeuten verlangt werden. Neben den üblichen geförderten Einzel-Erstinterviews sollte jeder Ausbildungsteilnehmer auch eine kleine Zahl von supervisionierten Paar- und Familien-Interviews absolvieren. Er sollte ferner wenigstens eine kürzere Paarbehandlung durchführen und schließlich mit einer Konfliktfamilie unter Anwendung eines differenzierten familiendynamischen Konzepts mindestens ein Jahr hindurch arbeiten, wobei er diese Arbeit (unter Kontrolle) allein oder als Co-Therapeut innerhalb irgendeines Team-Settings leisten könnte.

c) Sozialarbeiter, Sozialpädagogen

Unseres Wissens existieren noch keine einschlägigen institutionalisierten systematischen Weiterbildungsangebote für Sozialarbeiter außerhalb der von den Kirchen betriebenen Kurse für Ehe- und Familienberatung. Diese zuletzt genannten Lehrgänge sind zwar grundsätzlich als eine wichtige Initiative zu begrüßen, um den traditionellen Dilettantismus im Bereich dieser Beratungsdienste einzudämmen. Andererseits reichen diese Weiterbildungsaktivitäten weder quantitativ aus, noch erfüllen sie vielfach qualitativ die in sie gesetzten Erwartungen, weil auch hier oft das Übergewicht individualpsychologischer und individualtherapeutischer Lehrangebote die Einübung ganzheitlicher familiendynamischer Konzepte und Techniken stört, die gerade als das spezifische Instrumentarium dieser Beratungsstellen angesehen werden müßten. Es erscheint dringend notwendig, etweder in besonderen Instituten oder im Rahmen vorhandener psychotherapeutischer Institute Weiterbildungszweige für Sozialarbeiter zu schaffen, deren Ziel die Erlernung einer familienbezogenen Sozialtherapie zu sein hätte. Die Institutionalisierung einer solchen Weiterbildung müßte auf das neue Berufsbild eines Sozialtherapeuten ausgerichtet sein, der vor allem zur Beratung und Betreuung von Problemfamilien vor Ort und zur Beteiligung an ganzheitlichen *community development*-Projekten (Gemeinwesenarbeit) befähigt sein müßte. Da eine solche familienbezogene Sozialtherapie in der Regel nur in Gruppen zusammen mit Vertretern anderer Disziplinen erfolgreich geleistet werden kann, sollte man mit der Einrichtung einzelner modellhafter Weiterbildungsstätten beginnen, in denen die Angehörigen verschiedener Berufsgruppen gemeinsam geschult werden (Ärzte, Psychologen, Psychagogen, Sozialarbeiter, Sozialpädagogen usw.).

d) Psychotherapeuten als Spezialisten für Familien- und Paartherapie

Der allgemein anerkannten Notwendigkeit der Ausbreitung der Familientherapie steht unter anderem die Tatsache entgegen, daß es vorläufig nur eine sehr geringe Zahl von einschlägig geschulten Experten gibt, die Familientherapie kompetent lehren können. Deshalb sollte man an wenigen personell geeigneten Instituten eine zusätzliche Weiterbildung für familientherapeutische Spezialisten einrichten, die nach Absolvierung der üblichen psychotherapeutischen Vollausbildung einzusetzen und dasjenige familientherapeutische Training zu ergänzen hätte, das bereits Bestandteil des allgemeinen analytisch therapeutischen Ausbildungsprogramms sein sollte. In der familientherapeutischen Zusatzausbildung müßten die diversen Verfahren der «gemeinsamen», «konkurrierenden» und «kollaborativen» Familien- und Paartherapie und der Paargruppen-Therapie in differenzierter und besonders gründlicher Weise vermittelt werden. Diese spezialistische Weiterbildung sollte zweckmäßigerweise an dem einen oder anderen Institut angesiedelt werden, das zur Kontrolle und Weiterentwicklung der verhältnismäßig jungen Methoden der Familientherapie über ein angemessenes Forschungspotential verfügt.

III. Fortbildung

Es erscheint notwendig, familientherapeutische Erkenntnisse an verschiedene Berufsgruppen im Rahmen berufsbegleitender Fortbildungsprogramme heranzutragen. Dies kann je nachdem in Form von praxisnahen Seminaren, von gruppendynamisch orientierten Veranstaltungen oder Balint-Gruppen sowie durch andere sorgfältig konzipierte Supervisionshilfen geschehen. Wichtige Initiativen in der Allgemeinen Ärztlichen Gesellschaft für Psychotherapie beziehen sich zum Beispiel auf die Schulung von niedergelassenen Ärzten in Richtung auf eine Arbeit als «Familienarzt», wobei angestrebt wird, in das Arbeitsfeld der niedergelassenen Ärzte das soziale, vor allem das familiäre Umfeld der Patienten weit stärker als bisher einzubeziehen. Gerade familientherapeutische Fortbildungsprogramme eignen sich im besonderen Maße zur Zusammenfassung der Vertreter differenter Berufsgruppen, da ja gerade familientherapeutische Ansätze in ihrer Effizienz oft davon abhängen, ob die eingefahrenen Rivalitäten zwischen den Vertretern der verschiedenen Disziplinen und Institutionen kooperativ überwunden werden können.

Als Sonderfall einer kombinierten Möglichkeit von praktischer Arbeit, Aus- und Fortbildungshilfen für Vertreter verschiedener therapeutischer, pädagogischer und fürsorgerischer Berufe ebenso wie für Laien lassen sich neuartige Initiativprojekte in Unterschicht- oder Randschichtsiedlungen ansehen. Solche Projekte, in denen eine besonders hautnahe Kooperation zwischen der jeweiligen Initiativgruppe und den betroffenen Familien angestrebt wird, bieten den großen Vorteil, daß die Mitarbeiter einen einzigartig gründlichen Einblick in die sozio-ökonomischen Verhältnisse, in die Normen, in den Kommunikationsstil, in die Erziehungsweise und das Krankheitsverhalten der Unterschichtfamilien erhalten und sich zugleich darin üben können, die schichtabhängigen affektiven Schwierigkeiten zwischen sich selbst und diesen Familien wahrzunehmen und nach Möglichkeit zu bewältigen. Es zeigt sich dabei, daß in solche Gruppenprojekte auch aufgeschlossene Laien erfolgreich integriert werden können, die vielfach davon profitieren, daß sie noch nicht auf ein rein mittelschichtbezogenes Rollenverhalten hin professionalisiert worden sind und sich deshalb mit besonderer Unbefangenheit und Plastizität den Bedürfnissen und Angeboten der Unterschichtfamilien öffnen können. Freilich benötigen solche komplizierten Projekte in der Regel eine besonders gründliche Supervision, um echte Lernprozesse zu ermöglichen und die Gefahr des Erstickens in einem polypragmatischen Agieren in Schach zu halten.

Mitarbeiter

BAUMANN, WILLI, Dr. med., Institut für Sozialarbeit e. V. Frankfurt/Main, Vogtstraße 50, D 6000 Frankfurt/Main

BECKMANN, DIETER, Prof. Dr. phil., Zentrum für Psychosomatische Medizin am Klinikum der Universität Gießen, Friedrichstraße 36, D 6300 Gießen

DUSS-VON WERDT, JOSEF, Dr. phil., Dr. theol., Institut für Ehe und Familie Zürich, Wiesenstraße 9, Postfach 268, CH 8032 Zürich

GASTAGER, HEIMO, Prof. Dr. med., Psychiatrische Krankenhausabteilung der Landesnervenklinik Salzburg, Ignaz-Harrer-Str. 79, A 5020 Salzburg

GÜTTGES, ANGELA, Dipl.-Psych., Zentrum für Psychosomatische Medizin am Klinikum der Universität Gießen, Ludwigstr. 76, D 6300 Gießen

KAUFMANN, LUC, PD, Dr. med., Psychiatrische Universitätsklinik Lausanne, Hôpital de Cery, CH 1008 Prilly/Lausanne

KLEMANN, MANFRED, Dipl.-Psych., Institut für Medizinische Psychologie an der Universität Göttingen, v. Humboldtstraße 1 d, D 3400 Göttingen

MASSING, ALMUTH, Dr. med., Abteilung für Psycho- und Soziotherapie der Nervenkliniken der Universität Göttingen, Wilhelm-Weber-Straße 3, D 3400 Göttingen

NERAAL, TERJE, Arzt, Zentrum für Psychosomatische Medizin am Klinikum der Universität Gießen, Friedrichstraße 35, D 6300 Gießen

PANCHERI, ELVIRA, Dipl.-Psych., Psychiatrische Universitätsklinik Hôpital de Cery, CH 1008 Prilly/Lausanne

REITER, LUDWIG, Dr. med., Institut für Tiefenpsychologie und Psychotherapie der Universität Wien,

Lazarettgasse 14, A 1020 Wien

Richter, Horst E., Prof. Dr. med. Dr. phil., Zentrum für Psychosomatische Medizin am Klinikum der Universität Gießen, Ludwigstr. 76, D 6300 Gießen

Rücker-Embden, Ingeborg, Dipl.-Psych., Psychosomatische Klinik der Universität Heidelberg, Abteilung für psychoanalytische Grundlagenforschung und Familientherapie, Mönchhofstr. 15 a, D 6900 Heidelberg

Schindler, Raoul, Dr. med., Psychiatrisches Krankenhaus der Stadt Wien, Baumgartner Höhe 1, A 1145 Wien

Sperling, Eckhard, Prof. Dr. med., Abteilung für Psycho- und Soziotherapie der Nervenkliniken der Universität Göttingen, Wilhelm-Weber-Straße 3, D 3400 Göttingen

Sperling, Ursula, Dipl.-Psych., Psychotherapeutische Forschungs- und Beratungsstelle der Gesamthochschule Kassel, Heinrich-Plett-Straße 40, D 3500 Kassel

Steiner, Egbert, cand. phil., Bergstraße 25/26, A 1090 Wien

Steinwald, Renate, Sozialarbeiterin (grad.), Psychologische Beratungsstelle für Kinder, Jugendliche und Erwachsene des Instituts für Sozialarbeit e. V. Frankfurt/Main, Vogtstraße 50, D 6000 Frankfurt/Main

Stierlin, Helm, Prof. Dr. med., Dr. phil., Abteilung für psychoanalytische Grundlagenforschung und Familientherapie an der Universität Heidelberg, Mönchhofstr. 15 a, D 6900 Heidelberg

Strotzka, Hans, Prof. Dr. med., Institut für Tiefenpsychologie und Psychotherapie der Universität Wien, Lazarettgasse 14, A 1090 Wien

Uchtenhagen, Ambros, PD Dr. med., Dr. phil., Sozialpsychiatrischer Dienst der Psychiatrischen Universitätsklinik Zürich, Postfach 68, CH 8029 Zürich

Wegener, Ulrike, Dipl.-Psych., An der Johanniskirche 3, D 6300 Gießen

Wilfing, Heinz, Dipl.-Sozialarbeiter, Psychohygienischer Dienst des Gesundheitsamts der Stadt Wien, Kleine Sperlgasse 2 B, A 1020 Wien

Willi, Jürg, Prof. Dr. med., Psychotherapiestation der Psychiatrischen Universitäts-Poliklinik Zürich, Pestalozzistr. 10–12, CH 8032 Zürich

Weiterhin haben an der Vorbereitung dieses Buches als Mitglieder

der ARBEITSGEMEINSCHAFT FÜR FAMILIENFORSCHUNG UND FAMILIENTHERAPIE mitgewirkt:

KINDERMANN, KLAUS, Dipl.-Psych., Zentrum für Psychosomatische Medizin am Klinikum der Universität Gießen, Friedrichstraße 35, D 6300 Gießen

MONTAG, ELFRIEDE, Dipl.-Sozialarbeiterin, Institut für Tiefenpsychologie und Psychotherapie der Universität Wien, Lazarettgasse 14, A 1090 Wien